JN412188

성암이철영평전

追慕
醒菴先生
文憲遺風錦
水長醒翁大義
又生光亂臣賊
子心知懼烈士
忠賢貞意共秉
十年苦節千
人仰百世令
名萬里翔莫
謂皇天無報
吾後學雲孫
俱盛昌
民國百一年己
亥小春之念書
于玄民書室
門中後學李
性雨再拜敬呈

著者 略歷

이상익(李相益)

成均館大學校 儒學大學 韓國哲學科 졸업

同 大學院 東洋哲學科 졸업(哲學博士)

육군사관학교 철학과, 영산대학교 학부대학 교수 역임

現 부산교육대학교 윤리교육과 교수

저서 : 『歷史哲學과 易學思想』(성균관대 출판부, 1996)
『서구의 충격과 근대 한국사상』(도서출판 한울, 1997)
『畿湖性理學 硏究』(도서출판 한울, 1998)
『儒家 社會哲學 硏究』(심산, 2001)
『儒敎傳統과 自由民主主義』(심산, 2004)
『畿湖性理學論考』(심산, 2005)
『朱子學의 길』(심산, 2007)
『사람의 길, 文明의 꿈』(심산, 2009)
『嶺南性理學硏究』(심산, 2011)
『인권과 인륜』(심산, 2015)
『본성과 본능 : 서양 人性論史의 재조명』(서강대출판부, 2016)
『본성과 본능 : 쌍개념들의 탐구』(심산, 2017)
『현대문명과 유교적 성찰』(심산, 2018)

역서 : 『隱峰野史別錄』(安邦俊 原著, 崔英成 공역, 아세아문화사, 1996)
『譯註 四七新編』(李瀷 原著, 도서출판 다운샘, 1999)
『譯註 庸學辨疑』(趙彦儒 原著, 심산, 2006)
『譯註 己亥封事(外)』(李惟泰 原著, 李達雨 外 공역, 심산, 2007)

항일독립운동가

醒菴李喆榮評傳

성암이철영평전

초판 1쇄 발행일 2019년 12월 30일

지은이 | 이상익
펴낸인 | 숭의사보존사업회 회장 이연우
발행인 | 최원필
발행처 | 심산출판사
주　소 | 서울시 은평구 불광로 13가길 18, 101호
전　화 | 02-357-0633
팩시밀리 | 02-357-0631
E-mail | simsan@korea.com
등록번호 | 제1-2114호(1996년 11월 28일)

ISBN 978-89-94844-64-0 03990

* 책값은 뒤표지에 표시되어 있습니다.

항일독립운동가

醒庵 李喆榮評傳

성암이철영평전

이 상 익 지음

| **심산** · 승의사보존사업회 |

序

성암(醒菴) 이철영(李喆榮) 선생은 이미 조선의 국운(國運)이 기울기 시작한 때 태어나, 망국(亡國)의 과정을 하나하나 목도하면서 그것을 막고자 몸부림치고, 일제(日帝)의 식민통치에 맞서 항쟁(抗爭)하다가 일생을 마친 유학자(儒學者)이다.

성암은 1867년 충청도 공주(公州)에서 태어나, 1920년 충청도 부여(扶餘)에서 작고했다. 그는 유학을 배우고, 유교적 신념에 따라 살았다. 그가 충군애국(忠君愛國)의 정신을 발휘한 것도 유교적 신념에 따른 것이요, 일제에 항거하며 조선의 유민(遺民)으로 남은 것도 유교적 신념에 따른 것이다. 요컨대 그는 유교적 신념으로 '고난의 시대' 를 헤쳐나간 절의(節義)의 선비였다.

한편 성암의 시대는 또한 개화(開化)의 바람이 거세게 일던 '급변의 시대' 였다. 서세동점(西勢東漸) 속에서 서양의 새로운 문물이 동양의 전통 문물을 압도하게 되자, 우리 조선도 문호를 활짝 열고 서양 문물을 받아들여야 한다는 주장이 힘을 얻게 된 것이다. 그런데 성암은 각종 개화정책을 비판하고, 유교적 문물을 고수하고자 했던 시골 선비였다. 이 책에서는 바로 150여 년 전에 태어나 고난과 급변의 시대를 살았던 한 선비의 일생을 조명해 보려는 것이다.

예나 지금이나 절의를 지키는 선비는 대개 고루하기 마련이다. 또 예나 지금이나 시골 선비는 많은 사람으로부터 고루하다는 평을 듣기 마련이다. 성암 역시 자신을 '시대에 적응하지 못하는 사람'으로 규정하면서도, 또 시대와 타협하거나 시대에 적응하기를 거부했다. 요컨대 성암은 자신의 시대를 그릇된 것으로 규정하고, 오히려 자신의 신념이 옳다고 확신한 것이다.

한편 오늘날 많은 선각자들은 '인류 문명의 종말' 또는 '지구의 종말'을 차츰 더 진지하게 기정사실로 받아들이고 있다. 선각자들이 제시하는 대안은 두 부류이다. 과학자들은 '다른 행성을 찾아, 지구를 탈출하라'고 권하고, 철학자들은 '다른 행성을 찾기는 불가능하니, 지구에서 절제하면서 살라'고 권하는 것이다. 그런데 대부분의 중생은 지금의 자유와 풍요에 만족하면서, 내일을 걱정하지 않는다. 바로 이런 사람들이 성암과 같은 시골 선비를 고루하다고 비웃는 것이다.

성암을 협박하고 회유하던 일제(日帝) 경찰은 결국 성암을 '천하의 일등대남자(一等大男子)'라고 존경하게 되었다. 그렇다면 그 까닭이 무엇인가? 한편 성암의 고루한 신념은 이 시대의 선구적 철학자들이 제시하는 문명상(文明像)과 궤를 같이한다. 그렇다면 그 까닭은 또 무엇인가? 이 책에서는 이 두 문제를 아울러 조명해 보고자 하였다.

막상 성암의 평전(評傳)을 쓰려고 보니, 문집(文集)을 제외하고는 자료가 많지 않았다. 성암은 시골 선비로서, 조정(朝廷)이나 세상사와 많은 관계를 맺지 않았으니, 별다른 자료가 없는 것이다. 더군다나 성암의 생애를 정확하게 알려주는 연보(年譜)도 없었다. 그저 그의 생애를 포괄적으로 기술한 가장(家狀)과 행장(行狀)이 있을 뿐이었다. 그리하여 나는 조금 독특한 방식으로 평전을 구상하였다. 요컨대 가장과 행장을 중심으로 성암의 '주요 사적(事跡)' 을 추출하고, 성암의 문집에서 그 사적과 관계되는 자료들을 뽑아 번역하여 소개하는 방식을 취한 것이다. 이것이 이 책의 제2부이다.

이 책의 제1부에서는 성암의 행적과 사상을 이해하기 위한 기초 작업으로서 '성암의 시대적 배경, 가계(家系)와 학맥(學脈)' 등을 살펴본 다음, 성암의 〈가장(家狀)〉을 번역하여 실었다. 또 제3부에서는 성암의 문집에서 추가로 성암의 시문(詩文)을 뽑아 번역하여 소개하였다. 그리고 결론부에서는 이상의 내용을 종합하면서 성암의 행적과 사상에 대해 간략하게 평가해 보았다. 이러고 보니 이 책은 '『성암집』 선역(選譯)' 처럼 되었다.

성암은 나의 종고조(從高祖)이시다. 족숙(族叔) 연우(然雨) 공주대 교수의 독려로 이 평전을 쓰면서, 나는 150년 전 우리 집안의 상황을 조금이나마 알게 되었다. 성암은 쇠락한 집안을 부지하려고 애썼고, 그러면서도 사가(私家)보다는 국가(國家)를 먼저 생각하였다. 성암은 '일제의 백성' 이 되지 않고 '조선의 유민(遺民)' 으로 남기 위해, 사가의 이익을 기꺼이 포기하면서 일제의 통치를 거부했다. 그 후로도 집안의 선조들은 그 정신을 계승하며 살아왔다.

나는 어릴 때 보발(保髮)하신 집안의 어른들과 함께 바깥나들이를 하기가 싫었다. 상투를 틀고 구식 옷을 입은 모습이 촌스러워보였기 때문이다. 그런데 '단발령(斷髮令)'이라는 역사적 사건의 의미와 그에 항거한 사람들의 투쟁이 지니는 의미를 공부하게 되면서, 비로소 집안 어른들을 이해할 수 있었고, 지금은 존경하게 되었다. 그런데 보발하셨던 어른들은 이제 모두 돌아가시고 말았다. 내가 그분들을 너무 늦게 이해하게 된 것이다. 이 책을 통해 독자(讀者)께서도 고루한 시골 선비가 품었던 애국충정을 십분 이해하고, 더 나아가 지금 인류문명은 다시 그들의 고루함을 절실히 요청한다는 점을 조금이나마 이해하게 된다면 매우 다행이겠다.

올해는 성암 선생의 순국 100주년이 되는 해이다. 선생의 서거 100주년을 맞이하여 숭의사보존사업회(崇義祀保存事業會)와 초려문화재단이 공동으로 선생의 뜻과 정신을 기리고 이를 널리 현창하기 위해 「성암선생기념관」 건립을 추진한다고 하니, 반가운 일이다. 숭의사보존사업회 이연우(李然雨) 회장의 헌신적 노력에 경의를 표한다. 아울러 늘 졸저(拙著)를 기꺼이 출간해 주시는 심산출판사 최원필 사장과 이 책의 출간을 지원해 주신 공주시와 공주문화원에 감사드린다.

2019년 11월 17일, 순국선열의 날

이상익 삼가 씀

목차

제3부 문선(文選)

崇義祠

제1부

생애

先生抗日歲華長
不變初心似玉光
常願挽回邦國泰
必然選擇體軀康

1

시대적 배경

* 삼정(三政)의 문란과 임술민란(壬戌民亂)

1800년 6월, 정조(正祖)가 갑자기 승하하고, 어린 세자(世子)가 왕위에 오르면서, 이른바 '세도정치(勢道政治)' 가 시작되었다. 권력을 왕실의 사유물로 간주한 대비(大妃)들의 비호 아래 외척(外戚)들이 발호하면서 세도정치가 시작된 것이다. 부패한 세도정권은 매관매직을 일삼고, 관직을 매수한 자들은 다시 부패의 주역이 되었다.

'삼정(三政)의 문란' 이라는 말로 상징되듯이, 당시의 국정은 오로지 백성들을 착취하고 수탈하는 데에만 관심이 있었을 정도로 타락하였다. 전정(田政)에서는 법으로 정해진 조세 외에 온갖 잡세를 징수하고 심지어는 농사를 지을 수 없는 황무지에도 세금을 부과한 반면, 권세 있는 양반이나 토호들은 자기들의 농지를 대장(臺帳)에 누락시킴으로써[隱結] 탈세를 일삼았다. 군정(軍政)에서는 아이를 어른으로 바꾸어서 군포(軍布)를 징수하는 황구첨정(黃口簽丁), 죽은 사람에게 군포를 징수하는 백골징포(白骨徵布) 등 온갖 횡포가 자행되었다. 한편, 빈민 구제를 목적으로 시행하던 환곡(還穀)은 강제적인 고리대금으로 둔갑하여, 가난한 농민들의 마지막 고혈(膏血)까지 짜내는 수단이 되었다.

계속된 학정(虐政)과 가렴주구(苛斂誅求)는 결국 전국 각지의 민란을 초래하였다. 1862년(壬戌年) 2월, 경상도 진주의 농민반란을 효시로, 이른바 '임술민란(壬戌民亂)'이 시작된 것이다. 민란의 불길은 삽시간에 삼남지방으로 널리 퍼졌고, 8월 이후에는 전국적으로 확대되어, 70여 고을에서 잇따라 민란이 발생한 것이다. 1863년 12월 홍선대원군(興宣大院君)이 집권하면서 외척의 세도가 꺾이자, 백성들의 반란과 동요도 겨우 진정되었다.

* 양요(洋擾)와 위정척사론의 확산

조선이 이처럼 내부적으로 학정과 민란에 시달릴 때, 나라 밖에서는 서양 제국주의 열강이 동쪽으로 세력을 넓혀오고 있었다[西勢東漸]. 이양선(異様船)이 계속 출몰하고, 마침내 1860년 영국 · 프랑스 연합군이 북경(北京)을 점령했다는 소식이 들려오자, 그와 같은 침략이 머지않아 조선에 닥칠 것이라는 예감에서 조야(朝野)가 크게 동요하였다.

이러한 위기의식은 당시 널리 전파되던 천주교의 유포, 다수의 서양인 신부(神父)의 잠입활동, 개항 전부터 국내에 유입된 서양 상품의 범람 등이 크게 자극한 것이었다. 화서(華西) 이항로(李恒老)는 서양 선교사들이 국내에 잠입하여 천주교를 전파하는 목적을 "그들의 동조자를 심어 놓고 내외로 호응하면서 우리의 허실(虛實)을 정탐하여 군대를 이끌고 쳐들어와서, 우리의 의상문물(衣裳文物)을 더럽히고 우리의 재물과 부녀자를 약탈하여, 끝없는 욕심을 채우려는 것"[1]이라고 단정하였다. 이제 천주교 문제는 단순한 종교적 차원의 문제가 아닌 총체적인 국권(國權)에 대한 도전으로 인식되었다. 조정에서는 천주교 탄압을 더욱 강화하고, 외국 선박의 출입을 더욱 엄중히 감시하면서 만일의 사태에 대비하였다.

1866년 가을, 프랑스 해군은 군함 3척을 이끌고 한강을 거슬러 양화진(楊花津)까지 올라와 발포(發砲)하고 되돌아갔다가, 한 달 뒤 다시 7척의 군함을 이끌고 강화도(江華島)에 상륙하여 약탈을 자행했다[丙寅洋擾]. 조선 정부에서는 2개월의 교전 끝에 프랑스 침략자들을 격퇴했다. 서양의 침공을 훌륭하게 격퇴한 대원군은 기세를 올려 천주교 탄압에 더욱 박차를 가하고, 쇄국양이(鎖國攘夷)의 결의와 자신을 굳혔다.

조선에 통상을 요구했으나 실패하고 상해(上海)에 머물던 독일 상인(商人) 옵페르트는, 박해를 모면하고 탈출한 프랑스인 신부(神父) 페롱과 알게 되어, 함께 대원군의 부친 남연군(南延君)의 묘소를 도굴하기로 계획했다. 이들은 1868년 여름 증기선을 타고 충청도 아산만에 내항했는데, 이 배에는 박해를 피해 중국으로 도망갔던 조선인 천주교도도 함께 타고 있었다. 그들의 도굴 시도는 실패로 그쳤으나, 서양인과 천주교도에 대한 경멸과 분노를 다시 한 번 자아냈다. 1871년에는 미국 해군에 의한 신미양요(辛未洋擾)가 있었다. 먼저 프랑스함대를, 나중에는 미국함대를 물리친 대원군은 더 이상 무서운 상대가 없어 보였다. 대원군은 승리의 기세로 척사(斥邪)의 결의를 더욱 굳게 하고, 전국 각지에 척화비

---

1 『華西集』 卷3 頁22, 〈辭同義禁疏〉.

(斥和碑)를 세웠다.

1791년의 윤지충 사건,[2] 1801년의 황사영 사건[3] 등, 천주교가 사회적 물의를 일으키면서 일게 된 위정척사론은 처음에는 '인륜을 해치는 서학(西學)' 을 물리치고 '공 · 맹(孔孟)의 올바른 도(道)' 를 지키자는 것으로부터 출발하였다. 그러나 서학의 배후에 서양 상품과 군함이 있고, 그것들이 우리 국가의 기반을 위태롭게 한다는 것을 확인한 뒤로는, 위정척사의 논조가 보다 현실적인 문제로 발전하게 되었다. 즉 병인양요를 계기로 하여, '공 · 맹의 도(道)' 와 함께 우리 '국가(國家)' 를 지켜야 한다는 것이 위정론(衛正論)의 핵심이 되었고, '서학(西學)' 과 함께 '서양의 상품과 무력적 침략' 을 물리쳐야 한다는 것이 척사론(斥邪論)의 핵심이 된 것이다.

천주교는 기본적으로 내세(來世)를 신앙하는 종교 체계였고, 성리학은 기본적으로 현세(現世)를 중심으로 하는 철학 · 윤리 체계였다. 성리학적 관점에서는 내세에 대한 신앙보다는 현세에서의 인간의 도리에 힘쓰는 것이 합리적인 것으로 여겨졌으며, 경험적으로 확인할 수 없는 창조주(創造主)와 내세에 대한 선전은 혹세무민(惑世誣民)으로 규정되었다. 더군다나 서학이 조상에 대한 제사를 거부하고 전통적인 충효의 관념을 부정하며, 그 교도들이 '양적(洋賊)' 과 내응(內應)하고 있었다는 사실은 서학을 반인륜적 · 반국가적인 사교(邪敎)라고 규정하기에 충분한 근거가 되었다. 위정척사파는 서학의 침투, 서양 상품의 범람에 의한 국가 경제의 파탄 등을 우려하여 서양과의 통상개국(通商開國)을 반대했다. 그들은 국정을 개혁하여 민생을 돌봄으로써 국민의 충성심을 기르고,

---

2 尹持忠이 祖上의 神主를 불태운 사건.

3 黃嗣永이 北京의 主敎에게 천주교도 박해를 알리고, 군사적 개입을 요청한 사건.

이를 바탕으로 제국주의 열강의 침략을 막아내자는 논리를 제시하였다. 그러나 개국(開國)과 근대화는 또한 회피할 수 없는 세계사적 대세였다.

* 강화도조약과 개화파의 등장

계속되는 이양선의 출몰과 양요(洋擾)로 조야가 긴장하던 차에, 명치유신(明治維新)으로 왕정복고(王政復古)를 단행한 일본은 이 사실을 조선에 외교문서로 통고해왔다. 그러나 그 서계(書契)의 격식이 예전과 달랐고, 도서(圖書, 印符)도 기존에 조선 정부에서 새겨 보내준 것이 아니라 저들이 새로 만든 것이었으며, 대마도주(對馬島主)의 직함(職啣)도 바뀌었다. 서계의 격식은 외교 관례상 매우 중요한 것이었다. 기존의 관례는 일본과 조선의 교린원칙에 입각한 것이었는데, 왕정복고를 통고해온 서계의 격식은 자신들을 '황(皇)'으로 높이고 조선을 한 층 낮춘 것이었다. 이것을 수리(受理)한다면 곧 조선이 일본에 사대신복(事大臣服)하는 꼴이 되는 것이었다.

사실 임진왜란 이후 메이지유신 이전까지 조선과 일본[德川幕府]은 교린 관계를 회복하고, 상호존중과 협조 관계를 지속해왔다. 특히 18세기 중반에 접어들어서는 서양에 관한 문제에 대해서 서로 정보를 교환하고 보조를 맞추어 왔었다. 그러나 일본이 서양에 대해 개국을 단행하자, 대원군은 일본도 서양과 한 무리가 되었다고 판단하였다. 그러던 차에, 이러한 서계 문제가 대두되었으므로, 조선은 이를 더욱 묵과할 수 없었던 것이다.

대원군이 집권 10년 만에 물러나자, 일본은 1875년 다시 통교(通交)를 위한 교섭을 시도했다. 그러나 조정에서는 역시 '서계가 구례(舊例)와 다르다' 는 이유로 응하지 않았다. 이에 일본은 운양호(雲揚號) 사건을 일으키고, 전권대사(全權大使)를 파견하여, 개항(開港)을 강요했다. 조정에서는 개항을 반대하는 여론이 많았지만, 국제관계의 대세에 따라서 수호통상(修好通商) 관계를 맺을 수밖에 없다는 주장에 따라, 마침내 강화도조약[丙子修好條約]을 맺게 되었다. 강화도조약은 일본이 구미 열강에게 당한 불평등조약을 그대로 조선에 강요한 것이었다. 이 조약의 제1조에서는 조선이 '자주 국가' 임을 명시했으나, 이는 조선에 대한 청(淸)의 종주권(宗主權)을 명백히 부인하여, 장차 조선에 대한 청의 간섭을 배제하자는데 근본 의미가 있었던 것이다.

강화도조약의 체결이 임박해지자, 위정척사파의 반대 여론이 비등하였다. 이에 조정에서는 서양에 대한 개국이 아니라 어디까지나 일본과의 옛 외교 관계를 회복하는 것뿐이라고 대응했다. 이에 위정척사파는 '왜양일체론(倭洋一體論)' 을 제기하여 반대했다. 일본이 미국 · 프랑스 등과 보조를 같이하며, 양선(洋船, 汽船)을 타고, 양포(洋砲)를 사용하고, 양복(洋服)을 입고 있으므로, 일본은 '양이(洋夷)' 나 다름이 없다는 것이었다. 옛날의 일본은 이웃 나라였지만, 지금의 일본은 '서양 오랑캐' 의 앞잡이로서 구적(寇賊)이라고 규정했다. 그러나 이러한 가운데서도 개국의 불가피성을 인식하고, 우리도 서양 각국과 통상하여 부국강병을 이룩함으로써 자주독립을 달성하여야 한다는 '개화사상' 이 싹트고 있었다.

강화도조약 체결 직후 수신사(修信使)로 일본에 파견된 김기수(金綺秀) 일행은 일본의 물정을 상세히 탐지하여 조정에 보고하였다. 조정에서는 일본의 현저한 발전상과 새로운 세계정세에 대해 보다 깊은 관심을 갖게 되었다. 그리하여 다시 1880년에는 김홍집(金弘集) 일행을 수신사로 일본에 파견하였다. 조정에서는 효과적으로 개화를 추진하기 위해 1881년 3월 통리기무아문(統理機務衙門)을 설치하고 주요 정무를 총괄하도록 하였다. 이제 개화는 조정의 정책이 된 것이다. 그러나 개화를 추진하면서 그 주도적 인사들 사이에는 보이지 않는 견해의 차이와 알력이 존재하고 있었다.

온건개화파로 불리는 김홍집 · 김윤식 · 어윤중 등은 청(淸)의 양무운동(洋務運動)을 모범으로 한 점진적 개혁을 추구하고, 정치적으로는 민씨(閔氏) 일파와 보조를 같이했다. 그러나 급진개화파로 불리는 김옥균 · 박영효 · 홍영식 · 서광범 등은 일본의 메이지유신을 모범으로 한 급진적 개혁을 추구하고, 정치적으로는 민씨 일파와 대립하는 형세를 이루었다. 온건파가 동도서기론(東道西器論)에 입각한 개량주의자였다면, 급진파는 더 이상 '동도(東道)' 에 집착하지 않고 서양문물의 전면적 수용을 추구한 것이다.

박규수 · 유대치 등의 지도를 받으며 성장한 열혈청년(熱血靑年) 김옥균 · 박영효 · 홍영식 · 서광범 · 서재필 등은 핵심 권력층의 자제들로, 청(淸)에 의지하는 민씨 일파의 개화정책이 지지부진하자 일본의 힘을 배경으로 정변을 주도하였다(1884년 12월 4일 밤, 甲申政變). 그러나 정권은 삼일천하(三日天下)로 끝났다. 홍영식은 처형당하고, 김옥균 · 박영효 · 서광범 · 서재필 등은 일본으로 망명하였다. 정권을 탈취하여 효과적으로 개화를 주도하려던 시도는 오히려 조정의 개화정책에 일대 타격을 가하고, 조선을 외세의 각축장으로 만드는 결과를 초래했다. 이후 조정의 각종 개혁정책은 효과를 거두지 못하고, 제국주의 열강의 침탈은 더욱 가속화되었다. 이런 상황 속에서 반도(半島)의 서남쪽에서는 다시 농민봉기의 기운이 무르익고 있었다.

* 동학(東學)의 대두와 농민봉기

최제우(崔濟愚)에 의해서 1860년에 창도된 동학은 당시의 팽배하였던 내외적 위기의식의 산물이었다. 잦은 이양선의 출몰, 천주교와 서양 상품의 만연, 영국 · 프랑스 연합군의 북경(北京) 점령 등이 밖으로부터 위기의식을 심화시키고 있었으며, 안으로는 삼정의 문란 등으로 민심이 이반하여 심각한 사회적 갈등을 표출하고 있었다. 동학은 안으로는 학정에 시달리는 농민대중을 구하자는 것이요, 밖으로는 날로 심화되는 제국주의 열강의 침탈을 물리치고, 궁극적으로는 포덕천하(布德天下)를 통해 지상천국(地上天國)을 건설하자는 것이었다. 동학은 '인내천(人乃天)' 에 입각한 만민평등 사상, 천운순환설(天運循環說)에 입각한 후천개벽 사상을 그 골자로 한다. 그러나 이러한 이상을 구체화하기 위한 방법론에서는 주술(呪術)과 부적(符籍) 등 무속적(巫俗的) 차원을 크게 벗어나지 못했다.

동학은 몰락한 양반의 후예나 빈궁과 질병 속에서 허덕이는 농민들에게 널리 받아들여졌다. 동학은 창도된 후 불과 3년 만에 널리 유포되었다. 각지에 접소(接所)를 두고 그 지방의 인물을 택하여 접주(接主)로 삼아서, 교도(敎徒)의 수련과 교세(敎勢)의 확장을 꾀하였다. 동학의 교세가 날로 번성하자 조정에서는 민심을 미혹시키는 또 하나의 사교(邪敎)로 간주하여 이를 금압하게 되었다. 1863년 말에는 교조(敎祖) 최제우와 그의 무리 20여 명이 체포되어, 최제우는 처형되었다. 정부의 탄압과 교조의 처형으로 동학은 일시 쇠퇴하는 듯했으나, 이미 민중 속에 뿌리를 박은 동학은 제2대 교주 최시형(崔時亨)의 노력에 의해 경상도 · 전라도 · 충청도를 비롯해 그 밖의 지방까지 널리 퍼지게 되었다.

전라도 고부 지방의 동학 접주 전봉준(全琫準)은 고부군수 조병갑(趙秉甲)의 탐학을 응징하기 위하여 1천여 명의 농민을 이끌고 봉기했다(1894년 2월). 동학농민군은 몇 달 만에 삼남 일대를 석권했다. 당황한 조정에서는 관군을 파견하여 무력으로 진압하는 한편, 농민군들의 개혁요구사항을 받아들이겠다는 선무(宣撫)를 병행하였다. 마침내 그해 6월 동학군은 관군과 전주화약(全州和約)을 맺고 해산하였다. 그러나 동학봉기는 청 · 일 양국 군대를 불러들이는 결과를 초래하고 말았다.

관군의 연이은 패배에 당황한 조정에서는 청에 구원병을 요청하였다.[4] 청은 조선에 군함을 급파하는 한편, 천진조약(天津條約)에 따라 이 사실을 일본에 통고했다. 일본은 이를 조선에 대한 독점적 지배권을 확립할 호기로 삼고 병력을 급파했다. 청 · 일 양국의 주력부대가 각기 아산과 인천 · 서울에 집결했을 때는 이미 전주화약으로 동학군이 해산하고 난 뒤였다. 조정에서는 동학군이 이미 평정되었다는 사실을 통고하고, 각기 군대를 철수시킬 것을 요구했다. 그리하여 청은 일본에 함께

---

4 朝鮮 朝廷이 淸에 救援兵을 요청한 배경에 대해, 종래 學界의 通論은 "東學農民軍이 全州城까지 점령하여 기세를 올리자, 政府는 자체의 군사력으로는 도저히 이를 진압하기 어렵다고 판단하여 淸에 援軍을 요청했다"는 것이었다. 그런데 근래 이태진의 새로운 연구에 의하면, "淸軍의 조선 출병은 조선 정부의 자진 요청에 의한 것이 아니라 駐箚朝鮮總理交涉通商事宜 袁世凱에 의해 강요된 것"이었다. 이태진에 의하면, 朝鮮政府自進請兵說은 1900년 전후 日帝가 조선 정부의 무능을 부각시키려는 의도로 조작한 것으로 보인다(이태진, 『고종시대의 재조명』, 태학사, 2015, 191~193쪽 참조).

철병(撤兵)할 것을 제의했으나, 일본은 '내정(內政) 개혁' 이라는 구실을 내세워 청에 공동으로 간섭(干涉)할 것을 제의했다. 청은 일본의 제의를 거부했다. 일본군은 경복궁(景福宮)을 점거하여 청과 친했던 민씨 정권을 타도하고(1894년 7월 23일), 대원군을 실권자로 옹립했으며, 청일전쟁을 도발하였다(7월 25일).

이와 같은 사태를 주시하고 있던 전봉준은 이윽고 전주에서 동학군을 다시 집결 시켜 일본군과의 항전에 돌입하였다(1894년 10월). 10월의 봉기에는 전국 각지의 동학교도가 호응하였다. 그러나 동학군의 주력 부대는 공주(公州) 전투에서 관군과 일본군의 연합부대에 패퇴하면서 기세가 꺾이었고, 마침내 1895년 1월 완전히 궤멸하고 말았다.

'동학란의 진압' 이란 명목으로 전국을 유린한 일본군은, 내란을 예방하기 위해서는 내정의 개혁이 불가피하다고 하여, 개혁을 요구했다. 조정에서도 더 이상 부패한 구체제를 그대로 온존시킬 수 없었다. 그리하여 이른바 갑오경장(甲午更張)이 추진되었다.

1894년 10월 하순에 새로 부임한 일본 공사 이노우에 가오루(井上馨)는 미리 준비해온 새로운 내정개혁강령을 고종에게 제시하여 그 시행을 강요하였다. 일본이 강요한 새로운 개혁강령도 역시 침략적 정략에 입각한 것이었다. '국왕의 친정(親政)' 이라는 명분으로 자신들이 의도하는 개혁에 장애가 되는 왕비와 대원군의 간섭을 배제하고, '외국인 고문관(顧問官)의 초빙' 이라는 명분으로 일본인의 간섭을 제도적으로 확보하려는 것이었다. 1894년 12월 7일 고종은 마침내 종묘(宗廟)에 나아가 '홍범(洪範) 14조' 를 서고(誓告)했다. 그러나 이러한 개혁조치들은 조선의 현실적 능력에 맞는 자주적 조치가 아니었기 때문에 성공할 수 없었고, 일제의 침략적 사주에 의한 것이었기 때문에 국민의 반발을 초래했다.

* 의병(義兵) 항쟁과 자강(自强) 운동

일본은 청일전쟁에서 승리한 대가로 요동반도(遼東半島)를 할양받았으나, 러시아 · 독일 · 프랑스의 '삼국간섭'으로 요동반도를 청에 되돌려주지 않을 수 없게 되었다. 이 기세로 러시아 공사 웨베르는 조선 궁중에 접근하고, 명성황후와 그 일파도 러시아 공사에 접근하여 일본의 압력과 간섭에서 벗어나려고 하였다. 조정의 친 러시아 경향은 현저하게 나타났다. 일본과 친한 각료들은 내각에서 배제되는 대신, 러시아와 친한 이완용(李完用) · 이범진(李範晋) 등이 내각에 들어갔다. 일제의 강압에 의했던 개혁조치들을 회수하고 옛날 제도로 환원한다는 칙령이 공포되기도 하였다. 청의 세력을 조선에서 몰아내는 데 성공한 일제는 이제는 러시아 세력과 경쟁하게 되었다. 1895년 8월 군인 신분으로 새로 부임한 일본 공사 미우라 고로(三浦梧樓)는 사태를 역전시킬 음모를 꾸몄고, 그것은 명성황후 시해 사건으로 드러났다(乙未事變, 1895년 10월 8일 밤).

일제는 고종에게 친러파를 배제하고 내각을 친일파로 개편하도록 강요했다. 이로써 제4차 김홍집 내각이 성립되었다. 김홍집 내각은 일제가 강요하는 대로 개혁법안을 계속 공포했으며, 그중에는 단발령(斷髮令)이 포함되어 있었다. 명성황후 시해와 단발령은 일제의 조선 침략의 두 극단을 보여주는 것이었다. 이 두 극단 사이에서 이루어진 모든 개혁은 그것이 비록 합리적인 개혁이라 할지라도 국민에게 순순히 받아들여질 수 없었다. 전국 각지의 유생들은 '국모(國母) 시해'에 대한 복수와 '삭발(削髮) 강요'에 대한 반대를 표방하고, 일제와 친일정권에 대한 무력항쟁을 개시했다. 이른바 을미의병(乙未義兵)이 봉기한 것이다. 정부는 전국에서 봉기한 의병을 진압하기 위하여 친위대(親衛隊)의 태반을 지방으로 파견했다. 그리하여 왕궁의 경비가 소홀해진 틈을 타고, 고종과 왕세자는 궁중을 탈출하여 러시아 공사관으로 망명했다(1896년 2월 11일 새벽, 俄館亡命).[5] 이로써 김홍집 내각은 다시 무너지고, 이완용 · 이범진 등 친러파가 다시 득세했다. 김홍집 내각의 김홍집 · 김병하 · 어윤중 등은 민중에 의하여 피살되고, 유길준 · 조의연 등은 일본으로 망명했다.

고종의 아관망명으로 조선에 대한 독점적 지배 야욕이 수포가 되자, 권토중래(捲土重來)를 꾀하던 일제는 마침내 러일전쟁을 도발했다(1904년 2월). 이와 함께 일본군은 무단으로 서울을 점령하고, 2월 23일 조정을 위협하여 한일의정서(韓日議定書)를 체결하였다. 1904년 7월에는 군사경찰훈령(軍事警察訓令)을 만들어 치안권(治安權)을 빼앗은 다음, 8월에는 한일외국인고문용빙(韓日外國人顧問傭聘)에 관한 협정서로 재정권(財政權)을 빼앗았다. 1905년 11월, 러일전쟁에서 승리한 일제는 이른바 '을사보호조약(乙巳保護條約)'을 강요하여 조선의 외교권(外交權)을 박탈하고 통감정치(統監政治)를 시행하였다. 그러나 을사조약은 일제가 우리의 국새(國璽)를 약탈하고 우리 대신(大臣)들을 협박하여 강제로 체결한 '늑약(勒約)'이었다.[6]

---

5 이 사건을 그동안에는 '俄館播遷'이라 불렀는데, 최근에 황태연은 이를 다시 조명하고 '俄館亡命'이라 명명했다(황태연, 『갑오왜란과 아관망명』, 청계, 2017 참조).

6 황태연은 '을사늑약의 勒約性'을 곡진하게 설명한 다음, "'강박에 의한 계약은 무효다'라는 원칙은 사법과 국제공법의 공통된 원칙"이라고 다시 확인한 바 있다(황태

절치부심하던 고종은 1907년 6월 네덜란드 헤이그에서 열린 만국 평화 회의에 이상설 · 이준 · 이위종 등을 특사(特使)로 파견하여, 을사조약의 부당성과 일본의 침략을 폭로하고 국제 사회에 도움을 요청하도록 하였다. 이를 빌미로 일제는 고종을 퇴위시킨 다음, 한일신협약(韓日新協約, 丁未七條約)을 강요하여 내정권(內政權)을 박탈하고,[7] 조선의 군대를 해산시켰다. 을사늑약(乙巳勒約) 이후 다시 봉기한 의병(義兵)은 병탄 이후까지 줄기차게 항일무력투쟁을 전개하였다.

위정척사파가 의병항쟁으로 일제의 국권침탈에 저항했다면, 개화파는 모든 사태의 궁극적 원인을 조선의 무지(無知)와 무력(無力)으로 규정하고 계몽(啓蒙)과 실력양성(實力養成)을 통한 자강운동(自强運動)을 전개하였다. 갑신정변 후 일본에 망명했다가 다시 미국 시민이 된 서재필(Philip Jaisohn)이 귀국하여 〈독립신문〉을 창간하였고(1896년 4월), 이후 근대적인 신문이 속속 창간되어 계몽에 앞장섰다. 1896년 7월에는 '독립협회'가 창립되었으며, 1898년 2월부터는 '만민공동회(萬民共同會)'가 개최되어 이른바 근대적 계몽운동에 이바지했다.[8] 각지에 신식학교가

연, 『갑진왜란과 국민전쟁』, 청계, 2017, 147쪽 참조).

7 조선의 내각총리대신 李完用과 일제의 統監 伊藤博文이 조인한 丁未七條約의 제1조에서는 "한국정부는 시정개선에 관해 統監의 지도를 받을 것"이라 했고, 제2조에서는 "한국정부의 법령의 제정 및 중요한 행정상의 처분은 미리 統監의 승인을 거칠 것"이라 했고, 제4조에서는 "한국의 고등관리를 임명하고 해임시키는 것은 統監의 동의에 의해 집행할 것"이라 했으며, 제5조에서는 "한국정부는 統監이 추천한 일본 사람을 한국의 관리로 임명할 것"이라 했다.

8 '독립협회'는 1896년 7월에 창설되어 1898년 12월 말까지 약 2년 5개월간 존속하였다. 독립협회가 주도한 '萬民(官民)共同會'에 대한 종래 學界의 通論은 '列强의 利權侵奪과 侵略政策을 물리침으로써 한국의 自主獨立을 굳건히 지키고, 自由民權 사상을 보급하는 데 크게 기여했다"는 등의 긍정적 평가가 주를 이루었다. 그런데 근래 이태진의 새로운 연구에 의하면, 독립협회와 만민공동회에는 皇帝의 조종과 親日勢力의

설립되어 근대식 교육을 실시했고, 식산흥업(殖産興業)이 장려되었다. 그러나 독립협회는 얼마 후 망동(妄動)을 거듭하다 해체되고, 그 주요 구성원들은 다시 대한자강회(大韓自强會)를 조직하여 활동했다.[9]

구한말의 자강운동은 '선(先) 실력양성, 후(後) 독립' 이라는 논리를 내세웠다. 이러한 실력양성운동이 일어나게 된 데에는 당시 풍미했던 사회진화론(社會進化論)이 큰 영향을 끼쳤다. 사회진화론에 입각한 실력양성론은, 생존경쟁이 지배하는 국제사회에서 실력이 없는 민족과 국가는 독립을 유지하지 못하고 강국의 침략을 받게 되므로, 하루빨리 실력을 기르는 것만이 국권을 회복할 수 있는 유일한 길이라는 것이었다. 이러한 논리는 약자들에게 실력양성을 호소하는 논리였지만, 반면에 제국주의자들이 자신들의 침탈을 합리화하는 논리이기도 했다.

농간이 개입하고 있었다. 즉 독립협회는 초기에는 주로 高宗의 王政을 뒷받침하는 활동을 했으나, 1898년 봄부터는 정부를 비판하는 것에 주력했는데, 이러한 변화의 배후에서 "일본공사관 측은 아관파천으로 한국정부에 대한 영향력에 큰 손상을 입었지만 이런 분위기 속에서 親日分子들을 교묘하게 이용하여 독립협회를 동원하여 러시아 견제의 목표를 달성하고 있었던 것" 이라 한다(이태진, 『고종시대의 재조명』, 60~62쪽 참조).

9 황태연은 "1897년 11월 이후 한국에서의 서재필의 삶 자체는 日本 密偵 활동으로 이루어졌다" 고 추정하고, "이런 까닭에 『독립신문』이 1897년 말 이래 친일 · 반러주의로 일관했던 것" 이라고 설명한 바 있다. 황태연은 같은 맥락에서 "서재필과 윤치호의 이런 親日的 詭辯과 利敵 言動을 보면서도 『독립신문』과 독립협회의 민권투쟁과 반러투쟁을 '애국계몽' 으로 칭송할 수 있는가? 당시 이들의 행위는 마땅히 당시 2천만 민족 앞에서 '민족반역죄' 로 논죄되어야만 했던 것으로 보인다." 고까지 극언하였다(황태연, 『백성의 나라 대한제국』, 청계, 2017, 853~856쪽 참조).

* 망국(亡國)과 식민지배 체제의 확립

일제의 침략정책이 갈수록 노골화하였는데도, 조선의 무능한 통치자들은 침략적인 외세 앞에서 우왕좌왕할 뿐이었고, 심지어는 외세의 앞잡이로서 매국노(賣國奴)가 되기도 했다. 구한말 민족운동의 세 조류였던 위정척사파 · 개화파 · 동학도 서로 다른 이념과 목표 아래 통일된 역량을 발휘하지 못했다. 이러한 와중에, 1910년 8월, 일제는 그토록 숙원하던 '조선병탄(朝鮮倂呑)' 을 강행했다.

일제는 한국을 병탄하자마자 총독부(總督府)를 설치하고, 헌병경찰을 동원하여 일종의 군사통치를 실시했다. 일제는 군대와 경찰을 통해 물샐 틈 없는 지배 망을 구축했다. 헌병경찰은 일정한 범죄에 대해서는 재판 없이 구금하거나 '즉결처분(卽決處分)' 하는 등 이른바 '무단정치(武斷統治)' 를 자행했다.

일제 초기의 여러 식민 정책 가운데, 대표적인 것은 '민적(民籍) 등록 사업' 과 '토지 조사 사업' 이다. 1909년 3월, 일제 통감부(統監府)는 '민적법(民籍法)' 을 공포하고, 4월 1일부터 시행했다. 민적법은 호주(戶主)를 중심으로 하여 그 친인척을 통합하여 '가(家)' 를 구성하고, 그들 사이의 친족관계를 민적에 기재하는 신분등록(身分登錄) 제도를 꾀한 것이었다. 이는 이중적인 의미가 있었거니와, 한편으로는 "국민의 신분관계를 법률상으로 명확히 하는 동시에 전국의 호수(戶數)를 실수(實數)로 정확히 파악하여 시정(施政)상의 편의에 제공하려는 것" 이었지만, 다른 한편으로는 '조선의 백성' 을 '일제의 백성' 으로 새롭게 등록시키는 것이었다.

한편, 일제는 1910년 3월 토지조사국(土地調査局)을 설치하여 토지 조사에 필요한 준비 작업을 한 다음, 1912년 8월 토지조사령(土地調査令)을 발표하여 토지 조사 사업에 본격적으로 착수하였다. 토지 조사 사업 역시 겉으로는 토지의 소유권을 명확히 하는 등 행정의 편의를 위한 것이었다. 그러나 보다 본질적인 목적은, 모든 토지를 등록시켜 세입(稅入)을 확충하고, 조선의 국유지를 조선총독부 소유지로 개편하며, 기존의 미등록 토지를 총독부가 차지하는 등 식민지적 지배와 수탈을 강화하는 데 있었다.

일제는 또 이미 부설한 경부선(京釜線, 1901년 8월 착공, 1904년 12월 개통)과 경의선(京義線, 1904년 3월 착공, 1906년 3월 개통)에 이어 서울과 원산을 잇는 경원선, 대전과 목포를 잇는 호남선 등의 철도를 건설했다. 그리하여 1910년대에 서울과 대전을 기축으로 한반도의 사방으로 뻗어가는 간선철도망을 갖추었다. 이는 철도를 매개로 일제의 통치력이 전국으로 관통되었음을 의미한다. 뿐만 아니라, 한국에서 생산된 식량과 각종 자원은 철도를 통해 일본으로 반출되었고, 일본의 공산품과 자본은 철도를 통해 한국으로 반입되었다.

요컨대 일제는 조선 병탄과 동시에 민적등록, 토지조사, 철도건설 사업을 통해 식민지배 체제의 골격을 완성해가고 있었다. 그러나 이에 대한 한민족의 반감(反感)과 저항 또한 심화되고 있었다.

*3 · 1운동과 파리장서사건

일제에 대한 반감과 저항은 고종(高宗)의 국장(國葬) 인산(因山)을 계기로, 전국적인 만세운동으로 폭발했다. 1919년 3월 1일, 서울과 평양 등에서 시작된 만세시위운동은 철도 노선과 장시(場市) 등을 따라 전국으로 퍼져, 4월 초에는 전국으로 확산되었다. 3·1운동의 열기는 대한민국임시정부 수립으로 이어졌다. 중국 상해(上海)에서 발족한 대한민국 임시정부는 이후 많은 난관을 겪으면서도 광복의 그 날까지 독립투쟁을 주도하였던 것이다.

3·1운동은 천도교·기독교·불교 계열의 인사들이 주도한 것이며, 만세운동의 준비 과정에서 유림들은 소외되었다. 이에 유림 측에서도 조국의 독립을 위해 무언가 기여를 해야 한다는 분위기가 조성되고, 이는 마침내 '파리장서사건' 등 독립청원운동으로 드러났다. 때마침 프랑스 파리에서 개최되는 강화회의에 장서(長書)를 보내 일제의 폭압적인 조선 병탄 과정을 폭로하고, 조선 독립의 정당성과 당위성을 호소하자는 것이었다. 장서의 내용을 요약하면 다음과 같다.

> 우리 조선이 불행하게도 간악한 일제의 침략을 받아 일시 노예 상태에 있기는 하지만, 4천여 년의 유구한 역사와 전통을 지닌 문명국가로서, 독립자존의 역량을 충분히 갖추고 있다. 따라서 남이 대신 관리하거나 통치해줄 필요가 없는 만큼, 남에게 복종(服從)이나 동화(同化)를 강요받을 수 없다. 귀 강화회의에서 실현코자 하는 민족자결주의의 원칙에 입각하여, 우리 조선에게도 자주독립을 보장해 주도록 요청한다.[10]

파리장서에는 김창숙(金昌淑)·곽종석(郭鍾錫)·김복한(金福漢) 등 137명의 유림 대표가 서명하였다. 이들은 미국 대통령 윌슨(Wilson)의 '민족자결주의' 라는 말에서 희망의 씨앗을 발견하고, 그에 기대를 걸었던

---

10 최영성, 『韓國儒學思想史』 V, 아세아문화사, 1997, 140쪽.

것이다. 그런데 유림의 대표를 선정하고 서명을 받는 과정에서, 일부의 완고한 유림들은 '오랑캐와 함께 일을 꾸밀 수는 없다' 는 입장에서 반대하기도 했다. 사실 얼마 전까지 서양을 오랑캐로 규정하던 유림들이 서양 열강에 조선의 독립을 청원한다는 것에는 납득하기 어려운 점이 있었다. 그리고 기본적으로 서양 열강의 제국주의적 침략정책이 변한 것도 아니었다. 그렇다면 유림들은 도대체 어떻게 해야 하는 것이었던가?

* 처변삼사(處變三事)

유학자들에게 있어서 조선의 망국은 두 의미를 지닌 것이었다. 하나는 주권의 차원에서, '우리의 주권을 부당하게 빼앗긴 것' 이라는 의미이다. 다른 하나는 문화의 차원에서, 사람다움을 실현하자는 '중화(中華)의 문물' 이 짐승 같은 '오랑캐의 문물' 에 의해 파괴된다는 의미이다. 그렇다면 이러한 두 의미가 교차하는 망국의 상황에서, 선비들은 어떻게 행동해야 하는가? 이에 대해, 의암(毅菴) 유인석(柳麟錫)은 다음과 같이 말한 바 있었다.

을미년(乙未年, 1895) 11월, 김홍집(金弘集) 등 여러 역적(逆賊)들이 삭발령(削髮令)을 강행했다. 나는 사우(士友)들과 자주 만나서 '변고에 대처하는 세 가지 방도[處變三事]' 를 논의했다. 거의소청(擧義掃淸), 거지수구(去之守舊), 자정수지(自靖遂志)가 그것이다.

혹자는 말하기를, "하나의 변고에 대처함에는 마땅히 하나의 방도가 있어야 할 것이다. 지금 세 가지 방도를 모색했으니, 누가 '각자의 방식대로 실천하라' 고 했는가? 세 가지 일에는 반드시 우열(優劣)이 있을 것인데, 누가 '우열이 없다' 고 했는가?"

나는 말하기를, "세 가지 일은 모두 정당하며, 우열이 없다. 사람마다 처지가 다르니, 각자의 방식대로 실천할 수 있는 것이다. 옛날에 미자(微子)·기자(箕子)·비간(比干)은 각자 자기의 처지에서 실천한 것인데, 그들의 실천은 모두 함께 인(仁)으로 귀결된 것이다."

혹자는 말하기를, "어찌하여 '세 가지 일이 모두 정당하며, 우열이 없는 것' 인가?"

나는 말하기를, "세 가지는 비록 서로 다른 일이지만, 모두 '이 도(道)를 위하고, 자신(自身)을 깨끗하게 함' 으로 귀결된다. 무릇 이 도(道)는 지극히 중대하고, 우리 자신도 지극히 중대하다. 도(道)가 장차 끝나려 함에 자신도 함께 끝나게 하지 않을 수 없으니, 그러므로 '자정수지(自靖遂志)가 정당하다' 고 말하는 것이다. 도(道)가 장차 상실됨을 참을 수 없음에 자신과 함께 보존되도록 도모하지 않을 수 없으니, 그러므로 '거지수구(去之守舊)가 정당하다' 고 말하는 것이다. 도(道)를 동포(同胞)와 함께 얻고자 함에 자신도 함께 보호하지 않을 수 없으니, 그러므로 '거의소청(擧義掃淸)이 정당하다' 고 말하는 것이다."[11]

'거의소청(擧義掃淸)' 은 의병을 일으켜 왜적을 소탕하는 것이요, '거지수지(去之守舊)' 는 심산유곡(深山幽谷)이나 절해고도(絶海孤島)로 숨어 옛 문물(文物)을 지키며 사는 것이며, '자정수지(自靖遂志)' 는 깨끗하게 목숨

11 『毅菴集』 卷27 頁26~27, 〈雜錄〉.

을 끊어 절의(節義)를 지키는 것이다. 이 셋은 서로 다른 행동 방식이지만, 결코 오랑캐에게 굴복하지 않고 '이 도(道)를 위하고, 자신(自身)을 깨끗이 하겠다'는 점에서는 공통된다. 실제로 당시의 명망 있는 선비들은 모두 이 '처변삼사'를 자신들의 행동원칙으로 받아들이고 있었다.

이상에서 성암 이철영의 삶을 조명하기에 앞서, 시대적 배경을 살펴보았다. 성암은 임술민란 5년 후, 병인양요 1년 후인 '1867년 봄'에 태어났다. 강화도조약은 성암이 10세 때의 일이다. 성암은 28세에 갑오농민봉기를 겪고, 29세에 국모시해사건을 겪고, 39세에 을사늑약을 겪고, 44세에 경술국치를 겪고, 3·1운동이 있었던 '기미년(己未年) 겨울'에 향년 53세로 일생을 마쳤다.

2

가계(家系)와 학맥(學脈)

* 가계(家系)

성암 이철영은 1867년 3월 17일,[12] 충남 공주에서 태어났다. 우선 족보(『慶州李氏草廬文憲公派世譜』)에 근거하여 그의 세계(世系)를 소개하면 다음과 같다.

```
蒨 — 誠中 — 携 — 孝商 —晳 — 龜瑞 — 鯽→
大邦 — 曙 — 惟泰 — 顒 — 端蒙 — 長浚 →
宗翰 — 光重 ┬ 在元 — 鑛 ┬ 萬濟 — 夏榮(系子)
            │            └ 弘濟(出系)
            └ 鍵 — 弘濟(系子) ┬ 夏榮(出系)
                               └ 喆榮
```

---

12 이하 이 책에서 표기하는 날짜는 모두 '陰曆'을 기본으로 한다

성암의 본관(本貫)은 '경주(慶州, 月城)'로서, 그의 가계는 경주이씨 국당공파(菊堂公派)에 속한다. 국당공 천(蒨)은 성암의 18대조이다. 17대조 성중(誠中)은 고려 말기에 태어나 조선의 건국에 참여하여 개국원종공신(開國原從功臣)이 되었고, 벼슬은 좌정승(左政丞)에 이르렀으며, 시호는 정순공(靖順公)이다. 16대조 휴(携)는 한성판윤(漢城判尹)을 지냈으며, 조선 초기의 이름난 학자요 정치가였던 정인지(鄭麟趾)는 그의 사위였다. 이렇게 본다면, 고려 말기에서 조선 초기 사이의 성암의 먼 조상들은 권문세족(權門世族)이었던 편이다.

15대조 효상(孝商)은 감찰(監察)을 지냈고, 14대조 석(晳)은 현감(縣監)을 지냈고, 13대조 구서(龜瑞)는 군수(郡守)를 지냈고, 12대조 즉(鯽)은 집의(執義)를 지냈고, 11대조 대방(大邦)은 참봉(參奉)을 지냈다. 이렇게 본다면, 성암의 조상들은 조선 중기에 이르면서 차츰 사회적 지위가 낮아진 편이다.

10대조 서(曙)는 그의 형 시(時)와 함께 드디어 세거지(世居地) 서울을 떠나 충남 금산(錦山)[13]으로 낙향하였다. 족보에는 "벼슬을 달갑게 여기지 않고, 은거(隱居)하며 스스로 즐겁게 살고자 했다"고 기록되어 있는 바, 그의 낙향은 선조(宣祖) 말기, 광해군(光海君) 초기의 혼미했던 시국(時局)과 관련이 있었던 것으로 보인다.[14] 족보에는 또 "행의(行誼)가 고

---

13 지금의 금산군 금성면 하류리 버드실.

14 성암의 9대조 草廬 李惟泰가 지은 〈花樹會序〉에서는 "우리 先代께서 서울에 世居하시다가, 우리 伯父(時를 지칭함)와 先親(曙를 지칭함)께서 中年에 약간의 田庄을 토대로 錦山에 낙향하시게 되었다. 壬辰倭亂 후에 집안 형편이 더욱 곤궁하게 되자 이곳에서 농업으로 생활을 꾸리셨고, 겸하여 伯父께서 光海君 때 太學生으로서 小人들에게 攻斥을 당하시자, 杜門不出하고 깊은 산과 궁벽한 곳을 좋아하시어, 수십여 년에 걸쳐 오로지 농사짓고 子姪을 가르치는 일로 本業을 삼으셨다."고 서술한 바 있다(『草廬全集』 卷19 頁33, 〈花樹會序〉).

상하여, 읍지(邑誌)에 올랐다" 고 기록되어 있는바, 이것으로 보면 그는 금산에서 좋은 평판을 얻으며 성공적으로 정착한 것 같다. 그가 낙향하여 정착한 금산은 이후 지금까지 후손들의 세거지가 되었다.

성암의 9대조 유태(惟泰)는 금산에서 태어나, 다시 공주(公州)[15]로 이거하였다. 유태는 서(曙)의 셋째 아들이었거니와, 그의 이거는 분가(分家)였다. 그가 분가하여 정착한 공주는 이후 지금까지 후손들의 세거지가 되었다. 그리하여 공주가 성암의 고향이 된 것이다.

유태의 호는 초려(草廬)이며, 유일(遺逸)로 천거되어 벼슬이 대사헌(大司憲)에 이르렀다. 초려는 효종(孝宗)이 등극하자마자 북벌(北伐)을 계획하면서 밀지(密旨)로 징소(徵召)한 '산림오현(山林五賢, 金集 · 宋浚吉 · 宋時烈 · 李惟泰 · 權諰)' 가운데 한 명이다. 초려는 사계(沙溪) 김장생(金長生)과 그 아들 신독재(愼獨齋) 김집(金集)의 문하에서 우암(尤菴) 송시열(宋時烈), 동춘(同春) 송준길(宋浚吉) 등과 함께 수학했는데, 효종은 이들을 자신의 북벌계획을 뒷받침할 주역으로 부른 것이다. 또 초려와 우암 · 동춘은 막역한 사이로서, 학문적 견해와 정치적 진퇴를 함께 하였다. 그런데 갑인예송(甲寅禮訟, 1674) 이후 만년에 우암과 초려 사이에 불화가 생겼다.

초려와 우암은 갑인예송의 과정에서 견해를 같이했고, 결국 남인(南人) 측에 패하여, 초려는 북쪽의 평안도 영변(寧邊)으로, 우암은 남쪽의 경상도 장기(長鬐, 蓬山)로 유배를 당하였다. 초려가 북쪽에서 유배생활을 하고 있는데, 남쪽에서는 '초려가 화(禍)를 모면하려고 예설을 바꾸었다' 는 소문이 떠돌았다. 초려가 죽음을 피하고자 예설에 대한 소신을 바꾸었다는 것이다. 이러한 소문의 진원지는 우암 문하의 송상민(宋尙

---

15 지금의 공주시 상왕동 中湖 마을.

敏)이었다. 그런데 우암은 송상민의 주장이 거짓임을 알고 있었으면서도, 송상민을 꾸짖지 않고, 오히려 초려가 변절한 것처럼 몰아갔다. 그리하여 초려와 우암 사이에 불화가 생기고, 결국 서인 계열이 분열하게 된 것이다.[16]

초려와 우암 사이의 불화는 초려의 후손들에게 적지 않은 불행을 초래했다. '초려가 예설을 바꾸었다'는 소문은 무함(誣陷)임이 모두 밝혀졌음에도 불구하고, 우암의 문도들은 초려의 후손들을 음양으로 핍박했던 것이다. 숙종 이후 조선 말기까지 노론의 집권이 계속되면서, 초려의 후손들은 숨을 죽이고 살아야 했다.

성암의 8대조 옹(顒)은 생원시(生員試)에 1등으로 합격하고 전설사(典設司) 별좌(別坐)를 지냈는데, 32세로 요절했다. 7대조 단몽(端蒙)은 "문학과 행실이 있었다"고 하는데, 드러난 사적이 없다. 6대조 장준(長浚)은 품계가 통덕랑(通德郞)에 이르렀다. 5대조 종간(宗榦)도 "문학과 행실이 있었다"고 하는데, 드러난 사적이 없다. 고조부 광중(光重)과 증조부 재원(在元)은 모두 "도천(道薦)[17]을 받았다"고 하는데, 실직(實職)을 받지는 못한 것 같다. 조부 건(鍵)도 "문학과 행실이 있었다"고 하는데, 드러난 사적이 없다.

성암의 아버지 홍제(弘濟)는 헌종 3년(1837, 丁酉)에 태어나 고종 13년(1876, 丙子)에 40세의 나이로 요절했다. 홍제는 두 아들을 두었다. 첫째 아들 하영(夏榮)은 철종 4년(1853, 癸丑)에 태어나, 종가(宗家)의 백부 만제

---

16 明齋 尹拯은 초려와 우암을 화해시키려고 먼저 사실 관계를 파악하면서, 이 일이 애초에 宋尙敏 등의 誣陷에서 비롯된 일임을 알게 되었다(『明齋遺稿』 別集 卷2, 〈蓬山語錄〉 참조). 요컨대 明齋는 송상민의 무함과 우암의 두둔을 알게 된 것인바, 이것이 훗날 老·少 分黨의 한 遠因이 되었던 것이다.

17 道薦 : 각 道의 관찰사가 道內의 학식이 높고 유능한 人材를 임금에게 추천하는 일.

(萬濟)의 계자(系子)가 되었는데, 고종 14년(1877, 丁丑)에 25세의 나이로 후사(後嗣) 없이 요절했다. 둘째 아들이 바로 성암인데, 성암은 고종 4년(1867, 丁卯)에 태어나, 10세에 부친을 잃고, 11세에 형님을 잃어, 일찌감치 고아(孤兒)가 되었다. 이렇게 본다면, 성암의 선조들은 9대조 초려 이후 차츰 쇠락(衰落)하여, 성암 당대에 이르러서는 완전히 영락(零落)한 처지가 된 것이다.

영락한 집안의 고아였던 성암은 혹은 밭을 매고, 혹은 남새밭을 일구고, 혹은 짚신이나 돗자리를 짜서 할머니와 어머니를 공양(供養)하는 데 모든 노력을 다했다. 하영(夏榮)의 뒤를 이어 만제(萬濟)의 두 번째 계자가 된 회영(晦榮, 1861~1944)은 종가(宗家)의 크고 작은 일을 모두 맡고, 성암에게는 곧바로 스승을 찾아가 유학(遊學)하도록 권했다. 그러나 성암은 할머니와 어머니가 돌아가시고, 상(喪)을 치른 다음, 26세 무렵에야 처가(妻家)가 있는 곳으로 이주하여, 처가에 의지하면서 학업에 전념하게 되었던 것이다.

성암의 장인은 부여(扶餘)의 처사(處士) 겸와(慊窩) 유대원(柳大源, 1834~1903)이었다.[18] 겸와의 본관은 문화(文化)로서, 고려(高麗) 벽상공신(壁上功臣) 차달(車達)이 그 시조이며, 조선조의 개국 일등공신 좌의정 만수(曼殊), 문천부원군(文川府院君) 사공(思恭) 등의 이름난 조상들이 있었다. 겸와의 조부는 증배(曾培), 부는 진태(鎭台)였는데, 드러난 사적은 없는 편이다.

성암은 장인을 스승으로 모시고, 처남 경운(畊芸) 유병위(柳秉蔚, 1870~1919)와 함께 서로 강마(講磨)하여, 학업에 큰 성취가 있었던 것 같다. 성

18 유대원의 호는 '慊窩' 라고도 하고, '自慊窩' 라고도 한다.

암의 처가는 학문이 높았을 뿐만 아니라, 특히 일가가 화목하고 우애가 돈독했었던 것 같다. 이는 처가의 집안이 상부상조에 투철하여 의장(義庄)과 의창(義倉)을 설치한 데서 잘 알 수 있다. 성암이 지은 〈문화유씨의창기(文化柳氏義倉記)〉[19]를 소개하면 다음과 같다.

주(周)나라가 삼물(三物)[20]로 사람들을 가르쳐서 빈객(賓客)으로 등용할 때 어질고 두터운 풍속이 이루어졌으니, 목인(睦姻)[21]의 행실과 주급(周急)[22]의 의리를 모든 사람이 실천할 수 있었던 것이다. 후세로 내려와 말세(末世)가 된 뒤로 풍속이 점점 엷게 바뀌어, 부자간에도 근력을 분할하여 각각 그 재물을 사사롭게 하고, 형제간에도 집을 달리하여 배부르고 굶주림이 고르지 못하니, 어찌 옛날의 아름다운 풍속을 대강이나마 회복할 수 있겠는가? 그 타고난 본성의 아름다움을 잃지 않아 능히 쇠퇴한 풍속을 초월할 수 있는 사람이 하나라도 있다면, 서책에 특별히 기록하여 지금 세상과 다음 세상을 권면하고 경계하지 않을 수 있겠는가? 이것이 주자(朱子)께서 장공예(張公藝)가 아홉 세대에 걸쳐 동거한 사적과 범문정공(范文正公)이 의전(義田)을 설치한 사적을 채택하여 『소학(小學)』에 실음으로써 만세(萬世)에 가르침을 드리운 까닭이다.

우리 자겸와(自慊窩) 선생은 평소에 주자의 글에 종사하면서 큰 뜻을 추구

---

19 『醒菴集』 卷3 頁23~24. 그 義庄의 규모는 40마지기(약 8,000평) 정도였으며, 당시 義庄의 설치와 운영에 관한 기록들이 지금까지 그대로 보존되어 전해지고 있다.

20 三物 : 六德(知 · 仁 · 聖 · 義 · 忠 · 和), 六行(孝 · 友 · 睦 · 婣 · 任 · 恤), 六藝(禮 · 樂 · 射 · 御 · 書 · 數)를 말함(『周禮』 〈地官司徒〉 '大司徒' 條 참조).

21 睦婣 : 九族과 화목한 것을 '睦' 이라 하고, 外戚과 화목한 것을 '婣' 이라 한다.

22 周急 : 가난한 사람을 돕는 것. '急' 은 가난으로 궁지에 몰려 급박한 사람. '周' 는 부족한 것을 보태주는 것.

한 분이시다. 그 전원(田園)에서 거둔 것을 친척들과 공유한 지 오래되었는데, 이윽고 탄식하며 말씀하기를 "우리 집안사람들이 이미 장공예의 집안사람처럼 함께 밥을 지어 먹으면서 살 수 없다면, 혼사(婚事)나 상사(喪事)에 필요한 물품, 아침저녁의 공양(供養)에 많고 적음의 치우침이 없을 수 없으니, 이에 범문정공의 고사(故事)를 따라 의장(義庄)을 설치한다. 또 혜택이 넓지 못할까 두려우니, 주자가 숭안현(崇安縣)에 사창(社倉)을 설치한 예를 모방하여 10말에 2말씩 식미(息米)를 거두어 그 의장을 확대하고자 한다. 그 혜택을 베풀 대상은 반드시 친한 사람으로부터 시작하여 성근 사람까지 미치고, 가까운 사람으로부터 시작하여 먼 사람까지 미루어나가, 끝이 없는 데까지 미치고자 한다."고 하셨다. 이는 실로 삼대(三代 : 夏 · 殷 · 周)의 유풍(遺風)이었던바, 실행한 지 얼마 되지 않아 선생께서 돌아가셨다.

그 맏아들 병위(秉蔚)는 선친의 뜻이 혹 끊길까 두려워하여, 구약(規約)을 거듭 밝히고 종족(宗族)을 모아 상의하였으며, 또한 그 의장 위에 '문화유씨 의장(文化柳氏義庄)' 이라는 여섯 글자를 새긴 현판을 걸었다. 그리고는 내가 그 일을 잘 알고 있다는 이유로 기문(記文)을 청하기에, 그 전말(顚末)을 위와 같이 서술한 것이다.

또한 그 집안사람들에게 고하노니, 마땅히 유규(遺規)를 준수하여 오래도록 고치지 말라. 염자(冉子)는 오병(五秉)을 주어서는 안 되었고 원사(原思)는 구백(九百)을 사양해서는 안 되었다는 것을 알아,[23] 공평하고 공평하게

---

23 孔子의 제자 子華(公西赤)가 齊나라에 심부름을 갔을 때, 冉求가 子華의 母親에게 곡식을 주기를 청하자, 孔子가 釜(여섯 말 네 되)를 주라고 하였다. 冉求가 더 주기를 청하자, 孔子가 다시 庾(열여섯 말)를 주라고 했는데, 冉求가 그 말을 듣지 않고 5秉(1秉은 열여섯 섬)의 곡식을 주었다. 이에 공자는 "公西赤은 齊나라로 갈 때에 살진 말을 타고, 가벼운 갖옷을 입었다. 나는 들으니, '군자는 궁박한 사람을 구해 주는 것이요, 여유가 있는 사람을 더 도와주지는 않는다' 고 하였다."고 말씀하셨다. 한

하여, 홉약(合龠)[24]도 소홀히 하지 않고 푼리(分釐)[25]도 마땅히 써야 하니, 이것이 바로 의장을 설치한 본래의 뜻이다. 어찌 서로 힘쓰지 않을 수 있겠는가?

유씨(柳氏)가 범씨(范氏)에게 보고 느낀 점이 있듯이, 세상 사람들 또한 이 의장에서 보고 느낀 바가 있다면, 그 무엇이 이보다 더 풍속을 교화시키는 데 보탬이 되겠는가? 이는 지금 세상과 다음 세상에 바라지 않을 수 없는 일이다.

위의 인용문에 의하면, 성암의 처가는 가난한 일가를 구휼하기 위하여 '의장(義庄)'을 설치하고, 그 혜택을 주변 사람들에게도 확대해나가기 위해 의장을 바탕으로 '의창(義倉)'을 설치했던 것이다. 이러한 처가의 분위기 속에서, 성암은 어렵지 않게 생활을 의지해가면서 학업에 전념할 수 있었던 것 같다.

* 학맥(學脈)과 교유(交遊)

성암의 선조들은 대대로 기호학파(畿湖學派)의 학맥을 구축하고 있었다. 족보에 의하면, 성암의 11대조 대방(大邦)은 청송(聽松) 성수침(成守琛)의 제자였고, 스승의 호를 본떠 '문송(聞松)'이라는 호를 가지게 되었다.

편, 原思가 공자의 家臣이 되었을 때 곡식 九百을 주었는데, 原思가 사양하였다. 이에 공자는 "사양하지 말라. 네 이웃과 마을과 향당 사람들에게 나누어 주라."고 말씀하셨다(『論語』雍也 제3장 참조).

24 合龠 : '合'은 한 홉(홉은 '되'의 10분의 1), '龠'은 한 홉의 10분의 1.

25 分釐 : '할 · 푼 · 리' 처럼, 소수점 이하의 숫자를 세는 단위.

문송은 청송의 문하에 출입하면서, 청송의 아들 우계(牛溪) 성혼(成渾), 우계의 친구 율곡(栗谷) 이이(李珥)와도 교유하게 되었다.

성암의 9대조 초려는 사계(沙溪) 김장생(金長生)과 신독재(愼獨齋) 김집(金集)의 문하에서 수학했다. 사계는 율곡의 고제(高弟)로 꼽히거니와, 초려는 또 사계의 고족으로 꼽혔다. 성암의 8대조 옹(顒)은 신독재를 스승으로 섬겼다.

성암의 7대조 단몽(端蒙), 6대조 장준(長浚), 5대조 종간(宗榦), 고조부 광중(光重), 증조부 재원(在元), 조부 건(鍵), 부 홍제(弘濟)의 경우, 족보에 사승(師承) 관계의 기록이 없다. 전술한 바와 같이 우암의 문도들은 대개 초려를 무함하고 있었거니와, 그리하여 초려의 후손들은 대대로 우암 계열로부터 음양으로 핍박을 받았다. 이처럼 여의치 못한 형편 속에서, 초려의 후손들은 대개 가학(家學)을 계승하는 데 힘을 썼던 것이다.

성암은 장인 겸와 유대원을 스승으로 모셨다고 했거니와, 이제 겸와의 학맥을 살펴보자. 겸와는 고산(鼓山) 임헌회(任憲晦)를 스승으로 섬겼는데, 고산은 기호학파 중에서 낙론의 학맥을 잇는 학자였다. 기호학파는 호락논쟁(湖洛論爭)을 계기로 호론(湖論)과 낙론(洛論)으로 분열되었는데, 낙론의 학맥은 외암(巍巖) 이간(李柬)과 도암(陶菴) 이재(李縡) 이후, 미호(渼湖) 김원행(金元行), 노주(老洲) 오희상(吳熙常), 매산(梅山) 홍직필(洪直弼), 고산(鼓山) 임헌회(任憲晦), 간재(艮齋) 전우(田愚)로 연결되고 있었다.

이제 겸와의 학문에 대해 살펴보자면, 성암은 스승 겸와의 문집 발문 〈자겸와집발(自慊窩集跋)〉[26]에서 다음과 같이 말한 바 있다.

---

26 『醒菴集』 卷3 頁27~28.

자겸와(自慊窩) 선생은 호중(湖中)의 처사(處士)이시다. 전옹(全翁)[27]을 스승으로 섬겨, 도(道)를 전하는 참된 요결(要訣)을 깨달으셨다. 거경(居敬)을 마음을 보존하는 기반으로 삼으셨고, 궁리(窮理)를 몸을 닦는 요결로 삼으셨다. 일상생활에서는 평범한 도리를 따라 남들이 알아주기를 구하지 않으셨고, 야인(野人)들과 다른 점이 거의 없이 묵묵히 사셨다. 그러므로 세상 사람들이 대부분 기이(奇異)하게 여기지 않았다.

간혹 자겸와 선생을 알아주는 사람들이 있었는데, 예컨대 선생이 새벽마다 사당(祠堂)에 참배하고 제삿날에는 반드시 흰옷을 입는 것을 보고는 다만 '효자(孝子)' 라고 일컬으며, 선생이 심의(深衣)를 입고 홀로 즐겁게 사는 것을 보고는 다만 '옛것을 좋아한다' 고 일컬으며, 선생이 의장(義庄)[28]을 설치하여 가난한 집안사람들을 구휼하는 것을 보고는 다만 '화목을 돈독하게 한다' 고 일컫는다. 또 선생이 황묘(皇廟, 萬東廟)를 복원하라고 요청하고 국모(國母)가 시해되었을 때는 원통하여 상복(喪服)을 입지 않았으며 원수 나라의 물건을 배척하고 멀리한 것에 대해서는 다만 그 '지조(志操)와 절개(節介)' 만을 허여하고, 선생이 40년 동안 하나의 포립(布笠)을 쓰고 늙을 때까지 소탈하게 나물국만 먹은 것에 대해서는 다만 그 '검약(儉約)' 만을 허여하고, 선생이 관례(冠禮)를 할 때엔 반드시 삼가(三加)[29]를 하고 혼례(婚禮)에는 반드시 친영(親迎)[30]을 하며 부부간에는 손님처럼 서로 공경한 것에 대해서는 다만 그 '예(禮)를 안다' 는 것만 허여하고, 선생이 여러 경전(經典)을 연구하고 여러 학자들의 저술을 두루 읽어 모두 융회관통(融會貫通)한 것에 대

---

27 '全翁' 이란 鼓山 任憲晦(1811~1876)를 말한다. 임헌회의 또 다른 號는 '全齋' 였는데, 醒菴은 이를 높여 '全翁' 이라 한 것이다.

28 義庄 : 가난한 宗族 등을 구휼하기 위해 마련한 농장. 義田.

29 冠禮를 할 때, 세 차례에 걸쳐 세 가지의 冠을 씌워주는 것.

30 신랑이 신부의 집에 가서 禮式을 올리고 신부를 맞아오는 禮.

해서는 다만 그 '박식(博識)' 만을 허여하였다. 이는 또한 각각 하나의 선행(善行)을 가리켜 이름 지으려 한 것이니, 어찌 모두 선생을 참으로 안 것이겠는가?

선생의 여러 행실들이 한꺼번에 밝게 빛나는 것은 갑자기 나온 것이 아니요, 사실은 그 유래가 있었다. 대개 성(誠)을 쌓아 배우고 물으니 안으로 덕(德)이 온축되어, 자연스럽게 곳에 따라 발하여 쓰인 것이다. 이는 비유컨대 물이 백 개의 냇물로 나뉘어도 밤낮을 쉬지 않고 흐르는 것은 근원이 있기 때문인 것과 같다.

슬프다. 오랑캐들과 강화(講和)한 뒤로 삼강(三綱)이 매몰되고 구법(九法)이 무너졌다.[31] 저 어리석은 군중들이 물결에 따라 휩쓸리고 무너지는 것은 어찌 족히 이야깃거리가 되겠는가? 이른바 선비의 관(冠)을 쓰고 선비의 옷을 입은 사람들도 점점 그 가운데로 빠져들어, 수레에서 내리고 교목(喬木)에서 내려와 풍부(馮婦)와 진상(陳相)이 되는 것을 부끄러워하지 않는 자들이 수두룩하니,[32] 이와 같이 하면서도 완전한 사람을 볼 수 있겠는가?

---

31 '九法' 은 『書經』의 '洪範九疇' , 즉 '五行 · 五事 · 八政 · 五紀 · 皇極 · 三德 · 稽疑 · 庶徵 · 五福' 을 말한다. 韓退之는 〈與孟簡尙書書〉에서 "楊朱와 墨翟이 서로 어지럽히매 聖賢의 道가 밝아지지 못했다. 聖賢의 道가 밝지 못하면, 三綱이 매돌되고 九法이 무너지며, 禮樂이 무너지고 夷狄이 횡행할 것이니, 어찌 禽獸가 되지 않을 수 있겠는가[楊墨交亂而聖賢之道不明 聖賢之道不明 則三綱淪而九法斁 禮樂崩而夷狄橫 幾何其不爲禽獸也]" 라고 말한 바 있다.

32 '馮婦가 수레에서 내림' 과 '陳相이 喬木에서 내려옴' : 晉나라 馮婦라는 사람이 호랑이를 잘 때려잡았는데, 뒤에 마음을 바꾸어 선비가 되었다. 어느 날 들을 지나가는데 사람들이 호랑이를 산모퉁이에 몰아 놓고서 아무도 접근하지 못하고 있다가, 馮婦가 수레를 타고 오는 것을 보고 달려가 맞이하니, 풍부가 팔뚝을 걷어붙이고 수레에서 내렸다[馮婦攘臂下車]. 이에 여러 사람들은 기뻐하였으나, 선비들은 옛날 버릇을 버리지 못했다고 비웃었다(『孟子』 盡心下 23). 한편 맹자 당시 陳相이 본래 자신이 배우던 학문을 버리고 許行의 학문[農家]을 추종한 것에 대해, 맹자는 "나는 '깊

오직 선생께서는 초야(草野)에 유유자적(悠悠自適) 은거하시면서 그 즐거움을 영원히 잊지 않기로 맹세하셨고, 벼슬자리를 초개(草芥)처럼 보아 편안하나 괴로우나 한결같이 처신하셨으니, 온 세상이 어지럽고 혼탁한 가운데 홀로 맑은 선비를 볼 수 있었던 것이다. 또 선생께서 스스로 지은 자신의 만시(挽詩)에서는 "70년을 살고 온전하게 돌아가니, 돌아감 또한 즐겁도다[七十全歸歸亦樂]"라고 했는데, 이 또한 어찌 우연한 말이겠는가? 무릇 70년 동안 깊은 연못에 임한 듯, 얇은 얼음을 밟은 듯 전전긍긍(戰戰兢兢) 조심하시고서는 돌아가시는 날이 되어서야 비로소 이런 말씀을 하신 것이니, 그 몸과 마음으로 실천하시어 도체(道體)의 완전하고 진실함을 체득하셨던 것을 보통 사람들이 평소에 엿보고 헤아릴 수 없었던 것이다.

오호라. 선생께서 상자 속에 숨겨둔 유집(遺集)이 여러 권이고, 책상 위에 남겨둔 저서(著書)가 10권인데, 선생의 손때 묻은 윤기가 오히려 새롭다. 그 격언(格言)과 지론(至論)은 모두 후세 사람들에게 아름답고 은혜로운 것이다. 그러나 그동안 능력이 부족하여 멈추고 있다가, 지금에서야 유집(遺集)을 간행하여 길이 전하고자 하는 것이다. 감히 한마디 말을 기록하여 나의 우러러 사모하는 마음을 붙이는 바이다.

위의 인용문에 의하면, 겸와는 옛것을 좋아하고, 집안의 화목을 돈독하게 하고, 지조와 절개가 있었고, 검약하고, 예(禮)를 알고, 박식했던 인물로서, 초야에 유유자적 은거하시면서 도체(道體)의 완전하고 진실함을 체득하여 몸과 마음으로 실천했던 분이셨다. 겸와는 『동사촬요(東史

은 계곡에서 나와 높은 喬木으로 옮겨간다'는 말은 들었어도, '높은 喬木에서 내려와 깊은 계곡으로 들어간다'는 말은 듣지 못했다[吾聞出於幽谷遷于喬木者 未聞下喬木而入于幽谷者]"고 비판한 바 있다(『孟子』 滕文公上 제4장).

撮要)』3권, 『예해절요(禮解節要)』3권, 『주문선요(朱文選要)』10권을 엮은 바 있는데, 여기서 그의 학문적 관심을 엿볼 수 있다. 문집으로는 의의 인용문에서 말한 『자겸와집(自慊窩集)』5권 2책을 남겼다. 성암은 '우러러 사모하는 마음'으로 스승을 본받고, 기렸다.

이제 마지막으로, 성암과 교유했던 인물들을 살펴보자. 『성암집』에 보이는 왕복 서한이나 기타 문건을 바탕으로 살펴본다면, 성암이 존장(尊丈)으로 대우한 인물로는 간재 전우, 난곡 송병화, 심암 김지수 등을 꼽을 수 있다.

간재(艮齋) 전우(田愚, 1841~1922)는 주지하듯이 구한말 낙론(洛論) 계열의 종장(宗匠)으로 꼽히는 인물이다. 성암은 간재와 여러 차례 편지를 주고받으며 이기심성론(理氣心性論), 특히 명덕설(明德說)에 대해 논변한 바 있다.

난곡(蘭谷) 송병화(宋炳華, 1852~1916)는 조선 중기의 문신 사우당(四友堂) 송국택(宋國澤)의 후손으로서, 역시 낙론 계열에 속하는 학자이다. 성암은 선조 초려의 『사서답문(四書答問)』을 간행할 때, 난곡에게 그 교정을 부탁한 바 있다.

심암(心巖) 김지수(金志洙, 1845~1911)는 사계(沙溪) 김장생(金長生)의 후손으로서, 1900년 중추원(中樞院) 참의(參議)에 임명되었으나 사퇴하였다. 1910년 일제에게 국권을 빼앗긴 뒤로는 일제가 주는 은사금(恩賜金)을 거절하고 두문불출하면서, 일제의 위협과 유혹을 물리치고 지조(志操)를 지키다가 자결하였다. 돈암서원(遯巖書院)에서 신학(新學)을 설치했을 때 성암은 심암에게 이를 저지하도록 요청했고, 심암이 순국하자 성암은 제문을 지어 기렸다.

심암 김지수와 함께 빼놓을 수 없는 인물은 회천(晦泉) 이학순(李學純,

1843~1910)이다. 그는 태조(太祖) 이성계(李成桂)의 아들 익안대군(益安大君) 이방의(李芳毅)의 후예로서, 전라북도 완산(完山)에서 출생하여 충청남도 연산(連山)의 한양촌(漢陽村)으로 이거하였다. 회천은 단발령에 저항하고, 서원과 향교의 신학 설치를 반대하고, 민적(民籍)에 가입하지 않고, 일제가 주는 은사금을 거절하다가, 자결하였다. 성암의 행적은 여러모로 회천과 궤를 같이한다. 회천이 순국하자 성암은 그의 행장(行狀)을 지어 기렸다.

근재(勤齋) 윤우병(尹禹炳, 1853~1920)은 충청남도 은진(恩津) 사람으로, 조선 전기의 문신 윤곤(尹坤)의 후손이다. 경술국치(庚戌國恥) 이후 두문불출하며 오직 독서를 일삼았고, 일제의 은사금을 거절하여 옥고를 치렀다. 5권 2책의 『근재유고(勤齋遺稿)』를 남겼는데, 성암의 조카 규헌(圭憲)이 그 서문을 썼다.

성암의 친구로는 삼매 윤심구, 소와 김용국, 백당 임석영, 봉양 유인호, 춘계 송의섭 등을 꼽을 수 있다. 삼매(三梅) 윤심구(尹心求)는 글로 왜적을 꾸짖을 만큼 용감했고, 가난하면서도 습득한 물건을 주인을 찾아 돌려줄 정도로 정직했으며, 이름을 숨겨 왜적의 은사금을 모면할 정도로 지혜로운 인물이었다.[33] 소와(素窩) 김용국(金容國)은 사계 김장생의 후손으로서, 성암과 교유가 깊었다. 성암은 그의 아들 김원중(金元中)을 사위로 삼기도 했다. 백당(伯棠) 임석영(林奭榮)은 간재 전우의 문인으로, 고절(苦節)을 지키며 문장에도 능한 인물이었다. 성암과 가까이 살았으며, 서로 뜻이 부합하여 항상 함께 강학하면서 여택(麗澤)한 바가 많았다. 봉양(鳳陽) 유인호(柳寅鎬)는 문화유씨(文化柳氏)로서, 공주(公州)의 황

33 『醒菴集』 卷1 頁29, 〈挽三梅尹公 心求〉 참조.

산(黃山)[34]에서 은거한 인물이다. 성암은 그에게 〈증봉양유사준서(贈鳳陽柳士俊序)〉를 지어 그의 절의(節義)와 은거구지(隱居求志)를 칭송하고, "서로 권면할 것"을 다짐한 바 있다. 춘계(春溪) 송의섭(宋毅燮)은 여산송씨(礪山宋氏)로서, 충청북도 청원군 강내면 월탄리 출신이다. 간재(艮齋)의 문인이었으며, 『동국강감(東國綱鑑)』 20여 권을 편찬하기도 했다.

경운(畊芸) 유병위(柳秉蔚)는 성암의 처남이자 친구로서, 성암이 처가 옆으로 이주한 뒤로는 늘 고락을 함께하며 같이 공부했다. 성암은 그에 대해 "30년 동안 서로 의지하며 살아 정(情)과 의(義)가 모두 깊다."고 말한 바 있다. 성암이 처가에서는 처남 경운과 깊은 정의를 나누었다면, 본가에서는 종형(從兄) 회영(晦榮)과 깊은 정의를 나누었다. 회영은 종손(宗孫)으로서, 종중의 중요한 일들을 특히 성암과 상의했고, 성암에 대해서는 늘 '나의 스승'이라고 말했다. 성암 역시 종형에게 성복(誠服)하면서 "종형은 고인(古人)이시다. 지금 세상에 우리 종형과 같은 분이 몇이나 되겠는가?"[35]라고 칭송했다.

이상에서 성암과 교유한 주요 인물들을 살펴보았다. 그들의 특징을 살펴보자면, 대개 '낙론(洛論) 계열'에 속하는 학자들이었고, 또 '위정척사(衛正斥邪)의 절의(節義)'에 투철한 인물들이었다.

이상의 내용을 정리해 보자. 성암의 학맥은 한편으로는 가학을 통하여 초려 – 신독재 – 사계 – 율곡으로 소급되고, 한편으로는 스승 겸와를 통해 낙론 계열과 연결되었다. 성암의 교유관계도 주로 낙론 계열을 중심으로 형성되었다. 성암은 이처럼 학맥과 교유관계가 주로 율곡학파 낙론 계열과 연결되지만, 성암의 학문(성리학)은 낙론에 치우치지

---

34 지금의 행정구역으로는 충남 논산시 연산면 일대이다.

35 『龍湖農圃兩世合編』, 〈(龍湖公) 家狀〉, 11쪽.

않았다. 성암은 매산(梅山) 홍직필(洪直弼)의 성리설을 비판하고, 호·락 양론을 종합하여 지양시키고자 노력하는 등, 학맥의 지론에 얽매이지 않고 공정한 입장을 견지하려고 노력했던 것이다.

성암은 성리설(性理說)에 있어서는 한결같이 율곡설(栗谷說)을 표준으로 삼았다. 성암의 「사상강설(泗上講說)」은 '한말(韓末) 성리학의 금자탑(金字塔)'이라 할 수 있거니와, 「사상강설」은 한결같이 율곡설을 준거로 삼아 성리학의 이론을 해명하고, 여러 학자의 성리설에 대해 논단(論斷)한 것이다.

한편, 성암은 의리(義理)에 있어서는 임진왜란 때의 중봉(重峯) 조헌(趙憲)과 제봉(霽峰) 고경명(高敬命)의 의병항쟁 정신을 숭상했고, 병자호란 후의 청음(淸陰) 김상헌(金尙憲)과 우암 송시열 및 선조 초려의 숭명배청(崇明排淸) 의식을 계승했다. 성암의 불굴의 항일(抗日) 정신은 멀리는 공·맹·정·주(孔孟程朱)의 존화양이론(尊華攘夷論)을 계승하는 것이지만, 가까이는 우리나라 선현들의 항일(抗日)·배청(排淸) 의식을 계승하는 것이었다.

3

생애 : 〈가장(家狀)〉

성암은 1867년(高宗 4년, 丁卯) 3월 17일 충남 공주에서 태어나, 생애의 전반기를 공주에서 보내고, 26세 무렵 부여로 이주하여, 1919년(己未) 12월 6일[36] 향년 53세로 일생을 마쳤다.

성암의 생애를 살필 수 있는 자료로는 조카 긍당(肯堂) 이규헌(李圭憲, 1896~1976)이 지은 〈가장(家狀)〉과 문인(門人) 우재(愚齋) 유인택(柳寅澤, 1890~1973)이 지은 〈행장(行狀)〉이 있다. 〈가장〉과 〈행장〉 모두 비교적 자세한 편이어서, 성암의 일생을 조망할 수 있는 훌륭한 자료가 된다. 그런데 〈행장〉보다 〈가장〉이 조금 더 자세하기에, 〈가장〉을 번역하여 그대로 소개하고자 한다.

---

36 陽曆으로는 '1920년 1월 26일' 이다.

* 〈성암 선생 가장(家狀)〉[37]

선생의 휘(諱)는 철영(喆榮), 자(字)는 계형(季衡), 호(號)는 성암(醒菴), 초휘(初諱)는 은영(殷榮), 성(姓)은 이씨(李氏)이니, 경주인(慶州人)이다. 시조(始祖)는 신라(新羅) 좌명공신(佐命大臣) 휘 알평(謁平)이시다. 고려조(高麗朝)에는 송암(松巖) 문희공(文僖公) 휘 세기(世基)와 국당(菊堂) 문효공(文孝公) 휘 천(蒨)이 계셨고, 조선조(朝鮮朝)에는 의정(議政) 정순공(靖順公) 휘 성중(誠中)이 계셨는데, 모두 문장(文章)과 덕업(德業)으로 세상에 크게 떨쳤다. 뒤에 또 높은 벼슬이 계속 이어져, 여섯 번 전하여 봉사(奉事) 증승지(贈承旨) 휘 대방(大邦)께서는 율곡(栗谷)과 우계(牛溪) 두 선생께 종유(從遊)하였고, 호는 문송(聞松)이시다. 문송공께서 휘 서(曙)를 낳으시니, 이조참판(吏曹參判)에 증직되셨고 호는 월봉(月峯)이시다. 문송공과 월봉공 두 분은 모두 지극한 행실이 있으셨다. 월봉공께서 휘 유태(惟泰)를 낳으시니, 유일(遺逸)로 대사헌(大司憲)에 임명되셨고, 시(諡)는 문헌(文憲)이시다. 연원(淵源)과 정학(正學)으로 우뚝하게 유종(儒宗)이 되셨으니, 세상에서는 초려선생(草廬先生)이라고 일컬었다. 별좌(別坐)를 지내고 이조참판(吏曹參判)에 증직되신 휘 옹(顒) 이후로, 또 네 번 전하여 휘 광중(光重)은 선생의 고조(高祖)이시다. 증조(曾祖)의 휘는 재원(在元), 호는 호은(湖隱)이시다. 조(祖)의 휘는 건(鍵)이신데, 대를 이을 아들이 없어 백씨(伯氏) 휘 황(鐄)의 둘째 아들 휘 홍제(弘濟)를 아들로 삼았는데, 이분이 바로 선생의 아버님이시다. 모두 문학(文學)과 행실(行實)로 가법(家法)을 전하고 지키셨다. 어머님은 상산박씨(商山朴氏) 통덕랑(通德郞) 휘 용원(龍遠)의 따님

37 『醒菴集』 卷8 頁1~19.

이요, 참판(參判) 휘 희현(熙顯)의 손녀로서, 단정하여 여사(女士)의 풍모가 있으셨다. 고종(高宗) **정묘(丁卯, 1867년) 3월 17일** 인시(寅時)에 공주(公州)의 중동(中洞)에서 선생을 낳으시니, 이곳은 사실 문헌공(文憲公)의 옛터이다.

선생은 태어나면서부터 생김새가 빼어나게 아름다웠고, 골격이 장대(長大)하였다. 겨우 7~8세가 되었을 때 어른처럼 의젓하여, 어른들께서는 모두 큰 그릇이 될 것이라고 기대하셨다. 선생께는 백씨(伯氏)가 계셨는데, 먼저 종가(宗家)에 세부(世父)의 후사(後嗣)로 들어갔으나, 일찍이 고아가 되고 질병이 있었다.[38] 종손(宗孫)과 지손(支孫)의 식구들이 한집에 살다가, 마침내 가솔(家率)을 이끌고 연산(連山)의 휴정(休亭)으로 이사했다.

병자년(丙子年, 1876년, 선생 10세)에 황고(皇考) 학생공(學生公)께서 돌아가셨다. 객지에서 크게 터를 잡는다는 것이 더욱 아득하여, 상례(喪禮)를 치르는 것을 계기로 고향으로 돌아왔다. 다음 해에 백씨께서 또 후사가 없이 일찍 돌아가시니, 집안에는 종손 · 지손을 합쳐서 상복(喪服)을 입은 과부(寡婦)가 그득했고, 남자라고는 다만 선생 혼자뿐이었다. 날마다 눈물을 흘리며 서로 대하는데, 집안이 꼴을 이룰 수가 없었다. 이에 문중(門中)의 어른들이 상의하여 호은공의 종증손(從曾孫) 용호공(龍湖公)을 종가(宗家)의 두 번째 계자(系子)로 정하여 제사를 주관하도록 했으니, 이 분이 바로 선생의 당종형(堂從兄)이시다.[39] 크고 작은 집안일을 모두 종씨(從氏)께서 맡으시고, 곧바로 스승을 찾아가 유학(遊學)하도록 했는데,

---

38 伯氏의 諱는 夏榮(1853~1877). 宗家의 伯父 諱 萬濟(1824~1863)의 後嗣로 들어갔는데, 11세에 고아가 되었고, 25세에 작고했다.

39 龍湖公의 諱는 晦榮(1861~1944).

선생께서는 이미 선조(先祖)를 이어 진덕(進德)하고자 하는 뜻을 품고 계셨다.

그때 처사(處士) 겸와(慊窩) 유대원(柳大源) 옹(翁)께서 부풍(扶風)의 당리(唐里)에서 숨어 살면서 강학(講學)하고 계셨는데, 선생은 이미 그 집안에 장가들어 왕래하면서 가르침을 받고 계발(啓發)한 바가 많았었다. 그러나 항상 집안은 가난하고 부모님은 연로하신 까닭에 곁을 떠나기 어려워, 다시 오로지 학업에 힘쓸 수 없었다. 이에 선생은 "책을 읽고 이치를 밝히는 것은 장차 실행하려는 것인데, 실행하는 방도는 어버이를 섬기는 것보다 우선하는 것이 없다."고 말씀하고는, 혹은 밭을 매고, 혹은 남새밭을 일구고, 혹은 짚신이나 돗자리를 짜서 부모님을 공양(供養)하는 데 모든 노력을 다했다. 항상 종씨(從氏)와 함께 당(堂)에 올라 안색을 부드럽게 하여 좌우로 각각 그 사랑과 공경을 다하여, 제당(諸堂)께서 모두 매우 기뻐하셨다.

무자년(戊子年, 1888년, 선생 22세)에 할머니 유인(孺人) 안씨(安氏)의 상(喪)을 당하였고, 다음 해에 또 어머니 유인(孺人) 박씨(朴氏)의 상을 당하여, 연달아 4년 동안 예법(禮法)에 따라 슬퍼했다. 상복을 벗은 다음, 종씨에게 "일찍 고아가 된 나머지의 삶에, 지금 또 의지할 곳을 잃었습니다. 이미 지하(地下)로 따라가 모실 수 없는 일이라면, 이제부터 힘써야 할 것은 오직 학업(學業)뿐입니다."라고 말씀드리고, 마침내 겸와(慊窩) 옹이 계신 이웃으로 이주(移住)하였다. 날마다 저녁때까지 가르침을 받으며 모르는 것을 탐구하니, 학문이 성큼 깊은 경지에 이르렀다. 물러나서는 그 맏아들 경운(畊芸) 유병위(柳秉蔚) 공과 함께 서로 강마(講磨)하여, 덕업(德業)이 날로 진보하여, 우뚝하게 사우(士友)들의 표준(標準)이 되었다.

계묘년(癸卯年, 1903년, 선생 37세)에 갑자기 겸와 응의 상을 당하여 곡(哭)한 다음에는, 더욱 우러러볼 곳이 없게 되자, 경운에게 "지금 세도(世道)가 더럽게 추락함이 날마다 더욱 심해진다. 우리들의 처세(處世)는 진실로 그 의리(義理)에 알맞게 하기 어려운바, 진실로 익숙하게 강구하여 힘써 실천하지 않는다면, '회경(懷慶)'[40]이라는 조롱을 면할 수 있는 자가 드물 것이니, 두렵지 않겠는가?"라고 말하고, 일상의 모든 일을 다 고도(古道)에 따라 스스로 규율하여, 일찍이 풍속에 따라 사람들이 하는 대로 하는 경우가 없었다. 이보다 앞서, 세속에서는 녹(祿)을 구하는 것을 중시하고, 사람들은 다투어 이름을 팔았다. 어떤 사람이 선생께 과거(科擧) 공부를 권하자, 선생은 확고한 마음으로 흔들림 없이 "지금 나라의 운명이 이처럼 위태로운 것은 실로 선비들이 염치(廉恥)를 잃고 내수(內修)와 외양(外攘)이 방책을 잃은 까닭이다. 그런데도 한 사람이라도 바른말을 했다는 소리를 들어보지 못했다. 다만 녹을 얻고 잃음을 근심하는 것으로 기량(伎倆)을 삼으니, 이것이 어찌 뜻있는 선비와 어진 사람이 할 일이겠는가?"라고 답하고, 자신을 더욱 수렴하여 경(敬)과 의(義)를 함께 지키고, 〈고계천군문(告戒天君文)〉을 지어 스스로를 성찰하였다.

갑진년(甲辰年, 1904년, 선생 38세)에 철도(鐵道)가 선영(先塋)을 침범하는 화(禍)가 생겼는데, 그 일을 주관하는 자는 우리나라 사람이었다. 선생이 분개하여 말하기를 "비록 흉악한 사람이라 할지라도, 선현의 분묘에 어찌 이런 변고가 생기게 할 수 있는가?"라 하고, 걸어서 상경(上京)하여 통절하게 항의하였다. 이어서 충청도 유림들의 건의문(建議文)이 올라가자, 일이 마침내 잘 해결되었다.

---

40 '懷慶'은 元나라의 유학자 許衡이 살던 곳의 地名. 許衡은 宋나라의 遺民으로서 오랑캐 元나라에서 벼슬했다는 이유로 많은 비판을 받았음.

을사년(乙巳年, 1905년, 선생 39세)에 난곡(蘭谷) 송병화(宋炳華) 공을 찾아 뵙고 문헌공(文憲公)이 지은 『사서답문(四書答問)』을 교정했으며, 그 뒤로도 편지로 '이적(夷狄)의 세상을 살아가는 방도'를 질문하고 가르침을 받았다. 얼마 후 왜구(倭寇)가 억지로 조약을 강요했다는 소식을 듣고는, 그윽이 의병(義兵)을 일으키고자 하는 적개심(敵愾心)이 있었으나, 그럴 수 있는 형편이 못되었다.

그 뒤로 오랑캐의 가르침이 점점 치열해져, 각지의 향교(鄕校)와 서원(書院)에서 이른바 '신학(新學)'을 설치했다. 그러자 많은 사람들이 그리로 휩쓸리듯 몰렸거니와, 진실로 '명철한 사람 치고 어리석지 않는 이 없다[靡哲不愚]'는 근심이 있었다. 선생은 이러한 소식을 듣고, "신주(神州)가 가라앉은 뒤로,[41] 우리 동방이 공맹(孔孟)의 道를 보존하고 있었다. 그런데 지금 또 이처럼 신학(新學)에 휩쓸린다면 그 해로움은 홍수(洪水)나 맹수(猛獸)보다도 심할 것이다. 선비 행색을 하는 사람들이 어찌 깨끗하게 단속하지 않을 수 있겠는가?"라고 개탄했다. **무신년(戊申年, 1908년, 선생 42세)**, 선생은 마침내 부여향교(扶餘鄕校)에 편지를 보내, 다음과 같이 말했다.

당우삼대(唐虞三代)의 道와 공맹정주(孔孟程朱)의 학문이 바로 우리 동방의 종교(宗敎)입니다. 이 道는 무슨 道이겠습니까? 오륜(五倫)과 삼강(三綱)이 바로 그것입니다. 이 학문은 무슨 학문이겠습니까? 이 道를 밝히는 학문입니다. 이것을 벗어나면 이적(夷狄)이고 금수(禽獸)입니다. 춘추(春秋)의 의리는 '중화(中華)를 존중하고 이적(夷狄)을 물리침[尊華攘夷]'을 중대하게 여

41 조선시대의 儒學者들은 中華의 明나라가 오랑캐 淸나라에 멸망한 것을 '神州가 가라앉았다[神州陸沈]'고 표현했다.

깁니다. 어찌 감히 신학(新學)을 성인(聖人)의 학교 안에 들여놓는다는 말입니까?

위의 편지는 경운(畊芸)과 연명한 것이다. 또 돈암서원(遯巖書院)에 편지를 보내, 다음과 같이 말했다.

돈암서원(遯巖書院)은 우리 노선생(老先生)의 신주(神主)를 모신 곳입니다. 저희 선조 초려(草廬)께서 사계선생(沙溪先生)께 나아가 도의(道義)를 강마하던 일을 생각한다면, 어찌 차마 이 일에 무관심하여 구제하여 그치게 하는 한마디 말이 없을 수 있겠습니까? 무릇 3천리 강토(疆土), 5백년 종사(宗社), 5천년 도맥(道脈)이 모두 계란을 쌓아놓은 것처럼 위태로우니, 이것이 누구 때문이겠습니까? 저 왜구(倭寇)들은 같은 하늘 아래 함께 살 수 없는 원수라는 것은 두말할 필요도 없을 것입니다. 그런데 지금 도리어 저 왜적들이 하는 짓을 멋모르고 흉내 내어, 자신의 이름을 더럽히고, 사계선생께서 오르내리시던 뜰을 더럽히니, 어찌 매우 치욕스러운 일이 아니겠습니까?

선생은 또 일찍부터 두터운 명망(名望)을 얻었으나 작록(爵祿)에 눈이 어두웠던 어떤 기로숙유(耆老宿儒)에게도 편지를 써서 간절하게 책망하고, 다시는 너그럽게 대하지 않았다.

이보다 앞서, 왜인들은 속임수를 써서, 우리나라를 거짓으로 높여 '자주독립국(自主獨立國)' 이라 하고, 우리 임금님을 높여 '황제(皇帝)' 라 부르고, 국호를 바꾸어 '대한(大韓)' 이라 했다. 그리하여 정교(政教)에서는 비록 '대한황제(大韓皇帝)의 칙명(勅命)' 이라 했지만, 사실은 왜인들이 자기들 멋대로 결정하고 시행하는 것이었다. 또 우리 임금을 협박하여 동궁(東宮)께 선위(禪位)하도록 하고, 수시로 정책을 뒤바꾸면서 점차 우리나라를 병탄하려는 술책을 꾸몄다. 당시의 신하와 많은 사람들은 곧이 거짓 존숭(尊崇)을 영광으로 여겨, 글에서 숭정연호(崇禎年號)를 쓰는 것을 폐지하였다. 선생께서는 이에 대해 다음과 같이 말한 바 있다.

> '조맹(趙孟)이 귀하게 해준 것은 조맹이 천하게 할 수 있다.'[42] 지금 연호를 제정하고 황제라 칭하는 것은 우리나라 스스로의 힘으로 이룬 결과가 아니요, 오직 수적(讎敵)의 농간에서 나온 것인바, 그들이 거짓으로 우리 임금을 높이는 것은 반드시 뒷날 내쫓을 조짐인 것이다. 만약 뒷날 우리 임금을 '산양(山陽)' 이나 '안락(安樂)' 이라는 칭호로 폄하한다면,[43] 이 또한 우리 임금의 칭호라 하여 그렇게 불러야 하겠는가? 진실로 기미(幾微)를 아는 선비라면, 어찌 다시 그들이 주고 빼앗음의 높고 낮음에 따라 우리 임금의 칭호를 높이고 낮추겠는가? 그렇다면 우리나라는 저 왜인들에게 무엇이겠는가? 다만 우리의 예의를 행하여, 옛날의 법도를 따르는 것이 옳을 것이다. 하물며 문서에 숭정연호(崇禎年號)를 쓰는 것은 우리 동방 선유(先儒)들의 존주대의(尊周大義)였는데, 어찌 오늘에 이르러서 쓰지 않겠는가? 반드시 '대일통(大一統)의 진주(眞主)'[44]가 일어난 다음에야 비로소 고칠 수 있는 것이다.

기유년(己酉年, 1909년, 선생 43세), 왜적들은 더욱 사나워져, 황제의 칙

---

42 『孟子』 告子上 제17장에 보이는 말로, '남이 준 것은 남이 빼앗을 수도 있다' 는 뜻.

43 後漢의 獻帝는 魏의 曹丕에게 강제로 禪位하고 '山陽公' 이 되었으며, 蜀漢의 後主 劉禪은 魏에 항복하여 '安樂公' 에 봉해졌다.

44 '大一統의 眞主' 란 覇道가 아니라 王道에 입각하여 '천하를 통일시킨 聖王' 을 말한다. 醒菴의 주장은, 이런 聖王이 등장할 때까지는 崇禎年號를 계속 쓰고, 聖王이 등장한 다음에는 그 聖王의 年號를 써야 한다는 것이다.

명을 가탁하여 나라 안의 판적(版籍, 戶籍)을 모두 거두어들였다. 온 나라가 모두 겁을 먹고 두려워하여, 왜적들에게 석권(席捲)을 당하는 기세였다. 선생은 이를 '박상절부(剝床切膚)의 재앙'[45]으로 여기고, 의리상 '왜적의 호적(戶籍)에 편입하여 삶을 도모할 수는 없다'고 여겼다. 선생은 마침내 편지를 써서 일본(日本) 정부에 보내 '일본의 노예가 될 수 없다'는 뜻을 보여주고, 아울러 그들의 죄를 하나하나 열거하였다. 그것을 요약하면 다음과 같다.

> 갑신년(甲申年, 1884년) 다케조에 신이치로(竹添進一郎)의 난리 때엔 우리 성상(聖上)을 겁박하여 자리를 옮기게 했고, 우리 재상(宰相)을 죽였다. 갑오년(甲午年, 1894년) 오토리 게이스케(大島圭介)의 난리 때엔 우리 궁궐을 약탈하고 우리의 전장문물(典章文物)을 훼손했다. 을미년(乙未年, 1895년) 미우라 고로(三浦梧樓)의 변란 때엔 우리 모후(母后)를 시해하여 만고에 없던 역적질을 했다. 을사년(乙巳年, 1905년) 이토 히로부미(伊藤博文), 하야시 곤스케(林權助), 하세가와 요시미치(長谷川好道) 등의 변란 때엔 병사를 이끌고 대궐에 들어가 억지로 조약을 꾸미고, 우리 정부를 협박하여 통감(統監)을 설치하고, 오늘에 이르기까지 징세(徵稅)와 작상형벌(爵賞刑罰)을 자기들 마음대로 하고 있다. 또한 우리 궁전과 우리 도성을 헐고, 우리 군대를 해산시키고, 우리 백성을 신첩(臣妾)이나 노예로 만들고자 하며, 그밖에 인의(仁義)를 막아 이륜(彝倫)을 무너뜨리고, 충성스런 양민(良民)을 체포하여 우리나라의 원기(元氣)를 끊고자 하며, 난적(亂賊)들을 유혹하여 '호랑이 앞의

45 『周易』 剝卦 六四 爻辭에 "牀을 깎아 살갗에 미침이니, 흉하다(剝牀以膚 凶)"고 했는데, 象傳에서는 "'剝牀以膚'는 재앙에 매우 가까운 것이다(剝牀以膚 切近災也)"라고 풀이했다.

창귀(倀鬼)' 로 삼고자 하며, 어리석은 백성을 모아 몰래 멕시코(Mexico)에 팔아넘기고, 철도를 부설하여 무덤 속의 백골(白骨)에까지 재앙이 미치며, 산에는 광산(鑛山)을 만들고 바다에는 항만을 만들어 우리나라의 재원(財源)을 빼앗으며, 화폐를 농간하여 우리 백성의 고혈(膏血)을 짜내는 등, 무릇 전후(前後) 이러한 부류의 학정(虐政)을 이루 헤아릴 수 없으니, 이는 전일(前日)의 서약(誓約)을 어기는 것일 뿐만 아니라 장차 인종(人種)을 바꾸는 무서운 음모를 꾸며 우리나라 사람들의 씨를 말리려는 짓이다. 흥분한 말이 여기에 이름에, 마음이 아프고 뼈가 끊어지는 듯하여, 차라리 별안간 모르는 척하고픈 생각도 든다.

옛날 역사에 비추어보아도, 이처럼 심한 예가 없었다. 지금 일본이 무슨 대비책이 있기에 뒤탈이 없을 수 있겠으며, 또 천하의 군대를 움직이지 않게 할 수 있겠는가? 죄악이 쌓이면 반드시 죽임을 당하고, 너무 강하면 결국 부러지는 것은 자연스러운 이치이다. 지금 우리나라의 국운(國運)이 비록 일시적으로 막혔으나, 끝내는 하늘이 정한 이치가 사람을 이기는 것이니[天定勝人], 오늘의 일본도 예전 임진년의 경우처럼 참혹하게 패망하지 않으리라는 것을 어찌 알겠는가? 지금 오히려 침략을 멈출 수 있는 때를 당하여 '나의 춤은 이미 시작되었다' 고 말하지 말고, 급히 '전철(前轍)의 과오' 를 시정하라. 진실로 신의(信義)를 지키고 항심(恒心)을 지녀, 조선과 일본이 각각 그 정사(政事)를 닦아 영원히 서로 편안하게 한다면, 매우 다행이겠다.

이 편지를 부여읍(扶餘邑)에 주재하는 왜인에게 보내어, 그로 하여금 본국 정부에 올리도록 하였다. 그러자 곧 부여읍에 주재하는 왜인과 장졸(將卒) 6~7명이 와서 선생을 심문하고는, 체포하여 부여읍으로 끌고가 하룻밤을 묵고, 다음 날 아침 다시 포박하여 홍산경찰서(鴻山警察署)

로 옮겨갔다. 서장(署長) 왜인은 '포박을 풀라'고 명하고, 이어서 물었다. (이하 對話體로 번역)

倭警 : 할 말이 있는가?

선생 : 내가 말하고 싶은 것은 이미 장서(長書)에서 다 말했으니, 다시 특별히 다른 할 말이 없다. 그런데 부자(父子)와 군신(君臣)은 사람의 대륜(大倫)이거늘, 그대들은 어찌하여 그대들의 부모를 떠나고 그대들의 군주를 버린 채 우리나라에 오래 머물면서 돌아가지 않는 것인가?

倭警 : 우리는 우리 정부의 명령으로 와서 한국(韓國)을 보호하는 것이다.

선생 : 일본이 처음부터 지금까지 세계 여러 나라 사람들에게 말할 땐 '조선(朝鮮)을 보호한다'고 감히 선언했으나, 실제로는 온갖 흉악한 짓을 끝없이 저지르는 것은 무슨 까닭인가?

倭警 : 만일 일본의 개화(開化)한 힘이 없었더라면, 한국은 이미 러시아 차지가 되었을 것이다.

선생 : 우리나라가 개화하기 전에는 위로는 인륜(人倫)이 밝혀지고 아래로는 교화(敎化)가 행해져서, 5백년 오랜 세월 동안 찬탄하고도 흡족한 역사가 이어져 왔다. 그런데 개화한 뒤로는 불과 수십 년 만에 이처럼 나라가 무너졌다. 그대가 말하는 '개화'가 이처럼 남의 나라를 망하게 하고 사람의 도리를 소멸시킨 것이다. 개화의 근원은 사실 서양에서 나온 것인데, 일본이 영국으로부터 개화를 받아들일 때, 영국이 일본 정부를 빼앗았던가? 군대를 해산시켰던가? 도성(都城)을 허물었던가? 일본의 군주

를 겁박하여 파천(播遷)시켰던가? 일본의 왕비를 살해했던가? 영국은 일본에 이러한 짓을 하지 않았거늘, 일본은 무슨 까닭으로 조선에 이러한 짓들을 하는가? 이것으로 보자면, 일본은 '중화(中華)의 죄인' 일 뿐만 아니라 또한 '개화의 죄인' 이기도 하다.

倭警 : 형세의 부침(浮沈)에 따라 마름질하여 활용하는 것이다.

선생 : 일본이 임금을 시해하고 개화한 것과 부모를 죽이고 대신 세운 것도 부침을 따르는 도리인가?

(여러 倭警들이 크게 노하여, 칼을 빼 들어 위협하고자 했다.)

선생 : 내가 말하는 것은 만고의 대의(大義)요, 너희가 믿는 것은 한 조각의 칼날이다. 너희는 내 몸을 죽일 수 있을 뿐이니, 어찌 나의 의리를 빼앗을 수 있겠는가? 그대는 『맹자』에서 말한 '천유지도(穿踰之盜)' 를 아는가? 무릇 이 도적이 밤을 이용해 담을 넘거나 벽을 뚫고서 재물을 훔치고서는 남들이 알까 두려워하니, 일본이 조선에 행한 짓이 거의 다 이런 부류이다.

(왜인은 또 設問하여 물었다)

倭警 : 이웃에 화재(火災)가 나면, 가서 도와야 하겠는가?

선생 : 가서 도와야 한다.

倭警 : 우리 일본인이 대한의 화재를 구원하러 왔거늘, 그대가 일본을 원수로 대하는 것은 무슨 까닭인가?

선생 : 그대들은 '불을 끄러 온 사람들[救火者]' 이 아니라, 바로 '불을 내러 온 사람들[放火者]' 이다. 만약 그대의 말대로 불을 끄러 왔다면. 불이 꺼졌으면 돌아가야 할 것이다. 그런데 여기에 그대로 머무르고 있을 뿐만 아니라, 또한 불난 집의 재산을 몰래 탈

취하려고 함은 무슨 까닭인가? 그대들은 속히 철수하여 돌아가라. 우리는 우리 식구들과 함께 우리의 산업을 다스릴 것이다.

일을 논하고 이치를 논함에 답변이 격렬하고 절실했다. 왜인 역시 '훌륭한 말씀, 훌륭한 문장' 이라고 일컬었다. 홍산경찰서에서 며칠을 억류하다 풀어주어, 집으로 돌아가게 했다. 얼마 안 되어, 부여에 주재하는 왜인이 다시 선생을 끌고 가, 억지로 호적에 편입시키고자 했다. 선생이 눈을 부릅뜨고 "나는 차라리 죽어 조선(朝鮮)의 귀신이 될지언정, 살아서 일본(日本)의 백성이 되지는 않을 것" 이라고 꾸짖자, 왜인이 크게 성내며 "그대는 한낱 백성으로서 감히 정부에 항거하는가?" 라고 말하고, 큰 몽둥이로 매우 심하게 구타하고서 내쫓았다. 얼마 후 또 홍산경찰서로 끌려갔다. 선생은 그때 또 〈다시 일본 정부에 보내는 편지〉를 작성하여, 다음과 같이 말했다.

지금 천하가 어지러워 무력(武力)과 용맹(勇猛)을 숭상하고 문화(文化)와 도덕(道德)을 멸시하며, 인의(仁義)를 버리고 공리(功利)를 추구하는 데 급급하니, 마침내는 결국 강상(綱常)의 도리가 끊기어 사람들이 서로 잡아먹는 데 이를 것이다. 내가 지난번 편지에서 한마디 말을 꺼냈던 것은, 대개 우리의 종묘사직(宗廟社稷)을 되살리고 우리 선왕의 정교(政敎)를 다시 닦아, 강상의 도리를 다시 밝혀, 국가가 천명(天命)을 영원히 누릴 수 있는 기초로 삼고 백성이 전화위복(轉禍爲福)할 수 있는 바탕으로 삼으려는 뜻이요, 그런 다음에 또 이 道를 미루어 천하에까지 파급시켜, 부자(父子) · 군신(君臣) · 부부(夫婦) · 장유(長幼) · 붕우(朋友)의 본성을 함께 타고난 천하의 모든 사람들이 그 고유하게 타고난 본성을 알고 마땅한 직분에 힘쓰도록 하려는 뜻이었다. 이렇게 하면 싸움이 저절로 그쳐서 만국(萬國)의 무기(武器)를 창고에 쌓아둘 수 있을 것이요, 겸양(謙讓)의 풍속이 생겨 만국의 다툼이 저절로 없어질 것이다. 이것이 곧 '평천하(平天下)의 대도(大道)' 로서, 내가 오늘날 간절하게 바라는 바이다.

그런데 시운(時運)의 쇠퇴에 구애되고, 기수(氣數)의 변화에 핍박되어, 나 또한 이 세상에서 어찌할 수가 없게 되었으니, 그리하여 다만 홀로 그 몸을 지켜 자정(自靖)하려고 했을 뿐이다. 호적(戶籍)에서 빠지려는 한 건의 일 또한 자정의 일단으로서, 비록 이것으로 인해 나의 골육(骨肉)이 문드러진다 하더라도, 그 본래 지키려고 했던 뜻은 바꿀 수 없을 것이다.

또 〈홍산경찰서장 왜인에게 보내는 편지〉가 있는데, 이 또한 '천리(天理)를 거역하면 망하고, 천리를 따르면 보존된다' 는 이치로 깨우친 것이었다. 선생이 이 두 통의 편지를 들고 홍산경찰서에 가니, 여러 왜인들이 모여 앉아, 선생께서 호적에 가입할 것을 기대하고 있었다. 그런데 그렇게 되지 않자, 형률(刑律)의 조문을 보여주며 온갖 방법으로 유혹하고 협박하였다. (이하 대화체로 번역)

선생 : 죽이려면 곧 죽일 것이지, 어찌 이렇게 힐난(詰難)하는가?
倭警 : 벌금을 내면 그대의 형벌을 면제할 수 있으니, 생각해보라.
선생 : 내가 비록 돈을 산처럼 쌓아두었다 하더라도, 벌금을 내고 형벌을 면하는 일은 하지 않을 것이다. 또한, 나는 우리 군왕의 신민이니, 어찌 너희 나라의 형벌을 받을 수 있겠는가?

왜인은 마침내 몽둥이를 들고 으르렁거리며 '관(冠)과 옷을 벗기라'

고 하였다. 선생이 큰 소리로 "군자는 죽더라도 관을 벗지 않는다. 너희가 큰 칼로 벤다면, 내 머리도 자를 수 있고 무릎도 자를 수 있다." 고 꾸짖고는, 시 한 수를 읊었다.

年過四十出門遲　나이 40이 지나 뒤늦게 문을 나섰으니
期以全歸跬步持　온전히 돌아가고자 반걸음씩 걸었네.[46]
宗社生靈今至此　종사와 생령이 이 지경에 이르렀으니
糜身粉骨義何辭　이 몸이 가루가 된들 어찌 의(義)를 사양하랴

저들은 끝내 선생의 의관(衣冠)을 억지로 벗기지 못하고, 난타(亂打)한 다음 밖으로 내쫓았다. 때마침 읍(邑)의 장날이어서, 시장에 가득한 사람들이 선생을 보고는 "우리나라에 이런 사람이 있다니, 다행이다."라고 했다.

경술년(庚戌年, 1910년, 선생 44세) 가을, 왜적은 다시 합방조약(合邦條約)을 강제로 체결하고는 '양여(讓與)' 라는 말로 속여서 나라 안에 포고하였다. 또한 각 군(郡)에 주재하는 왜인 헌병이 둘씩 짝지어 나와서, 우리나라 백성들에게 합방의 가부(可否)를 물었다. 만약 '불가하다' 고 말하는 사람이 있으면 당연히 혹독한 재앙이 따랐다. 얼마 후, 과연 왜병(倭兵)이 찾아와서 "합방한 일을 들었는가?" 물었다. 선생이 "나는 '나라의

46 '全歸' 는 신체를 손상함이 없이 온전한 몸으로 죽는 것. '跬步(규보)' 는 몸을 다치지 않고 온전히 죽고자, 반걸음씩 조심스럽게 걷는 것. 『禮記』 〈祭義〉에서는 "부모가 온전히 낳아 주었으므로, 자식도 온전하게 죽어야만 '孝' 라 할 수 있다(父母全而生之 子全而歸之 可謂孝矣). 그 몸을 상하지 않게 하고 그 몸을 욕되지 않게 해야 '온전하다' 할 수 있다. 그러므로 군자는 半步를 걸을 때에도 감히 孝를 잊지 않는다." 고 했다.

원수를 갚지 못한 사람' 이다. 이러한 부류의 이야기는 말하기도 싫고, 듣기도 싫다."고 답하자, 왜병이 다시 더 힐난하지 않고 돌아갔다. 며칠 뒤에, 왜병이 와서 "일본 대대장이 어제 본군(本郡)에 와서 그대의 고명(高名)을 듣고, 우리들에게 그대를 데려오라고 했다."라고 말했다. 선생이 "강약(强弱)이 이미 다르니, 그대들은 나를 잡아갈 수 있을 것이다. 만약 말로 부른다면, 비록 너희 군주가 부르더라도 의리상 갈 수 없다."고 답하자, 왜병이 급히 끌어냈다. 이때 경운(畊芸, 柳秉蔚)과 함께 붙잡혀 부여읍으로 끌려갔는데, 객사(客舍)의 전패실(殿牌室)[47] 뜰에 이르러서는 함께 북쪽을 바라보고 통곡하였다. 왜인들이 "왜 통곡을 하는가?" 묻자, 선생은 "우리나라가 망한 것이 원통하여 통곡하는 것인데, 너희가 왜 묻는가?"라고 답했다. 왜인들이 위협하여 그치게 했으나, 그치지 않자, 강제로 '전패실로 올라가라' 고 했다. 선생은 "전패(殿牌)를 봉안한 곳에, 의리상 감히 올라갈 수 없다."고 말하고, 끝내 올라가지 않았다.

왜인들은 이에 앞서 객사(客舍)의 경내에 수백 명의 사람을 모이게 했는데, 그들이 말하는 연설이란 대개 우리나라 사람들을 유혹하고 협박하는 것이었다. 선생은 귀를 가리고서 듣지 않고 앉아 있었다. 왜인이 노하여 칼로 치려고 하자, 선생은 목을 내밀어 그 칼을 받고자 했다. 왜인이 도리어 물러나면서 "완고한 유생(儒生)이 제 나라를 위해 통곡하는 것을 나 또한 잘못으로 여기지 않는다. 그러나 다만 지금 합방한 것은, 조선이 빈약하여 스스로 다스릴 수 없어서 여러 차례 '양여(讓與)' 한 까닭에, 우리 일본이 부득이하게 받아들인 것이다. 그대들이 도리어 우리

47 殿牌室이란 '殿牌를 모셔둔 방' 을 말한다. '殿牌' 란 지방의 客舍에 '殿' 字를 새겨 세운 '나무 牌' 로서, 國王을 상징한다. 公務로 그곳에 간 官員이나 고을 원님은 이 殿牌에 대해 拜禮하였다.

를 원수로 여기는 것은 무슨 까닭인가?"라고 말했다. 선생이 "너희 나라는 이미 병자년(丙子年, 1876년)에 강화(講和)를 요구할 때부터 우리나라를 멸망하게 만들어, 오늘 너희의 계획을 성사시키기에 이른 것이니, 이는 하늘과 사람이 함께 아는 바이다. 너희는 슬그머니 '양여' 라는 말로 천하의 이목(耳目)을 가리려 드는가? 내가 비록 만 번 죽는다 하더라도 지키는 바는 끝내 변할 수 없는 것이다."라고 말하자, 왜인은 '백이(伯夷)와 숙제(叔齊)는 고사리를 캐 먹었다' 고 써서 보여주고, 두 사람을 돌려보냈다.

그 뒤로 왜병들은 더욱 자주 선생의 집에 와서 감찰하였는데, 혹은 정령(政令)을 시행한다는 핑계, 혹은 교유(交遊)를 청한다는 핑계였다. 선생은 그들의 계책을 전혀 받아들이지 않고, 처음부터 끝까지 거절하였다. 선생의 이러한 의지와 절개는 더욱 견고해져, 무릇 어떤 일이든 저들과 교섭해야만 되는 일이라면, 일절 하지 않았다. 이때 왜적들은 우리나라 사람들에게 각자 자기의 산림(山林)과 토지(土地)를 측량하도록 하고, "만약 측량하지 않는다면, 결국 국유지(國有地)로 소속시킬 것" 이라 했다. 선생은 종씨(從氏)와 이 일을 상의하면서 "사가(私家)의 휴척(休戚)은 국가와 함께 하는 것이 마땅합니다. 저 원수들에게 동정을 구걸한다는 것은 차마 할 수 없는 일입니다."라고 하였다. 그리하여 크고 작은 종산(宗山)을 한결같이 방치하였다. 선생이 이곳저곳을 다닐 때 차(車)를 이용하지 않고, 편지를 부칠 때 우편을 이용하지 않은 것도, 그것들이 원수들이 설치한 것이기 때문이었다.

어떤 선비가 '선조(先祖)의 충의(忠義)를 현창하지 않을 수 없다' 는 이유로 서원(書院)을 세워 제사를 받들고자 선생께 의견을 물었는데, 선생은 "선열(先烈)을 표창하고 선양하는 것은 비록 아름다운 일이긴 합니다만,

지금 이러한 때에 어찌 그런 일을 할 수 있겠습니까?"라고 하여, 그만두게 하였다. 대개 선생의 뜻은 춘추(春秋)의 필법(筆法)에 '임금을 시해한 역적을 토벌하지 못했으면, 그 임금의 장례(葬禮)를 기록하지 않는다'[48]는 의리를 따른 것이다.

당시에 '충의(忠義)와 절행(節行)이 있는 사람'이 있으면, 선생은 그 소식을 듣고는 바로 감탄하고 칭찬하였으며, 또한 반드시 정밀한 의리로 절충하는 논설을 지었다. 예컨대 면암(勉菴) 최익현(崔益鉉), 의암(毅菴) 유인석(柳麟錫), 복암(復菴) 이설(李偰), 지산(志山) 김복한(金福漢), 의사(義士) 이강년(李康秊) 등 여러 인물들에 대해서는 '중화(中華)를 보존한 공(功)'이 있다는 이유로 시를 지어 칭송하는 뜻을 나타냈다. 또 예컨대 심암(心巖) 김지수(金志洙) 공과 회천(晦泉) 이학순(李學純) 공이 오랑캐가 주는 돈[恩賜金]을 받지 않고 순국(殉國)하자, 선생은 김공(金公)에 대해서는 제문을 짓고 제물을 보내 그 '태산처럼 우러르는 뜻'을 표하고, 이공(李公)에 대해서는 그 행장(行狀)을 지어 그 큰 절개를 칭송하였다.

갑인년(甲寅年, 1914년, 선생 48세) 가을, 다시 부여읍으로 붙잡혀 가니, 분대장(分隊長) 왜인이 말했다. (이하 대화체로 번역)

倭警 : 그대가 일본을 배척하는 뜻을 품고 있다고 들었기에, 그대를 타이르고자 몇 차례 만나고자 청했는데, 그대는 모두 거절했다. 민적(民籍)에 관한 일은 국가의 중대한 정사(政事)인데, 끝내 신고를 하지 않으니, 이는 도대체 무슨 일인가?

선생 : 나는 '불사이군(不事二君, 두 임금을 섬기지 않음)'과 '존화양이(尊

---

48 『春秋 公羊傳』 隱公 11年條에 "임금이 시해를 당했을 경우, 그 범죄자를 토벌하지 못했으면 葬禮에 대한 記事를 남기지 않는다[君弑 賊不討 不書葬]"고 했다.

華攘夷, 中華를 높이고 오랑캐를 물리침)' 두 가지 신조를 지키는 것 일 뿐이다.

(왜인은 칼을 뽑아 앞에 두고 말했다)

倭警 : 이제 온 나라 백성이 순종하지 않는 사람이 없거늘, 그대는 홀로 무슨 악심(惡心)을 품고서 이처럼 행패를 부리며 거만하게 구는가?

선생 : 그대는 어찌 나의 '의로운 마음' 을 '악한 마음' 이라 하고, '곧은 말' 을 '어긋난 말' 이라 하는가?

왜인들은 강제를 써서라도 복종을 받아내려고, 판잣집 감옥에 가두었다. 경계(警戒)와 금지(禁止)가 매우 혹독하여, 패도(佩刀)와 속대(束帶)를 모두 빼앗아갔는데, 관(冠)과 도포(道袍)는 죽도록 저항해 빼앗기지 않았다. 며칠이 지나자, 왜인이 힐문(詰問)하였다.

倭警 : 그대는 이러한 결약(結約)으로 능히 그대의 나라를 회복할 수 있다고 보는가?

선생 : 과연 나의 마음과 나의 행실처럼 한다면, 어찌 한갓 우리나라를 회복할 뿐이겠는가? 실로 천하의 금수(禽獸) 같은 풍속도 바꿀 수 있을 것이다. 다만 나처럼 하는 자가 드물기 때문에 너희 무리가 이처럼 횡행하는 것이다.

倭警 : 그대가 만약 한결같이 완고하게 거절한다면, 즉시 사람이 살지 않는 절해고도(絶海孤島)에 가서 사는 것이 옳을 것이다.

선생 : 나는 이 땅의 주인이요, 그대는 손님이다. 손님이 주인을 쫓아낸다는 것이 말이 되는가?

倭警 : 마음을 고쳐먹을 때까지 비록 몇 해가 걸리더라도 풀어주지 않겠다.

선생 : 망한 나라의 유민(遺民)이 어찌 안일(安逸)을 바라겠는가? 또한 죽을 때까지라도 여기에 있겠다.

하루는 공주(公州)에 주재하는 경무부장(警務部長) 왜인이 포병(砲兵) 10여 명을 이끌고 와서 성대하게 위엄을 갖추고는, 선생을 끌어내 물었다.

倭警 : 그대가 이(李) 아무개인가?

선생 : 그대의 이름은 무엇인가?

(그가 큰 소리로 말했다)

倭警 : 어찌 감히 이처럼 당돌하고 공손치 못한가?

선생 : 의(義)로 말하면 그대는 나의 원수요, 존비(尊卑)로 말하면 나는 중화(中華)이고 그대는 이적(夷狄)이다. 뭐가 공손치 못한가?

倭警 : 그대가 호적(戶籍) 편입에 불응하는 것은 '불사이군(不事二君)의 의리' 라고 들었다. 이는 참 훌륭한 말이다. 그러나 백이 · 숙제는 은(殷)나라가 망한 다음 굶어 죽었는데, 그대는 어찌하여 죽지 않고 있는가?

선생 : 한(漢)나라의 소중랑(蘇中郞)은 북해(北海) 바닷가에서 19년 동안 절개를 지키고 죽지 않았으며,[49] 송(宋)나라의 김인산(金仁山)은 금화산(金華山)에 숨어서 40년 동안 살다가 죽었고,[50] 우리나라

---

[49] 蘇中郞은 漢나라의 中郞將 蘇武로서, 흉노에 使臣으로 갔다가 억류되었는데, 19년 동안이나 버티며 굴복하지 않다가, 살아서 돌아왔다.

[50] 金仁山은 宋나라 말기에서 元나라 초기의 유학자로, 이름은 '이상(履祥)' 이고, '仁

의 김청음(金淸陰)은 청(淸)나라에 항거하여 심양(瀋陽)으로 끌려가 6년 만에 살아서 돌아왔다. 그런데도 이를 논하는 사람들은 '죽지 않았다' 는 이유로 백이 · 숙제와 다르게 여기지 않았다. 나는 본래 벼슬하지 않은 선비로서, 숨어 살면서 뜻을 지키어, 김인산의 자정(自靖)한 道를 본받고자 했다. 그런데 너희 무리의 포학이 더욱 심해져서, 나를 부월(斧鉞)로 겁박하고, 옥에다 가두었다. 그런데도 내가 한결같이 굴복하지 않은 것은 소중랑과 김청음의 절의(節義)를 남몰래 흠모했기 때문이다.

倭警 : 우리의 정치는 깨끗하고 공평하며, 법망(法網)도 촘촘하니, 어찌 능히 벗어날 수 있겠는가? 옛날에 백이 · 숙제처럼 칭송을 받으면서도 그 행실은 다른 사람이 있었으니, 이윤(伊尹)이 그 사람이다. 이윤은 "누구를 섬긴들 임금이 아니겠는가?" 라고 했으니, 왜 이를 본받지 않는가?

선생 : 하(夏)나라 걸(桀)은 천자이고, 성탕(成湯)은 제후로서, 이윤은 두 사람 모두에게 '군신(君臣)의 의리' 가 있었다. 그런데 '선악(善惡)의 차이' 가 있었으니, 그러므로 이처럼 말한 것이다. 세상에 임금을 잊고 원수를 섬겨서 행실이 개 · 돼지 같은 자가 감히 이윤의 이 말씀을 인용하여 구실로 삼는다면, 이는 성인(聖人)의 글을 잘못 읽은 것이요, 성인의 책임 의식을 오인한 것이다. 무릇 남의 나라를 멸망시키는 자는 끝내 반드시 패망한다. 또한, 사람과 짐승은 함께 살 수 없고, 얼음과 숯불도 서로 용납하기 어려우니, 돌아가 그대의 임금에게 '각각 자기 나라를

山' 은 號이다. 송나라가 멸망할 위기에 처했을 때 여러 方策을 올렸으나 채택되지 않았으며, 송나라가 멸망하자 金華山에 숨어 살았다.

지키자' 는 뜻으로 보고함이 옳을 것이다.

왜인은 멍해져서 돌아갔다. 그 뒤로는 혹은 별관에 가두기도 하고, 혹은 다시 감옥에 가두기도 하여, 느슨하게 함과 긴박하게 함이 한결같지 않았다. 그들의 질문과 담판이 수십 차례나 계속되었지만, 끝내 선생을 굴복시킬 수 없다는 것을 알고는 年末을 기해서 풀어주었다. 이때 왜인의 우두머리는 사람들에게 "이(李) 아무개는 천하일등대남자(天下一等大男子)이다." 라고 했다.

선생은 70여 일 감옥에 있으면서 처음부터 끝까지 범절(凡節)이 한결같았으니, 말은 바르고 이치는 순조로우며, 단정하고 엄숙하며, 조금도 동요하는 기색이 없었으며, 조금도 미혹되어 잘못하는 일이 없었다. 그러므로 저들 또한 점점 감복하여, 혹은 담요나 화로를 주면서 선생을 위로했고, 혹은 주과(酒果)를 권하면서 선생께 시(詩)를 지어달라고 부탁했고, 또 선생을 '양반(兩班)' 이라고 일컫기도 했다. 우리나라 사람으로서 왜적에게 붙었던 자들도 처음에는 선생을 매우 비난하고 비웃다가 점점 또한 모두 '선생(先生)' 이라 일컫고 머리를 숙여 공경을 다하였으니, 의기(義氣)가 사람을 감복시키는 것이 이와 같은 것이다.

문인(門人)과 자질(子姪)들이 날마다 부여읍에 들어가, 옥중에서의 기거(起居)를 살폈다. 하루는 선생께서 틈을 타 문인에게 '작은 칼 하나를 가져오라' 고 요청하면서, '손톱도 깎고, 종이를 자르는 데 쓰려고 한다' 는 핑계를 댔다. 이는 장차 강제로 머리를 깎이게 될까 근심하여 순절(殉節)할 도구를 미리 준비해두려는 뜻이었는데, 문인들이 혹 선생께서 자결(自決)하실까 두려워 겁을 먹고 명령에 따르지 않을까 염려했던 것이다.

우리나라 사람으로서 왜인들에게 고용되었던 자가 있었는데, 자못 선생을 향하는 뜻이 있었다. 그리하여 선생은 옥중에서의 군색한 일들을 이 사람을 통해서 많이 해결했다. 선생은 일찍이 이 사람을 통해서 집안의 어른이나 아이들 및 경운(畊芸)께 편지를 보내 권념(眷念)을 다하셨으며, 문인들에게도 편지를 보내 "내가 입는 화(禍)로 인해 겁먹지 말고 더욱 기력(氣力)을 굳세게 하라. 반드시 춘추(春秋) 존화양이(尊華攘夷)의 의리로 한 덩어리의 마음을 둘러싼 다음에야 금수(禽獸)로 전락함을 면할 수 있을 것이다."라고 당부하셨다. 또한 옥중에서 읊은 시들이 있으니, 다음과 같다.

五六年前已歷玆　5~6년 전 이미 이런 일 겪었으니
餘生今又死爲期　남은 인생은 이제 죽음으로 기약하네.
寒風板屋孤燈夜　찬바람 판잣집 외로운 등불 아래 누워
臥誦淸陰雪窖詩　청음선생의 설교시(雪窖詩)[51]를 외우누나.

犬羊叢裏已三旬　개 · 돼지의 소굴로 들어온 지 이미 30일
家事渾忘只有身　집안일 모두 잊고 겨우 내 한 몸 살아있구나.
劍戟飜空霜雪下　서리 눈발 아래 칼과 창이 번득이나
胸襟不滅一團春　가슴 속 봄 생각 줄어들지 않는다오.

百年喬木望非輕　백년 된 큰 나무를 가벼이 보지 말라.

---

51 淸陰 金尙憲 先生이 淸에 인질로 잡혀가 瀋陽에서 억류 생활을 할 때 지은 詩文을 모은 책의 이름이 『雪窖集』이다. '雪窖詩를 외운다'는 것은 淸陰이 淸에 굴복하지 않고 저항한 節義를 떠올리며 日帝에 저항하는 節義를 가다듬은 것이다.

特立參天出世情　하늘로 우뚝 솟아 세상 물정 벗어났네.
豈獨繁華春夏節　어찌 봄 · 여름에만 번화하겠는가?
飽經霜雪可能生　수많은 풍상(風霜) 겪으며 살아남은 것이라오.

冬至一陽自底登　동짓날 하나의 양기(陽氣) 밑바닥부터 올라오니
獄中不必閉關曾　옥중에서는 관문(關門)을 닫을 필요가 없구나.[52]
嘗來豆粥家人送　팥죽 한 그릇을 집안사람이 보내오니
却憶蕪蔞漢復興　무루정(蕪蔞亭)에서 팥죽 먹고 한(漢)나라 부흥시킨 일 떠올리네.[53]

위의 詩들은 모두 사람들의 입에 회자(膾炙)되었다. 이때 왜적들이 또 우리나라 사람들에게 '묘적(墓籍)'을 등록하라고 하면서 "만약 등록하지 않는 자가 있다면 장차 무덤에 화(禍)가 미칠 것"이라 하였다. 선생은 또 죽음을 맹세하고 따르지 않았거니와, 당시의 뜻을 표현한 시가 있다.

行乎夷狄誠難事　이적의 세상에 살기란 참으로 어려우니
古所無聞變故多　옛날에는 없었던 변고도 많구나.
寧與泉臺俱受禍　무덤과 함께 화를 받을지언정

---

52 『周易』 復卦 象辭에서는 "동짓날에는 關門을 닫고, 장사꾼들이 다니지 못하게 하며, 임금도 사방을 살피러 돌아다니지 않는다."고 했는데, 이는 동짓날 싹튼 陽氣를 잘 보전하여 잘 자라나도록 하기 위함이라 한다. 그런데 옥중에서는 모두 이미 갇혀있으니, 관문을 닫을 필요가 없는 것이다.

53 後漢의 光武帝가 王莽을 물리치고 漢室을 부흥시키려고 분투할 때, 賊兵에게 쫓기어 도망하다가 蕪蔞亭에 이르러 배가 고팠는데, 장군 풍이(馮異)가 팥죽 한 그릇을 얻어다 바쳐서, 이를 먹고 기운을 차렸다고 한다.

豈將墓籍付讐倭　어찌 장차 왜적에게 묘적을 바치리오.

무오년(戊午年, 1918년, 선생 52세) 가을, 부여읍의 왜인이 호적에서 빠진 것을 두고 다시 소란을 일으켜, 또 붙잡혀 가서 하룻밤을 감옥에서 보냈다. 선생은 이때 "험난하든 평탄하든 한결같은 절개로 나의 마땅한 바를 따르리라[險夷宜一節 從我所當然]"라는 시구(詩句)를 남겼다. 경운(畊芸)께서는 일찍이 선생의 항의문자(抗義文字)를 수집하여 「정명록(正明錄)」이라고 이름 붙이고, 다음과 같이 서술했다.

무릇 절의(節義)와 학문(學問)은 애초에 둘이 아니니, 절의는 다만 학문 가운데의 한 일이다. 진실로 그 근본이 없으면 어찌 능히 이를 판별할 수 있겠는가? 공(公)은 배움이 깊고 지식이 높아 평일의 논의가 항상 여럿 가운데 으뜸이었으며, 어지러운 시대를 개탄하며 삼대(三代, 夏·殷·周)를 만회하고자 하는 뜻이 있었다. 공은 "중화(中華)와 이적(夷狄)의 구분은 군신(君臣)의 의리보다 엄격하다"고 말했는데, 이는 참으로 영원토록 바뀔 수 없는 논법이다.

12월에 대행대왕(大行大王, 高宗)께서 승하하셨다는 소식을 듣고, 제생(諸生)을 이끌고 집 뒷산에 올라 애곡(哀哭)하고 성복(成服)하였다. 선생은 또 "국상(國喪) 중에 검은 관을 쓰는 것은 원래 편안한 것이 못 된다. 근래에 예법을 아는 사람들은 흰 관을 썼는데, 이것은 매우 본받을 만하다."고 말씀하고, 평소에 쓰는 관도 흰색으로 하였다.

기미년(己未年, 1919년, 선생 53세) 10월, 우연히 기침과 가래가 생기는 병에 걸려, 한 달 동안 이어지며 기운이 날로 소진되었다. 그러나 정신은 맑고 밝아, 오히려 학자들과의 강설(講說)을 게을리하지 않았고, 몸가짐도 평소처럼 하였다. 모시는 자들이 기운을 아끼고 보존해야 한다고 말씀드리면, 선생은 '나는 스스로 이런 것들을 즐긴다' 고 말씀하셨다. 하루는 문인(門人)과 자질(子姪)들에게 "나는 이제 죽을 것이다. 다른 생각은 전혀 없다만, 내가 오랫동안 객지에서 살아, 항상 고향으로 돌아가고 싶은 소원이 있었다. 그런데 빈궁한 처지에 겁을 먹고 움츠려서 두문불출하고 조심하다 보니, 마침내 다시는 선영(先塋)을 찾아가 절을 하지 못했다. 또 나는 항상 선세(先世)의 문헌을 유념하느라 급급했는데, 일이 미루어져 완성하지 못했으니, 이것이 한스럽다. 세상일에 있어서는 비록 내게 몇 년을 더 보태주어도 해와 달이 다시 밝아지는 것을 보기 어려울 것이니, 일찍 죽어서 눈과 귀가 없어지는 것만 못 할 것이다." 라고 말씀했고, 또 "나는 집이 가난하여 부모님이 돌아가셨을 때 후장(厚葬)하지 못했으니, 내가 죽더라도 또한 관곽(棺槨)을 풍성하게 갖출 필요가 없다. 다만 심의(深衣) 한 벌과 긴 이불로 염습하여 상(喪)을 치르면 충분하다." 고 말씀했다. 조카들이 울면서 "병이 장차 나을 터인데, 어찌 이런 말씀을 하십니까?" 라고 말씀드리자, 선생은 "죽고 사는 것은 떳떳한 이치인데, 어찌 그런 말을 하는가? 온전한 몸으로 죽는 것이 또한 다행일 뿐이다." 라고 말씀했다. 이처럼 그 말씀과 생각이 평소와 다름이 없었다.

임종(臨終)하신 날에는 "책상과 자리를 깨끗이 청소하라" 고 명하셨는데, 오히려 스스로 구호(口號)하는 것처럼 또박또박 말씀하셨고, 어떤 사람에게 글을 써 주었는데, 글이 조리가 있어 뜻이 잘 통하였다. 바야흐로 숨이 끊어지려 할 즈음, 문인이 우황(牛黃)을 물에 타서 드리자, 선생은 "장차 목숨이 다하려고 하는데, 약(藥)이 무슨 보탬이 되겠는가?" 라고 말씀하시며 저지하셨다. 마침내 편안하게 돌아가시니, 곧 **12월 6일 신시**(申時)였다.[54] 향년(享年)은 53세이다.

아! 슬프도다. 문인과 원근(遠近)에서 소식을 듣고 달려와 함께 가마(加麻)한 사람들이 모두 애도하며 '하늘이 사문(斯文)을 잃었으니, 나라의 불행' 이라고 여겼다. 이달 10일 부여 염창리(鹽倉理)에 임시로 매장했다가, 2년 뒤 신유년(辛酉年, 1921년) 3월 7일 중동(中洞)의 선롱(先壟) 오좌자향(午坐子向)의 언덕에 반장(返葬)하였다.

배위(配位)는 문화유씨(文化柳氏)로서, 곧 겸와처사(謙窩處士) 휘(諱) 대원(大源)의 따님이시며, 2남 2녀를 낳으셨다. 딸은 장성하여 광산(光山) 김원중(金元中)에게 시집갔고, 나머지는 모두 일찍 죽었다. 그리하여 족제(族弟) 준영(埈榮)의 둘째 아들을 데려다 계자(系子)로 삼았는데, 이름은 규룡(圭龍)이다.

선생은 자품(資稟)이 순수하고, 그릇 또한 너그럽고 컸다. 키는 훤칠하고 어깨와 등은 반듯하여, 위엄 있는 모습이 본받을 만했고, 행동거지는 예(禮)에 맞아, 멀리서 바라보면 의젓했고, 가까이 다가가 보면 온화했다. 학업은 거경궁리(居敬窮理)와 극기복례(克己復禮)를 몸소 실천하는 것에 힘써서, 일찍이 배우는 자들에게 "경으로 안을 곧게 하고 의로 밖을 반듯하게 함[敬以直內 義以方外], 이 두 구절이 진실로 학문을 하는 요령이다. 진실로 학문에 뜻이 있다면, 반드시 확고하게 여기에 입각하는 것이 옳을 것이다." 라고 하셨고, 또 "한 몸의 영고(榮枯)와 길흉(吉凶)에는 본래 하늘이 정해준 운수가 있다. 사람이 진실로 기수(氣數)에 닥친다면, 비록 죽도록 노력하여 복(福)을 구하고 화(禍)를 면하고자 해도 끝내 이

54 성암이 작고한 날짜는 陽曆으로는 1920년 1월 26일에 해당한다.

룰 수 없다. 진실로 마땅히 마음을 편안하게 하여 천명(天命)을 따르고, 자기가 마땅히 해야 할 일을 하라." 고 하셨다.

선생은 이처럼 명(命)을 알고 도(道)를 즐기셨으니, 그러므로 몸은 비록 힘들어도 도(道)는 더욱 형통하고, 명(命)은 비록 궁색해도 뜻은 더욱 견고하여, '비록 천만 명이라도 내가 가서 대적하겠다'[55]는 마음으로 머리 터럭 하나 흔들리지 않으셨다. 선생은 만 길이나 되는 절벽이 서 있는 듯한 절개를 지니셨던바, 비록 그 타고난 바탕이 도(道)에 가까웠지만, 학문에서 얻은 힘 또한 깊었다.

선생은 새벽에 일어나서는 반드시 의관(衣冠)을 정제하고 조용한 방에서 성경현전(聖經賢傳)에 잠심하여 본원을 함양하고, 저녁때까지 바르게 앉아 책을 읽으며 생각하기를 일찍이 잠시라도 그친 적이 없었다. 이처럼 도(道)에 뜻을 두고 학문을 좋아함을 거의 30년을 하루처럼 하여, 도리(道理)가 뼛속까지 사무치고, 충순(忠順)이 겉모습에 드러나니, 문하에 모인 제자들이 자기들도 모르는 사이에 심취(心醉)하여 현명하거나 어리석거나 막론하고 모두 이익을 얻게 되었다.

선생은 비록 큰 파도가 하늘에 닿을 듯한 때를 만나서도 초연히 만물의 바깥에 노닐었다. 오랑캐의 물건은 절대로 가까이하지 않았으며, 왜적의 거짓된 명령은 하나도 집안에 미치지 못하게 하였다. 집안사람들을 통솔함에 매우 법도가 있어, 부녀자(婦女子)들은 문밖에 나갈 수 없었고, 무당은 집안에 들어올 수 없었다. 관례(冠禮)를 할 때엔 반드시 삼가

---

55 『孟子』에는 "스스로 반성하여 옳지 못하면 상대방이 비록 하찮은 사람이라도 내가 그를 두렵게 할 수 없겠지만, 스스로 반성하여 옳으면 상대방이 수천만 명이라도 내가 가서 대적하겠다."는 曾子(孔子)의 말씀이 보인다(『孟子』 公孫丑上 2 : 自反而不縮 雖褐寬博 吾不惴焉 自反而縮 雖千萬人 吾往矣).

(三加)[56]를 하였고, 혼례(婚禮)를 할 때엔 반드시 친영(親迎)[57]을 했으며, 조상을 받들 때엔 정성을 다하고, 제삿날에는 반드시 검소하게 했으며, 초하루와 보름에는 사당에 참배하고, 새로 나온 음식물이 있으면 반드시 먼저 사당에 바친 다음에 먹었다.

선생은 일찍 고아(孤兒)가 되어 효도를 다하지 못한 것을 평생 가슴 아프게 여겼으며, 또한 형님이 외롭게 홀로 있는 것을 염려하여 때때로 이를 슬퍼했고, 오랫동안 형수를 어머니처럼 섬겼다. 종씨(從氏)와는 우애와 정이 매우 깊어 서로 대할 때는 항상 기뻐했으며, 일찍이 하루라도 원망하고 노여워하는 기색이 없으셨다. 조카들을 어루만질 때엔 자기가 낳은 자식처럼 예뻐했고, 종족(宗族)을 대할 때엔 화목하게 하려고 힘썼다. 종가(宗家)가 거듭된 상고(喪故)로 인해 더욱 곤궁하게 되고 아이들이 학업을 잃게 되자, 데려다가 함께 살았다. 식구들에게는 "옛날에는 9대에 걸쳐 함께 살기도 했다. 어찌 형제와 숙질 사이에 나와 남으로 가르고 달고 쓴 것을 다르게 하겠는가?" 라고 말씀하고, 마침내 횡거선생(橫渠先生)의 여계(女誡)와 장공예(張公藝)의 '忍' 字 부적[58]을 써서 벽에 붙여두고 아침저녁으로 읽고 외워 집안사람들이 경계하고 반성하는 자료로 삼았다. 또한 한글로 고금의 현명한 부인과 열녀(烈女)의 행실 및 당

---

56 冠禮를 할 때, 세 차례에 걸쳐 冠을 씌워주는 것. 草廬의 『四禮笏記』 '冠禮' 條에서는 初加冠은 "官職이 있는 사람은 紗帽를 쓰고, 士人은 幅巾 또는 方巾을 쓰며, 庶人은 帽子를 쓴다" 고 했고, 再加冠은 "官職이 있는 사람은 幞頭를 쓰고, 士人은 儒巾을 쓰며, 庶人은 平頂巾을 쓴다" 고 했으며, 三加冠은 "官職이 있는 사람은 進賢冠을 쓰고, 士人은 幞頭를 쓰며, 庶人은 幅巾을 쓴다" 고 했다.

57 신랑이 신부의 집에 가서 禮式을 올리고 신부를 맞아오는 禮.

58 張公藝는 중국의 隋·唐 시대에 걸쳐 99세를 살며 장수하고, '한 집에서 9대가 화목하게 같이 살았다' 는 故事의 주인공이다. 사람들이 '九世同居' 의 비결을 묻자, 장공예는 '忍' 字를 백번 써서 보여주었다고 한다.

시 나라가 망하고 인륜이 무너진 일에 대한 기록들을 초록(抄錄)하여 한 권의 책으로 편집하여,[59] 부녀(婦女)들이 읽고서 감동하여 분발하고 징계하도록 하였다.

사람을 대할 때엔 진실하고 모나지 않게 하였으나, 의(義)와 이(利), 사람과 금수, 선(善)과 악(惡)에 관련된 일에 있어서는 전혀 머뭇거림이 없으셨다. 후진들이 수업(受業)을 청하면, 재주가 있건 없건 정성스럽게 가르쳐서 종일토록 게을리 하지 않았거니와, 항상 '먼저 뜻을 굳게 정하라' 고 권하고, 세상의 풍습이 道를 해치는 것을 매우 경계하셨다. 만약 풍속에 물들어 제도를 달리 하는 사람이 와서 수업(受業)을 청하면, 바로 사양하여 거절하셨다.

선생의 언론(言論)은 분명하고, 통달하고, 준엄하고, 공정하셨거니와, 일찍이 "편당(偏黨)으로 권세를 부리면 일시적으로 시비(是非)가 진실을 잃을 수 있으나, 백세(百世) 뒤에 은원(恩怨)이 모두 사라진 다음에는 공론(公論)이 다시 새롭게 형성된다. 어찌 한 때의 이해(利害)나 사사로운 마음으로 시비(是非)를 함부로 논할 수 있겠는가?" 라고 말씀하셨다. 문헌공(文憲公, 草廬)께서 당시에 무함(誣陷)을 받은 일에 관한 이야기가 나오면 문득 발끈 정색하며 기쁘지 않은 표정으로 "비록 조상의 일이라도 진실로 의심스러운 점이 있다면 억지로 숨기기 어려울 것이다. 그런데 우리 선조의 공명정대(公明正大)한 심법(心法)과 명명백백한 예론(禮論)은 백세를 기다리고 귀신에게 질정할 수 있는 것이다.[60] 그런데 불행하게

---

59 이 책의 이름은 '내범요람(內範要覽)' 이다.

60 『中庸章句』 제29장에서는 "君子의 道는 자신에게 근본하여 여러 백성들에게 징험하며, 三王에게 상고해도 틀리지 않으며, 天地에 세워도 어긋나지 않으며, 鬼神에게 질정하여도 의심이 없으며, 百世에 聖人을 기다려도 의혹되지 않는 것(君子之道 本諸

도 사문(斯文)의 액운을 만나 그 숭상하고 보답하는 전례(典禮)를 다하지 못했으니, 자손으로서 마땅히 변명해야 하는 것이다. 변명하는 방도는 선조의 글을 드러내고, 선조의 道를 밝히는 것뿐이다."라고 말씀하셨다. 일찍이 종씨와 함께 『사서답문(四書答問)』을 간행하여 배포하셨고, 또 당시의 실록(實錄)과 문자(文字)를 참고하여 (『文山問答』을) 다시 자세히 바로잡았다.

대개 선생은 선현(先賢)을 독실하게 믿어 항상 갱장(羹墻)과 강한(江漢)의 생각이 절실하였으며,[61] 내수외양(內修外攘), 경세제민(經世濟民), 출처(出處)와 간정(艱貞)의 의리에 깊이 감동한 바 있었다.[62] 선생의 언론(言論)과 행사(行事)는 진실로 학문연원의 진결(眞訣)과 오묘하게 부합하는 바가 있거니와, 세상 사람들은 선생의 깊은 조예와 실천에는 그것이 말미암은 연원이 있음을 알지 못했다.

선생은 평소 발걸음을 멀리하지 않았으나, 사방의 풍토(風土)와 인정(人情), 사물의 형태 등을 두루 잘 알고 계셨다. 시절(時節)에 상심(傷心)하고 나라를 근심함은 참된 마음에서 나온 것이니, 일찍이 꿈결에서 다음과 같은 시를 지으셨다.

身 徵諸庶民 考諸三王而不謬 建諸天地而不悖 質諸鬼神而無疑 百世以俟聖人而不惑)"이라 하였다.

61 '羹墻'은 '堯가 죽은 뒤에, 舜이 담장[墻]을 대해도 堯의 모습이 보이고, 국[羹]을 대해도 堯의 모습이 보였다'는 고사에서 나온 말로, '늘 先人을 사모하는 마음'을 말한다. '江漢'은 '孔子의 도덕이 揚子江이나 漢水의 맑은 물로 빨다 가을볕에 말린 것처럼 더 할 수 없이 희다(江漢以濯之 秋陽以暴之 皜皜乎不可尙已)'는 말에서 나온 것으로, '스승에 대한 존경과 그리움'을 말한다.

62 '內修'는 안으로 국가의 紀綱을 바로잡고 政事를 닦는 것. '外攘'은 밖으로 外敵의 침략을 물리치는 것. '艱貞'은 군자가 소인에게 핍박을 당하는 어려운 때를 만나 正道를 굳게 지키는 것.

步登百尺樓　백척 높이 누각에 오르니
風定雨聲收　바람이 가라앉고 빗소리도 멎는구나.
三角連天立　삼각산은 하늘에 잇닿아 서 있고
漢江滿地流　한강물은 땅에 가득 흐르누나.
北虜無開口　북쪽 오랑캐는 입을 열지 못하고
南蠻不擧頭　남쪽 오랑캐는 고개를 들지 못하네.

또 다른 시에서는 "성인(聖人)은 능히 본성을 다 발휘하여 삼재(三才)로 우뚝 섰고, 하늘은 본래 사사로움이 없어 만물이 생장한다[聖能盡性三才立 天本無私萬物生]"고 했거니와, 대개 선생의 의지와 소원은 우리의 정교(政教)를 회복하여 닦고 우리의 화맥(華脈)을 만회하여, 성현(聖賢)의 道가 세상에 크게 행해져서 이적금수(夷狄禽獸)의 풍속이 바뀌기를 바라는 것이었다. 그 가슴 속에 온축한 것이 매우 컸기에, 그러므로 꿈결에 나오는 것도 이와 같았던 것이다.

왜적을 배척한 이후로 고향에 성묘(省墓)하는 것 또한 뜻대로 할 수 없었으니, 항상 선조의 묘소에서 세제(歲祭)를 지내는 날에는 반드시 재계(齋戒)하고 묘소가 있는 쪽을 바라보며 절했다. 또 이때부터는 비록 인근의 벗들이 베푸는 잔치라도 가지 않으셨고, 조위(弔慰)는 가까운 곳이면 반드시 가셨으나, 조금 먼 곳이면 소장(疏狀)으로 대신하여, 비상시에 상도(常道)를 바꾸어 대처하는 범절(凡節)을 보여주셨다.

서로 토론하고 교제하는 벗으로는 반드시 단정한 사람을 골랐으며, 동방의 선유(先儒)들 가운데 율곡선생(栗谷先生)을 가장 존경하셨다. 心·性과 理·氣에 관한 학설에서는 한결같이 율곡설(栗谷說)을 따랐거니와, 일찍이 "율곡은 우리 동방 도학(道學)의 종장(宗匠)"이라고 말씀했다. 선생의 심성이기론은 스스로 터득하여 전인(前人)들이 밝히지 못한 것을 밝힌 것이 많으니, 진실로 공맹정주(孔孟程朱)의 통서(統緖)에 접속한 점이 있다. 그렇다면 우리 후학들은 이를 버리고 어디서 말미암을 것인가?

근세에 여러 선비들이 理·氣를 논한 것이 매우 많으나, 한결같이 율곡설에 비추어 바로잡아보면 어긋남이나 오류가 있음을 면치 못한다. 우리 동방 선비들의 학문은 모두 성경(誠敬)과 수신제가(修身齊家)의 공부를 중심으로 삼고 성현(聖賢)이 이미 이루어놓으신 규범을 준수하니, 그러므로 비록 理·氣를 변론함에 간혹 같고 다름이 서로 배치되는 경우가 있더라도 진실로 유교와 불교처럼 다르게 될 염려는 없다. 그러나 만약 하나라도 오인한 곳이 있다면, 털끝만 한 오차가 천리를 어긋나게 만드는 것이니, 어찌 올바른 견해의 누(累)가 되지 않겠는가? 항상 스스로 마음을 가라앉혀 묵묵히 탐구하고 정밀하게 완색(玩索)하여 완성된 학설을 하나의 책으로 지으셨다.[63] 또 일찍이 간재(艮齋) 전우(田愚) 공과 함께 理·氣와 心·性에 대해 편지를 왕복하며 강론하고 질의한 바 있는데, 그 편지가 유고(遺稿)에 실려 있으니, 살펴볼 수 있을 것이다.

대개 선생은 종지(宗旨)가 이미 정확하고, 본 바는 분명하고 투철했다. 그러므로 여러 학자들의 수많은 논설의 동이(同異)와 득실(得失)에 나아가 종횡으로 논파하고 세밀하게 분석하며, 성현(聖賢)의 말씀과 경전(經傳)의 가르침을 서로 참고하고 회통시켜 결론을 얻으셨으니, 선생께서 기르고 공부한 바를 여기서 또한 볼 수 있겠다.

오호라. 선생의 덕행(德行)은 몸에 있었으나, 사업(事業)은 경륜을 펼치

---

63 「泗上講說」이 그것이다.

지 못했고, 확충하고 함양함에는 방도가 있었으나 수(壽)는 백세에 미치지 못했다. 평생토록 근심과 걱정이 있었고 하루의 안락도 없었으며, 곤궁하게 살다가 돌아가셔서 천고(千古)의 지사(志士)들에게 한(恨)을 끼쳤으니, 하늘이 선생을 낳은 것이 과연 무슨 의도였던가?

그런데 선생은 초야(草野)의 벼슬하지 않은 선비로서 태산(泰山)·북두(北斗)처럼 사문(斯文)의 기대를 받으셨으니, 한 폭의 장서(長書)는 우리 동방의 기상을 드높이고 왜적의 간담을 서늘하게 하기에 충분했다. 10년 동안 일본에 항거하시어 도맥(道脈)을 붙잡고 풍속을 교화시켰으니, 비록 지극히 무도한 바다 건너 왜적이라도 오히려 경복(敬服)할 줄 알았고, 마침내는 감히 함부로 해를 끼칠 수 없어서 편안히 고종명(考終命)하실 수 있도록 했으니, 이는 또한 거의 하늘의 뜻이었던 것 같다.

사람들은 간혹 공맹(孔孟)의 글을 외우고 의리를 말하며 용감하게 나서나, 갑작스러운 변고를 만나면 허둥지둥할 뿐 지킬 바를 모른다. 간혹 명예와 절개로 스스로를 지키며 흰 칼날을 밟을 수 있는 사람도, 온화한 모습으로 정밀하게 판단하여 중용을 택하여 올바르게 대처하는 경우는 또한 드물다. 오직 선생께서는 의리에 밝고 道에 부합하여 목소리와 안색을 크게 하지 않으면서도 평상시와 비상시가 한결같게 하셨으니, 진실로 호연지기(浩然之氣)를 길러 얻지 않았다면 이와 같을 수 있겠는가?

듣자 하니, 선생은 "지금의 때를 당해서 이미 기력(氣力)을 발휘하여 적개(敵愾)의 의리를 베풀 수 없다면, 다만 주자(朱子)가 말씀한 '아픔을 참고 원통함을 품으며 절박하여 어쩔 수 없이[忍痛含寃 迫不得已]' 라는 여덟 글자를 마음속에 새기고 자정(自靖)할 뿐이다." 라고 말씀하셨다. 일찍이 그 말씀을 음미하고 그 행적을 살펴보니, 대개 또한 앞선 성현들의 '존화양이(尊華攘夷), 부양억음(扶陽抑陰)' 이라는 지극한 뜻을 계승하여 사도(斯道)를 밝힌 것이요, 일시적인 감격으로 인해 이런 말씀을 한 것이 아니었다. 잘 살필지어다. 혹 하나의 절개로 선생을 논한다면, 어찌 선생을 충분히 안다고 말할 수 있겠는가?

소자(小子)는 어린 시절부터 선생의 가르침을 받은 것이 헤아릴 수 없이 많으나, 재주와 뜻이 어리석어 만에 하나도 제대로 따르고 지키지 못하다가, 갑자기 들보가 꺾인 아픔에 휩싸이게 되었다.[64] 글을 읽는 공부도 이로 인해 전폐하고, 자신을 반성하며 이루 말할 수 없이 슬퍼했다. 이제 짧고 거친 필력(筆力)은 선생의 착하고 아름다운 덕을 형용하기에 부족하니, 어찌 감히 서술하겠는가? 다만 그윽이 선생의 아름다운 말씀과 행실을 생각해보니, 시일이 멀어질수록 더욱 잊혀지고, 소자의 학업이 끝날 날도 기약할 수 없는 형편이니, 비록 후일을 기다린다 해도 더욱 아득할 뿐이었다. 이에 일가(一家)들에게 들어서 아는 것 가운데 한두 가지를 기록하고, 또 평소에 보고 들은 것 가운데 그 중요한 것을 뽑아, 위와 같이 삼가 기록하여, 후일 입언(立言)하는 군자께 비명(碑銘)을 청탁하는 자료로 삼고자 한다. 아! 슬프도다. 종자(從子) 규헌(圭憲)은 삼가 쓰노라.

64 '들보가 꺾인 아픔[梁摧之痛]'이란 '훌륭한 인물이 돌아가셨을 때의 슬픔'을 비유하는 말임.

제2부

발자취

江漢湖源洛閩折衷理學心得體驗及見時事日非
憤慨有詩曰鐵道云何路島夷來諒路人行我不行滅貌非
他路十年抗義三入幽囚嘗獄中多作日步登百天樓風定
雨聲收三角連天漢江洒地流北虜無開口南蠻
再舉頭顧如夢裡話宗社復千秋其勇嘗所蘊
可想推也
外史氏曰韓末義烈忠節卽已自丙子修好前後有衛
斥邪諸公乙未弑變有激昂中痛憤至於乙巳勒約庚

1

갑오년의 동학(東學) 봉기를 겪다

성암은 28세 때 동학 농민봉기를 겪었다. 갑오년(甲午年, 1894년) 여름, 남쪽에서부터 봉기의 소문이 들려오더니, 어느 날 성암이 사는 마을에 동학군들이 들이닥친 것이다. 성암은 가난한 살림이어서, 동학군들로 인한 소란만 겪었을 뿐 직접적인 해(害)를 입지는 않았다. 갑오년 동학군 봉기의 최대 격전장은 공주의 효포(孝浦)와 우금치였는데, 효포는 성암의 고향 중호(中湖)와 아주 가까운 곳이었다. 이 무렵 성암은 부여로 이사하여 살고 있었는데, 때마침 선영에 성묘하고 고향의 종가에 들렀다가, 동학군과 관군(京軍과 日本軍의 연합군)의 전투 현장을 가까이서 경험하기도 했다. 성암은 자신이 보고 들은 것을 〈갑오동란록(甲午東亂錄)〉이라는 기록으로 남겼다.

성암은 당시의 봉기를 기본적으로 '동란(東亂)' 즉 '동학교도들의 반란' 으로 인식했다. 성암도 농민봉기가 탐관오리(貪官汚吏)들의 가렴주구(苛斂誅求)에서 비롯되었다고 인식했다. 그러나 동학은 혹세무민(惑世誣民)의 사교(邪敎)로서, 그들의 신앙과 실천이 국가를 새롭게 발전시키기는커녕 오히려 국가를 더욱 혼란에 빠뜨린다고 보았다. 성암은 특히 동학군의 봉기가 청 · 일의 군대를 불러들이는 계기가 되었다는 점과 동학의 잔당이 '일진회(一進會)' 가 되어 왜적의 앞잡이가 되었다는 점을 비판했다. 〈갑오동란록〉에서는 다음과 같이 말한다.

> 모두 같은 떳떳한 본성을 지닌 백성들이 한 번 변하여 동학(東學)이 되고, '왜적을 배척한다' 고 말하면서 도리어 왜구를 불러들이고, 이미 왜구를 불러들인 다음에는 다시 변하여 일진회(一進會)가 되어 왜적의 창귀(倀鬼) 노릇을 하여 마침내 그 나라를 스스로 망하게 하고, 이미 그 나라가 망한 다음에는 또다시 변하여 천도교가 되어 또 장차 천도(天道)를 속이려 한다. 아! 슬프도다. 『중용(中庸)』에서는 "국가가 장차 망하려 하면 반드시 요얼(妖孽)이 생긴다" 고 했는데, 이제 나라의 적자(赤子)로 태어나 요얼(妖孽)이 됨이 이처럼 심하구나.

갑오년의 동학 봉기를 '동학교도들의 반란' 으로 규정한 것은 당시 유학자들의 일반적 인식이었다. 또 몇몇 유학자들은 유회(儒會)를 조직하여 동학군에 맞서기도 했다.[1] 그러나 오늘날 많은 사람들은 이를 '구국(救國)의 성전(聖戰)' 으로 인식하고, 추앙한다. 당시 동학의 봉기를 '반란' 으로 규정한 것은 지배계층의 시각이라고 비판할 수 있다. 그러나 동학의 봉기가 과연 구국에 도움이 되었는지도 냉철하게 돌이켜 보아야 할 것이다.

성암은 〈갑오동란록〉에서 "각지의 동비(東匪)들이 '왜적(倭賊)과 양적

1 김삼웅, 『녹두 전봉준 평전』, 506~508쪽 참조.

(洋賊)을 배척하고 몰아낸다' 는 명목으로 포중(包衆)을 일으켜 그 성세(聲勢)를 확장했는데, 사실은 장차 대궐(大闕)을 침범하려는 계획이었다." 고 서술하였다. 성암의 서술과 달리 동학군은 오로지 외적(外賊)을 몰아내는 데만 관심이 있었을 뿐이라고 하더라도, 결과적으로 동학군은 우리나라를 청일전쟁(淸日戰爭)의 싸움터로 만들고 말았다. 다시 말해, 모든 행위는 행위자의 의도와 다른 결과를 초래하는 경우가 많다. 그러므로 역사적 행위자는 매우 신중한 자세를 취해야 마땅한 것이요, 역사에 대한 평가 역시 의도와 결과를 모두 고려해야 하는 것이다.

성암은 동학군의 봉기를 반란으로 규정하면서도, 오로지 그들에게만 책임을 돌리 수는 없다고 보았다. 성암에 의하면, "대개 외척(外戚)이 권세를 휘두른 이래, 이른바 모든 관료는 자잘한 인아족척(姻婭族戚)이 아니면 대부분 돈 많은 비부(鄙夫)로서, 조정의 내직(內職)에 들어가서는 '도적질하는 신하' 가 되었고, 지방으로 나와 외임(外任)을 맡아서는 '가렴주구를 일삼는 신하' 가 되었다. 그러므로 국가의 운수가 날마다 어려워지고, 백성들의 힘은 날마다 병들게 되었으며, 예의염치(禮義廉恥)의 기강이 떨치지 않아, 이런 지경에 이른 것이다." 이는 당시 역사에 대한 가장 평범하면서도 가장 정확한 진단일 것이다.

성암은 맹자의 "백성의 윗사람이 되어 백성과 함께 즐기지 않는 사람도 잘못이요, 윗사람에게 얻지 못했다고 하여 그 윗사람을 비난하는 자도 또한 잘못이다."라는 말씀을 인용하면서, 결론적으로 갑오년의 봉기에 대해 '양비론(兩非論)' 을 견지했다. 요컨대 위정자들에게는 가렴주구를 일삼아 '반란을 초래한 책임' 이 있고, 동학군에게는 반란을 일으켜 '국망(國亡)을 재촉한 책임' 이 있다는 것이다.[2]

이제 성암이 지은 〈갑오동란록〉을 직접 읽어보기로 하자.

＊〈갑오동란록(甲午東亂錄)〉[3]

영남에 일찍이 최국술(崔國戌, 號는 海月이다)이라는 사람이 있어서, 환술(幻術)을 잘하고, 항상 남의 아내와 음란하게 굴었는데, 일이 발각되어 조정에 알려짐으로써 법에 따라 처형되었다. 그 뒤로 또 최법헌(崔法軒)이라는 사람이 있었는데, 곧 최국술의 서자이다. 일찍이 도망하여 보은(報恩) 땅에 숨어 있다가, 갑오년(甲午年, 1894) 즈음에 그 사도(邪道)를 전파하며 미치광이처럼 스스로 방자하게 굴면서 이름하여 '동학(東學)' 이라 하였다.[4] 또 책이 있었는데 『동경대전(東經大全)』이며, "땅의 기운이 지금 이르렀으니, 원컨대 크게 강림하소서[地氣今至 願爲大降]" 이라는 주술을 외우며 혹세무민(惑世誣民)을 일삼았는데, 마치 한(漢)나라 말기의 장각(張角)이 한 짓과 흡사했다.[5]

---

2 民世 安在鴻 역시 갑오농민봉기를 '東學亂' 이라고 규정하고, "東學亂 그것이 敵前 內訌의 民族的 大罪過로서, (…) 당시의 國情은 民衆反抗이 아니 날 수 없었다. 官權을 중심한 支配階級이 最後發惡的인, 도에 넘치는 壓迫掠奪을 함부로 함에 인하여, 民衆으로 더 견딜 수 없는 절망적 반항을 하게 한 것은, 언제 어디서나 爲政者들의 큰 거울이 되는 것이다. 이즈음에 있어 叛亂者들만을 혹평할 수 없으나, 그 叛亂은 이른바 '全社會의 革命的 變革' 을 성취치 못한 것은 그만두고라도, 오직 '鬪爭諸階級의 참담한 共倒' 만을 가져왔다." 고 혹평한 바 있다(『民世安在鴻選集』 2, 369쪽, 〈韓民族의 基本進路〉). 요컨대 갑오농민봉기는 탐학한 爲政者들이 초래한 것이나, '敵前 內訌의 民族的 大罪過' 를 범함으로써 '우리 민족 모두의 참담한 공멸' 을 초래했을 뿐이라는 것이다.

3 『醒菴集』 卷4 頁22~26. 〈甲午東亂錄〉의 첫머리는 東學을 창도한 인물과 교단의 조직, 교세의 확장 과정 등에 대한 소개인데, 전해 들은 내용을 기록한 것이어서 정확하지 못한 점이 있다. 또 이 글에 등장하는 수많은 사람들의 漢字 이름에도 다소 誤字가 있는바, 번역 과정에서 가급적 바로잡았다.

4 아마도 崔國戌은 崔濟愚를 지칭하고, 崔法軒은 崔時亨을 지칭하는 것 같다. 그리고 '海月' 은 '崔時亨' 의 號이다.

처음에는 기꺼이 따르는 자들을 모아 무리를 만들고, 조금씩 번성한 다음에는 그 무리가 많음을 빙자하여 억지로 가입시켜, 1년도 안 되어 조선 팔도에 그 무리가 두루 퍼지게 되었다. 그들이 모이는 장소를 이름하여 '포중(包中)' 또는 '접중(接中)'이라 하고, 접중에서 주장하는 자를 '접주(接主)'라 하고, 그다음을 '접사(接司)'라 하며, 그 부리고 명령하는 자를 '성찰(省察)'이라 하였다. 무릇 그들의 도(道)에 함께 가입한 자는 귀천(貴賤), 상하(上下), 노주(奴主), 관동(冠童)을 따지지 않고 일률적으로 서로 '접장(接長)'이라 하며, 서로 만났을 땐 반드시 서로 절하였다. 또 사람들이 그들을 부를 때엔 '도인(道人)'이라 하였다. 대접(大接)은 1천 명 남짓, 소접(小接)은 1백 명 남짓이었는데, 곳곳마다 접(接)을 설치하여 그 수를 헤아리기 어려웠다.

이해 7월, 나는 바야흐로 저산정사(苧山精舍)에서 문약(文若)과 함께 선생님을 모시고 앉아 있었는데,[6] 갑자기 맨땅에서 바람과 먼지가 크게 일었다. 이웃의 동네 사람들은 크게 놀라고 당황하여 안색을 잃고, 혹은 갈대밭으로 달아나고 혹은 다리 밑에 숨으며 어찌할 줄을 몰랐다. 행랑채 아래에서 한 사람이 급히 들어오며 고하기를 "이처럼 난리가 났는데, 어찌하여 편안히 앉아계시면서 움직이지 않으시는 것입니까? 급히 피난하시기 바랍니다."라고 하였다. 그 소란의 원인을 묻자, '모른다'고 답하고는 숲으로 달아났다. 나는 "이는 반드시 겁에 질린 사람들이 하찮은 일에 놀라서 그런 것이리라"고 말하고는, 마침내 집 안으로 들어가 부녀자들을 안심시키고 함부로 움직이지 못하도록 하였다.

---

5 漢나라 말기의 張角은 太平道를 창시하고, 반란을 일으켜 黃巾賊의 우두머리가 되었다.

6 '文若'은 醒菴의 처남 畊芸 柳秉蔚의 字이다. 또 '선생님'은 慊窩 柳大源을 지칭하는 바, 慊窩는 醒菴의 '스승'이자 '丈人'이었다.

다시 밖으로 나오니, 잠깐 사이에 한 사람이 높은 곳에서 큰 소리로 말하기를 "우리 동네를 도륙(屠戮)한다는 말은 잘못 전해진 말이니, 놀라지 마시오, 놀라지 마시오."라고 했다. 그리하여 놀라 달아났던 사람들이 모두 돌아왔다. 한 여자는 급히 달아나다가 등에 업고 있던 아이가 떨어져 나간 것도 몰랐다. 돌아오는 길에 비로소 아이를 찾았는데, 그 아이는 우물가에 떨어져, 그때까지 울고 있었다.

대개 동비(東匪, 東學은 '國法을 부정하는 무리' 이므로 '東匪' 라 한 것이다)가 득세함에는 어리석은 백성들이 대부분이었다. 이들은 평생을 불만을 품고 살다가, 형세를 타고 반드시 보복한 것이다. 비도(匪徒) 중에 우리 동네에 묵은 감정을 품은 자가 '장차 모처(某處)에서 함몰시키겠다' 고 선언한 것이 전파되어 있었는데, 이때 동네 밖으로부터 총을 멘 비도 30~40명이 대열을 이루어 다가오는 것을 갑자기 보고는 이처럼 헛되이 놀랐던 것이다. 그 뒤로 대왕리(大旺里) 동네에도 또한 하나의 포(包)가 설치되었는데, 어떤 사람은 즐거운 마음으로 가입하고, 어떤 사람은 협박을 받아 가입하여, 그 무리에 가입하지 않은 사람이 드물었으며, 가입하지 않은 자에게는 또 재앙이 뒤따랐다.

문약(文若)의 집안은 평소에 인덕(仁德)을 많이 베풀었기 때문에 무사할 수 있었다. 나 또한 일찍이 남에게 등진 일이 없었고 또한 집이 매우 가난했기 때문에 침욕(侵辱)을 당하지 않았다. 간혹 두려워서 내게 말하는 자가 있었는데, "그 도(道)에 가입하지 않으면 장차 화(禍)를 면하기 어려우니, 어찌할 것인가?"라고 물었다. 나는 "공자(孔子)는 '사람은 정직함으로 사는 것이다. 정직하지 못한 사람이 사는 것은 요행으로 죽음을 면하는 것일 뿐이다.' 라고 말씀하지 않았던가? 지금 그 도(道)에 들어가 삶을 훔치는 것은 곧 요행으로 죽음을 면하는 것이니, 어찌 그런 짓을 하겠는가? 다만 마땅히 정직함을 지킬 뿐이요, 사생(死生)과 화복(禍福)은 하늘에 맡길 뿐이다."라고 답했다.

먼 곳에서 들려오는 소문에 의하면, 양호전운사(兩湖轉運使) 조필영(趙弼永)과 고부군수(古阜郡守) 조병갑(趙秉甲)은 공무(公務)를 빙자하여 사익(私益)을 취하였고, 징색(徵索)이 날로 심화되어, 백성들의 원망이 특히 심하였다. 이에 고부 사람 전봉준(田琫準)과 전주 사람 김개남(金開南)·손하중(孫夏中)의 무리가 처음에는 조필영과 조병갑의 학정(虐政)을 못 이겨 소요를 일으켰다가, 동비(東匪)를 칭탁함으로써 그 형세가 크게 불어났고, 마침내는 동비 중에서 가장 큰 세력으로 창궐하였다. 8월에서 9월 사이, 동비들은 간혹 고을의 수령(守令)을 몰아내고 관아(官衙)를 빼앗아 점거하며 국고(國庫)와 병기(兵器)를 마음대로 사용하고, 부자의 재물을 빼앗았다. 조정에서는 홍재희(洪在羲)를 양호초토사(兩湖招討使)로 임명하여 전주(全州)에서 동비를 토벌하게 했는데, 마침내 이기지 못하고 돌아가, 나라의 존망이 호흡(呼吸)하는 사이에 달린 것처럼 위태로웠다.

나는 10월 상순에 도산(道山)[7]에 성묘하는 길을 떠나, 묘사(墓祀)를 마치고는 중호(中湖)의 종가(宗家)로 가서 머물렀다. 이때, 각지의 동비들이 '왜적(倭賊)과 양적(洋賊)을 배척하고 몰아낸다'는 명목으로 포중(包衆)을 일으켜 그 성세(聲勢)를 확장했는데, 사실은 장차 대궐(大闕)을 침범하려는 계획이었다. 손하중의 포는 청주(淸州)로 향하는 길르 갔고, 전봉준의 포는 공주(公州)로 향하는 길로 왔다. 이때, 전 참판 정숙조(鄭肅朝) 공은 금산(錦山)에서 유회(儒會)를 조직하여 성(城)을 지키며 동비에 항거했는데, 홀로 김개남의 무리를 맞이하여 싸우다가 죽었다. 노성(魯城) 사람

---

7 '道山'은 醒菴의 9대조 草廬 先生의 墓所가 있는 산으로서, 지금의 '세종시 어진동'에 있다.

이유상(李裕尙)은 처음에는 부여(扶餘) 건평(乾坪) 땅에서 유회(儒會)를 조직했다가, 뒤에 동비에 가입하여, 전봉준과 합세하였다. 판서(判書) 민영준(閔泳駿)은 외국전권공사(外國專權公使)로서 왜병(倭兵)이 와서 구원(救援)할 것을 청구하고, 좌선봉(左先鋒) 이규태(李圭泰)는 경군(京軍)과 왜병(倭兵)을 이끌고 와서 공주부(公州府) 안에 진(陣)을 쳤다. 마침내 그가 동월성(東月城)의 큰 봉우리에 있는 봉화대(烽火臺)를 평정하려고 할 때, 전봉준은 수많은 무리를 이끌고 효포(孝浦)에 주둔하고 있었다. 효포와 봉화대는 위와 아래에서 서로 바라보는 지역이다. 효포로부터 수월령(水月嶺)까지 10여 리의 긴 계곡에는 동비들이 산과 들판을 가득 채웠다. 동비들은 모두 흰 옷을 입고 있어서 마치 눈이 내린 듯했고, 함성이 땅을 진동하게 했으며, 화약의 연기와 불꽃이 하늘의 해를 가렸다. 경군과 동비는 하루 동안 접전했는데, 동비가 대패하여 죽은 자가 구렁을 채웠고, 살아남은 자는 사방으로 흩어졌다. 그 뒤로 경군은 승세를 타고 패배한 자들을 쫓아내니, 팔도의 동비들이 차례대로 평정되어, 최법헌 · 전봉준 · 김개남 · 손하중 등도 앞서거니 뒤서거니 모두 체포되어 죽임을 당했다.

중호(中湖)는 효포와 가까운 곳이어서, 전란을 겪음이 다른 곳보다 더욱 심하였다. 10월 보름부터 11월이 다 지난 다음에야 난리가 끝났다.[8] 당초에 전봉준이 논산(論山)에 머무를 때, 경군이 요해처(要害處)를 매우 엄중하게 지키고 있었기 때문에, 나는 오랫동안 고향[中湖]에 머무르고 있었다. 그런데 날마다 연속으로 포성(砲聲)이 크게 울리고 동네 사람들

---

8 '孝浦 전투'는 음력 10월 25일, '우금치 전투'는 음력 11월 8일에 있었다. 주지하듯이 동학농민군은 우금치 전투에서 크게 패하여, 2만여 명의 주력부대가 500여 명밖에 남지 않을 만큼 큰 희생을 치렀다(김삼웅, 『녹두 전봉준 평전』, 452쪽 참조).

이 놀라서 안정하지 못하여, 매번 안심하도록 달래는 것으로 피난의 방책을 삼았다. 나는 혹은 책을 보기도 하고, 혹은 짚신을 삼기도 하면서 날을 보내고 있었는데, 이웃 사람들은 매번 나를 '겁이 없다' 고 놀렸다. 이윽고 화기(禍機)가 날마다 더욱 위급해져, 병화(兵火)가 목전에까지 닥쳐 사태를 예측할 수 없었다. 부득이하여 사당(祠堂)의 위패(位牌)를 집 뒤의 가려진 곳에 매안(埋安)하고는, 어찌해야 할지 모르고 있었다. 마침내 격전에 벌어진 날, 사방으로 총환(銃丸)이 떨어지는데, 마치 어지럽게 우박이 떨어지는 것 같았다. 동네 사람들은 모두 얼이 빠져, 사방으로 흩어져 달아났다. 나 또한 총환을 피해 석탱산(石撐山)으로 들어갔다. 날이 저물자 포성이 멎고, 동비들은 일제히 물러나 밤을 타고 집으로 돌아갔다. 놀란 혼을 조금 안정시키고 며칠을 기다리니, 다시는 병진(兵塵)이 일지 않았다. 마침내 사당의 위패를 가묘(家廟)에 다시 봉안하였다. 앞뒤로 수십 일 동안 신주(神主)와 독(櫝)이 비록 땅 기운으로 인해 축축해졌지만, 썩거나 훼손되지는 않았으니, 천만다행이었다. 길이 막힌 관계로 고향에 머무르다가, 다음 해 정월에야 비로소 우거(寓居, 扶餘 大旺里)로 돌아왔다.

이 해에 왜병(倭兵)은 도성(都城)에 머무르면서 자뭇 기세를 떨쳤는데, 국모(國母)가 해(害)를 입은 것은 만고에 없었던 변고였다. 이보다 앞서 갑신년(甲申年, 1884년)에 역적의 우두머리 박영효(朴泳孝)는 외국으로 도망가서 국가의 은미한 기밀을 모두 왜에게 알려주고, 왜병에게 구원을 요청한 것을 계기로 다시 본국으로 돌아왔다. 박영효는 왜구의 위세를 빌려 임금을 협박하여, 정권을 차지하고 전횡하니, 무릇 조정의 대관(大官)들이 그 아래에서 머리를 숙이지 않는 자가 없었다. 또한 박영효를 따라 권세를 도운 자로는 김홍집(金弘集) · 어윤중(魚允中) 등이 있는데, 이들이 이미 나라 안에 '머리를 깎으라는 명령[薙髮令, 斷髮令, 削髮令]' 을 선포하고, 방백(方伯)과 수령(守令)들로 하여금 강제로 집행하도록 하니, 민심이 놀라고 두려워하여 모두 봇짐을 등에 지고 서성거렸다.[9] 이에 나라 안에서 의려(義旅, 義兵)가 피를 뿜으며 서로 일어나서, 국모(國母)를 시해한 원수를 갚고 강제로 머리를 깎게 하는 난리를 평정하고자 했다.

예컨대 유인석(柳麟錫) 공은 춘천(春川)에서 동지(同志)를 이끌고 의려를 모아 거병하여, 박영효가 보낸 왜병과 여러 차례 접전하여 크게 이겼다. 또한, 박영효의 무리로서 관찰사(觀察使)를 하는 자 1명과 수령(守令)을 하는 자 1명을 참수(斬首)했는데, 이는 그들이 사납게 삭발령을 강제했기 때문이었다. 전승지(前承旨) 김복한(金福漢) 공과 이설(李偰) 공도 또한 사우(士友)들과 함께 홍주성(洪州城)에서 의병을 일으켰으나, 관찰사 이승우(李勝宇)에게 속아 뜻을 이루지 못하고 체포되어 서울로 끌려갔다가, 의리로 항거하여 굴복하지 않고서 돌아왔다. 국가의 원수는 비록 갚지 못했으나, 한때 삭발을 멈추게 한 것은 진실로 의병을 일으킨 여러 공(公)들의 힘이었다.

얼마 후 박영효는 권세를 잃고 다시 왜국으로 도망갔으며, 김홍집 등도 모두 법에 따라 처형되었다. 대개 이 변란도 사실은 동비가 초래한 것이었다. 이후 갑진년(甲辰年, 1904년)에 이르기까지, 흉적(凶賊) 송병준(宋秉畯)·이용구(李容九) 무리는 왜국의 흉계(譎計)에 따라 동비의 잔당을 꾀어 '일진회(一進會)' 로 이름을 바꾸었는데, 이는 그 무리가 매우 번성함을 이용하여 우리 정부를 빼앗아 왜국에 주려는 것이었다. 경술년(庚戌年, 1910년) 나라가 망한 뒤에 또 이른바 '천도교(天道教)' 라는 것이 생

9 外賊의 침략 등으로 나라가 위태로워짐으로써 백성들이 모두 가재도구 등을 등에 지고 어깨에 메고서 피난길을 떠나게 됨을 말한다.

겨났는데, 이 또한 흩어진 동비들의 나머지 잔당으로서, 서울 안에 회소(會所)를 설치하고, 지금은 10만의 무리가 되었으니, 그 끄트머리가 어떻게 될지 모르겠다.

다만 모두 같은 떳떳한 본성을 지닌 백성들이 한 번 변하여 동학(東學)이 되고, '왜적을 배척한다' 고 말하면서 도리어 왜구를 불러들이고, 이미 왜구를 불러들인 다음에는 다시 변하여 일진회가 되어 왜적의 창귀(倀鬼) 노릇을 하여 마침내 그 나라를 스스로 망하게 하고, 이미 그 나라가 망한 다음에는 또 다시 변하여 천도교가 되어 또 장차 천도(天道)를 속이려 한다. 아! 슬프도다. 『중용(中庸)』에서는 "국가가 장차 망하려 하면 반드시 요얼(妖孽)이 생긴다" 고 했는데, 이제 나라의 적자(赤子)로 태어나 요얼(妖孽)이 됨이 이처럼 심하구나.

비록 그러나 그 요얼이 생긴 까닭을 탐구하면, 오로지 요얼에게만 책임을 돌리 수 없다. 대개 외척(外戚)이 권세를 휘두른 이래, 이른바 모든 관료는 자잘한 인아족척(姻婭族戚)이 아니면 대부분 돈 많은 비부(鄙夫)로서, 조정의 내직(內職)에 들어가서는 '도적질하는 신하' 가 되었고, 지방으로 나와 외임(外任)을 맡아서는 '가렴주구(苛斂誅求)를 일삼는 신하' 가 되었다. 그러므로 국가의 운수가 날마다 어려워지고, 백성들의 힘은 날마다 병들게 되었으며, 예의염치(禮義廉恥)의 기강이 떨쳐지지 않아, 이런 지경에 이른 것이다. 맹자께서는 "백성의 윗사람이 되어 백성과 함께 즐기지 않는 사람도 잘못이요, 윗사람에게 얻지 못했다고 하여 그 윗사람을 비난하는 자도 또한 잘못이다." 라고 말씀했는데, 바로 이를 두고 한 말씀 같다. 이 글의 후반부(後半部)는 뒤에 추가하여 기록한 것이다.

2

공자(孔子)의 봉시(封諡) 개정을 반대하다

1901년(고종 38년) 여름, 봉상사(奉常司)[1] 제조(提調) 김태제(金台濟)는 '성인(聖人)을 높이고 유학(儒學)을 부흥시키는 방도'를 건의하면서, 그 첫 번째 사항으로서 "선성(先聖)과 선현(先賢)의 위호(位號)를 바로잡아야 한다"는 상소를 올렸다. 요컨대 당시 우리나라에서는 공자(孔子)의 위호를 '대성지성문선왕(大成至聖文宣王)'이라 했었는데, 여기서 '문선왕'이라는 칭호를 삭제해야 한다는 것이다. 김태제는 다음과 같이 말한다.

> 삼가 상고하건대, 『의례(儀禮)』에서는 자(字)만 일컫고 관(官)은 일컫지 않았고, 『논어(論語)』에서는 이름만 일컫고 직(職)은 일컫지 않았으니, 주공(周公)과 공자(孔子)의 의도를 알 수 있습니다. 당(唐)나라 현종(玄宗) 때에야 비로소 공자에게 시호를 주어 '문선왕(文宣王)'이라고 하였으며, 안자(顔子) 이하는 공(公)·후(侯)·백(伯)이라고 일컬었습니다. 송(宋)나라 때에는 '지

1 奉常司 : 1895년(高宗 32) 祭禮管理, 樂工·祭祀·諡議를 관장하기 위하여 설치되었던 관서.

성(至聖)' 이라는 말을 보태어 일컬었고, 원(元)나라 때에는 또 '대성(大成)' 이라는 말을 보태어 일컬었습니다. 그러다가 관직(官職)은 신하에게 주는 것이지 스승을 높이는 것이 아니기 때문에, 명(明)나라 가정(嘉靖)[2] 연간에 이르러 정론(正論)이 비로소 일어나서 신주(神主)의 글귀를 고쳐 공자는 '지성선사(至聖先師)' 라 하였고, 안자 이하에게는 모두 작호(爵號)를 없앴습니다. 이에 대해서는 백대 후에 물어보아도 이의(異意)를 다는 사람이 없을 것입니다.

우리나라는 선조(宣祖) 때에 선정신(先正臣) 조헌(趙憲)이 중국에 들어가 그 일을 처음으로 듣고는 옳게 여겨 우리나라에 돌아온 날 바로 소장을 올려 그것을 따르자고 청하였습니다.[3] 그 후 고(故) 상신(相臣) 이정귀(李廷龜)가 다섯 선현(先賢)을 종사(從祀)할 때에 또 명나라 제도를 따르자고 청하였는데, 숙종(肅宗) 신유년(辛酉年, 1681)에 이조판서 김석주(金錫冑)가 이에 근거하여 청하자 우의정 이상진(李尙眞)과 집의(執義) 이상(李翔) 등 여러 사람들이 한목소리로 호응하였습니다. 이 일은 『국조보감(國朝寶鑑)』에 실려 있으니, 전대 사람들의 정론을 알 수가 있습니다. 그런데도 아직 미처 시행하지 못하였으니, 이것이 첫째로 개탄할 일입니다.[4]

---

2 嘉靖 : 明나라 世宗의 年號로, 1522년부터 1566년까지 45년의 기간.

3 重峯 趙憲의 「東還封事」〈先上八條疏〉 제1조 '聖廟配享之制' 에서는 "明나라에서는 嘉靖 10년(1531년)에 '文宣王' 이라는 諡號를 고쳐서 '至聖先師孔子之位' 라 하고, (…) 文廟의 편액도 '大成殿' 이라 하지 않고 '先聖廟' 라고 했다." 고 보고하고, "臣子를 봉하여 억지로 '王' 이라 하는 것은 더욱 聖人을 높이는 것이 아닙니다. 그러므로 嘉靖 10년에 太學士 張孚敬의 건의로 천 년 동안의 과오를 고친 것입니다. 우리 朝廷에서는 여전히 오랫동안의 陋習에 젖어 있으니, 마땅히 논의해서 고쳐야 할 것입니다." 라고 진언한 바 있다.

4 『承政院日記』 高宗 38년 辛丑(1901) 8월 11일조.

김태제는 위의 상소에서 "성현의 후손들에게 작위(爵位)를 봉해주어야 한다"는 것도 함께 건의하였다. 김태제의 이러한 주장에 대해, 고종은 "상소를 보고 잘 알았다. 진술한 내용은 상고한 근거가 명확하지만 신중하게 처리할 일에 관계되니, 널리 의견을 수집하고 두루 자문하는 절차가 필요하다. 말미에 붙인 의견도 정밀하고 타당한 주장이니, 유념하겠다."라는 비답을 내렸다.

김태제는 얼마 후 겨울, 여름에 올린 상소를 보완하는 내용의 상소를 다시 올려서, 다음과 같이 주장했다.

> 삼가 『숙종보감(肅宗寶鑑)』을 상고해 보니, 우의정 이상진(李尙眞)이 현종(玄宗)이 공자에게 '문선왕(文宣王)'이라는 시호(諡號)를 준 잘못에 대해 논하기를, "스스로 황제라고 하면서 신자(臣子)로 봉한 사람에게 억지로 '왕'이라는 칭호를 준 것은 성인(聖人)을 존중하는 바가 아니다."라고 하였는데, 참으로 옳은 말입니다. 맨 처음에 주공(周公)을 '선성(先聖)'이라 부르고 공자를 '선사(先師)'라고 부른 것은 진실로 성인을 높이는 데에 마땅한 일이었고, 그 뒤에 공자를 '선성'이라 부르고 안자(顔子)를 '선사'라고 부른 것도 정도(正道)에 해가 되지 않는 일이었습니다. 그런데 당(唐)나라 때에 옛것을 고쳐 '왕'으로 봉한 것은 후세의 시비를 면하기 어려운 일이었으니, 명(明)나라 때에 '왕'이라는 칭호를 '사(師)'로 고친 것은 잘못을 단번에 바로잡았다고 할 만합니다.
>
> 그러나 신(臣)의 소견에는 아주 좋기는 하나 완전히 좋은 것은 아니라고 생각합니다. 이미 '대성문선(大成文宣)'이라는 칭호를 없앤 이상 '지성(至聖)'만을 남겨 두어서는 안 되니, 지금 만약 신주에 '대성선사(大聖先師)' 또는 '대성종사(大聖宗師)'라는 네 글자로 특별히 고쳐 쓴다면 스승을 높이는

데에 부합될 것 같습니다. 그리고 배향(配享)하는 네 분을 여전히 복성(復聖), 종성(宗聖), 술성(述聖), 아성(亞聖) 등의 칭호로 부르는 것은 사실 평가하는 말에서 나온 것인 만큼 공경심이 부족한 것 같으니, 모두 버리고 단지 선사(先師) 혹은 선성(先聖), 선철(先哲)로 통틀어 부르는 것이 올바를 것 같습니다. 십철(十哲)과 배향하는 신위(神位)에 이르러서는 명나라 제도대로 단지 선현(先賢)과 선유(先儒)로 고치고, 우리나라 선정(先正)의 신위 또한 선생(先生)이나 선정(先正)으로 써야지 작호(爵號)와 시호(諡號)를 그대로 두어서는 안 됩니다.[5]

얼마 후, 궁내부 특진관 송종억(宋鍾億) 등도 역시 김태제와 같은 건의를 하였다. 요컨대 "공자는 인류의 영원한 스승입니다. 스승은 낳아주신 부모 및 먹여주시는 임금과 동급이므로, 천자도 신하로 삼을 수 없고 제후도 벗으로 삼을 수 없습니다. 따라서 구구한 한 글자의 시호나 한 가지 이름의 작위가 공자에게는 중대한 의미가 있거나 성인의 위대한 덕을 다 드러낼 수 없는 것이 사실입니다."라고 주장하면서, 공자의 위호를 '지성선사(至聖先師)'로 바꾸자고 주장한 것이다.[6]

김태제나 송종억 등의 주장은 매우 수긍할 만한 점이 있고, 또 전대에도 누차 거론되어 그 타당성을 인정받은 사안이라 할 수 있다. 그러나 또 유교 국가에서 공자의 시호를 개정한다는 것은 매우 중대한 문제로서, 경솔하게 바꾸기는 어려운 문제였다. 고종의 "진술한 내용은 상고한 근거가 명확하지만 신중하게 처리할 일에 관계되니, 널리 의견을 수집하고 두루 자문하는 절차가 필요하다."는 비답은 이러한 정황을 정확

5 『承政院日記』 高宗 38년 辛丑(1901) 12월 27일조.
6 『承政院日記』 高宗 39년 壬寅(1902) 3월 18일조.

하게 반영한 것이었다.

김태제 등의 주장은 당시 조야(朝野)에 커다란 물의(物議)를 일으켰다. 이러한 상황에서, 성암은 김태제에게 편지를 보내, 공자의 시호를 바꾸는 것에 반대하였다. 성암의 주장은 "설령 시호를 '선사(先師)'로 고치는 것이 십분 타당하다고 하더라도, 진실로 지금 때에 고치는 것은 옳지 못하다."는 것이었다. 오랑캐들이 우리 조종(祖宗)의 옛 법도(法度)를 모두 경장(更張)하도록 협박하고, 많은 사람들이 오랑캐의 도(道)에 빠져 그 잘못을 깨닫지 못하는 상황에서, 우리의 급선무는 오히려 '공자를 높이고, 공자의 도(道)를 밝히는 데 있다'는 것이다. 이제 성암의 〈참판 김태제께 보내는 편지[與金參判 台濟]〉를 읽어보기로 하자.

*〈與金參判 台濟〉[7]

그윽이 듣자오니, 집사(執事)께서는 근래에 공부자(孔夫子)의 봉시(封諡)를 개정하는 일을 발의하고, 청(淸)나라 조정에 상주(上奏)하기에 이르러, 물의(物議)가 들끓었다고 합니다. 집사의 의리는 어디에 근거한 것인지, 참으로 모르겠습니다.

대체(大體)로 논하자면, 성인(聖人)을 존숭하는 것은 그 학문을 밝히고 그 도(道)를 실천하는 것에 있습니다. 도학(道學)이 밝혀지지 않고 행해지지 않는 것이 지금처럼 심한 적이 없으니, 부자(夫子)를 존숭함은 어디에 있겠습니까? 하물며 지금은 오랑캐의 꾐에 빠져, 우리 조종(祖宗)의

7 『醒菴集』 卷2 頁16~17.

옛 법도(法度)는 모두 경장(更張)하도록 협박하고 있는바, 그 시비곡절(是非曲折)에 대해 어리석은 제가 감히 주제넘게 말할 수는 없겠습니다. 그러나 그것이 아름답지 못한 일임은 조야(朝野)의 신민(臣民)들이 말하지 않는 가운데 저절로 드러났습니다. 설령 시호를 '선사(先師)' 로 고치는 것이 십분 타당하다고 하더라도, 진실로 지금 때에 고치는 것은 옳지 못함이 분명합니다. 옛날 대명(大明)의 가정(嘉靖) 연간에 폐신(嬖臣) 장부경(張孚敬)이 권력을 마음대로 휘두르면서 태종(太宗)이 정한 사전(祀典)[8]을 모두 고쳤으며, 또 "대성지성문선왕(大成至聖文宣王)을 지성선사(至聖先師)로 고치고, 대성전(大成殿)을 선사묘(先師廟)로 고치자" 고 상소한 바 있는데, 대개 그 상소문이 근거로 삼는 바는 다만 '공부자(孔夫子)께 신하(臣下)가 있었느냐 없었느냐' 는 것과 '공부자의 영혼이 왕(王)이라는 작위(爵位)를 결코 기꺼이 받지 않을 것' 이라는 내용이었습니다. 당시의 명신(名臣) 서계어사(西階御史) 채관(蔡貫) 등이 그 옳지 못함을 힘껏 쟁론하였으나, 결국 공부자의 봉시(封諡)가 폄하되고 말았습니다.

무릇 장부경(張孚敬)의 이 일은 자신의 뜻을 방자하게 실행한 것에 불과합니다. 또한 우리나라 문묘(文廟)의 봉시(封諡)는 이미 명(明)나라 태조(太祖)의 법제를 따르는 것인바, 가정(嘉靖) 연간에 개제(改題)한 뒤로 곧바로 따라서 고치지 않은 것은 어찌 '장부경이 마음대로 고친 제도를 따라서는 안 된다' 는 이유 때문이 아니겠습니까? 이는 비록 중봉(重峯) 선생의 상소에서 진언한 바 있는 일이지만, 퇴계(退溪) 선생께서는 일찍이 "(孔夫子의 諡號를 정한 뒤로) 세월도 오래되었고, '왕(王)' 이라는 호칭을 하루아침에 삭제함은 실로 미안하다. 후생말학(後生末學)으로서 어

---

8 祀典 : 제사를 지내는 禮法에 관한 규정.

찌 감히 가볍게 의논할 일이겠는가?" 라고 말씀하셨습니다.

두 선생의 주장이 어느 것이 옳은지 모르겠습니다만, 그러나 중봉(重峯) 선생의 때와 지금의 때는 차이가 있습니다. 바야흐로 오랑캐의 도(道)가 성행하여 사람들이 모두 차츰차츰 거기에 빠져들면서 그 잘못을 깨닫지 못하고 있으니, 어찌 통곡하며 눈물 흘리지 않을 수 있겠습니까? 집사의 도리는 단연코 마땅히 우리 임금을 보좌하여 오랑캐를 물리치고, 명교(名教)를 더욱 닦아, 우리 부자(夫子)의 도학(道學)이 하늘의 해처럼 세상에 밝아지게 하는 것입니다. 이것이 오늘의 급무인바, 하필 부자(夫子)의 시호(諡號)를 고친다는 말입니까? 소생은 비록 어리석지만, 일이 지극히 미안하기에, 그러므로 감히 이처럼 번거롭게 하는 것입니다. 곡진히 용서하시고 혜량하여 주시기 바랍니다.

3

철도의 선영(先塋) 침범을 막아내다

일제 초기의 여러 식민 정책 가운데, 대표적인 것은 '민적(民籍) 등록 사업'과 '토지 조사 사업'이었다. 일제 통감부(統監府)는 1909년 '민적법(民籍法)'을 공포하고, 1912년 '토지조사령(土地調査令)'을 발포하였다. 민적법과 토지조사령은 식민지배 체제를 확립함에 있어 그 초석이 되는 것이라 할 수 있다. 그런데 민적법과 토지조사령보다 먼저 추진된 것이 바로 '철도(鐵道)의 건설'이었다. 철도가 있어야만 경찰이나 군대도 파견할 수 있고, 물자도 실어 나를 수 있는바, 철도는 일제의 식민지 통치능력과 직결된 것이었다. 그러므로 일제는 한국의 식민지화를 획책하면서 무엇보다도 철도의 건설을 서두른 것이다. 이러한 배경 아래, 1901년 8월에는 경부선이 착공되어 1904년 12월 개통하였고, 1904년 3월에는 경의선이 착공되어 1906년 3월 개통하였으며, 이어 서울과 원산을 잇는 경원선, 대전과 목포를 잇는 호남선 등의 철도가 건설되었다.

1904년 경부선이 완공될 무렵, 당시 조정에서는 경부선을 간선(幹線)으로 삼는 몇몇 지선(支線)을 계획했던 모양인데, 그 지선의 노선이 성암의 선조 초려(草廬)의 묘역을 침범하게 되었다. 초려의 후손들은 이를 막기 위하여 노력했거니와, 성암의 가장(家狀)에서는 당시의 일을 다음과 같이 기록하고 있다.

> 갑진년(甲辰年, 선생 38세)에 철도가 선영을 침범하는 화(禍)가 생겼는데, 그 일을 주관하는 자는 우리나라 사람이었다. 선생이 분개하여 말하기를 "비록 흉악한 사람이라 할지라도, 선현의 분묘에 어찌 이런 변고가 생기게 할 수 있는가?" 라 하고, 걸어서 상경(上京)하여 통절하게 항의하였다. 이어서 충청도 유림들의 건의문(建議文)이 올라가자, 일이 마침내 잘 해결되었다.

성암은 당시 늦가을의 추위를 무릅쓰고 걸어서 상경하였다. 당시에는 이미 철도를 이용하여 상경할 수 있는 때였는데, 성암은 '결코 철도를 이용하지 않겠다' 고 결심했던 것이다. 한편, 『성암집』의 〈일사(逸事)〉에서는 당시의 일을 다음과 같이 소개하고 있다.

> 일찍이 고종(高宗) 갑진년(甲辰年, 1904년) 왜인들이 철도를 부설하는데, 그 노선이 선조 문헌공(文憲公)의 영역(塋域)을 침범하여, 장차 화(禍)를 예측할 수 없었다. 선생은 걸어서 서울에 가서, 여러 대신(大臣)들을 두루 만나 통절하게 항의하니, 모두가 특별하게 생각하여 존중하고, 공공(公共)의 여론(輿論)에 따라 노선을 변경하려고 하였다. 그런데 그 일을 주관하는 대신 서모씨(徐某氏)[1]는 "국가의 대사(大事)는 사가(私家)의 연고로 변통(變通)할 수 없다" 고 주장하면서, 은연중 마음속으로 잘못이라고 여기는 태도를 보여

1 醒菴의 〈行狀〉에 의하면, '大臣 徐某氏' 는 '承旨 徐五淳' 이다.

주었다.

선생이 그 앞에서 분개하면서 "철도를 부설하는 것은 사실 왜국이 우리나라를 빼앗으려는 흉모(凶謀)이다. 만약 태감(台監)의 말씀이 옳다고 하더라도, 어찌 선현(先賢)을 존중하지 않고 나라를 다스릴 수 있는 이치가 있는가? 또한 여러 대신들은 이미 기꺼이 노선을 변경하려고 하는데, 태감만 혼자서 그렇게 고집하는 까닭이 무엇인가? 태감의 뱃속에는 철판(鐵板)이 들어있는가? 내가 장차 단도(短刀)로 결판을 내겠다."라고 항의했다. 이렇게 말하고 대성통곡하며 비가 내리듯 눈물을 흘리니, 함께 있던 사람들이 모두 숙연한 자세로 두려워하며 서 있었다. 그 뒤로 일이 마침내 잘 해결되었다. 선생의 삼종제(三從弟) 인영(仁榮)이 동행했었는데, 그 광경을 보고는 나중에 그 일을 말하면서 "형님은 눈물을 준비해 간 것이 아니다. 나는 여기서 형이 왜적에게 항거하며 만 길이나 되는 절벽이 서 있는 것처럼 절의(節義)를 세운 근본을 알 수 있었다."고 말했다.

당시 대신 서모씨가 "국가의 대사(大事)는 사가(私家)의 연고로 변통(變通)할 수 없다"고 주장하자, 성암은 "어찌 선현(先賢)을 존중하지 않고 나라를 다스릴 수 있는 이치가 있는가?"라고 반론했다. 결국 다른 대신들의 의견이나 충청도 유림들의 건의문으로 인해, 노선이 변경되었다고 한다.

그런데 위에서 주목할 것은, 성암은 "철도를 부설하는 것은 사실 왜국이 우리나라를 빼앗으려는 흉모(凶謀)이다."라고 인식하고 있었다는 점이다. 성암은 당시에 서울에 다녀오면서 몇 편의 시를 남겼는데, 이를 소개하기로 한다. 먼저 〈갑진년에 철로가 도산의 선영을 침범하는 일로 인해 상경하는 도중에 읊다[甲辰以鐵路犯道山先壟事入京道中口號]〉라는 시이다.

*〈甲辰以鐵路犯道山先襲事入京道中口號〉[2]

鐵道云何路　철도는 어떤 길인가
島夷乘隙路　섬나라 오랑캐가 틈을 노리는 길이네.
人行我不行　사람들은 타고 다녀도 나는 타지 않으리
滅虢非他路　괵나라를 멸망시킨 것은 다른 길이 아니었네.[3]

1904년 당시에는 일제의 침략이 미완(未完)인 상태였기 때문에, 서모씨는 일제의 의도를 미처 파악하지 못하고 철도를 건설하는 일을 '국가의 대사'라고 말했을 것이다. 그러나 성암은 그것이 바로 '일제의 침략로'라고 인식하고,[4] "남들은 철도를 타고 다녀도, 나는 타지 않겠다"고 결심한 것이다.[5] 다음은 〈갑진년에 서울에 갔을 때, 오랑캐들이 성안에 가득

---

2 『醒菴集』 卷1 頁1.

3 옛날 春秋時代에, 虞나라가 晉나라와 虢나라 사이에 있었는데, 晉나라가 虢나라를 친다 하고 虞나라에 玉과 말[馬]을 바쳐 길을 빌려서 虢나라를 차지하고, 돌아오는 길에 虞나라까지 차지하였음.

4 壬辰倭亂 때도 倭賊들은 '明나라를 정벌할 테니, 길을 빌려달라(征明假道)'고 요구한 바 있었다.

5 京釜線이 개통하자, 시대의 선각자 六堂 崔南善은 〈경부철도노래(京釜鐵道歌)〉에서 "우렁차게 토해낸 기적(汽笛) 소리에 / 남대문을 등지고 떠나 나가서 / 빨리 부는 바람의 형세 같으니 / 날개 가진 새라도 못 따르겠네 / 늙은이와 젊은이 섞여 앉았고 / 우리네와 외국이 같이 탔으나 / 내외 친소(親疏) 다같이 익히 지내니 / 조그마한 딴 세상 절로 이뤘네"라고 贊頌한 바 있다. 六堂과 醒菴의 경부선에 대한 인식은 이처럼 判異하고 相反된 것이었다.

하여 풍속이 크게 변하다[甲辰入京時 夷戎滿城 風俗大變]〉라는 시이다.

＊〈甲辰入京時 夷戎滿城 風俗大變〉[6]

入城胡馬幾多年 성에 들어가니 호마(胡馬) 들어온 지 이미 오래
酷受腥風摠靡然 오랑캐 풍속 받아들여 모두 문드러졌구나.
遷變人情非舊日 인정(人情)도 변하여 예전 같지 않으며
傳來禮俗屬先天 전해오던 예속(禮俗)도 옛날 일이 되었네.
文無輔袞空修內 문신은 임금 돕지 못해 내정을 닦지 못하고
武乏登壇失守邊 무신은 등단하지 못해 변방을 지키지 못하네.
首足反居倒懸勢 머리와 발이 도리어 거꾸로 매달린 형세니
長吁中夜不成眠 깊은 밤 긴 탄식에 잠 못 이루네.

위의 시는 상경하여, 개화(開化) 바람에 확 바뀐 서울의 풍속을 목격하고, 이를 개탄한 것이다. 개화의 결과 "인정(人情)도 변하여 예전 같지 않으며, 전해오던 예속(禮俗)도 옛날 일이 되었음"은 물론이다. 이뿐만 아니라, 기존의 구식 문·무(文武) 관리들도 모두 소임(所任)을 잃어, 내정(內政)도 닦이지 않고, 국방도 위태롭게 되었다는 것이다. 성암은 이를 "머리와 발이 도리어 거꾸로 매달린 형세"로 파악하고, "깊은 밤 긴 탄식에 잠을 이루지 못한 것"이다. 다음은 〈성안의 여관에서 홀로 묵다[城內旅館獨宿]〉라는 시이다.

6 『醒菴集』 卷1 頁21~22, 〈甲辰入京時 夷戎滿城 風俗大變〉.

* 〈城內旅館獨宿〉[7]

我朝春秋大義理 우리나라는 춘추의리를 크게 여겼으니
誠同孝廟雪羞心 참으로 효종의 치욕 씻으려는 마음 함께 했네.
眞源尋得傳師道 참된 근원 찾아서 사도(師道)를 전하고
邪學談魔矜士林 사학(邪學)을 물리쳐 사림을 자랑스럽게 했네.
武侯死已先期固 제갈량은 죽음에 앞서 견고한 방책 기약하고
王蠋退耕後意深 왕촉은 물러나 밭 갈다가 순절할 뜻깊어졌네.[8]
如今世亂縱云極 지금 세상 혼란이 비록 극에 달했다 하더라도
豈意封塋有此侵 이처럼 선영 침범할 줄 어찌 생각했겠는가?

위의 시는 우리나라의 정신적 토대로서 춘추의리(春秋義理)와 위정척사(衛正斥邪)의 이념을 되새기면서, 당시에는 이런 이념이 망각됨으로써 '철로가 선현의 묘역을 침범하는 일' 이 대수롭지 않게 빚어지게 된 것이라고 탄식한 것이다. 다음은 〈남대문 밖 여관에서 묵다[宿南大門外旅店]〉이다.

7 『醒菴集』 卷1 頁22, 〈城內旅館獨宿〉. 이 詩 제목 아래에는 "이때 支線 鐵路가 道山의 先塋을 침범했기 때문에, 十府에 號訴했다."는 설명이 붙어 있다.

8 王蠋은 戰國時代 齊나라의 忠臣임. 齊나라 王이 자신의 諫言을 받아들이지 않자, 草野로 물러나서 농사를 짓고 있었는데, 이때 燕나라 장수 樂毅가 齊나라에 쳐들어갔다가, 자신이 점령한 지역에 어질다고 소문난 王蠋이 산다는 것을 알고 회유하려 했다. 이에 王蠋은 "忠臣은 두 임금을 섬기지 않고, 烈女는 두 남편을 섬기지 않는다[忠臣不事二君 烈女不更二夫]. 齊나라 王이 나의 諫言을 받아들이지 않기에, 草野로 물러나서 농사를 지은 것이다. 지금 나라가 망하고 임금이 죽어서 나는 살아있을 수가 없거늘, 또 武力으로 협박을 하는구나. 나는 不義로 살기보다는 죽는 것이 낫겠다." 고 하면서, 목을 매어 죽었다.

＊〈宿南大門外旅店〉[9]

何日國讐報　언제나 나라의 원수를 갚을까

煙塵暗不明　연기 자욱하여 어둡기만 하네.

秋風無限淚　가을바람에 하염없는 눈물

揮灑漢陽城　눈물을 뿌려 한양성을 씻누나.

위의 시로 보아도, 당시 성암의 상경은 왜적에 대한 적개심과 함께 이루어진 것이 분명하다. 성암은 가을바람 속에 하염없는 눈물을 흘리며, 왜적에게 더럽혀진 서울의 도성을 그 눈물로 씻고자 했다.

철도의 노선을 변경하는 문제는 사안이 사안인 만큼 쉽게 결론이 나기는 어려운 것이었다. 성암이 상경하여 노선 변경을 호소한 것 외에도, 종중의 다른 사람들이 몇 차례 더 상경하여 노력한 것 같다. 1906년 여름에는 종형(從兄) 회영(晦榮)이 상경하여, 마침내 '노선을 변경하겠다'는 결론을 얻어왔다.[10] 이렇게 일단락되었던 철도 건은, 1918년 즈음 다시 문제가 되었다. 성암은 1918년 2월 조카 규헌에게 다음과 같은 편지를 보낸 바 있다.

＊〈寄姪圭憲〉[11]

도산(道山)의 선영(先塋)을 다시 철로(鐵路)가 침범한다고 하니, 애통하

9 『醒菴集』 卷1 頁1.

10 『醒菴集』 卷3 頁8~9, 〈答從兄 晦榮〉 참조.

고 분함을 말해 무엇 하겠느냐? 바야흐로 이처럼 개 · 돼지의 세력에 의존하여 의리(義理)를 무시하고 이익(利益)을 추구하는 시대에, 우리 집안처럼 외롭고 약한 종족이 어찌 이를 막아낼 수 있겠느냐? 비록 그러나 전해오는 이야기를 들으니, 이번 판리(販利)의 노선은 그 지나는 곳에 만약 주인(主人) 있는 땅이 있으면 반드시 지주(地主)에게 승낙을 얻어 땅을 매입한 다음에야 공사를 진행한다고 하더구나. 이러한 사유를 여러 곳에 미리 물어보고, 이를 형세로 삼아 그 산기슭을 무너뜨리는 것을 금지하는 것은 오히려 도모할 만한 일 같다. 만약 저들이 토지를 취득하도록 방임한다면, 선영은 장차 형체가 남지 않게 될 것이다. 생각이 여기에 이르니, 어찌 통곡하지 않을 수 있겠느냐. 반드시 모든 계책을 다 세워 예방해야 할 것이다.

위의 인용문에 보이듯이, 1918년 당시 선영을 지키기 위해 성암이 선택한 방법은 토지의 수용(收用)을 거부하는 것이었다. 성암은 조카에게 선영의 땅을 팔지 말 것을 당부했거니와, 결국 당시에도 선영을 잘 지켜내서, 오늘에 이르게 된 것이다.[12]

---

11 『醒菴集』 卷3 頁14.

12 초려의 묘역은 光復 이후 1966년 즈음에도 훼손될 위기를 넘겼다. 당시 정부에서는 조판선(조치원과 충남 서천의 板橋를 잇는 철로) 부설을 추진했는데, 그 예정 노선이 또 초려의 묘역을 침범했던 것이다. 이때도 초려 후손들과 인근 儒林이 반대하여, 정부의 조판선 부설 계획이 무산되었다(『주간조선』 2341호(2015년 1월 19일 발행), 〈공주, 110년 만에 鐵馬가 달린다〉 참조). 한편 초려의 묘역은 지금의 행정구역으로는 '세종시 어진동' 에 속한다. 정부에서는 행정중심도시 世宗市를 건설하면서 초려 묘역을 '초려역사공원' 으로 조성하였다.

4

『사서답문』을 발간하고, 『문산문답』을 교정하다

『사서답문(四書答問)』은 성암의 선조 초려(草廬)가 『사서집주대전(四書集註大全)』의 경문(經文)과 집주(集註)의 난해한 문구들 및 여러 소주(小註)들의 타당성에 대해 자질(子姪)들과 문답한 내용을 책으로 엮은 것이다. 『사서답문』은 본래 초려의 문집을 간행할 때 그에 포함되었어야 마땅한 것이었다. 그런데 여러 사정으로 초려집의 간행이 순조롭지 못하자, 우선 본집(本集)을 간행하고, 『사서답문』과 『사례홀기(四禮笏記)』 등 독립적 저술들은 추후에 별집(別集)의 형태로 간행하게 된 것이다.

『초려집』의 초간본(初刊本)은 1865년에 간행되었는데, 이는 성암이 태어나기 2년 전의 일이다. 『사서답문』은 1906년에 간행되었는데, 이는 성암 40세 때의 일이다. 요컨대 성암은 연부역강(年富力强)한 시절 『사서답문』 간행에 심혈을 기울여, 마침내 40세 때 그 일을 마친 것이다. 이에 성암이 지은 〈사서답문의 발문(跋文)〉을 소개한다.

* 〈四書答問跋〉[1]

『사서답문(四書答問)』 4책은 우리 선조 초려선생(草廬先生) 문헌공(文憲公)께서 집안에서 자손들이 질문한 것을 바탕으로 지으신 것이다.

무릇 오경(五經)을 계승하여 사서(四書)가 있으니, 사서는 바로 오경에 들어가는 사다리이다. 성인(聖人)이 말씀을 세워 세상 사람들을 가르치신 것이 사서보다 자세한 것이 없다. 그러나 이른바 "그 말은 가까우나 그 뜻은 멀고, 그 말은 다함이 있으나 그 뜻은 무궁하다. 다함이 있는 것은 훈고(訓詁)를 통해서 찾아낼 수 있으나, 무궁한 것은 마땅히 정신(精神)으로 이해해야 한다."는 말은, 만약 안으로 도(道)를 터득하여 나에게 있는 본래의 권도(權度)[2]가 정밀하고 적절하여 어긋나지 않아 성인(聖人)의 뜻과 묵묵히 부합하는 자가 아니라면, 어찌 능히 후세에 태어나 그 다함이 있는 말에 의지하여 그 무궁한 가르침을 얻을 수 있겠는가?

맹자가 돌아가신 뒤로 한 · 진 · 수 · 당(漢晉隋唐)을 거치면서 참된 유학자(儒學者)가 드물었으니, 한갓 경전을 외우고 구두점이나 찍는 학문을 숭상하였다. 그들이 경전을 해석하는 것도 사람마다 달라 통합적으로 이해할 수 없었으며, 또한 각자 자기의 견해로 헤아리고 재단하며 하나의 글자 때문에 한 문장의 뜻을 해쳐서 '고수(高叟)가 시(詩)를 해석함'[3]과 같은 부류가 허다했다. 그리하여 성인(聖人)의 본지(本旨)에 통달하지

---

1 『醒菴集』 卷3 頁25~27.

2 權度 : 무게를 재는 저울의 추를 '權' 이라 하고, 길이를 재는 자를 '度' 라 한다. '本然의 權度' 란 당면한 사태의 輕重과 長短을 올바로 헤아릴 수 있는 '사람의 본래 마음'을 뜻한다.

3 高叟는 詩를 해석할 때 글자 하나하나에 얽매여 전체적인 뜻을 보지 못했으므로, 孟子가 "高叟의 詩 해석은 고루하다" 고 평한 바 있다(『孟子』 告子下 제3장 참조).

못했을 뿐만 아니라, 성명(性命)과 인의(仁義)를 말한 곳에 있어서는 한 글자를 잘못 보아 도리어 세도(世道)에 해롭게 된 경우도 있었다.

송(宋)나라 때에 이르러 두 정자(程子)께서 나오시어, 천년 동안 전해지지 않았던 도통(道統)의 실마리를 이으셨다. 주부자(朱夫子) 같은 분은 사숙(私淑)을 통해 배우고 여러 선현(先賢)의 말씀을 절충하여 경전(經傳)을 주석하여 그 심오한 뜻을 밝혀내셨으니, '경전의 뜻을 남김없이 밝혀낸 것' 이라 할 만하다. 그 '지나간 성인(聖人)을 잇고 다가올 후학(後學)들에게 길을 열어 준 공(功)' 이 누구인들 주자보다 크겠는가?

그런데 주자의 주석(註釋)이 나온 뒤로, 또 그 주석을 풀이함이 있어서는 오히려 학자마다 견해의 동이(同異)가 있었으니, 이 어찌 '사(賜)가 앞으로 올 것을 알고,[4] 상(商)이 공자를 일으킨 것'[5]처럼 언표(言表)를 정신으로 이해한 자가 없었기 때문이 아니겠는가?

우리 동방에 이르러서는, 율곡(栗谷) 이선생(李先生) 문성공(文成公)은 동방 도학(道學)의 종장(宗匠)으로서, 또한 경전(經傳)과 집주(集註)를 토론하고 선유(先儒)의 학설을 절충하셨다. 한 번 전하여, 사계(沙溪) 김선생

---

4 '賜' 는 孔子의 제자 子貢의 이름. 『論語』 學而 제15장에는 다음과 같은 내용이 보인다. "子貢이 묻기를, 가난하면서도 아첨하지 않고 부유하면서도 교만하지 않으면 어떻습니까? 孔子가 말씀하기를, 그 정도면 훌륭하나, 가난하면서도 즐겁고 부유하면서도 禮를 좋아하는 것만은 못하다. 子貢이 말하기를, 『詩經』 에서는 '자르는 듯이 하고, 가는 듯이 하며, 쪼는 듯이 하고, 가는 듯이 하라.' 고 했는데, 바로 이것을 말한 것 같습니다. 孔子가 말씀하기를, 賜는 비로소 함께 詩를 논할 수 있겠도다. 지나간 일을 말해주니, 올 일을 아는구나!"

5 '商' 은 孔子의 제자 子夏의 이름. 『論語』 八佾 제8장에는 다음과 같은 내용이 보인다. "子夏가 묻기를, '어여쁜 웃음에 귀여운 보조개며, 아름다운 눈에 맑은 눈동자여. 흰 바탕에다 채색을 했구나' 라고 했으니, 무슨 말입니까? 공자가 말씀하기를, 바탕을 희게 한 다음에 그림을 그리는 것이다. 자하가 말하기를, 禮는 나중의 일이군요. 공자가 말씀하기를, 나를 일으키는 자는 商이로다. 비로소 함께 詩를 말할 만하구나!"

(金先生) 문원공(文元公)은 여러 학설을 수집 편찬하여 후인들을 깨우쳐 주셨으니, 『경서변의(經書辨疑)』와 같은 것이 바로 그것이다. 문헌공의 『사서답문』은 이를 계승하여 만들어진 것이다. 그렇다면 오경은 사서를 통해서 드러나고, 사서는 정자 · 주자의 설명을 통해서 다시 밝혀지고, 정자 · 주자의 설명은 율곡 · 사계의 설명을 통해서 더욱 밝혀지고, 율곡 · 사계의 설명은 문헌공의 책을 통해서 더욱 자세해진 것이라 하겠다. 전후의 성현(聖賢)이 서로 전하면서 서술한 뜻이 '5백 년마다 세상에 이름난 사람들이 나온다'[6]는 운수와 부합하니, 그렇지 아니한가?

문헌공께서는 어릴 때부터 사계선생 문하에서 공부하셨다. 문원공께서는 일찍이 문헌공을 전송하면서 "큰 선비로다! 큰 선비로다! 우리 도(道)를 부탁할 곳이 여기에 있도다."라고 하셨다. 문헌공은 또한 문경공(文敬公)[7] 문하에서 학업을 마쳤는데, 문경공께서는 말년에 예서(禮書) 두 질을 특별히 주시면서 "선인(先人)의 옛 과업(課業)을 그대가 힘쓰시게."[8]라고 말씀하셨으니, 그 부탁이 간곡하고 촉망이 무거웠던 것이다. 이로써 문헌공의 올바른 연원(淵源)과 깊은 조예(造詣), 그리고 유편(遺篇)의 허여를 상상할 수 있겠다.

오호라. 비록 문헌공의 '간행하지 말라' 는 훈계가 있었지만, 이제 이 책을 세상에 간행하는 바이다. 이 책은 만세(萬世)토록 사문(斯文)에 보탬이 될 것인바, 어찌 감히 끝내 집안에 사사롭게 보관하고 세상에 공개하지 않겠는가? 다만 능력이 모자라는 관계로 2백여 년 동안 상자 속에 보

---

6 『孟子』 盡心下 제38장 참조.

7 '文敬公' 은 愼獨齋 金集(1574~1656) 선생을 말한다.

8 愼獨齋 선생은 沙溪 선생의 아들인바, 따라서 '先人의 옛 課業' 이란 '沙溪 선생의 禮學' 을 일컫는다.

관해오다, 지금에야 비로소 간행하는 것이다.

『사서답문』의 간행과 함께, 성암이 심혈을 기울인 또 하나의 일은 『문산문답(文山問答)』을 교정 · 보완하여 간행하는 일이었다. 『문산문답』은 성암의 재종조(再從祖) 화(鉌, 1806~1847)가 선조 초려에 대한 무함(誣陷)을 해명하기 위해 그와 관련된 기록들을 모두 수집하여 편찬한 책이다. 성암은 『문산문답』을 교정하고 보완하는 일에 힘썼으나, 이를 완성하지 못하고 세상을 떠나게 되었다.

성암은 1916년 10월 〈재종숙(再從叔)께 답하는 편지〉에서 "『문산문답』은 대강 골라서 뽑아놓았습니다. 그런데 근래 정신이 건망증(健忘症)이 많아, 고증하는 일을 규직(圭稷, 圭憲의 初名) 조카에게 맡겼습니다."[9] 라고 밝힌 바 있다. 또 성암의 가장(家狀)에 의하면, 성암은 임종을 앞두고 "나는 항상 선세(先世)의 문헌을 유념하느라 급급했는데, 일이 미루어져 완성하지 못했으니, 이것이 한스럽다."고 한탄한 바 있다. 요컨대 성암은 말년에 『문산문답』에 관한 일을 조카 규헌에게 맡기고 한 많은 일생을 마친 것이다. 『문산문답』은 성암이 작고한 뒤로 40여 년이 지난 1962년에야 간행되었다.

9 『醒菴集』 卷3 頁8, 〈答再從叔 寬濟〉.

5

의병(義兵) 항쟁을 계획하다

고종의 러시아 공사관 망명(1896년 2월 11일 새벽, 俄館亡命)으로 조선에 대한 독점적 지배 야욕이 수포로 돌아가자, 절치부심하던 일제는 마침내 러일전쟁을 도발했다(1904년 2월). 이와 함께 일본군은 무단으로 서울을 점령하고, 조정을 위협하여 한일의정서(韓日議定書)를 체결하였다. 1904년 7월에는 군사경찰훈령(軍事警察訓令)을 만들어 치안권(治安權)을 빼앗은 다음, 8월에는 한일외국인고문용빙(韓日外國人顧問傭聘)에 관한 협정서로 재정권(財政權)을 빼앗았다.

러일전쟁에서 승리한 일본은 1905년 여름 미국과 영국으로부터 각각 한국에 대한 독점적 지배권을 확인받았다. 이어 가을의 포츠머스 강화조약에 따라 러시아로부터 한국의 독점적 지배를 확인받음으로써, 한국의 일본 식민지화는 사실로 굳어졌다.

일본은 한국을 완전히 강탈하기 직전의 단계로, 한국의 외교권(外交權)을 박탈하고 '보호국'으로 만들고자 했다. 1905년 11월 9일(양력) 서울에 온 이토 히로부미(伊藤博文)는 고종을 알현하고, 한국을 일본의 보호국으로 만드는 조약에 서명하도록 협박했으나, 고종은 이를 거부했다. 11월 17일, 일본은 러일전쟁 당시 일방적으로 우리나라에 주둔하게 된 일본군을 동원하여 궁궐을 포위하고, 일본 헌병의 총칼 아래 강제로 대신회의(大臣會議)를 소집하여, 조약의 체결을 강요하였다. 참정대신 한규설이 끝까지 반대하다가 다른 방에 감금되고, 외부대신 박제순(朴齊純), 내부대신 이지용(李址鎔), 군부대신 이근택(李根澤), 학부대신 이완용(李完用), 농상부대신 권중현(權重顯) 등 이른바 '을사오적(乙巳五賊)'이 결국 찬성하였다. 그리하여 저들의 말로 '을사보호조약', 우리의 말로 '을사늑약(乙巳勒約)'이 체결된 것이다. 그 늑약의 내용은 다음과 같다.

제1조 : 일본국 정부는 재동경 외무성을 경유하여 금후 한국의 외국에 대한 관계 및 사무를 감리(監理), 지휘하며, 일본국의 외교대표자 및 영사는 외국에 재류하는 한국의 신민(臣民) 및 이익을 보호한다.

제2조 : 일본국 정부는 한국과 타국 사이에 현존하는 조약의 실행을 완수할 임무가 있으며, 한국 정부는 금후 일본국 정부의 중개를 거치지 않고는 국제적 성질을 가진 어떤 조약이나 약속도 하지 않기로 상약한다.

제3조 : 일본국 정부는 그 대표자로 하여금 한국 황제 폐하의 궐하에 1명의 통감(統監)을 두게 하며, 통감은 오로지 외교에 관한 사항을 관리하기 위하여 경성(서울)에 주재하고 한국 황제 폐하를 친히 내알(內謁)할 권리를 가진다. 일본국 정부는 또한 한국의 각 개항장 및 일본국 정부가 필요하다고 인정하는 지역에 이사관(理事官)을 둘 권리를 가지며, 이사관은 통감의 지휘하에 종래 재한국일본영사에게 속하던 일체의 직권을 집행하고 아울러 본 협약의 조관을 완전히 실행하는 데 필요한 일체의 사무를 장리(掌理)한다.

제4조 : 일본국과 한국 사이에 현존하는 조약 및 약속은 본 협약에 저촉되지 않는 한 모두 그 효력이 계속되는 것으로 한다.

제5조 : 일본국 정부는 한국 황실의 안녕과 존엄의 유지를 보증한다.

남의 나라를 강탈하려는 즈음에 내세운 말이 '보호' 이며, 머지않아 우리 황실을 노예(奴隸)와 신첩(臣妾)으로 전락시킬 궁리를 하면서 내세운 말이 '존엄의 유지를 보증한다' 는 것이었으니, 그저 말문이 막힐 뿐인 것이다.

이 늑약에 따라, 우리나라는 외교권(外交權)을 박탈당하여, 외국에 있던 한국 외교기관이 전부 폐지되고, 영국 · 미국 · 청국 · 독일 · 벨기에 등의 주한공사(駐韓公使)들도 모두 철수하여 본국으로 돌아갔다. 다음 해 1906년 2월, 서울에 통감부(統監府)가 설치되고, 이토 히로부미(伊藤博文)가 초대 통감으로 취임하였다. 통감부는 외교(外交)뿐만 아니라 내정(內政)에서도 우리 정부에 직접 명령, 집행하게 하는 권한을 가지고 있었다. 요컨대 을사늑약은 주권국가의 본질을 기본적으로 훼손한 것인바, 이로써 우리나라는 실질적으로 국가의 주권을 상실하게 되었던 것이다.

을사늑약 이후, 우리 국민은 다양한 방식으로 이에 항거하는 운동을 벌였다. 우선 의정부 참찬 이상설(李相卨)은 늑약이 체결되었다는 소식을 듣자마자, 11월 19일 즉각 상소를 올려, 이 조약이 고종의 인준을 거치지 않은 사실을 강조하고, 국왕은 사직(社稷)을 위해 죽을 결심으로 오적(五賊)을 처단하고, 늑약을 파기해야 한다고 주장하였다. 한편, 장지연(張志淵)은 11월 20일 〈황성신문(皇城新聞)〉에 논설 '시일야방성대곡(是日也放聲大哭)' 을 발표하여, 일본의 국권침탈을 규탄하고, 을사오적(乙巳五

賊)을 공박하면서, 국민 총궐기를 호소하였다.

마침내 11월 22일, 고종은 미국에 체재 중인 황실 고문 헐버트(Hulburt)에게 "짐(朕)은 총칼의 위협과 강요 아래 최근 양국 사이에 체결된 이른바 보호조약이 무효임을 선언한다. 짐은 이에 동의한 적도 없고 금후에도 결코 아니할 것이다. 이 뜻을 미국 정부에 전달하기 바란다."라고 통보하며, 이를 만방에 선포하라고 당부하였다.

그럼에도 불구하고 을사늑약이 기정사실로 굳어지자, 민영환(閔泳煥)·조병세(趙秉世)·홍만식(洪萬植)·김봉학(金奉學)·송병선(宋秉璿) 등 많은 중신(重臣)과 지사(志士)들이 죽음으로써 항거하였고, 또 의기(義氣) 넘치는 유생들은 의병(義兵)을 일으키게 되었다.

당시의 대표적 의병장 면암(勉菴) 최익현(崔益鉉)은 〈팔도의 사민에게 포고함[布告八道士民]〉에서 "오호라. 작년 10월 21일(음력)의 변고는 고금의 세계에 일찍이 있었던 일인가? 우리나라는 이웃 나라가 있어도 스스로 교제할 수 없고 남으로 하여금 대신 교제하게 해야 하니, 이는 나라가 없는 것이다. 우리나라는 토지와 인민이 있어도 스스로 다스릴 수 없고 남으로 하여금 대신 감독하게 해야 하니, 이는 군주가 없는 것이다. 나라도 없고 군주도 없으니, 무릇 우리 3천 리 인민이 모두 노예(奴隸)인 것이요, 신첩(臣妾)인 것이다. 무릇 남의 노예가 되고 신첩이 되어서 사는 것은 이미 죽는 것만 못하다. (…) 우리 당당한 대한의 예의 바르고 자주적인 인민이 구구하게 원수의 발아래 머리를 숙여 하루의 삶을 구걸하기보다는 차라리 죽는 것이 더 낫다. (…) 진실로 우리 3천 리 인민이 민영환·조병세 두 충정공(忠正公)의 마음을 자기의 마음으로 삼아 반드시 죽겠다는 마음을 간직하고 두 마음을 품지 않는다면, 어떤 역적을 물리치지 못하겠으며, 어찌 국권을 회복할 수 없겠는가?"[1]라고 호소하면서, 거의(擧義)를 선언하였다.

성암도 을사늑약을 당하여 거의를 꾀했으나, 뜻을 이루지 못했다. 당시 성암은 39세였던바, 이름 없는 시골 선비로서 의려(義旅)를 모집하는데 많은 어려움이 있었던 것이다.[2] 성암은 거의를 꾀하면서 작성한 〈기의려문(起義旅文)〉에서, 당시 우리나라의 상황은 임진왜란 때보다 훨씬 더 절박한 상황이라고 진단하고, 임진왜란 때 거의한 중봉(重峯) 조헌(趙憲) 선생과 칠백의사(七百義士) 및 제봉(霽峰) 고경명(高敬命) 선생과 수천 명의 정예병(精銳兵)의 사례를 본받아 거의할 것을 촉구하였다.

성암은 "국가가 평상시에 백성을 갓난아이처럼 보호하는 까닭은 비상시에 백성들이 국가의 은혜를 갚고 윗사람을 위해 죽기 때문이니, 지금이 바로 그러한 때이다."라고 하여 거의로써 국은에 보답할 것과, "무릇 의(義)가 있는 곳이면 분투하여 자신을 돌보지 않는 것이니, 어찌 성패(成敗)와 이둔(利鈍)을 논하겠는가?"라고 하여 의병은 성패를 초월한 투쟁임을 강조하였다. 이제 성암의 〈기의려문(起義旅文)〉을 읽어보도록 하자.

* 〈起義旅文〉[3]

슬프다. 저 섬나라 오랑캐는 임진년(壬辰年)의 도적이요, 을미년(乙未

---

1 『勉菴集』 卷16 頁50~54.

2 성암의 擧義 계획은 불발로 그쳤으나, 당시 門下를 출입하던 族姪 圭喆(1865~1908)이 擧義하여, 소규모나마 義旅를 거느리고 산과 들로 기동하며 倭賊들과 항쟁하다가, 倭兵에게 체포되어 殉國했다.

3 『醒菴集』 補遺, 〈起義旅文〉.

年)의 원수로서,[4] 양덕(陽德)이 바야흐로 융성할 때엔 바다의 섬 가운데 머리를 움츠리고 몸을 숨기다가, 음기(陰氣)가 잠시 횡행하면 화하(華夏)의 언저리에서 쥐나 개처럼 몰래 도둑질을 일삼으니, 겉모습은 비록 사람처럼 생겼지만, 속마음은 진실로 뱀이나 전갈과 다름없는 것들이다. 저들은 자기들의 토산품(土產品)을 기울여 우리를 금(金)과 비단으로 유혹하고, 저 서양 오랑캐를 끌어다 우리를 위협과 재앙으로 두렵게 하니, 이른바 귀척(貴戚)·공경(公卿)과 절의(節義)의 자손들이 이처럼 달콤한 마음으로 군왕을 잊고 원수를 섬기게 되었다. 하물며 저 시정(市井)의 장사꾼과 여항(閭巷)의 어리석은 백성이 이익을 탐해 저들에게 부역하는 것을 어느 겨를에 책망하고 처벌하겠는가? 동방 삼천 리 인의(仁義)의 풍속이 모두 저들의 비린내에 무너졌고, 우리 조선 오백 년 덕례(德禮)의 정치가 모두 처참하게 왜적들의 소란에 짓밟혔다. 지금 우리 주상(主上)께서는 비록 궁궐에 앉아 계시지만, 외롭게 포위된 위급한 형세는 임진년에 선조(宣祖)께서 서쪽 변방으로 파천(播遷)하신 때보다도 심하며, 백성들은 비록 산업(產業)을 지키고 있지만, 바야흐로 머리를 깎이게 될 재앙은 사실 임진년에 들판에서 뼈를 드러내던 때보다도 심하다.

무릇 왜란(倭亂)이 이 지경에 이르렀는데도 팔도(八道) 안이 편안한 듯 일이 없음이 월(越)나라가 진(秦)나라의 수척함을 보듯 하여, 중봉(重峯) 조헌(趙憲) 선생과 칠백의사(七百義士)를 본받아 달려가 싸우는 자들이 전혀 없고, 초토사(招討使) 고경명(高敬命) 선생과 수천 명의 정예병(精銳兵)처럼 적개심을 품고 싸우는 자들도 전혀 없다. 이 어찌 근래에 사기(士氣)가 퇴색하여 고인(古人)께 부끄럽게 된 것이 아니겠는가? 국가가 평상

4 壬辰年과 乙未年은 1592년의 壬辰倭亂과 1895년의 閔妃弑害를 말한다.

시에 백성을 갓난아이처럼 보호하는 까닭은 비상시에 백성들이 국가의 은혜를 갚고 윗사람을 위해 죽기 때문이니, 지금이 바로 그러한 때이다.

'형세가 궁색하다' 고 말하지 말라. 노중련(魯仲連)이 화살에 묶은 편지가 능히 연(燕)나라 군사를 궤멸시켰다.[5] '계략이 졸렬하다' 고 말하지 말라. 신릉군(信陵君)은 진비(晉鄙)의 군대를 빼앗아 강한 진(秦)나라를 단번에 꺾었다.[6] 하물며 성(城)이 무너져 형세가 급박하게 되자 '성(城)을 등지고 한 번 싸우자' 고 했던 것은 북지왕(北地王) 심(諶)의 의리이며,[7] '오직 앉아서 망하기를 기다린다면, 누구와 함께 정벌하겠는가?' 라고 했던 것은 제갈무후(諸葛武侯)의 충성이다. 무릇 의(義)가 있는 곳이면 분투하여 자신을 돌보지 않는 것이니, 어찌 성패(成敗)와 이둔(利鈍)을 논하겠는가?

옛날에 율곡선생(栗谷先生)께서는 "살신성인(殺身成仁)과 사생취의(捨生取義)는 공맹(孔孟)의 밝은 가르침이다. 그런데 풍속이 무너져 뜻있는 선비가 드물게 일어나니, 의논하는 사람들은 이에 '목숨을 버림[捨生]은 치우친 행실이요, 자신을 보전함[保身]은 온전한 덕이다' 라고 하여, '목숨을 버림이 바로 중용의 道요, 자신을 보전함이 꼭 현명한 것은 못 된

---

5 戰國時代, 燕나라 장수가 齊나라의 聊城을 공격하여 함락시키자, 齊나라의 魯仲連이 글을 써서 화살에 묶어 城中으로 쏘아 보냈는데, 그 내용은 연나라 장수에게 현재 불리한 상황임을 인식시키고 항복하여 목숨을 보존하도록 권하는 것이었다. 燕나라 장수가 이 글을 보고 자살하여, 齊나라가 聊城을 수복하였다(『史記』〈魯仲連列傳〉).

6 秦나라 昭王이 군대를 보내 趙나라 邯鄲을 포위하자, 魏나라 公子 信陵君이 魏王의 兵符를 훔친 다음, 10만 군대를 거느리고 있던 晉鄙의 陣營으로 가서 晉鄙를 죽이고 그 군대를 인솔하여 끝내 趙나라를 구원하였다(『史記』〈魏公子列傳〉).

7 北地王 諶은 蜀漢의 後主 劉禪의 아들 劉諶이다. 그는 蜀이 魏에 항복할 때 "항복보다는 父子와 君臣이 城을 등지고 한번 싸우다 죽을지언정, 어찌 항복하겠는가?" 라고 말하면서 적극 싸우기를 주장하다가, 임금이 듣지 않자 먼저 妻子를 죽이고 자살했다.

다' 는 것을 모른다." 고 하셨으니, 무너진 풍속을 격려한 뜻이 지극하다고 하겠다.

평안하고 무사한 때를 당해서는 장차 어떤 일이라도 할 것처럼 정색(正色)을 하고 엄격하게 말하다가, 국가가 위급한 때엔 앞장서는 것을 다른 사람에게 미룬다면, 누가 옳다고 하겠는가? 엎드려 바라건대, 여러 집사(執事)들께서는 이 통문(通文)이 도착한 날, 아버지는 그 아들을 권면하고, 형은 그 아우를 힘쓰게 하여, 말린 밥을 싸서 군량을 삼고, 옷을 찢어서 발을 싸맨 다음, 기일을 정해 거사(擧事)하여, 위로는 국가(國家)의 원수를 갚고 아래로는 생령(生靈)을 편안하게 한다면, 천만다행이겠다.

6

■

신학(新學) 설치를 반대하다

1895년의 갑오개혁 당시 학제(學制) 개편도 함께 단행되어, 우리나라에서는 이른바 '근대식 교육'이 추진되기 시작하였다. 학제의 개편은 단순히 '학제'만 개편하는 것이 아니라, 교육의 내용 또한 근본적으로 바꾸는 것이었다. 단적으로 말해 인륜과 충효를 강조하던 기존의 '유교(儒教) 교육'은 차츰 폐지되고, 대신 실업교육과 자유 · 평등사상을 주입하는 '신학(新學) 교육'이 등장하게 된 것이다. 이러한 변화는 처음에는 미미한 것이었다. 그러나 1905년 을사늑약 이후 이른바 '애국계몽운동'이 본격적으로 대두하면서 전국적으로 '신학' 바람이 불게 되었으며, 그 결과 전국적으로 수천 개의 사립학교가 세워지게 되었다.

전통적 유교 교육기관이었던 향교(鄕校)와 서원(書院)도 '신학' 바람을 피하기 어려웠던 것 같다. 마침내 몇몇 향교와 서원에서 '신학 과정'을 개설하게 되었던 것이다. 그런데 당시 향교와 서원에서 신학을 개설한 것은 한편으로는 일제의 강압 때문이기도 했던 것 같다. 성암은 1908년 42세 무렵 이러한 일들을 목도하면서, 마침내 향교와 서원에서의 신학 개설을 비판하는 목소리를 내게 되었다.

성암이 신학 설치를 반대한 논리는 셋으로 정리된다. 첫째, 전통 유학은 올바른 학문이나 서양의 신학은 잘못된 학문이라는 인식 때문이다. 둘째, 성암은 "당우삼대(唐虞三代)의 도(道)와 공맹정주(孔孟程朱)의 학문이 바로 우리 동방의 종교(宗教)"라고 보았거니와, 전통 유학이 우리나라의 정체성(正體性)의 근원이라는 인식 때문이다. 셋째, 향교와 서원은 본래 유학의 본부로서 위정척사의 선봉이 되어야 하는 곳이므로, 이곳에 신학을 설치한다는 것은 더더욱 어불성설이라는 인식 때문이다. 이제 먼저 성암의 〈돈암서원에 보내는 편지[與遯巖院中]〉를 읽어보자.

* 〈與遯巖院中〉[1]

철영(喆榮)은 듣자 하니, 여러 집사(執事)들께서 근래에 돈암서원에 '신학(新學)'을 설치했다고 하는데, 어찌 이런 잘못된 일이 있을 수 있는 것입니까? 오늘날 다른 곳에 신학을 설치한 것이 10군데, 100군데도 더 되어 마음이 매우 아프지만, 지금은 말을 공손하게 해야 할 때라서[2] 비록 두문불출(杜門不出)해도 될 것입니다. 그런데 돈암서원은 우리 노선생(老先生)의 신주(神主)를 모신 곳입니다. 저희 선조 초려(草廬)께서 사계선생(沙溪先生)께 나아가 도의(道義)를 강마하던 일을 생각한다면, 어찌 차

1 『醒菴集』 卷2 頁19~21.

2 『論語』 憲問 제4장에서는 "나라에 道가 있으면 말과 행실을 모두 준엄하게 하고, 나라에 道가 없으면 행실은 준엄하게 하되 말은 공손하게 한다[邦有道 危言危行 邦無道 危行言孫]"고 했다.

마 이 일에 무관심하여 구제하여 그치게 하는 한마디 말이 없을 수 있겠습니까? 반복해서 생각해보아도 끝내 입을 다물고 침묵하기 어려운바, 이에 한 통의 편지에 제 어리석은 소견을 간략히 개진하는 바이니, 바라옵건대 혹 들어주시겠습니까?

아! 슬픕니다. 지금 세상이 어떤 세상입니까? 중화가 오랑캐가 되고 사람이 금수가 되었으며, 위로는 나라의 원수를 갚지 못하고 아래로는 백성들이 고기처럼 문드러졌습니다. 그리하여 무릇 우리 동쪽 땅에 살면서 우로(雨露)의 혜택을 입고 풍성(風聲)의 교화를 입은 자들은 산천초목과 새 · 짐승 · 물고기 · 자라까지도 모두 분노하고 놀라서 꾸짖으며 경고하지 않음이 없습니다. 하물며 저 가장 신령한 사람이겠습니까? 본래 예의(禮義)를 익힌 사대부(士大夫)이겠습니까?

지금의 때를 당해서는 비록 벼슬을 하지 않은 평범한 선비라도 재주와 방략이 있어서 역량을 발휘할 수 있다면, 중봉(重峯) 조헌(趙憲) 선생의 적개(敵愾)의 의리를 따르는 것이 옳을 것이요, 만약에 역량이 모자란다면 주자(朱子)의 '아픔을 참고 원통함을 품으며 절박하여 어쩔 수 없이[忍痛含冤 迫不得已]' 라는 여덟 글자를 마음속에 새기면서 자정(自靖)해야 할 것입니다. 이 두 가지 외에 다시 무슨 도리가 있겠습니까?

무릇 3천 리 강토(疆土), 5백 년 종사(宗社), 5천 년 도맥(道脈)이 모두 계란을 쌓아놓은 것처럼 위태로우니, 이것이 누구 때문이겠습니까? 저 왜구(倭寇)들은 같은 하늘 아래 함께 살 수 없는 원수라는 것은 두말할 필요도 없을 것입니다. 그런데 지금 도리어 저 왜적들이 하는 짓을 멋모르고 흉내 내어, 자신의 이름을 더럽히고, 사계 선생께서 오르내리시던 뜰을 더럽히니, 어찌 매우 치욕스런 일이 아니겠습니까?

지난번에 전해오는 말을 들으니, 만약 신학을 설치하지 않으면 저들에게 서원의 토지를 빼앗기고 제사도 봉향할 수 없다고 했습니다. 만약 이러한 까닭으로 이 구차한 일을 하게 되었다면, 이는 또한 그렇지 않은 것입니다. 옛날 병자년(丙子年)의 척화론(斥和論)은 '차라리 사직(社稷)이 망할지언정 오랑캐를 섬길 수는 없다' 는 것이었던바, 이러한 의리를 오늘에 적용한다면 차라리 제사를 봉향하지 못할지언정 어찌 감히 이적(夷狄)의 교육을 선생의 문(門)에 들여놓을 수 있겠습니까? 하물며 선생은 우리 동방 예학(禮學)의 종장(宗匠)이십니다. 선생께서는 평소에 예(禮)로 몸을 규율하고, 또한 이로써 사람들을 가르쳤으며, 예가 아닌 것에 대해서는 잠시라도 거처하지 않았습니다. 지금 오랑캐의 옷을 예에 맞는 옷으로 볼 수 있겠습니까? 오랑캐의 말을 예에 맞는 말로 볼 수 있겠습니까? 오랑캐의 체조(體操)와 운동을 예에 맞는 행동거지(行動擧止)라고 볼 수 있겠습니까?

여러 집사(執事)들께서 모두 "예에 맞는 것으로서, 배울 만한 것이요, 입을 만한 것이다."라고 하신다면, 저도 어찌할 수 없겠습니다. 그런데 "예가 아니다."라고 하신다면, 이것을 돈암서원의 강당에서 가르치면서 선생께 제물을 올린다면, 선생의 영혼이 과연 이것을 즐겨 흠향하시겠습니까? '흠향하실 것' 이라 한다면, 이는 선생을 매우 심하게 속이는 것이며, '흠향하지 않으실 것' 이라 한다면, 이는 사림(士林)과 본손(本孫)이 먼저 제향을 포기해야 하는 것입니다.

『예기(禮記)』〈제의(祭儀)〉에서는 "재계(齋戒)를 하는 날에는 그 거처하시던 곳을 생각하고, 그 웃으시며 말씀하시던 것을 생각하고, 그 좋아하고 즐기시던 것을 생각해야만 그 재계함을 볼 수 있다."고 했습니다. 여러 집사들께서는 향사(享祀)하는 날 저녁에 '선생의 거처와 웃으시며 하시던 말씀과 좋아하고 즐기신 것이 과연 어떠했던가?' 를 생각해 보셨습니까? 어찌 선생을 생각하지 않음이 이토록 심한 것입니까?

본손과 사림을 막론하고, 본 서원에 함께 출입하는 사람들은 모두 마땅히 선생의 옷을 입고, 선생의 글을 읽고, 선생의 예법을 쓰고, 선생의 도(道)를 따라야만 하니, 이것이 바로 서원을 세우고 제사를 봉향하는 본래 취지일 것입니다. 신학을 설치한 것을 급히 거두시고 옛 법도를 따라서, 음(陰)이 쌓인 가운데 한줄기 양맥(陽脈)이 고동치게 하여 천하 후세에 하나의 석과(碩果)가 되게 한다면,[3] 그 얼마나 다행이겠습니까? 보잘것없는 사람의 말이라 하여 그냥 넘겨버리지 마시기 바랍니다.

돈암서원은 '우리 동방 예학(禮學)의 종장(宗匠)'으로 추앙받는 사계(沙溪) 선생을 모시는 서원이다. 성암은 다른 서원도 아닌 돈암서원에서 전통적 예학을 능멸하는 신학을 개설한다는 것을 수긍할 수 없었던 것이다. 성암의 위와 같은 비판이 없었다고 하더라도, 사계선생의 가르침을 받들고자 한다면 신학의 개설은 있을 수 없는 일이었던 것이다. 그런데도 돈암서원에서 신학을 개설한 것은 아마도 위에서 언급한 것처럼 "만약 신학을 설치하지 않으면 저들에게 서원의 토지를 빼앗기고 제사도 봉향할 수 없다"는 사정 때문이었던 것으로 보인다. 그런데 성암은 왜적의 강압이 있더라도 신학을 설치해서는 안 된다고 하였다. 차라리 제사를 봉향하지 못할지언정 감히 이적(夷狄)의 교육을 선생의 문(門)에 들여놓을 수는 없다는 것이다.

위의 편지는 1908년 8월에 보낸 것이다. 성암은 같은 달에 경운(畊芸)

---

3 『周易』의 剝卦(䷖)는 '여러 陰이 쌓인 가운데 한 줄기의 陽脈이 존재하는 형상'인데, 그 上九의 爻辭에서는 "맨 꼭대기에 있는 열매는 먹히지 않았으니, 군자는 수레를 얻을 것이요, 소인은 오두막집을 헐릴 것이다(碩果不食 君子得輿 小人剝廬)"라고 하였다.

과 연명(聯名)으로 부여향교에도 편지를 보냈다. 이제 〈부여향교에 보내는 편지[與扶餘校中]〉를 살펴보자.

* 〈與扶餘校中〉[4]

저희는 본래 보잘것없는 자들로서, 궁벽한 시골에 숨어 살면서 일찍이 향읍(鄕邑)의 일에 간섭하지 않았고, 다만 두문불출(杜門不出)하면서 자정(自靖)하는 것을 자신의 첫 번째 의리로 삼고 있었습니다. 그런데 근래에 들으니, 여러 집사(執事)들께서 향교(鄕校)에 신학(新學)을 설치한다고 하니, 과연 이러한 의론이 있었습니까? 지금처럼 천지가 어둡고 혼란한 때에 한 줄기 양맥(陽脈)이 향교에 남아있었으니, 무릇 선비라면 누구인들 그에 의지하고 우러러보는 정성이 없겠습니까?

무릇 당우삼대(唐虞三代)의 도(道)와 공맹정주(孔孟程朱)의 학문이 바로 우리 동방의 종교(宗敎)입니다. 윗사람이 행하면 아랫사람은 본받는다는 것은 지금까지 수두룩하게 보고 들었던 바입니다. 이 도(道)는 무슨 도이겠습니까? 오륜(五倫)과 삼강(三綱)이 바로 그것입니다. 이 학문은 무슨 학문이겠습니까? 이 도를 밝히는 학문입니다. 이것을 벗어나면 이적(夷狄)이고 금수(禽獸)입니다. 어찌하여 별도로 '신학(新學)' 이니 '구학(舊學)' 이니 하는 명목을 세워, 서로 이끌어 명교(名敎, 儒敎)의 바깥에 빠지게 하는 것입니까? 『춘추(春秋)』의 의리는 '중화를 존중하고 이적을 물리침[尊華攘夷]' 을 중대하게 여기며, 『맹자(孟子)』 칠편(七篇)도 양주(楊朱)

4 『醒菴集』 卷2 頁21~23.

와 묵적(墨翟)을 물리치는 것을 중대하게 여겼으니, 성현들께서는 또한 무슨 마음으로 그렇게 하셨겠습니까? 저 오랑캐와 이단(異端)은 이치를 무시하며 중대한 인륜을 어지럽히기 때문입니다. 어찌 감히 오랑캐의 신학(新學)을 성인(聖人)의 문(門) 안에 들여놓고, 명륜당(明倫堂)에서 가르친다는 말입니까?

저희가 오랫동안 신중하게 침묵을 지키다가 오늘 한번 침묵을 깬 것은, 성인(聖人)의 '말은 공손하게 하라'[5]는 가르침을 모르기 때문이 아닙니다. 향교는 바로 성인을 높이는 곳이요, 우리나라 5백 년 국가의 원기(元氣)가 모인 곳이니, 이른바 선비의 관(冠)을 쓰고 선비의 옷을 입은 자가 어찌 한마디 깨끗하고 엄숙한 말도 없을 수 있겠습니까? 참으로 이른바 "활시위에 화살을 메겼으면 쏘지 않을 수 없다."는 말 그대로일 것입니다.

저희가 들으니, 옛날부터 왕궁(王宮)과 국도(國都)로부터 시골 마을에 이르기까지 학교가 없는 곳이 없어서, 집집마다 거문고를 타고 시(詩)를 외웠습니다. 무슨 까닭으로 지금의 신학은 이와 달리 공립(公立)과 사립(私立) 외에는 마을과 집안의 글방을 모두 혁파한다는 것입니까? 이것이 과연 무슨 법도입니까?

저희가 보기에, 지금 개화(開化)에 단련된 사람들은 모두 수십 년 동안 시골 글방에서 독실하게 공부한 사람들인데, 지금 도리어 이러한 주장을 낸다는 것입니까? 비유컨대 불자(佛者)들이 본래 자식이 없어서 유가(儒家)에서 종자(鍾子)를 빌려 가고서는 끝에 가서는 각(角)을 세워 배척하

5 『論語』 憲問 제4장에서는 "나라에 道가 있으면 말과 행실을 모두 준엄하게 하고, 나라에 道가 없으면 행실은 준엄하게 하되 말은 공손하게 한다[邦有道 危言危行 邦無道 危行言孫]"고 했다.

는 것과 같습니다. 신학에서 익히는 체조(體操), 운동(運動), 어학(語學), 기거(箕踞) 등은 하나라도 3백 가지 경례(經禮)나 3천 가지 곡례(曲禮)와 비슷한 것이 있습니까?

아! 슬픕니다. 강화(講和) 이전에는 국가에 근심이 없어서 태산처럼 편안했었는데, 신학이 들어온 이후로는 외국인에게 모욕을 당하고 계란을 쌓아둔 것처럼 위태로우니, 이것이 어떤 학문을 따르기 때문이겠습니까? 난신적자(亂臣賊子)가 연달아 일어나서 임금을 위협하고 나라를 팔아먹는 것을 능사(能事)로 여기고, 의상(衣裳)을 훼손하고 머리를 깎는 것을 당연하게 여기며, 몰래 속이는 것을 기량(伎倆)으로 여기고, 남녀가 어지럽게 뒤섞이고 장유(長幼)의 차례가 없으니, 이것이 과연 '삼강오륜(三綱五倫)' 이겠습니까? 무릇 이와 같은 학문을 배우고, 이와 같은 행실을 실천한다면, 비록 날마다 경전(經傳)을 외우고 때때로 육예(六藝)를 익혀도 이는 창기(倡妓)의 집에서 예서(禮書)를 읽는 것에 불과하니, 무슨 이로움이 있겠습니까? 한갓 천하 만세에 부끄러움만 끼칠 뿐입니다.

혹자는 "이것을 모르는 바 아니다. 그러나 저들이 바야흐로 도마와 칼을 가지고 있어서 우리는 도리어 어육(魚肉)이 될 판이니, 형세가 어쩔 수 없다. 잠시 저들이 좋아하는 것을 따라서, 구차하게나마 목숨을 부지할 방도를 찾아야 하니, 그 실정이 또한 서글픈 것이다."라고 합니다. 그러나 이는 또한 그렇지 않은 것입니다. 공자(孔子)께서는 "사람의 삶은 정직한 것이니, 그렇지 않은 사람이 사는 것은 요행으로 죽음을 면하는 것"이라고 했습니다. 지금 임금을 잊고 원수를 섬기면서 살아남는다면, 그러한 삶이 어찌 영광스럽겠습니까? 또한 이익과 형세로 논하더라도, 지금 우리 동방의 생령(生靈)이 아직 완전히 고기처럼 문드러지지 않은 것은 수구(守舊)의 힘이겠습니까, 그렇지 않으면 외국인에게 아첨한 힘이겠습니까? 우리나라에 신학을 설치한 곳이 무려 수백 곳이며, '졸업했다' 고 스스로 말하는 자들도 수천 명이 넘습니다. 그런데 보국안민(輔國安民)에는 조금도 보탬이 되지 않고, 화(禍)만 더욱 심해져서, 불이 더욱 뜨거워지고 물이 더욱 깊어지는 것은 무슨 까닭입니까?

바라옵건대 여러 집사(執事)들께서는 '온 세상이 다 혼탁하다' 는 이유로 진흙탕을 파헤쳐 파도를 일으키지 마시고, 홀로 향교(鄕校)를 맑고 엄숙하게 만들어 수많은 물결이 세차게 흐르는 가운데의 지주(砥柱)[6]가 되어주신다면, 그 얼마나 다행이겠습니까? 하나 더 말씀드리자면, 여러 집사들께서는 모두 이름난 가문의 후예들입니다. 훌륭하신 조상의 사업에 대해 우러러 사모하면서 익숙하게 듣고 평소에 강마하셨을 것인바, '춘추(春秋)의 의리를 지켜 해와 별처럼 빛나는 분' 도 있고, '외롭게 단충(丹忠)을 지켜 강상(綱常)을 붙잡은 분' 도 있으며, '몸소 도덕을 실천하여 후학들에게 길을 열어준 분' 도 있을 것입니다. 송(宋)나라 범조우(范祖禹)는 "요 · 순(堯舜)을 배우고자 한다면, 먼저 그 조상을 본받으라." 고 말한 바 있습니다. 여러 집사들께서 이 말씀으로 스스로를 격려한다면 매우 다행이겠습니다.

흑백을 구분하려고 하다 보니, 말이 혹 지나친 것 같습니다. 너그러이 용서하며 읽어주신다면 매우 다행이겠습니다.

'어쩔 수 없는 형세' 를 내세우며 "잠시 저들이 좋아하는 것을 따라서, 구차하게나마 목숨을 부지할 방도를 찾아야 한다." 는 부여향교 측의 논리에 대해, 성암은 "지금 임금을 잊고 원수를 섬기면서 살아남는

6 '砥柱' 란 중국 黃河의 중류에 있는 기둥 모양의 돌로서, 격류 속에 우뚝 솟아 꼼짝도 하지 않으므로, 난세에 처하여 의연히 절개를 지키는 선비의 비유로 쓰임.

다면, 그러한 삶이 어찌 영광스럽겠습니까?"라고 비판하였다.

성암은 "우리나라에 신학을 설치한 곳이 무려 수백 곳이며, '졸업했다' 고 스스로 말하는 자들도 수천 명이 넘습니다. 그런데 보국안민(輔國安民)에는 조금도 보탬이 되지 않고, 화(禍)만 더욱 심해져서, 불이 더욱 뜨거워지고 물이 더욱 깊어지는 것은 무슨 까닭입니까?"라고 하여 신학의 효용에 대해 근본적인 의문을 제기하고, "지금 우리 동방의 생령(生靈)이 아직 완전히 고기처럼 문드러지지 않은 것은 수구(守舊)의 힘"이라고 단언하였다.

성암이 이처럼 신학을 폄하한 것은 오늘날 우리들의 통념과 많이 어긋나는 것이다. 그러나 당시의 애국계몽운동이 일제에 대한 저항운동으로서는 뚜렷한 한계가 있었다는 점은 오늘날 많은 학자들이 지적하는 바이기도 하다. 한편, 당시 일제가 "공립(公立)과 사립(私立) 외에는 마을과 집안의 글방을 모두 혁파한다"고 한 것은 모든 교육을 자신들의 통제 아래에 두려는 수작이었을 것이다.

한편, 성암은 당시 사계(沙溪)의 저명한 후손들에게도 편지를 보내, 돈암서원에서의 신학 개설을 저지하려고 했다. 중추원(中樞院) 참의(參議)로 임명되었던 심암(心巖) 김지수(金志洙)와 승지(承旨)를 지냈던 김덕수(金德洙)가 그들이다. 먼저 〈심암 김지수 어른께 보내는 편지[與心巖金丈志洙]〉를 읽어보자.

* 〈與心巖金丈 志洙〉[7]

근래에 길이 험하고 인편(人便)을 얻기도 힘들어 오랫동안 문후(問候)

를 드리지 못했습니다. 우러러 사모하는 마음이야 어찌 조금이라도 게을러졌겠습니까? 엎드려 생각하옵건대, 그동안 두루 평안하셨는지요. 영손(令孫)이 매우 준수(俊秀)하여 가르칠 만한데, 원대(遠大)한 희망이 있으신가요.

돈암서원의 근래 일은 이 무슨 도리랍니까? 우러러 생각하옵건대, 문하(門下)께서 금지하셨는데도 저 즐겨하는 자들이 따르지 않는 것입니까? 본손(本孫)이 된 도리는 비록 울면서 다투더라도 될 것입니다. 저는 스스로 역량을 헤아리지 않고 지난번에 돈암서원에 (新學 설치를 반대하는) 편지를 보냈습니다. 돌이켜보면 비천(卑賤)하고 썩은 말인데, 어찌 그 말을 들어줄 것을 바랄 수 있겠습니까?

종사(宗社)가 먼지를 뒤집어썼고, 여러 중요한 곳도 뒤따라 모두 그렇게 되었으니, '양묵(楊墨)의 해로움이 홍수(洪水)나 맹수(猛獸)보다도 심하다' 고 말할 수 있겠습니다. 중국이 가라앉은 뒤로, 오직 우리 동방만이 의관(衣冠)을 바꾸지 않고 명교(名教)를 두텁게 숭상하였으니, 생각건대 이 세상의 석과(碩果)였다고 하겠습니다. 그런데 지금 또 이와 같이 되었으니, 참으로 하늘이 장차 사문(斯文)을 버리려고 하는 것 같습니다. 하늘이 내리는 고난이 참으로 이와 같으니, 산으로 숨거나 바다로 뛰어들고 싶습니다. 그러나 이 또한 앉아서 용(龍)의 고기를 말하는 것이니, 무슨 이로움이 있겠습니까? 잘 대처할 수 있는 가르침을 내려주시기 바랍니다.

---

7 『醒菴集』 卷2 頁15.

* 〈與心巖金丈 志洙〉[8]

접때 편지 한 통을 올렸사온데, 잘 받아보셨는지요. 돈암서원의 일은 매우 마음이 아픕니다. 이미 온 세상이 음(陰)으로 뒤덮인 시절에, 오직 한 줄기 양맥(陽脈)이 돈암서원에 보존되어 있었는데, 돈암서원 또한 이렇게 되니, 참으로 이른바 '세상만사 온갖 일 다 있는 것'이라 하겠습니다.

심지어 돈암서원의 토지문서를 왜인(倭人)에게 전당 잡히고 돈을 빌렸다고 하니, 어찌하여 본손(本孫) 중에서 먼저 스스로 모독하는 것이 이처럼 심하다는 말입니까? 참으로 그 마음 씀을 알지 못하겠습니다. 김씨(金氏) 종중(宗中)부터 이 일에 개입하지 않은 사람들이 마음을 합쳐 중단시키는 것이 옳을 것입니다. 처음부터 어찌할 수 없는 것처럼 여기고 내버려 둔 채 앉아서 그 망하는 것을 기다리며, 한 사람도 힘을 내어 금지하는 사람이 없으니, 운수 탓입니까, 세상 탓입니까?

'머리를 풀어 헤치고 갓끈만 매고 가서 말린다'[9]는 의리로 미루어본다면, '말은 공손해야 한다'[10]는 계율은 같은 집안사람들끼리는 지킬 수 없음이 분명합니다. 모르겠습니다만, 어찌 생각하십니까?

---

8 『醒菴集』 卷2 頁15~16.

9 맹자는 "같은 집에 사는 사람이 남과 싸우면, 이를 말리되 비록 머리를 그대로 풀어 헤치고 갓끈만 매고 가서 말리더라도 괜찮다. 그러나 마을과 이웃에 싸우는 자가 있을 때 머리를 풀어 헤치고 갓끈만 매고 가서 말리는 것은 미혹된 것이니, 비록 문을 닫고 있더라도 괜찮다."고 말씀한 바 있다(『孟子』 離婁下 제29장).

10 공자는 "나라에 道가 있으면 말과 행실을 모두 준엄하게 하고, 나라에 道가 없으면 행실은 준엄하게 하되 말은 공손하게 한다."고 했다(『論語』 憲問 제4장).

위의 두 통의 편지는 모두 1908년 9월에 보낸 것이다. 첫 번째 편지에서는 '본손(本孫)이 된 도리'로 신학 개설을 막을 것을 당부하면서, 난세를 잘 대처할 수 있는 가르침을 청하였다. 두 번째 편지에서는 놀라운 사실을 언급하고 있는바, 몇몇 본손들이 "심지어 돈암서원의 토지문서를 왜인(倭人)에게 전당 잡히고 돈을 빌렸다"는 것이다. 성암은 이에 대해 "김씨 종중부터 이 일에 개입하지 않은 사람들이 마음을 합쳐 중단시키는 것이 옳을 것"이라고 당부하고, "처음부터 어찌할 수 없는 것처럼 여기고 내버려 둔 채 앉아서 그 망하는 것을 기다리며, 한 사람도 힘을 내어 금지하는 사람이 없으니, 운수 탓입니까, 세상 탓입니까?"라고 하소연하였다. 심암이 성암의 편지를 받고 어떻게 조치했는지는 알기 어렵다. 다만 심암도 세상의 운수에 상심하여, 합방 이후 일제가 주는 은사금(恩賜金)을 거절하고, 일제의 위협과 유혹을 물리치며 지조를 지키다가 자결하였던 것이다.

이제 〈김덕수 승지께 보내는 편지[與金承旨 德洙]〉를 읽어보자.

* 〈與金承旨 德洙〉[11]

엎드려 생각하옵건대, 영체(令體)는 진중(珍重)하신지요. 우러러보며 칭송하는 것을 그만둘 수 없습니다. 지난번에 신학(新學)에 관한 일로 돈암서원에 편지를 보낸 일이 있는데, 읽어보셨을 것으로 생각됩니다. 이제 또 영집(令執)께 거듭 말씀드리기를 꺼리지 않는 것은, 영집께서는 곧

11 『醒菴集』 卷2 頁18~19.

우리 사계(沙溪) 선생의 사손(祀孫)이시기 때문입니다. 누가 '이 일은 공자순(孔子順)의 손으로부터 나온 일' 이라고 말하겠습니까?

일찍이 듣자하니, 선생은 임진왜란(壬辰倭亂)을 당했을 때 정산(定山)의 도림촌(道林村)으로 피난하셨는데, 왜적들이 '대현(大賢)이 사시는 곳' 이라 하여 그 경계로 들어가지 않았다고 합니다. 무릇 선생의 덕은 저 지극히 무도(無道)한 왜구들 또한 저절로 감복하여 감히 침범하지 못할 정도였는데, 백세(百世) 뒤에 선생의 자손이 도리어 오랑캐의 가르침을 끌어들여 선생의 영령(英靈)을 모신 곳을 더럽힐 줄 누가 알았겠습니까?

오호라. 천하만세(天下萬世)가 한결같이 주벌(誅罰)할 일을 어찌하여 홀로 담당하고서도 근심하지 않는 것입니까? 지금 큰 파도가 하늘까지 뻗치는 때를 당하여, 설령 외국 사람이 위세(威勢)로 협박한다 할지라도, 영집(令執)의 도리는 '의리로 항거하며 금지하고, 이어서 통곡하면서 다투는 것' 이 옳을 것이요, 만약 또한 막을 수 없다면 차라리 위패(位牌)를 다른 곳에 봉안해야 옳을 것입니다. 이러한 이치는 매우 분명한 것입니다. 그런데 도리어 그 일을 주관하여 앞장선 것은 무슨 까닭입니까?

그윽이 듣자하니, 본원(本院)에서 이 일을 처음 도모할 때, 영집께서는 처음에는 찬성하지 않으셨다고 하는데, 뒤에 어찌하여 이런 지경에 이른 것입니까? 슬픕니다. 영집의 좌우에 따듯하게 하는 사람은 적고 춥게 하는 사람은 많기 때문입니다.[12] 제 생각에, 영집께서 '처음에 찬성하지 않은 것' 은 '본성에서 우러난 양심(良心)' 이요, '결국에는 혼미하

---

12 맹자는 "우리 王께서 지혜롭지 못함을 이상하게 여길 것이 없다. 비록 天下에 쉽게 자라는 물건이 있다고 하더라도, 하루 동안 햇볕을 쪼이고 열흘 동안 춥게 하던 능히 자랄 수 있는 것이 없다. 내가 王을 뵙는 것이 또한 드물고, 내가 물러난 다음에는 춥게 하는 자가 또한 다가가니, 싹이 있은들 내가 어찌하겠는가?"라고 말한 바 있다(『孟子』 告子上 제9장).

게 된 것' 은 '본성을 곡망(梏亡)한 것' 입니다. 비록 본성을 곡망했다고 하더라도, 어찌 싹이 나는 것이 없겠습니까?[13] 영집께서 평상시 아침에 아직 사물과 접촉하지 않았을 때, 속으로 묵묵히 "우리 선조의 도덕(道德)은 어떠했던가? 위로는 국가가 이처럼 숭봉(崇奉)하고, 아래로는 사림(士林)들이 이처럼 종장(宗匠)으로 우러르는데, 나는 어떤 사람인가? 사손(祀孫)으로서 도리어 서원을 깨끗하게 청소할 수 없는 것인가?" 라는 생각을 해보시면, 반드시 마음이 슬퍼지고, 자신도 모르는 사이에 이마에 땀이 날 것입니다.

성현들께서는 "사람이 누구인들 허물이 없겠는가? 다만 고치는 것이 귀하다." 고 하셨습니다. 영집께서는 사계 선생의 사손이요 또 승지(承旨)라는 높은 자리에 계십니다. 자신에게 돌이켜 스스로 질책하고, 두려운 마음으로 느끼고 깨달아, 신학(新學)의 설치를 용감하게 거두어들인다면, 누구인들 우러러 흠모하며 기꺼이 따르지 않겠습니까?

같은 집안사람의 일은 의리상 감히 문을 닫고 있을 수 없는 것입니다만,[14] 외람되이 주제넘게 욕되게 하였습니다. 귀에 거슬린다고 급하게

---

13 『孟子』 告子上 제8장에는 "牛山의 나무가 일찍이 아름다웠는데, 큰 나라의 郊外에 있기 때문에 날마다 도끼와 자귀로 나무를 베니, 아름답게 될 수가 있겠는가? 그 날마다 밤에 자라나는 바와 雨露가 적셔줌으로 인해 싹이 나지만, 소와 양이 또 와서 뜯어먹으니, 저처럼 민둥산이 되었다. 사람들은 민둥산이 된 것을 보고는 '일찍이 나무가 없었다' 고 말하는데, 이것이 어찌 牛山의 본성이겠는가? 비록 사람에게 보존된 것인들 어찌 仁義의 마음이 없겠는가마는, 그 良心을 잃는 것이 또한 도끼와 자귀가 아침마다 나무를 베는 것과 같으니, 아름답게 될 수 있겠는가? 날마다 밤에 자라나는 것과 아침의 맑은 기운에 그 好惡가 남들과 가깝게 되는 것이 약간 있는데, 낮에 하는 일이 이것을 梏亡시킨다. 梏亡하기를 반복하면 夜氣가 보존될 수 없고, 夜氣를 보존하지 못하면 禽獸와 거리가 멀지 않게 된다. 사람들은 그 禽獸가 된 것을 보고는 '일찍이 훌륭한 재질이 없었다' 고 말하는데, 이것이 어찌 사람의 實情이겠는가?" 라는 말이 보인다.

성을 내지 마시고, 곧 회답을 주신다면 천만다행이겠습니다. 엎드려 바라나이다.

위의 내용에 의하면, 김덕수는 사계의 봉사손(奉祀孫)이었다. 위의 내용으로 보면, 의리로 항거하며 금지하고 통곡하면서 다투어야 할 '봉사손' 이 오히려 신학의 개설을 주관하여 앞장섰던 것이다.

김덕수의 이러한 선택이 옳았던 것인지, 아니면 성암의 만류가 옳았던 것인지에 대해서는 사람마다 판단이 다를 수 있다. 그런데 분명한 것은 당시 신학의 개설이 '우리 동방 예학(禮學)의 종장(宗匠)' 으로 추앙받는 사계(沙溪) 선생의 가르침과 어긋난다는 점이다. 그러나 또 달리 생각해보면, 자유 · 평등에 익숙해진 오늘날에는 사계 선생의 예학을 그대로 따르고자 할 사람이 아무도 없을 것이다. 그렇다면 김덕수의 선택이 옳았던 것일까? 이는 오늘날에도 고민스러운 사안이다. 그런데 당시에는 그저 '고민스러운 사안' 이었던 것이 아니라 흥폐존망과도 연결된 '실존적 사안' 이기도 했던 것이다.

---

14 맹자는 "같은 집에 사는 사람이 남과 싸우면, 이를 말리되 비록 머리를 그대로 풀어 헤치고 갓끈만 매고 가서 말리더라도 괜찮다. 그러나 마을과 이웃에 싸우는 자가 있을 때 머리를 풀어 헤치고 갓끈만 매고 가서 말리는 것은 미혹된 것이니, 비록 문을 닫고 있더라도 괜찮다." 고 말씀한 바 있다(『孟子』 離婁下 제29장).

7

칭제건원(稱帝建元)을 반대하다

1876년 병자수호조약(丙子修好條約)의 제1조는 "조선은 자주(自主)의 나라로 일본과 평등한 권리를 가진다"는 것이었다. 1884년의 갑신정변(甲申政變)을 주동한 개화당(開化黨)들은 이를 '우리나라가 그동안 청나라에 신복(臣服)하던 처지에서 벗어나 자주의 나라가 된 것'으로 규정하고, 일본의 은혜에 감격하였다. 이후 개화당은 일본을 '한국의 자주독립을 성원하는 은혜로운 후견(後見) 국가'로 인식하고, 공공연하게 친일파(親日派)가 되었다.

갑신정변(甲申政變) 역시 일본과의 밀약 속에 추진된 정변이었다.[1] 정

---

1 김옥균의 〈甲申日錄〉을 보면, 김옥균은 日本公使 다케조에 신이치로(竹添進一郎)에게 "우리는 3년 전(1881년)부터 우리나라를 獨立시키고 舊習을 變革하려면 日本의 손을 빌리는 것 외에는 방책이 없다고 생각해왔다"고도 말했으며(〈甲申日錄〉 10월 31일조), "우리가 당초 朴泳孝 公使와 함께 貴國에 갔을 때 貴國政府의 協助와 保護에 크게 힘입었다. 公使의 일을 마치고 歸國했을 때 이로부터 우리들은 貴國에 依賴하여 우리나라의 獨立을 도모해야 한다는 깊은 뜻을 지니게 되었음은 그대도 아는 바이다. 그 때에 貴國이 政略的으로 陸海軍을 확장하는 것은 스스로를 견고하게 하려는 것뿐만 아니라 겸하여 朝鮮의 獨立을 도와 東洋의 大勢를 보전하려는 것이었으니, 그

변의 주역이었던 개화당은 조선의 국왕을 황제로 격상하고자, 우선 공식적인 칭호를 군주(君主) 대신 대군주(大君主)로, 전하(殿下) 대신 폐하(陛下)로 높여 불렀으며, 명령을 칙(勅), 국왕 자신의 호칭을 짐(朕)으로 부르도록 하였다. 그러나 정변이 '삼일천하(三日天下)' 로 끝나자, 국왕을 황제로 격상하는 일은 없던 일이 되었다.

1894년 갑오경장 때, 개화파들은 이 일을 다시 추진하였다. 우선 청나라의 연호(年號)를 폐지하고 개국기년(開國紀年)을 사용함으로써, 1896년 1월부터 연호를 건양(建陽)으로 하였다. 이러한 조치들은 한 달 뒤 고종이 러시아 공사관으로 망명함으로써 중단되었다. 1897년 2월 고종이 1년 만에 환궁하자, 독립협회가 주동하여 칭제건원(稱帝建元)을 추진, 8월에 연호를 광무(光武)로 고쳤으며, 9월에는 원구단(圜丘壇)을 세웠고, 드디어 1897년 10월 12일 황제즉위식을 올림으로써 '대한제국(大韓帝國)' 이 성립되었다.

조정의 이러한 조치에 대해, 유생(儒生)들은 대개 비판적인 입장을 취하였다. 예컨대 면암(勉菴) 최익현(崔益鉉)은 '갑오경장' 에 대해 '김홍집 · 유길준 · 어윤중 · 김윤식 · 안경수 · 김가진의 무리가 남몰래 박영효와 결탁하여 왜적(倭賊)들을 불러들여 임금을 내맡기고 나라를 내맡겨버린 일" 이라고 비판하고, '칭제건원' 에 대해서도 "임금을 속이고, 임금을 욕되게 한 것" 이라고 비판했다.[2] 그는 다음과 같이 말한다.

큰 뜻은 내가 눈으로 보고 귀로 들은 바이다." 라고도 말했다(〈甲申日錄〉 11월 25일조). 요컨대 김옥균과 박영효는 日本이 軍備를 확장하는 것은 日本의 방위를 튼튼히 하고 朝鮮의 독립을 위하며 나아가 東洋의 大勢를 보전하려는 것이라는 일본의 선전을 액면 그대로 확신하고, 日本에 의뢰하여 朝鮮의 독립을 도모하여야 한다는 '깊은 뜻' 에서 日本公使와 함께 갑신정변을 획책했던 것이다.

2 『勉菴集』 卷4 頁43~44, 〈辭宮內府特進官疏(再疏)〉.

저 갑오년의 변란을 성대하고 훌륭하다 하고, 나라의 전장(典章)을 소멸시킨 것을 찬란하게 일신한 것이라 한다면, 저 박영효 · 김홍집 · 유길준 같은 무리들은 그야말로 '중흥(中興)의 일등공신(一等功臣)' 이 될 것이며, 왜적들이 분탕을 쳐서 우리를 전복시킨 것이 도리어 '우리나라를 크게 도운 일' 이 되는 것입니다. 소중화(小中華)를 소일본(小日本)으로 바꾸어 놓고 '천명(天命)이 새로워졌다' 고 한다면, 오랑캐를 따르게 된 수치는 없고 소중화를 혁파한 것을 다행으로 여기는 것이니, 이는 '임금을 속인 것' 일 뿐입니다. 당당한 천승(千乘)의 나라로서 만약 스스로 높이고 싶다면, 이렇게 황통(皇統)이 끊어진 지 오래인 때에 권도(權道)를 써서 황제(皇帝)라 칭하는 것이 그다지 의리에 해로울 것이 없는데, 구구하게 서양 각국의 사례를 모방하였으니, 이는 '임금을 욕되게 한 것' 일 뿐입니다.

이와 같이 속이고 모욕하는데도, 성상(聖上)께서 바야흐로 또한 오연(傲然)하게 스스로 크게 여기면서, 오히려 서양 각국과 함께 동등하게 일컫는 것을 기뻐하고 있습니다. 그러므로 사람들이 경장(更張)을 말하면 성상께서도 경장을 말하고, 사람들이 중흥(中興)을 말하면 성상께서도 중흥을 말하고 계십니다. 그리하여 선왕의 관직을 변경하고 선왕의 전장(典章)을 변경하였으나, 명령이 금문(禁門)도 나가지 못하면서 오히려 실상이 없는 명칭만 가지고 있고, 위망(危亡)이 조석간에 박두했는데 아첨하는 말만 믿고 계시니, 이것은 식견 있는 사람들의 조소를 불러들이고 후세에 조롱거리를 남기는 것입니다. 성상께서는 장차 무엇을 영화롭고 귀하게 여기시겠습니까?[3]

성암 역시 우리나라를 높여 '자주독립국(自主獨立國)' 이라 하고, 우리

3 『勉菴集』 卷4 頁44, 〈辭宮內府特進官疏(再疏)〉.

임금님을 높여 '황제(皇帝)'라 부르고, 국호를 바꾸어 '대한(大韓)'이라 하고, 정교(政敎)를 '대한황제(大韓皇帝)의 칙명(勅令)'이라 한 것은 모두 '왜인들이 속임수를 써서, 자기들 멋대로 결정하고 시행하는 것'이라고 인식했다. 그런데도 칭제건원이 10여 년이나 지나자, 유림들 사이에서도 이제는 칭제건원을 기정사실로 받아들이는 분위기가 조성되었다.

병자호란 때 조선이 청나라에 굴복한 이후, 국가의 공문서에서는 청나라 연호를 사용했으나, 유림들의 사문서에서는 명나라 숭정(崇禎) 연호를 사용하는 것이 그때까지의 관습이었다. 그런데 갑오경장 이후 칭제건원이 10여 년이나 지나자, 몇몇 유림들은 "우리나라도 연호가 있으니, 혐의스러운 일에 있어서는 신중하지 않을 수 없다."고 하면서 우리의 연호를 쓰게 되었던 것이다. 성암은 이에 대해 "조맹(趙孟)이 귀하게 만들어준 것은 조맹이 천하게 만들 수 있는 것"이라는 입장에서 반대하였다. 요컨대 일제가 우리를 존귀하게 만들어준 것은 일제가 언제든지 다시 비천하게 만들 수 있는 것이요, 또한 일제가 우리나라를 병탄하려는 수작의 일환이니, 거기에 장단을 맞추어서는 안 된다는 것이다.

성암은 1910년 2월 〈백당 임석영에게 답하는 편지[答林伯棠 奭榮]〉에서 이러한 문제를 거론하였다. 이 편지에서는 충정공(忠正公) 민영환(閔泳煥)에 대한 성암의 양면적 인식도 엿볼 수 있는바, 함께 소개하기로 한다.

* 〈答林伯棠 奭榮〉[4]

근세까지 황명(皇明)의 연호(年號)를 써오던 사람들이 오늘에 이르러서는 갑자기 많이 쓰지 않고 있습니다. 그들은 "우리나라도 연호가 있으니, 혐의스러운 일에 있어서는 신중하지 않을 수 없다."고 말하는바, 이것이 무슨 도리(道理)랍니까?

대개 남한산성(南漢山城)에서 청(淸)나라 오랑캐에게 굴복하여 강화(講和)한 이후로, '척화(斥和)를 주장한 사람의 자손들'과 무릇 '뜻있는 선비들'은 오늘날까지 가묘(家廟)의 축사(祝辭)와 여러 양식의 문자(文字)에 반드시 '숭정(崇禎)' 연호를 썼는데, 이는 '천조(天朝)를 잊지 않겠다'는 의리였습니다. 오직 세월이 오래되면서 차츰 이 의리가 망각되지 않을까 걱정스러웠는데, 하물며 지금 우리나라는 '연호'를 제정하고, '황제'라 일컬으며, 게다가 나라 이름도 '대한(大韓)'으로 고쳤습니다. 이는 모두 저 오랑캐들이 거짓으로 우리를 높이는 데서 나온 것인바, 그 뒤로 우리나라의 형세는 날이 갈수록 더욱 떨치지 못하게 되었으니, 무슨 혐의스러운 일이 있겠습니까?

만약 오랑캐들이 다시 날뛰는데, 몇 년 동안 저들이 하는 대로 맡겨둔다면, 오늘 거짓으로 우리를 높이는 것은 반드시 뒷날 우리를 몰아내는 조짐이 될 것이니, 이른바 "조맹(趙孟)이 귀하게 만들어준 것은 조맹이 천하게 만들 수 있는 것"[5]입니다. 진실로 기미를 아는 선비라면 어찌 마음이 원통하고 피가 끓지 않겠습니까? 우리들은 평상시에 말할 때 마땅히 '주상전하(主上殿下)'라고 말해야 하며, 결코 ('皇帝陛下'라는) 치욕스러운 칭호를 써서는 안 됩니다. 무슨 까닭으로 '숭정(崇禎)' 연호를 쓰는 것을 폐지하고 춘추(春秋)의 의리를 망각하는 것입니까?

또한 학문을 한다는 선비들이 '민충정공(閔忠正公)의 일'[6]을 말하면서

---

4 『醒菴集』 卷2 頁27~28.

5 『孟子』 告子上 제17장에 보이는 말로, '남이 준 것은 남이 빼앗을 수도 있다'는 뜻.

공자가 '태백(泰伯)이 머리를 깎고 문신(文身)을 새긴 것' 을 혐의하지 않고 '지극한 덕'[7]이라 칭송한 것을 이끌어다 증거로 삼고, 당일 '스스로 목을 벤 열렬한 충성심' 이 그 전에 '형체를 훼손한 잘못' 을 덮을 수 있다고 여깁니다. 이는 다만 '민공(閔公)의 충성심' 을 옹호할 줄만 알고, '화이(華夷)의 구분이 엄격함' 을 모르는 까닭입니다. 저 민씨(閔氏)는 두 측면을 지닌 사람이니, 부득불 그가 '형체를 훼손했음'[8]을 비난하여 중화가 오랑캐로 변했음을 징계하는 한편, 또한 부득불 그가 '순국(殉國)한 절의' 를 허여하여 이 세상의 나라에 충성하는 사람들을 권장해야 합니다.

무릇 태백이 '몸을 더럽힌 것'[9]은 그 흔적을 없애 자신이 세상에 쓰일 수 없는 사람임을 보여주기 위한 것이었습니다. 그러나 민씨가 '검게 물들인 것'[10]은 왜적에게 유혹되어 변화한 것으로서, 선왕(先王)의 문물(文物)을 무너뜨린 것입니다. 따라서 두 사람은 결코 같은 차원에서 논평

---

6 1905년 11월 30일(陽曆), 陸軍副將 閔泳煥이 自決하여 殉國한 것을 말함.

7 『論語』 泰伯 제1장에는 "泰伯은 지극한 德이 있는 사람이라고 갈할 수 있겠다. 세 번이나 天下를 사양했지만, 백성들이 칭송할 수 없었다."는 孔子의 말씀이 보인다. 周나라 太王에게는 세 아들이 있었는데, 첫째는 泰伯이고, 둘째는 仲雍이며, 셋째는 季歷이었다. 季歷이 아들 昌을 낳았는데, 聖人의 德이 있었다. 그리하여 太王은 季歷에게 왕위를 전하여 昌으로 이어지게 하고 싶은 마음을 품고 있었는데, 泰伯이 이를 알고 仲雍과 함께 荊蠻으로 도망하였다. 그리하여 마침내 昌이 왕위를 계승하여, '文王' 이 된 것이다. 요컨대 泰伯은 '왕위를 사양하는 흔적이 없이 왕위를 사양하여, 그 사실을 모르는 백성들은 泰伯을 칭송할 수 없었던 것' 인바, 孔子는 이를 '지극한 德' 으로 칭송한 것이다.

8 閔泳煥이 '머리를 깎고, 검은 양복을 입은 것' 등을 말함.

9 앞의 '머리를 깎고 文身을 새긴 것' 과 같은 맥락으로, 泰伯은 荊蠻 땅에 살면서 그곳 원주민들처럼 머리를 깎고 文身을 새겼다고 한다.

10 앞의 '형체를 훼손했음' 과 같은 맥락으로, 閔泳煥이 '머리를 깎고, 검은 양복을 입은 것' 등을 말함.

할 수 없는 것입니다. 지금 난신적자(亂臣賊子)가 나라 안에 가득한 때를 당해 간혹 민씨처럼 죽는 자가 있다는 것은 진실로 마땅히 그 충성심을 기리고 권면해야 할 것입니다. 저 바야흐로 양적(洋賊)과 왜적(倭賊)의 노예 노릇을 하느라 분주한 자들은 민씨가 죽은 것이 보국(報國)에 해롭지 않다는 것을 구실로 삼으니, 이른바 '학식 있는 사람들' 도 종종 '사람과 금수를 혼동함' 을 면치 못하는 것입니다. 이는 분변(分辨)하지 않을 수 없는 일입니다. (下略)

8

'일본 정부를 비판하고 깨우치는 글' 을 보내다

강화도조약(1876) 체결 이후 위정척사파의 저항은 조선 정부를 상대로 하는 상소와 일제를 상대로 하는 의병항쟁이 주를 이루는 것이었다. 그러나 을사늑약 이후 우리의 국권이 사실상 일제에 넘어간 상황에서는, 더 이상 조선 정부에 상소하는 것이 무의미한 것이었으므로, 위정척사파들은 직접 일본 정부를 상대로 자신들의 주장을 전개하게 되었다.

면암 최익현은 1906년 윤4월에 일본 정부에 편지를 보냈다. 당시는 을사늑약 이후 의병항쟁이 한층 고조되던 상황이었다. 최익현은 이 편지에서 먼저 바람직한 국제관계의 원칙을 제시한 다음, 일본이 한국에 대해 '신의(信義)를 저버린 죄목' 16가지를 열거했는데, 첫째는 일본이 병자수호조약(1876년) 이래 누차에 걸쳐 '한국의 자주독립을 확고히 하겠다' 고 맹세했으면서도, 갖가지 침략적 만행을 저지르고, 결국에는 한국의 국권을 강탈했다는 것이다. 최익현은 일본이 신의를 배반하고 침략적 만행을 계속한다면, 일본도 머지않아 반드시 패망할 것이라고 경고하였다. 즉 의기(義氣)가 있는 한국의 백성들이 원수의 노예가 되는 것을 결코 감수하지 않을 것이며, 일본이 러일전쟁에서 승리했다 하더라도 러시아가 망한 것은 아니므로 반드시 복수할 것이라는 것이 그 논거였다. 최익현은 결론적으로 일본 정부에 대해 다음과 같이 촉구하였다.

> 진실로 귀국(貴國)을 위한 계책은 빨리 '근본으로 돌아가는 것' 밖에 없다. 근본으로 돌아가는 방법은 또한 '신약을 지키고 의리를 밝히는 것' 밖에 없다. 신약을 지키고 의리를 밝히려면 어떻게 해야 하는가? 빨리 나의 편지를 귀국의 황제께 올려, 위에서 열거한 16가지의 큰 죄를 모두 회개하고, 통감을 파직하여 불러들이고, 고문과 사령관을 소환하고, 다시 충신(忠信)한 사람을 공사(公使)로 파견하여, 이번 일을 각국에 사죄하고, 한국의 독립자주권을 침해하지 못하도록 하는 것이다. 그리하여 한 · 일 양국이 과연 참으로 영원히 서로 안전하게 한다면, 귀국도 안전한 복(福)을 누리게 될 것이며, 동양의 대국(大局)도 또한 유지할 수 있을 것이다.[1]

최익현의 편지를 일관하는 원칙은 '신약을 지키고 의리를 밝히는 것' 이었다. 그것은 개화파의 주장처럼 '제국주의 대열에 합류하겠다' 는 것도 아니었고, 그럴 수 있게 '일본이 도와달라' 는 것도 아니었다. 각자 자기 조국에 충성하고 이웃을 사랑하며, 국가 간에는 신의를 지키자는 것뿐이었다. 그것이 한국을 위해서도 바람직하고, 일본을 위해서도 바람직하며, 세계평화를 위해서도 바람직하다는 것이었다.

한편, 의암(毅菴) 유인석(柳麟錫)은 1910년 8월에 일본 정부에 편지를

---

1 『勉菴集』 卷16 頁65, 〈寄日本政府〉.

보냈다. 당시의 상황은 이른바 '한일합방조약'이 발표되어, 일제의 침략정책이 일단 완결된 시점이었다. 이러한 상황에서, 유인석이 '십삼도의군도총재(十三道義軍都總裁)' 자격으로 보낸 편지는 일제에게 단도직입 항전을 선포하는 것이었다.

> 우리의 의(義)에 의거하여 귀국(貴國)의 무도(無道)함을 토벌하려는 것이요, 우리의 곧은 이(理)로 귀국의 굽은 것을 제압하려는 것이며, 우리의 바른 기(氣)로 귀국의 어긋난 것을 정벌하려는 것이다. (…) 귀국의 땅을 빼앗아 우리의 주군(州郡)을 삼고, 귀국의 황제를 폐하여 우리의 황족에 편입시키고, 귀국의 신민(臣民)을 끌어다 우리의 노예로 삼아, 우리의 국치(國恥)를 크게 씻을 것이다.[2]

유인석의 선전포고는 정의감(正義感)과 복수심(復讐心)에 불타고 있다.[3] 의병(義兵)들이 죽음을 두려워하지 않고 일제에 항쟁할 수 있었던 원동력은 바로 '자신들의 정당성에 대한 확신'과 '정의는 언젠가는 반드시 실현될 것이라는 확신'이었다.

성암 역시 1909년 8월에 일본 정부에 편지를 보냈다. 당시는 일제가 외교권 · 군사권 · 사법권 등 우리의 주요 국권을 강탈하고, 마지막으로

---

2 『毅菴集』 卷25 頁43, 〈與日本政府〉.

3 毅菴 柳麟錫도 「宇宙問答」에서는 "日本은 기회를 살펴 생각을 돌이키고 허둘을 뉘우쳐야 한다. 中國에 정성을 기울여 화합하고, 앞날을 잘해나갈 길을 깊이 강구해야 한다. 朝鮮에 사죄하여 나라를 돌려주고, 서로 권면하고 자강하여 서로 꼭 맞는 우호를 이루어야 한다. 그 행하는 바가 善信을 위주로 하고 正理를 따르면 한 나라의 上下가 공정심으로 하나가 될 것이니, 강하게 되는 결실을 이룰 수 있다."(『毅菴集』 卷51 頁16)고 권고한 바 있다.

한국병탄의 시점만을 노리고 있던 상황이었다. 특히 그해 3월에는 민적법(民籍法)을 공포하여, 한국의 백성들을 새로운 호적에 편입시키고자 하였다. 성암은 이것을 '조선의 백성을 일본의 백성으로 만들려는 음모' 라고 인식하고, 새로운 호적에 편입하기를 거부하면서 편지를 보내게 된 것이다. 성암은 이 편지에서 자신이 호적 편입을 거부하는 이유를 밝히고, 아울러 '교린(交隣)의 의리' 를 설명한 다음, 일제를 문책하고 충고하였다. 성암의 주장은 신의를 지킴으로써 양국이 서로 편안할 수 있게 하라는 것뿐, 그 밖의 특별한 것을 요구한 것이 아니었다. 그것은 지극히 정상적인 요구로서, 한국만을 위한 것이 아니라, 일본을 위한 것이기도 하였다. 그러나 그의 충고와 요구는 수용되지 아니하였다.

그리하여 성암은 두 달 뒤 다시 일본 정부에 편지를 보내어, 거듭 일본 정부를 위해 충고하고 올바른 도리를 촉구하였다. 성암은 당시 각국이 무력(武力)으로 국익을 추구하는 세계사적 정황 속에서 '사람들끼리 서로 잡아먹는' 사태를 예견하고, 그것을 우려한 것이었다. 성암은 그러한 사태를 예방하는 길은 문덕(文德)을 숭상하고 인의(仁義)를 추구하는 것밖에 없다고 인식하고, 일본에 대해 그것을 촉구한 것이다. 성암의 주장은 한국을 위한 것이기도 하였고, 일본을 위한 것이기도 하였으며, 세계평화를 위한 것이기도 하였다. 그러나 그의 간절한 소망과는 달리, 제국주의 열강은 결국 '사람들끼리 서로 잡아먹는' 전쟁으로 치닫고 말았다.

한편, 성암은 일본 정부에 편지를 보낸 죄목으로 체포되어 홍산경찰서에서 심문을 받게 되었는데, 당시 홍산경찰서의 서장은 일본인 가타오카 토리도노(片綱鳥殿)였다. 성암은 그의 언행과 용모를 보고 '서로 대화를 할 만한 사람' 이라고 판단하여, 그에게도 편지를 보내 '왕도(王道)를 옹호하고 패도(霸道)를 비판하는 논법으로 깨우치고, 자신의 편지를 반드시 일본 정부에 전달해달라고 부탁하였다. 이제 〈일본 정부에 보내는 편지[致日國政府書]〉, 〈다시 일본 정부에 보내는 편지[再致日國政府書]〉, 〈일본인 片綱鳥殿에게 보내는 편지[致日人片綱鳥殿書]〉를 차례대로 읽어보기로 하자.

*〈致日國政府書〉[4]

하늘에는 하나의 해가 있고, 백성에게는 한 명의 임금이 있다. 만약 하늘에 두 해가 솟고 백성이 두 임금을 섬긴다면, 이것이 어찌 하늘의 이치이겠으며, 이것이 어찌 사람의 도리이겠는가? 지금 일본이 교린(交隣)의 의리(義理)를 생각하지 않고, 오로지 속임수와 위협으로 조약(條約)을 여러 번 바꾸더니, 마침내 우리 정부(政府)를 빼앗아 우리 5백 년 종사(宗社)를 전복시키고, 우리 3천 리 강토를 빼앗고 우리 수많은 백성을 도탄에 빠뜨리고 있다. 무릇 우리 군신(君臣)과 백성(百姓)이 '불공대천(不共戴天)의 원수'로 삼아야 할 것이 어찌 오로지 일본에 있지 않겠는가? 이것이 우리나라의 충신(忠臣)과 열사(烈士)가 피를 뿜으며 서로 기의(起義)하여, 죽음을 고향 집에 돌아가듯 태연하게 여기는 까닭이다.

나 이철영(李喆榮)은 본래 벼슬을 하지 않은 평범한 유생(儒生)이다. 다행히 예의지방(禮義之邦)에서 태어나고 자라 명교(名敎)를 익히고 성현(聖賢)의 글을 읽어서, '임금과 백성의 의리' 및 '중화(中華)와 이적(夷狄)의 구분'을 알게 된 것이 이제 40여 년이 되었다. 지금 우리나라 종묘사직

4 『醒菴集』 卷7 頁1~4.

(宗廟社稷)이 망하게 된 때를 만나 이미 의병(義兵)을 일으켜 복수(復讐)하지도 못하고, 도리어 형벌이 무서워 호적(戶籍)에 편입하여 적국(敵國)에 가담하게 된다면, 이는 곧 임금을 잊고 원수를 섬기는 것이며, 중화를 바꾸어 오랑캐가 되는 것이며, 사람으로서 금수가 되는 것이다. 이렇게 되면 살아서는 하늘과 땅 사이에 설 수가 없고, 죽어서는 지하에서 우리의 선왕(先王)들을 뵐 수가 없을 것이니, 의리에 어긋나게 구차히 살기보다는 어찌 죽는 것이 편안하지 않겠는가? 이것이 나 이철영이 반드시 호적 장부에서 빠지고, 죽어서, 진(秦)나라를 제왕(帝王)으로 섬기는 것을 부끄럽게 여겼던 노중련(魯仲連)[5]과 같이 되려고 하는 까닭이다.

또한 시무(時務)로 논하자면, 동쪽으로 점점 다가오는 서양의 세력을 막을 수 없다면 동양이 망한다는 것은 식자층(識者層)이 아니라도 알 수 있다. 그런데 무슨 까닭으로 '강한 진(秦)나라'가 틈을 엿보는 것을 대비하지 않고, 한갓 '여섯 나라'[6]가 서로 싸우는 데에만 매달려, 스스로 멸망의 길을 열어주는 것인가? 이는 참으로 국가를 위한 영원한 계책이 못 되는 것이다. 지금 일본이 비록 강대(强大)한 나라이나, 일본이 망하는 것은 서서 기다릴 수 있다. 어떻게 그것을 알 수 있는가? 맹자가 제선

---

5 魯仲連은 戰國時代 齊나라 사람이다. 秦나라가 趙나라에 쳐들어가 한단(邯鄲)을 포위했을 때, 노중련은 "저 秦은 禮義는 버리고 오로지 싸움을 앞장세우는 나라이다. 권모술수로 군사를 부리고, 백성을 노예처럼 부린다. 그런 秦이 방자하게 帝王의 나라가 되어 잘못된 정치를 천하에 펼친다면, 나는 차라리 東海에 빠져 죽겠다. 그런 나라의 백성이 될 수 없기 때문이다."라고 말하고, 趙나라를 도와 秦을 물리치는 데 공을 세웠다. (『史記列傳』〈魯仲連鄒陽列傳〉: 魯仲連曰 彼秦者 棄禮義而上首功之國也 權使其士 虜使其民 彼卽肆然而爲帝 過而爲政於天下 則連有蹈東海而死耳 吾不忍爲之民也)

6 중국의 戰國時代에, 蘇秦은 楚·燕·齊·韓·魏·趙 '여섯 나라'가 연합하여 서쪽의 '강한 秦나라'를 막아내자고 주장한 바 있다. 이 글에서 '강한 秦나라'는 당시의 '西洋 列强'을 비유한 말이고, '여섯 나라'는 韓·中·日 등 '東洋 三國'을 비유한 말임.

왕(齊宣王)에게 말씀하기를 "지금 영토를 두 배로 늘리고서 인정(仁政)을 행하지 않으면, 이는 천하의 군대를 움직이게 만드는 것" 이라 했고,[7] 또 "연목구어(緣木求魚)는 비록 물고기를 얻지는 못하나 뒤탈은 없다. 그러나 부국강병을 통해 천하의 패권을 차지하려 한다면, 마음과 노력을 다 바치더라도 반드시 뒤탈이 생긴다" 고 했으니, 성인(聖人)의 말씀을 어찌 속일 수 있겠는가?

하물며 일본은 조선에 대해 병자년(丙子年, 1876년)의 강화도조약 이후로, 겉으로는 비록 '조선은 자주적 권리를 보유한다. 일본과 조선은 서로 평화적으로 대한다, 일본과 조선은 서로 침략하지 않는다, 영원히 이 약속을 신의(信義)로 지킨다' 는 등의 조약서(條約書)를 내걸었지만, 안으로는 사실 조선에 온갖 흉악한 행패를 부리는 것이 날로 더 심화되어, 이제는 여력(餘力)을 남겨두지 않을 정도가 되었다.

천하 사람들이 다 아는 일들로써 대략 증거를 들자면, 갑신년(甲申年, 1884년) 다케조에 신이치로(竹添進一郎)의 난리 때엔 우리 성상(聖上)을 겁박하여 자리를 옮기게 했고, 우리 재상(宰相)을 죽였다. 갑오년(甲午年, 1894년) 오토리 게이스케(大島圭介)의 난리 때엔 우리 궁궐을 약탈하고 우리의 전장문물(典章文物)을 훼손했다. 을미년(乙未年, 1895년) 미우라 고로(三浦梧樓)의 변란 때엔 우리 모후(母后)를 시해하여 만고에 없던 역적질을 했다. 을사년(乙巳年, 1905년) 이토 히로부미(伊藤博文), 하야시 곤스케

---

7 齊宣王이 燕나라를 차지한 다음 약탈을 일삼자, 맹자는 "지금 領土를 배로 늘리고는 仁政을 베풀지 않는다면, 이는 天下의 군대를 움직이게 하는 것" 이라고 간언한 것이다(『孟子』 梁惠王下 제11장 참조). 齊나라가 燕나라 사람들의 民心을 얻지 못한 채 약탈을 일삼으면, 다른 나라들이 齊나라가 강해지는 것을 두려워하여, 연합군을 편성하여 齊나라를 공격하게 된다는 말이다.

(林權助), 하세가와 요시미치(長谷川好道) 등의 변란 때엔 병사를 이끌고 대궐에 들어가 억지로 조약을 꾸미고, 우리 정부를 협박하여 통감(統監)을 설치하고, 오늘에 이르기까지 징세(徵稅)와 작상형벌(爵賞刑罰)을 자기들 마음대로 하고 있다. 또한 우리 궁전(宮殿)과 우리 도성(都城)을 헐고, 우리 군대를 해산시키고, 우리 백성을 신첩(臣妾)이나 노예로 만들고자 하며, 그밖에 인의(仁義)를 막아 떳떳한 윤리를 무너뜨리고, 충성스런 양민(良民)을 체포하여 우리나라의 원기(元氣)를 끊고자 하며, 난적(亂賊)들을 유혹하여 '호랑이 앞의 창귀(倀鬼)' 로 삼고자 하며, 어리석은 백성을 모아 몰래 멕시코(Mexico)에 팔아넘기고, 철도(鐵道)를 부설하여 무덤 속의 백골(白骨)에까지 재앙이 미치며, 산에는 광산(鑛山)을 만들고 바다에는 항만(港灣)을 만들어 우리나라의 재원(財源)을 빼앗으며, 화폐(貨幣)를 농간하여 우리 백성의 고혈(膏血)을 짜내는 등, 무릇 전후 이러한 부류의 학정(虐政)을 이루 헤아릴 수 없으니, 이는 전일(前日)의 서약(誓約)을 어기는 것일 뿐만 아니라 장차 인종(人種)을 바꾸는 무서운 음모를 꾸며 우리나라 사람들의 씨를 말리려는 짓이다. 홍분한 말이 여기에 이름에, 마음이 아프고 뼈가 끊어지는 듯하여, 차라리 별안간 모르는 척하고픈 생각도 든다.

옛날 역사에 비추어보아도, 이처럼 심한 예가 없었다. 그 하늘을 업신여기고 사람을 속인 죄와 이익을 탐하여 만물을 해친 실정이 제(齊)나라 선왕(宣王)보다 백배나 더 심하니, 지금 일본이 무슨 대비책이 있기에 뒤탈이 없을 수 있겠으며, 또 천하의 군대를 움직이지 않게 할 수 있겠는가? 천하의 큼으로 일본의 작음을 살펴보면, 아득히 넓은 바다 가운데의 한 덩어리 진흙과 같으니, 천하가 칼끝을 겨누고 다가오는 것을 대적하기에는 또한 힘겹지 않겠는가? 또한 『맹자』에는 "천시(天時)는 지리

(地利)만 못하고, 지리(地利)는 인화(人和)만 못 하다"는 말이 있는바, 인화(人和)를 얻는 방도는 부세(賦稅)를 가볍게 하고 형벌(刑罰)을 줄여서 민생(民生)을 두텁게 기르는 것뿐이다. 지금 일본이 전쟁터에서 군사를 잃고 재물을 허비하는 것으로 헤아려보면, 한갓 동·서 여러 나라들과 원수를 맺는 일일뿐만 아니라, 또한 도리어 본국에서도 민생을 두텁게 기르는 도리를 잃고 있는 것이다. 공자가 "계손(季孫)의 근심거리는 전유(顓臾)에 있지 않고, 자기 울타리 안에 있다"고 한 말씀은 오늘의 일본을 위해 준비해둔 말씀인 것 같다.[8]

하물며, 죄악이 쌓이면 반드시 죽임을 당하고, 너무 강하면 결국 부러지는 것은 자연스러운 이치이다. 그러므로 걸(桀)과 주(紂)는 기세등등하게 날뛰다가 '남소(南巢)의 추방'과 '목야(牧野)의 정벌'을 당하고,[9] 진시황(秦始皇)과 항우(項羽)는 힘세고 용맹했어도 '지도(軹道)의 항복'과 '오강(烏江)의 자결'을 면치 못했다.[10] 이 또한 일본이 근심하고 두려워

---

8 顓臾는 魯나라의 附庸國이었다. 魯나라의 실권자 季孫氏가 '顓臾가 장차 禍根이 될 수 있다'는 이유로 顓臾를 정벌하려고 하자, 공자는 "나라를 지니고 집안을 지닌 사람은 (백성이) 적음을 근심하지 않고 (각자의 몫이) 고르지 못함을 근심하며, (財用이) 궁핍함을 근심하지 않고 (위와 아래가 서로) 편안하지 못함을 근심한다."는 말을 상기시킨 다음, "대개 고르면 가난함이 없고, 화합하면 적음이 없으며, 편안하면 (나라가) 기울어짐이 없다"고 설파하고, "季孫의 근심거리는 顓臾에 있지 않고, 자기 울타리 안에 있다"고 一針을 가한 것이다(『論語』 季氏 제1장 참조).

9 원문의 '炰烋'는 기세등등하게 날뛰는 것. 『詩經』「大雅」〈蕩〉에 "아, 너희 殷商 사람아! 너희는 首都에서 포효하여, 백성이 원망하는 일을 거두어 德으로 여기는구나(咨女殷商 女炰烋于中國 斂怨以爲德)"라고 했는데, 朱子의 註에 "炰烋는 기세가 등등한 모습"이라 하였다. 한편, 湯은 桀을 南巢로 추방하였고(『書經』〈仲虺之誥〉 참조), 武王은 紂를 牧野에서 征伐하였다(『書經』〈武成〉 참조).

10 원문의 '嬴項'은 秦始皇(嬴은 진시황의 姓)과 項羽. 진시황이 죽은 다음 胡亥가 2세 황제로 즉위했으나 환관 趙高의 협박을 받아 3년 만에 자결하였고, 3세 황제로 즉위한 子嬰은 즉위한 지 46일 만에 '軹道'라는 亭子 곁에서 劉邦에게 투항했지만, 뒤이

할 바이나, 오히려 다른 나라의 오래된 역사라 실감(實感)이 덜할 수 있으니, 일본이 몸소 겪은 일로서 징계(懲戒)가 되기 쉬운 사례를 들겠다. 저 옛날 임진년(壬辰年, 1592년)에 일본이 조선을 침범했을 때, 용맹한 장수와 수많은 군졸이 결코 지금보다 적지 않았으되 9년 동안의 전쟁에 살아 돌아간 자가 거의 없었다. 이것으로 본다면, 지금 우리나라의 국운(國運)이 비록 일시적으로 막혔으나, 끝내는 하늘이 정한 이치가 사람을 이기는 것이니[天定勝人], 오늘의 일본도 예전 임진년의 경우처럼 참혹하게 패망하지 않으리라는 것을 어찌 알겠는가?

예로부터 그 나라를 영원히 보전하려는 사람은 모두 인민(人民)을 중요하게 여기고 영토(領土)를 가볍게 여겼다. 그런데 지금의 일본은 영토를 넓히고자 그 백성을 문드러지게 하면서 그칠 줄을 모르니, 누가 이것을 '보국안민(輔國安民)의 도리' 라 하겠는가? 이는 참으로 이른바 '습기(濕氣)를 싫어하면서도 하류에 사는 것이요,[11] 죽기를 싫어하면서도 악행을 일삼는 것' 이다. 『서경(書經)』에 "하늘이 내린 재앙은 오히려 피할 수 있지만, 스스로 지은 재앙은 면할 수가 없다" 고 했다. 앞에서 말한 걸 · 주 · 진시황 · 항우와 일본이 임진왜란에서 패망한 것은 모두 스스로 지은 재앙이니, 선인(先人)의 교훈을 외면할 수 있겠는가?

지금 오히려 침략을 멈출 수 있는 때를 당하여 '나의 춤은 이미 시작되었다' 고 말하지 말고, 급히 '전철(前轍)의 과오(過誤)' 를 시정하라. 진

어 咸陽에 入城한 項羽에게 살해되었다(『史記』 卷6 〈秦始皇本紀〉 참조). 한편, 項羽는 진나라를 멸망시키고 西楚覇王이 되어 천하를 호령했으나, 곧 劉邦에게 패하여 달아나다가 烏江에 이르러 자결하였다(『史記』 卷7 〈項羽本紀〉 참조).

11 맹자는 "仁政을 베풀면 榮華를 누리고, 仁政을 베풀지 않으면 侮辱을 당한다. 지금 侮辱 당하는 것을 싫어하면서 仁政을 베풀지 않는 것은 濕氣를 싫어하면서 下流에 사는 것과 같다." 고 말한 바 있다(『孟子』 公孫丑上 제4장 참조).

실로 신의(信義)를 지키고 항심(恒心)을 지녀, 조선과 일본이 각각 그 정사(政事)를 닦아 영원히 서로 편안하게 한다면, 이것이 어찌 우리 조선만의 다행이겠는가? 귀국(貴國) 또한 '배꼽을 깨무는 후회'[12]가 없게 될 것이다. 깊이 생각하고, 또 깊이 생각하라. 바야흐로 붓을 들어 마음속 생각을 적노라니, 나도 모르게 말이 길어졌다. 본군(本郡, 忠淸南道 扶餘郡)에 주재하는 일본 관원에게 부탁하여, 그로 하여금 귀국의 정부에 전달하게 하노라. 고인(古人)이 "나무꾼이나 목동에게도 자문(諮問)을 구하라"고 했으니, 보잘것없는 사람의 말이라 하여 이 말을 버리지 않는다면, 매우 다행이겠다.

* 〈再致日國政府書〉[13]

무릇 어진 사람의 마음은 천지(天地)로 부모(父母)를 삼고 만물(萬物)로 일체(一體)를 삼는바, 그 인(仁)을 실천하는 순서는 친한 사람을 친하게 여기고 백성을 어질게 대하며, 백성을 어질게 대하고 만물을 아끼는 것이다. 나 이철영(李喆榮)은 비록 옛날의 어진 사람에게 미치지는 못하지만, 나의 뜻과 소망은 이와 같다. 지금 천하가 어지러워 무력(武力)과 용맹(勇猛)을 숭상하고 문화(文化)와 도덕(道德)을 멸시하며, 인의(仁義)를 버

12 '배꼽을 깨무는 후회[噬臍之悔]'란 '뒤늦게 뉘우쳐도 어찌할 수 없음'을 비유하는 말. 사향노루의 香囊은 배꼽 부근에 있는데, 사냥꾼들은 그 향낭을 얻기 위해 사향노루를 사냥한다고 한다. '배꼽을 깨무는 후회'란 사향노루가 사냥꾼에게 잡힐 때, 그 향낭으로 인해 자신이 잡혀 죽게 된 것을 깨닫고 배꼽을 깨물어 향낭을 망가뜨리려 하나, 이미 때가 늦었다는 말이다.

13 『醒菴集』 卷7 頁4~5.

리고 공리(功利)를 추구하는 데 급급하니, 마침내는 결국 강상(綱常)의 도리가 끊기어 사람들이 서로 잡아먹는 데 이를 것이다. 나는 이것이 두려워 지난번에 한마디 말을 꺼냈던 것이다.

그 뜻은 대개 우리의 종묘사직(宗廟社稷)을 되살리고 우리 선왕(先王)의 정교(政敎)를 다시 닦아, 강상의 도리를 다시 밝혀, 국가가 천명(天命)을 영원히 누릴 수 있는 기초로 삼고 백성이 전화위복(轉禍爲福)할 수 있는 바탕으로 삼으려는 것이요, 그런 다음에 또 이 도(道)를 미루어 천하에까지 파급시켜, 부자(父子) · 군신(君臣) · 부부(夫婦) · 장유(長幼) · 붕우(朋友)의 본성을 함께 타고난 천하의 모든 사람들이 그 고유하게 타고난 본성을 알고 마땅한 직분에 힘쓰도록 하려는 것이었다. 이렇게 하면 사람들이 모두 어질게 되어, 천하의 한 사물이라도 그 마땅한 자리를 얻지 못한 것을 보면, 마치 자기 사지 가운데 하나가 혹시 병이 든 것처럼 여겨, 급히 구제하여 낫게 하려고 하지 않을 사람이 없을 것이다. 그렇게 되면 천하의 싸움이 저절로 그쳐서 만국의 무기를 창고에 쌓아둘 수 있을 것이요, 천하에 겸양(謙讓)의 풍속이 생겨 만국의 다툼이 저절로 없어질 것이다. 이것이 곧 '평천하(平天下)의 대도(大道)' 로서, 내가 오늘날 간절하게 바라는 바이다.

그런데 시운(時運)의 쇠퇴에 구애되고, 기수(氣數)의 변화에 핍박되어, 나 또한 이 세상에서 어찌할 수가 없게 되었으니, 그리하여 다만 옛날처럼 초야(草野)에 숨어 홀로 그 몸을 지켜 자정(自靖)하려고 했을 뿐이다. 호적(戶籍)에서 빠지려는 한 건의 일 또한 자정의 일단으로서, 그 까닭은 지난번 편지에서 자세히 설명했으니, 지금 다시 군더더기 말을 할 필요가 없겠다. 비록 이것으로 인해 나의 골육(骨肉)이 문드러진다 하더라도, 그 본래 지키려고 했던 뜻은 바꿀 수 없을 것이다. 오직 빨리 형륙(刑戮)

에 처하여 나의 마음을 편안하게 한다면, 매우 다행이겠다.

* 〈致日人片綱鳥殿書〉[14]

지난번에 그대의 언행(言行)과 용모(容貌)를 보고 서로 대화를 할 만한 사람인 것을 알 수 있었으니, 내 의견을 개진하는 것을 어찌 그만둘 수 있겠는가? 나 이철영(李喆榮)은 비록 어리석지만, 평생토록 배우고 즐거워한 것은 왕도(王道)와 범아치구(範我馳驅)이다.[15] 그런데 지금 세속에서 숭상하고 익히는 것은 모두 말만 번지르르한 것으로서 궤우(詭遇)를 섞은 것이다. 내가 배운 것으로 오늘날 세상이 숭상하는 바를 헤아려보면 '밑둥치는 네모진데 뚜껑은 둥근 것' 과 같다. 그러나 그 습기(習氣)가 다른 가운데에도 또한 '동일하고 소멸될 수 없는 것' 이 있으니, 병이(秉彝)의 '착한 본성' 이 그것이다. 이것을 토대로 삼는다면 또 어찌 납약자유(納約自牖)의 이치가 없겠는가?[16]

무릇 '공 · 맹(孔孟)의 학문' 은 비유컨대 '오곡(五穀)' 과 같고, '개화(開化)의 학술' 은 비유컨대 '비패(秕稗)' 와 같다. 서양이 동양에 접근할 때

---

14 『醒菴集』 卷7 頁5~7.

15 '範我馳驅' 는 사냥할 때 사냥감과 정면으로 승부하기 위해 수레를 정직하게 법도대로 모는 것이며, '詭遇' 는 사냥감을 속여서 몰래 다가가는 방법으로 수레를 모는 것. 『孟子』 滕文公下 제1장에, 王良이 "내 그를 위해 수레 모는 것을 법도대로 하였더니[範我馳驅] 종일토록 한 마리의 짐승도 잡지 못하다가, 짐승을 속여 만나게 하였더니[詭遇] 하루아침에 열 마리의 짐승을 잡았다." 고 말한 내용이 보인다.

16 '納約自牖' 는 『周易』 坎卦 六四 爻辭 "약속을 맺되 통한 곳으로부터 하면 끝내 허물이 없으리라(納約自牖 終无咎)" 에 보이는 말로, 상대방을 깨우칠 때에는 상대방이 알기 쉬운 것부터 설명하여 차츰 인도해야 한다는 뜻.

장차 그 비천한 비패로 우리의 고귀한 오곡을 바꾸려 하거늘, 동양 사람들은 이와 같은 사태의 본질을 알지 못하고, 바야흐로 쇠세(衰世)에 처하여 문득 비패가 일찍 여무는 것을 보고는 '비패가 오곡보다 낫다' 고 여겨서, 오로지 비패를 심어 가꾸고 도리어 오곡의 아름다운 품종을 버리려고 하니, 장차 굶어 죽지 않을 사람이 드물 것이다.

무릇 공맹의 학문은 요·순(堯舜) 이래의 '왕천하(王天下)의 대도(大道)' 이다. 은(殷)나라 탕왕(湯王)과 주(周)나라 문왕(文王)이 처음에는 사방 70리 또는 100리의 작은 땅에서 시작했으나 마침내 천하의 왕자(王者)가 될 수 있었던 것은 요·순의 도를 실천했기 때문이다. 걸·주(桀紂)의 말기에 이르렀을 때 그 영토의 크기가 사해(四海)를 일가(一家)로 삼을 정도였는데 마침내 방벌(放伐)의 죄를 당한 것은 요·순의 도를 실천하지 않았기 때문이다. 이것으로 논하자면 천하국가의 흥왕(興旺)은 덕에 있고 영토가 큰 것에 있지 않으며, 인의(仁義)로 하고 재물(財物)의 이익으로 하지 않음이 분명할 것이다.

지금 동양에서 나라와 백성을 지닌 자가 정치는 요·순의 도에 말미암고 교육은 공·맹을 숭상하여 성심으로 이를 실천한다면, 서양의 부강(富强)을 어찌 두려워할 것이며, 서양의 기계(器械)를 어찌 부러워할 것인가? 맹자는 "국가는 반드시 스스로 공격한 다음에 남이 공격하고, 집안도 반드시 스스로 허문 다음에 남이 허문다." 고 했다. 지금 동양이 서양에 곤욕을 당하는 것은 병기(兵器)가 그만 못하기 때문이 아니요, 인민(人民)이 그만큼 많지 않기 때문도 아니니, 애초에 반드시 스스로 공격하고 스스로 허물어서 그런 것이다. 물건이 먼저 썩지 않았다면 어찌 벌레가 생기겠으며, 나무에 좀이 슬지 않았다면 어찌 바람이 꺾겠는가?

또한 국가의 성쇠(盛衰)를 추위와 더위에 비유하자면, 아교를 꺾는 추위는 추위에서 생기지 않고 뜨거운 해가 쇠를 녹이는 더위에서 생기며, 쇠를 녹이는 더위는 더위에서 생기지 않고 두꺼운 얼음이 아교를 꺾는 추위에서 생기는 것이다. 대개 오늘의 홍성은 지난날의 쇠퇴에서 말미암고, 장래의 홍성은 지금의 쇠퇴에서 말미암는 것이다. 어찌 지금 쇠퇴했다고 하여 홍성한 자에게 영원히 굴복할 이치가 있겠으며, 어찌 지금 홍성했다고 하여 쇠퇴한 자에게 영원히 뻐길 수 있는 이치가 있겠는가? 하물며 겸손하면 이익을 받게 되고 가득 채우면 손해를 불러옴은 역(易)의 도리이니,[17] 경계하지 않을 수 있겠는가?

지금 조선과 일본이 만약 각각 자기 나라를 지키지 않고 도리어 서로 시기하고 혐오한다면 끝내는 모두 멸망하는 탄식을 면하기 어려울 것이니, 이것이 어찌 어진 군자(君子)가 매우 근심할 바가 아니겠는가? 나는 비록 초야의 선비지만, 바로 대부(大夫)의 후예이다. 나의 선조(先祖)가 이씨조선(李氏朝鮮)의 국은(國恩)을 입은 것이 이미 무겁고, 나 또한 40여 년 동안 우로지택(雨露之澤)을 입은 것이 또한 깊으니, 아! 비록 죽더라도 어찌 내 부모의 나라를 차마 잊을 수 있겠는가? 그러므로 듣는 사람의 귀에 거슬리는 것을 꺼리지 않고 다 밝혀 말하는 것이요, 또한 〈다시 귀국 정부에 보내는 편지〉를 함께 보내는 바이니, 반드시 정부에 전달하기 바란다.

---

17 『書經』「虞書」〈大禹謨〉에서는 "가득 채우면 손해를 불러오고, 겸손하던 이익을 받게 되는 것이 바로 天道이다(滿招損 謙受益 時乃天道)"라고 했고, 『周易』 謙卦 彖傳에서는 "天道는 가득 찬 것을 무너뜨려 겸손한 것에 보태며, 地道는 가득 찬 것을 변화시켜 겸손한 것으로 흘려보낸다. 鬼神은 가득 찬 것을 해치고 겸손한 것에 福을 주며, 人道는 가득 찬 것을 미워하고 겸손한 것을 좋아한다. 그러므로 겸손은 높고도 빛나며, 낮으면서도 넘볼 수 없으니, 君子의 끝맺음이다(天道虧盈而益謙 地道變盈而流謙 鬼神害盈而福謙 人道惡盈而好謙 謙尊而光 卑而不可踰 君子之終也)"라고 했다.

9

민적(民籍) 편입을 끝내 거부하다

1909년 3월, 일제 통감부(統監府)는 '민적법(民籍法)' 을 공포하고, 4월 1일부터 시행했다. 민적법은 호주(戶主)를 중심으로 하여 그 친인척을 통합하여 '가(家)' 를 구성하고, 그들 사이의 친족 관계를 민적에 기재하는 신분등록(身分登錄) 제도를 꾀한 것이었다. 이는 이중적인 의미가 있었거니와, 한편으로는 "국민의 신분 관계를 법률상으로 명확히 하는 동시에 전국의 호수(戶數)를 실수(實數)로 정확히 파악하여 시정(施政)상의 편의에 제공하려는 것" 이었지만, 다른 한편으로는 '조선의 백성' 을 '일제의 백성' 으로 새롭게 등록시키는 것이었다.

일제가 민적법을 공포하여 호적 편입을 강요했을 때, 성암은 일본 정부에 편지를 보내 그 부당성을 비판하고 가입을 거부하였다. 이로 인해 성암은 여러 차례 일본 경찰에 체포되어 곤욕을 당하고 옥고(獄苦)를 치르게 되었다.

첫째는 기유년(1909년) 9월의 일이다. 성암이 호적 편입을 거부하고 〈일본 정부에 보내는 편지〉를 써서 일본을 비판하자, 홍산경찰서에서 성암을 체포하여 심문하고 협박하며 회유한 것이다. 이때 성암은 4일간 옥고를 치렀다. 성암은 난타(亂打)를 당하고 경찰서에서 풀려난 뒤로도, 수시로 회유와 협박을 당하였다.

둘째는 경술년(1910년) 9월, 이른바 '합방조약'이 체결된 직후의 일이다. 일제는 조선을 '강탈(强奪)'하고서는 조선 백성들에게는 '조선 황제가 일본에 국권을 양여(讓與)한 것'이라고 포고하였다. 그리고는 합방을 반대하는 사람들을 잡아다가 협박하고 회유한 것이다. 이때 성암은 처남 경운(畊芸)과 함께 체포되었다가 풀려났다.

셋째는 갑인년(1914년) 9월의 일이다. 그때까지 성암이 민적에 가입하지 않고 버티자, 일제는 성암을 체포하여 가두고 번갈아 가면서 협박과 회유를 거듭한 것이다. 이때 성암은 69일간 옥고를 치렀다. 온갖 회유와 협박에도 성암이 굴복하지 않고 시종일관 정정당당한 자세로 대응하자, 마침내 일본 경찰은 "이(李) 아무개는 일등대남자(一等大男子)이다. 학식이 높고 말씀이 위대하여, 나는 매우 감복하였다. 그런데 이처럼 곤란을 겪은 것은 우리 일본의 정령을 배척했기 때문이다. 오늘 마땅히 석방하여 돌려보낼 것이니, 모두 함께 귀가하여 계속 설득해보라."고 말하면서, 성암을 석방했다.

넷째는 무오년(1918년) 7월의 일이다. 그때까지도 성암이 민적에 가입하지 않고 버티자, 일제는 다른 사단(事端)이 생길까 근심하여 항상 성암을 정찰(偵察)하고 있었는데, 이때 다시 성암을 체포하여 협박하고 회유한 것이다. 이때 성암은 2일간 옥고를 치렀다.

성암은 이때의 일을 모두 '일기(日記)'로 작성하여 남겨두었다. 이제 〈기유일기(己酉日記)〉, 〈경술일기(庚戌日記)〉, 〈갑인일기(甲寅日記)〉, 〈무오일기(戊午日記)〉 등을 차례로 읽어보기로 하자.

*〈己酉日記〉[1]

바다 건너 왜적(倭賊)이 동쪽으로 침입한 이후 행패가 날로 심해지더니, 마침내 우리의 민적(民籍)을 수거(收去)한 것은 그 뜻이 장차 나라를 빼앗고 조선 백성을 일본 백성으로 바꾸기 위함이었다. 그리하여 일본 정부를 '순역(順逆)의 이치'[2]로 깨우치는 장서(長書)를 작성하여, 기유년(己酉年, 1909년) 8월 26일에 부여(扶餘)에 주재하는 일본 관원에게 보냈는데, 그 장서가 중간에 보류되어, 일본 정부에 전달되지 못하였다.

9월 2일. 다시 행랑 사람을 시켜 장서를 보냈다. 그러자 얼마 후 왜국 순사(巡査) 니시모리 요시부로우(西森義三郎), 왜국 분견소장(分遣所長) 구와하라 요시키(桑原良器), 본국 순사보조원(倭國에 붙어 사냥매 · 사냥개가 된 자들) 등 6~7명이 찾아와서 "이(李) 아무개가 누구냐?" 고 물었다. "내가 바로 이 아무개이다"라고 대답하자, 구와하라(桑原)가 통역관에게 시켜 말하기를, "대한(大韓)이 우리 일본의 보호에 힘입어 러시아의 침략을 면했거늘, 어찌하여 장서를 보냈는가?" 내가 말하기를, "그대는 하늘을 속이려 하는가, 사람을 속이려 하는가? 그대의 나라가 조선을 침략한 것은 천하가 다 아는 사실이다." 그가 말하기를, "지금 한국이 정부가 없는가?" 내가 말하기를, "너희들에게 빼앗겨 점령되었다." 그가 말하기를, "총리대신(總理大臣)은 바로 한국인 이완용(李完用) 씨인데, 어찌 '일본이 빼앗아 점령했다' 고 하는가?" 내가 말하기를, "이완용은 바로 우리나라의 역신(逆臣)이요 일본의 창귀(倀鬼)이다. 내가 지금 그놈의 살

---

1 『醒菴集』 卷7 頁7~15.

2 '順天者存 逆天者亡의 이치' 를 말한다.

점을 씹어 먹더라도 비린 줄을 모를 것이다. 지금 우리나라가 나라는 있어도 이미 망했고 백성은 살았어도 죽은 것은 모두 이완용의 무리가 한 짓이다." 그러자 그들은 더 이상 힐난하지 않고, 다만 "이제 날은 저물고 할 말은 많으니, 함께 (扶餘) 읍내로 가자."고 말하고, 마침내 방으로 들어와, 버린 종이를 수색(搜索)했다. 비록 평소에 음영(吟詠)한 초고(草稿)라도 저들에게 울분을 토한 내용이 있으면, 모두 빼앗아 갔다.

내가 핍박을 당하여 읍내로 들어가니, 날이 이미 저물었다. 저들은 다른 질문은 하지 않고 이른바 '유치실(留置室)'에 나를 가두었다. 그에 앞서 본국 순사에게 유치실을 청소하게 하고, 또 "내일 다시 심문(審問)할 것이다. 이 유치실이 누추하나, 하룻밤을 유숙하기 바란다."는 말을 전했다. 그리고 내가 차고 있던 패도(佩刀)를 빼앗아 가져갔다. 그날 밤에 왜국 순사가 몇 차례나 와서 살펴보고, 추운지 묻고는 불을 때 주었다. 밤에 시(詩) 한 수를 읊었다.

一夜扶風囚作楚　하룻밤을 초수(楚囚)[3]처럼 부풍(扶風) 옥에 갇히니
頹窓秋氣撼燈紅　퇴락한 창(窓) 가을바람 등불을 흔드네.
依前最麗我都邑　예전처럼 아름다운 우리 도읍인데
風浪還同北海中　풍랑 일어 북해 가운데처럼 되었구나.

다음 날. 아침을 먹은 뒤, 왜국 순사가 통역관을 보내 "지난밤 홍산(鴻山) 경찰서장에게 전화하니, '편지와 함께 그 사람을 데리고 오라'고 했

3 楚囚 : 晉나라에 포로로 잡혀가서 거문고로 楚나라 음악을 연주하며 고향을 그리워했던 鍾儀의 고사에서 유래한 말로, 나라가 위태한 상황에서 어찌할 수 없는 궁박한 처지에 빠져 있는 사람을 가리키는 말.

다. 그대는 이미 국사(國事)로 출두하였으니, 함께 홍산읍으로 가는 것이 어떻겠는가?" 라고 했다. 나는 "홍산읍뿐만 아니라 비록 일본 정부에라도 사양하지 않고 가겠다." 고 했다. 통역자를 따라 순사청(巡査聽)에 들어가니, 왜국 순사가 웃으면서 "혹시 도중에 자살(自殺)하는 일이 생길까 근심된다" 고 하면서 포승줄을 보여주기에, 나도 웃으면서 두 손을 교차시켜 내밀었다. 저들은 나를 포박하여 앞세우고, 5~6명의 순사가 뒤따라왔다. 도중에 입으로 절구(絶句) 한 수를 읊었다.

驅迫前行還可笑　나를 묶어 앞세우니 도리어 우습도다.
啾啾左右却成群　좌우로 많이 모여 시끄럽구나.
此時撫劍非能事　지금 칼을 어루만지는 것은 능사가 아니니
早晩請纓縛爾君　조만간 밧줄 청해 너희 임금 묶으리라[4]

함께 공부하는 제생(諸生)이 어제 나를 따라 읍에 들어왔다가, 밤에 귀가하고 다음 날 아침 다시 들어왔는데, 내가 이미 홍산으로 떠난 뒤였다. 조카 규직(圭稷)[5]과 제생이 급히 뒤따라와서, 중간 20리 정도에서 나를 만나 따라오니, 본국 순사들이 이따금 성내면서 물리쳤다. 제생들이 간혹 물러섰다가 다시 따라오기를 몇 번이나 반복했다. 사람의 마음이 변하는 것이 어찌 이처럼 심할 수가 있는가? 날이 저물어 홍산에 도착하여, 시 한 수를 읊었다.

---

4 請纓 : '결박할 밧줄을 청한다' 는 말로, 스스로 전쟁터에 나가 敵을 격파하고 나라의 은혜에 보답하겠다는 뜻. 漢나라 諫議大夫 終軍이 "긴 밧줄 하나만 주면, 南越에 가서 그 임금을 묶어 끌고 와서, 闕下에 바치겠다" 고 청한 고사가 있다.

5 나중에 '圭憲' 으로 이름을 바꾸었음. 號는 肯堂.

艱到鴻山四十里　40리 길 홍산에 어렵사리 도착하니
腥塵漠漠夕陽時　비린내 그득하고 날은 저물었구나.
匹夫爲諒何須取　필부의 신의(信義) 어찌 반드시 취할손가
任彼所爲我不知　저들에게 맡길 뿐 나는 모른다오.

이른바 '경찰서'라는 곳에 도착하니, 서장(署長)은 바로 가타오카 토리도노(片綱鳥殿)라는 자였다. 사무실에서는 여러 왜인들이 나란히 앉아 장서(長書)를 펼쳐놓고 읽는데, 그 소리가 몹시 시끄러워 알아들을 수가 없었다. 잠시 뒤에 나를 불러다가 결박을 풀고서는 먼저 나의 거주지, 고향, 성씨, 본관, 이름난 조상 누구의 몇 대손(代孫)인지 등을 물었다. (以下는 對話體로 번역함)

倭警 : 할 말이 있는가?

醒菴 : 내가 말하고 싶은 것은 이미 장서(長書)에서 다 말했으니, 다시 특별히 다른 할 말이 없다. 그런데 부자(父子)와 군신(君臣)은 사람의 큰 윤리이거늘, 그대들은 어찌하여 그대들의 부모를 떠나고 그대들의 군주를 버린 채 우리나라에 오래 머물면서 돌아가지 않는 것인가?

倭警 : 그렇지 않다. 우리는 본래 우리 정부의 명령으로 와서 한국을 보호하는 것이다.

醒菴 : 일본이 처음부터 지금까지 세계 여러 나라 사람들에게 말할 때엔 '조선을 보호한다'고 감히 선언했으나, 실제로는 온갖 흉악한 짓을 끝없이 저지르는 것은 무슨 까닭인가?

倭警 : 처음부터 한국이 일본을 대함에 잘못이 없었던가?

醒菴 : 우리 한국의 잘못은 다만 나라를 그르친 간신(奸臣)들이 '너희가 주는 뇌물' 을 탐내고 '너희의 간계(奸計)' 에 빠져서 강화(講和)를 맺은 것뿐이다.

倭警 : 만일 일본의 개화(開化)한 힘이 없었더라면, 한국은 이미 러시아 차지가 되었을 것이다.

醒菴 : 우리나라가 개화하기 전에는 위로는 인륜이 밝혀지고 아래로는 교화(敎化)가 행해져서, 5백 년 오랜 세월 동안 찬란하고도 흡족한 역사가 이어져 왔다. 그런데 개화한 뒤로는 불과 수십 년 만에 이처럼 나라가 무너졌다. 그대가 말하는 '개화' 가 이처럼 남의 나라를 망하게 하고 사람의 도리를 소멸시킨 것이다.

倭警 : 그렇지 않다. 개화는 진실로 좋은 것이다. 우리 일본이 40년 전에 영국에게 거의 망했다가,[6] 40년 후에 다시 천하의 강국이 된 것은 개명(開明)의 도(道)를 이용하여 온 나라 사람들이 일심으로 단결한 까닭이다.

醒菴 : 일본이 이처럼 개화를 좋아한다면, 능히 '개화의 법도' 를 다 발휘했는가? 개화의 근원은 사실 서양에서 나온 것인데, 일본이 영국으로부터 개화를 받아들일 때, 영국이 일본 정부를 빼앗았던가? 군대를 해산시켰던가? 도성을 허물었던가? 일본의

---

6 1853년 미국의 海軍 艦隊가 일본에 開國을 요구하자, 일본의 幕府가 얼마 후 굴복하여, 1854년 美日和親條約이 체결되었다. 일본은 1858년에는 영국 · 러시아 · 네덜란드 · 프랑스와 通商條約을 체결했다. 1854년의 美日和親條約은 미국의 강요에 의한 것이었던바, 그렇다면 '40년 전에 英國에게 거의 망했다' 는 말은 '50여 년 전에 美國에게 거의 망했다' 는 말의 잘못인 것 같다. 〈己酉日記〉는 醒菴이 1909년에 겪은 일을 기록한 것인데, 그 40년 전(즉 1869년 전후) 일본과 영국 사이에는 특별한 사건이 없었던 것 같다.

군주를 겁박하여 파천(播遷)시켰던가? 일본의 왕비를 살해했던가? 영국은 일본에 이러한 짓을 하지 않았거늘, 일본은 무슨 까닭으로 조선에 이러한 짓들을 하는가? 이것으로 보자면, 일본의 죄는 우리 '중화(中華)의 도(道)' 에 용납되지 않을 뿐만 아니라 '개화 세계의 도' 에도 크게 어긋나는 것이다. 그대가 말하는 개화는 홀로 어떤 세계에서 나온 것인가?

倭警 : 형세의 부침(浮沈)에 따라 마름질하여 활용하는 것이다.

醒菴 : 일본이 임금을 시해하고 개화한 것과 부모를 죽이고 대신 세운 것도 부침을 따르는 도리인가?

(여러 倭警들이 크게 노하여, 칼을 빼 들어 위협하고자 했다.)

醒菴 : 내가 말하는 것은 만고(萬古)의 대의(大義)요, 너희가 믿는 것은 한 조각의 칼날이다. 너희는 내 몸을 죽일 수 있을 뿐이니, 어찌 나의 의리를 빼앗을 수 있겠는가?

(저들이 말씨와 顏色을 조금 누그러뜨리고 말하였다.)

倭警 : 훌륭한 말이고, 훌륭한 글이다.

醒菴 : 그대의 나라에도 또한 글을 잘하는 선비가 있는가?

倭警 : 많다.

醒菴 : 그렇다면 내가 그대들과 지금 체포된 일을 두고 다툴 것이 아니다. 40년 동안 독서(讀書)한 선비로서, 우리나라가 장차 망하려는 것을 원통해 하고, 그대 나라의 고약함을 분통하게 여겨, 신의로써 먼저 책망하고 깨우치려고 한 것이다. 그런데 그동안 외국인과 상대해 본 경험이 없는 까닭에 편지로 소개를 하고 온 것이거늘, 나를 가두기도 하고, 나를 포박하기도 하니, 일본이 선비를 대하는 예법은 본래 이런 것인가?

(저들이 웃으며 말했다.)

倭警 : 부여의 순사가 잘못한 것이다. 그러나 사실은 그대에게 도덕의 명성이 없어서 그런 것이다.

醒菴 : 그대들이 어찌 도덕이 있고 없음을 아는가?

倭警 : 나도 또한 책을 많이 읽은 사람이다.

醒菴 : 그대가 이미 '책을 읽었다' 고 말했는데, 『맹자』에서 말한 '천유지도(穿踰之盜)' 를 아는가? 무릇 이 도적이 밤을 이용해 담을 넘거나 벽을 뚫고서 재물을 훔치고서는 남들이 알까 두려워하니, 일본이 조선에 행한 짓이 거의 다 이런 부류이다.

(저들이 횃불처럼 눈을 부라리며 말했다.)

倭警 : 대한의 폭도들이 모두 이런 부류거늘, 도리어 나를 도적이라 하는가?

醒菴 : 우리나라의 의병(義兵)은 모두 종묘사직(宗廟社稷)과 생령(生靈)을 위해 일어난 것이다. 다만 우리나라의 재정(財政)을 모두 그대들이 주관하니, 그러므로 부득이하여 부자(富者)들에게 재물을 빌려 쓰는 것이다. 그대들이 '경찰' 이라고 말하는 사람들은 옥석(玉石)을 구분하지 않고 일률적으로 '폭도(暴徒)' 라고 규정하며, 임의로 형벌과 살육을 자행하니, 이것이 옳은 일인가? 비록 그러나 그대들이 폭도라고 하는 사람들이 여기저기에서 봉기하는 것은 사실은 그대들의 침포를 감당하기 어려워 이처럼 마음을 바꾼 것이다. 그러므로 즉시 통감부(統監府)를 혁파하고 그대들의 본국으로 돌아간다면, 조선이 태평해질 것이요, 일본 또한 후환이 없게 될 것이다. 원컨대 나의 장서를 즉시 그대들의 정부에 전달해주기 바란다. 내 말을 믿지 않는다면 그대들

의 나라가 머지않아 멸망할 것이다.

倭警 : 그대가 개화의 법도를 알지 못하니, 어찌 함께 시무(時務)를 논할 수 있겠는가? 그러나 그대의 소원대로 오늘 밤에 공주(公州)로 전화를 할 테니, 임시로 순사청(巡査廳)에서 유숙하라.

그리하여 이틀을 머물렀다. 나를 따라온 제생들이 때때로 들어와 면회(面會)했는데, 저들이 전혀 금지하지 않았다. 본국 순사 수십 명이 모두 스스로 말하기를, "그 행색(行色)은 비록 이와 같으나, 본심은 변하지 않는다."[7]고 했다. 이것이 '비록 지극히 어둡고 거꾸로 된 가운데라도 그 타고난 본심이 모두 소멸하는 것은 아니다' 라는 증거가 아니겠는가?

9월 5일. 아침을 먹고 나서 잠시 뒤에, 저들이 또 불러들여 심문하였다.

倭警 : 이웃에 화재(火災)가 나면, 가서 도와야 되겠는가?

醒菴 : 가서 도와야 한다.

倭警 : 그렇다면 우리 일본인이 대한의 화재를 구원하러 왔거늘, 그대가 일본을 원수(怨讐)로 대하는 것은 무슨 까닭인가?

醒菴 : 그대들은 '불을 끄러 온 사람들[救火者]' 이 아니라, 바로 '불을 내러 온 사람들[放火者]' 이다. 만약 그대의 말대로 불을 끄러 왔다면, 불이 꺼졌으면 돌아가야 할 것이다. 그런데 여기에 그대로 머무르고 있을 뿐만 아니라, 또한 불난 집의 재산을 몰래 탈취하려고 함은 무슨 까닭인가? 그대들은 속히 철수하여 돌아가

7 "이처럼 겉으로는 日本에 협조하는 巡査 노릇을 하고 있지만, 마음속의 朝鮮을 위하는 愛國心은 변함이 없다."는 뜻.

라. 우리는 우리 식구들과 함께 우리의 산업을 다스릴 것이다.

倭警 : 그대는 일찍이 벼슬을 한 적이 있는가?

醒菴 : 나는 본래 관작(官爵)이 없다.

(저들이 조롱하면서 말했다.)

倭警 : 그대가 만약 국사(國事)를 다스리고 싶다면, 벼슬에 나간 다음에 할 수 있는 것이니, 어찌 벼슬을 구하지 않는가? 우리를 도와 개명(開明) 사업에 동참한다면, 높은 벼슬에 오를 수 있을 것이다.

醒菴 : 그대들은 어찌하여 나를 이처럼 심하게 모욕하는가? 내가 벼슬에 나가는 도리는, (나의 능력이) 밖으로 오랑캐를 물리치고 안으로 정교(政敎)를 닦을 수 있는 정도가 됨을 발견한 다음에, 벼슬을 할 만하면 할 것이다.

倭警 : 그대는 '학자(學者)' 라 하면서 남이 농사지은 곡식을 먹을 뿐이니, 이는 책을 좀먹는 벌레일 뿐이다.

醒菴 : 일본에는 이런 벌레가 없는가?

倭警 : 없다.

醒菴 : 이 벌레는 인의(仁義)를 알아서 3백 나충(裸蟲)[8]의 우두머리가 되거늘, 일본에는 이런 벌레가 없고 다만 인륜(人倫)을 모르는 개 · 돼지만 있으니, 일본은 반드시 망하고야 말 것이다. 그대들은 속히 통감부를 혁파하고, 일본으로 돌아가라.

倭警 : 대한의 화재가 모두 소멸된 다음에 우리 본국으로 돌아갈 것이니, 걱정하지 말라. 그대는 곧 집으로 돌아가, 후일의 영특한 인

8 裸蟲 : 털이나 날개 등이 없는 벌레를 통틀어 일컫는 말.

물이 되는 것이 어떻겠는가?

그리고서는 나를 밖으로 쫓아내니, 때는 정오(正午) 무렵이었다. 제생들과 함께 출발하여, 약 20리 정도를 걸으니, 날은 이미 저물고 브슬부슬 가을비가 내리기 시작하여, 의관(衣冠)이 모두 젖었다. 부득이하여 시골 가게에서 자고, 이튿날 아침에 집으로 돌아오니, 집안사람들이 한편으로는 놀랍게 여기고 한편으론 반가워했다. 그러나 나의 고분(孤憤)[9]은 풀리지 않았다.

9월 7일. 본군(本郡)에 주재하는 왜인 니시모리(西森)가 다시 소환장으로 나를 불렀다. 다시 대나무 지팡이를 끌고 읍으로 들어가니, 왜인들이 나를 억지로 호적(戶籍)에 편입시키려 하였다. 내가 눈을 부릅뜨고 꾸짖으면서 "나는 차라리 죽어서 조선의 귀신이 될지언정, 살아서 일본의 백성이 되지는 않겠다."고 소리쳤다. 왜인은 "나는 비록 일본인이지만 한국의 관리가 되어 이 지방에 부임한 것이다. 그대는 보잘것없는 백성인데, 정부의 명령을 어찌 감히 거역하는가?"라고 말하고는, 큰 몽둥이로 나를 무수히 난타했으며, 혹은 발로 차기도 했다. 내가 끝내 굴복하지 않자, 저들은 내게 욕설하고 쫓아내면서, "장차 정부에 보고하여 형률(刑律)로 다스릴 것이니, 나가서 대기하라."고 했다. 집으로 돌아와 며칠 뒤에 '해주(海州) 사람 안중근(安重根)이 왜인의 우두머리 이토 히로부미(伊藤博文)를 총으로 쏴서 죽였다'[10]는 소식을 들었다.

9 孤憤 : 세상에 용납되지 못하여 분개함.

10 安重根 義士가 중국 하얼빈에서 伊藤博文을 저격한 것은 陽曆으로 1909년 10월 26일의 일이다.

10월 2일. 이른 아침에 홍산경찰서(鴻山警察署)의 왜경(倭警) 上妻孝八이 부여의 왜인 니시모리(西森)와 함께 찾아와서, "이(李) 아무개는 어디에 있는가?" 물었다. 나는 마침 무릎이 부어 침을 맞고 이불을 싸고 누워있다가, 벌떡 일어나 "그대들은 왜 나를 찾는가?" 물었다.

倭警 : 그대가 백이(伯夷)의 절개(節介)를 지키려면 마땅히 수양산(首陽山)에 들어가 고사리를 캐 먹다가 굶어 죽어야 하거늘, 무슨 까닭으로 대한의 땅에 살고 있으면서 호적에 가입하지 않는 것인가? 압록강으로부터 두만강까지는 모두 대한의 영토 경계이니, 이 경계 안에서는 살 수 없다. 곧바로 저 바닷가 무인도(無人島)에 들어가 사는 것이 옳을 것이다.

醒菴 : 내가 내 나라에 살면서, 내 옷을 입고, 내 음식을 먹으니, 하필 수양산으로 들어가야 하겠으며, 하필 고사리를 캐 먹어야 하는가?

倭警 : 성인(聖人)도 세상의 형편에 따른다고 했으니, 바라건대 그대도 다시 생각하라.

이렇게 말하고는 작은 책자(冊子)를 꺼내, 성씨(姓氏)와 본관(本貫)을 물어 기록하려고 했다. 내가 "호적에 편입시키려고 한다면, 의리상 따를 수 없다. 다시는 힐문(詰問)하지 말라." 고 말하자, 저들은 나를 굴복시킬 수 없다는 것을 알고 분한 마음으로 돌아가면서 내게 "다음에 다시 붙잡아다가 형률을 가할 것이다. 비록 제 한 몸을 아끼지 않는다 하더라도, 처자(妻子)를 불쌍히 여기지 않을 수 있겠는가?" 라고 말했다. 나는 "나는 나의 의리를 행할 뿐이니, 너희는 너희의 일을 하라." 고 말했다.

10월 9일. 부여읍 우체국 직원이 홍산경찰서장의 호출장(呼出狀)을 가지고 왔다. 호출장에는 "만약 오지 않는다면 나인장(拿引狀)을 발행할 것"이라는 말이 있었다.[11] 나는 서면(書面)으로 "병(病)이 나으면 내가 또 가서 만날 것"이라고 답변했다. 그런데 10여 일이 지나도록 다시 소식이 없었다.

10월 21일. 무릎의 부기가 조금 가라앉았다. 두 편의 봉서(封書)를 작성했다. 하나는 〈다시 일본국 정부에 보내는 글[再致日國政府書]〉이며, 다른 하나는 〈홍산경찰서장 왜인 가타오카 토리도노(片綱鳥殿)에게 보내는 편지〉였다. 이날 지팡이를 잡고 길을 떠나니, 두 서생(書生)이 따라왔다. 어렵게 논치(論峙)의 가게에 이르러 하룻밤을 머물고, 이튿날 아침 일찍 출발하여, 홍산경찰서에 도착하니, 날이 이미 정오가 되었다. 가타오카 토리도노(片綱鳥殿)와 다른 왜경 수십 명이 모여 앉아, 나를 그 가운데에 앉혀놓고, 선고(先考)의 휘일(諱日)과 향년(享年) 등을 물었다. 나는 일부러 "모른다"고 답했다.

倭警 : 그대는 '학자'라고 하면서 부모의 향년과 휘일을 모른다고 하니, 이는 불효(不孝)이다.

醒菴 : 나는 나라에 충성하지 못했으니, 어찌 부모께 효도할 수 있겠는가?

倭警 : 왜 '나라에 충성하지 못했다'고 하는가?

醒菴 : 내 나이 40이 넘었으니, 국가의 우로지택(雨露之澤)을 입은 것이

11 호출장(呼出狀)은 말 그대로 '호출하는 문서'이며, 나인장(拿引狀)은 호출에 응하지 않는 사람을 '체포하여 끌고 가겠다는 문서'임.

이미 깊다. 지금 종묘사직과 생령이 위기일발(危機一髮)의 상황인데도, 하나의 도적을 죽여 하나의 원수를 갚지도 못하고 속수무책 앉아서 하늘이나 바라보고 있으니, 불충(不忠)이 이보다 심할 수 있겠는가?

倭警 : 이 호적의 법은 바로 대한제국 황제의 칙명이거늘, 지금 그대가 '나라를 위한다' 고 말하면서 따르지 않으니, 정말로 의아한 일이다.

醒菴 : 우리 선왕(先王)의 호적법은 오랑캐의 법과 다르거늘, 지금 오랑캐의 법으로 나를 속이면서 '칙명(勅命)' 이라 하는 것이 옳은가? 차라리 죽을지언정, 어찌 차마 따르겠는가? 지난번에 보낸 편지와 지금 가져온 두 통의 편지는 그 뜻이 대개 '우리 종묘사직을 되찾고, 또 그대들이 무사히 귀국(歸國)할 수 있게 하려는 것' 이다. 그런데 그대들이 내 말을 따르지 않고, 도리어 호적 문제로 나를 힐문하는 것은 무슨 까닭인가? 호적에 가입하지 않는 의리는 이미 전후의 편지에서 충분히 밝혔으니, 다시 말하고 싶지 않다.

이렇게 말하고 묵묵히 앉아 있으니, 저들이 갖가지 방법으로 나를 회유하고 협박했다. 때마침 바람이 불고 눈이 펄펄 내려, 판자로 지은 집이 매우 추웠다. 어떤 사람은 털 담요를 깔아주고 어떤 사람은 난로를 피워주었는데, 다 물리치고 받지 않았다. 저들은 끝내 나를 굴복시킬 수 없다는 것을 알고, 법률 조문(條文)을 보여주며, 형구(刑具)를 설치하고, 다시 나를 회유하면서 말했다.

倭警 : 그대는 본래 명현(名賢)의 자손이요, 또 40년 동안 책을 읽은 선비이다. 이러한 광경은 생각건대 내가 이 세상에 태어난 뒤로 처음 겪는 일이다. 지금 만약 형벌을 받는다면, 이는 훌륭하신 조상께 누가 되는 일이요, 또한 그대의 명예가 크게 손상될 것이니, 어찌 그렇게 생각이 모자라는가? 바라건대 그대는 깊이 헤아려 보라.

醒菴 : 죽이려면 곧 죽일 것이지, 어찌 이렇게 힐난(詰難)하는가?

倭警 : 벌금을 내면 그대의 형벌을 면제할 수 있으니, 생각해보라.

醒菴 : 내가 비록 돈을 산처럼 쌓아두었다 하더라도, 벌금을 내고 형벌을 면하는 일은 하지 않을 것이다. 또한 나는 우리 임금님의 신민(臣民)이니, 어찌 너희 나라의 형벌을 받을 수 있겠는가?

(저들이 크게 화를 내면서 말했다)

倭警 : 내가 그대를 처음부터 끝까지 애호(愛護)했거늘, 그대는 순종하지 않고 여기까지 이르렀으니, 그대는 실로 스스로 죄를 지은 것이다.

이렇게 말하고는, 청사(廳舍)의 직원을 불러 매우 급히 나를 끌고 나가게 했다. 그리고 또 '나의 관(冠)과 옷을 벗기라' 고 하기에, 내가 꾸짖으며 말했다. "군자는 죽더라도 관을 벗지 않는 것이니, 나는 우리 선왕(先王)의 법복(法服)을 벗을 수 없다. 너희가 군도(軍刀)로 벤다면, 내 머리도 자를 수 있고 무릎도 자를 수 있거늘, 어찌 반드시 옷을 벗긴 다음에 죽이려 하는가?" 이렇게 꾸짖고는 입으로 시 한 수를 읊었다.

年過四十出門遲　나이 40이 지나 뒤늦게 문을 나섰으니

期以全歸跬步持　온전히 돌아가고자 반걸음씩 걸었네.[12]
宗社生靈今至此　종사(宗社)와 백성이 이 지경에 이르렀으니
糜身粉骨義何辭　이 몸이 가루가 된들 어찌 의(義)를 사양하랴.

저들은 끝내 내 옷을 억지로 벗기지 못하고, 나를 난타한 다음 밖으로 내쫓았다. 내가 부득이하여 읍저(邑邸)에서 쉬고 있자, 때마침 읍의 장날이어서, 시장에 가득한 사람들이 모두 눈을 휘둥그레 뜨고 쳐다보았다. 날이 이미 저녁에 가까워졌다. 두 서생(書生)이 말[馬]을 빌려 와서, 채찍을 가해 집으로 돌아오니, 밤이 이미 깊었고, 바람과 천둥, 번개가 크게 일었다.

11월 10일. 부여 순사가 또 호적을 조사한다고 찾아왔다. 나는 '사불응(死不應, 죽더라도 응하지 않겠다)' 세 글자로 꾸짖은 다음 돌려보냈다.

11월 23일. 공주에 주재하는 왜인이 문서로 부르기에, 나는 '착거(捉去, 잡아가라)' 두 글자로 답하여 보냈다. 뒤에 다시 소식이 없었다. 이때 또 '평양(平壤) 사람 이재명(李在明)이 칼로 이완용(李完用)을 찔렀다'는 소식을 들었다.

---

12 '全歸'는 신체를 손상함이 없이 온전한 몸으로 죽는 것. '跬步'는 몸을 다치지 않고 온전히 죽고자, 반걸음씩 조심스럽게 걷는 것. 『禮記』〈祭義〉에서는 "부모가 온전히 낳아 주었으므로, 자식도 온전하게 죽어야만 '孝'라 할 수 있다(父母全而生之 子全而歸之 可謂孝矣). 그 몸을 상하지 않게 하고 그 몸을 욕되지 않게 해야 '온전하다' 할 수 있다. 그러므로 군자는 半步를 걸을 때에도 감히 孝를 잊지 않는다."고 했다.

* 〈庚戌日記〉[13]

庚戌年(1910년)에 왜적(倭賊)의 괴수(魁首) 增彌가 가고, 데라우치 마사타케(寺內正毅)가 대신 왔다. 이해 가을, 데라우치 마사타케(寺內正毅)는 역신(逆臣) 이완용(李完用) · 송병준(宋秉畯) 등과 함께 합방조약(合邦條約)을 강제로 체결했다. '황제(皇帝)'의 칭호도 도로 빼앗고, 우리 정부를 혁파하여 우리 강토를 왜국에 부속시키고는 '양여(讓與)'라는 말로 속여서 나라 안에 포고하고, 길거리에 방문(榜文)을 붙였다. 또한 각 군(郡)에 주재하는 왜인 헌병(憲兵)이 둘씩 짝지어 나와서, 우리나라 백성들에게 '합방의 가부(可否)'를 물었다.

9월 4일. 6~7일 전에 본읍(本邑) 왜병(倭兵)이 상(喪)을 당한 사람 모양으로 옷을 바꿔 입고 찾아와서 "합방한 일을 들었는가?" 묻기에, 나는 "듣지 못했다."고 답했다. 왜병이 "면장(面長)이나 이장(里長)이 와서 말하지 않던가?"라고 묻기에, 내가 "나는 '나라의 원수를 갚지 못한 사람'이다. 이러한 부류의 이야기를 입으로 말하기도 싫고, 귀로 듣기도 싫어하는 까닭에, 오직 나에게만 와서 말해주지 않은 것이다."라고 답하자, 왜병이 다시 더 힐난하지 않고 돌아갔다.

그랬는데, 이날(9월 4일) 이른 아침, 왜병 서너 명이 와서 말하기를, "일본 대대장이 어제 본군(本郡)에 와서 그대의 고명(高名)을 듣고, 하고 싶은 말씀이 있기에, 우리들에게 그대를 데리고 오라고 했으니, 함께 갈 수 있겠는가?"라고 했다. 나는 "강약(强弱)이 이미 다르니, 그대들은 나

---

13 『醒菴集』 卷7 頁15~17.

를 잡아갈 수 있을 것이다. 만약 말로 부른다면, 비록 너희 군주가 부르더라도 의리상 갈 수 없다."고 답했다. 그러자 왜병은 급히 나를 끌어냈다. 나와 경운(畊芸, 柳秉蔚)이 함께 붙잡혀,[14] 그들의 분견소(分遣所)로 끌려갔다. 분견소에 들어가니, 내게 걸상을 주기에, 물리치고 앉지 않았다. 잠시 뒤에 왜병이 나를 끌고 어떤 한 곳으로 갔는데, 바로 객사(客舍)의 전패실(殿牌室)[15] 뜰이었다. 객사의 전패실은 이미 개 · 돼지들의 장소가 되어 있었다. 마침내 경운과 함께 뜰 아래에서 북향(北向)을 하고 통곡을 하니, 왜인들이 "왜 통곡을 하는가?" 물었다. 나는 "이곳은 우리 5백 년 종사(宗社)의 터인데, 지금 우리나라가 너희들의 손에 망했으니, 그리하여 통곡하는 것"이라고 답했다. 왜인들은 전패실에 연설상(演說床)을 설치하고, 우리나라 사람 수백 명을 모이게 한 다음, 내게 '올라와 앉으라'고 강제로 청했다. 내가 "이 전(殿)은 우리나라의 존엄한 장소이니, 의리상 감히 올라갈 수 없다. 그대들이 묻고 싶은 것이 있으면, 아래에서 함께 말하는 것이 옳을 것이다."라고 말하자, 여러 왜인들이 우리 두 사람을 전(殿)으로 끌고 올라가려고 했다. 내가 "그대들이 떠드는 소리를 듣고 싶지 않다"고 하자, 왜인 우두머리가 노하여 칼로 치려고 했다. 내가 목을 내밀어 그 칼을 받으려 하자, 왜인이 도리어 물러나면서 "완고한 유생(儒生)이 제 나라를 위해 통곡하는 것을 나 또한 잘못으로 여기지 않는다. 합방하게 된 것은, 조선이 빈약하여 스스로 다스릴 수 없어서 여러 차례 '양여(讓與)' 한 까닭에, 우리 일본이 부득이하게 받아

14 畊芸 柳秉蔚 先生은 醒菴의 妻男이었다.

15 殿牌室이란 '殿牌를 모셔둔 방'을 말한다. '殿牌'란 지방의 客舍에 '殿' 字를 새겨 세운 '나무 牌'로서, 國王을 상징한다. 公務로 그곳에 간 官員이나 고을 원님은 이 殿牌에 대해 拜禮하였다.

들인 것이다. 따라서 지금부터는 한결같이 일본의 정치를 준수하여 혹시라도 법률을 위반하지 말고, 합심하여 편안하게 지내기 바란다." 고 말했다. 그의 허다한 말은 대개 우리나라 사람들을 회유하고 협박하는 내용이었다. (이하 對話體로 번역)

醒菴 : 너희 나라가 우리나라를 삼키려고 한 마음은 이미 병자년(丙子年, 1876년)에 강화(講和)를 요구할 때부터 드러났다. 십수 년 만에 우리나라를 멸망하게 만들어, 오늘 너희의 계획을 성사시키기에 이른 것은 하늘과 사람이 함께 아는 바이다. 너희가 슬그머니 '양여(讓與)' 라는 말로 감히 우리 백성을 속이고, 우리 종사(宗社)를 멸망시키는가? 그 자제를 이끌고 그 부모를 공격함은, 인류가 생겨난 이래로 지금까지 성공한 사례가 없었다.

倭兵 : 조선이 만약 서양에게 망하면 일본도 따라서 망할 수 있는 실마리가 되니, 그러므로 시세(時勢)와 형편에 따라 이렇게 한 것이다.

醒菴 : 무릇 우리나라를 망하게 한 자들은 모두 나의 원수이니, 이른바 동양·서양을 어찌 가리겠는가? 너희가 인의(仁義)와 충신(忠信)을 버리고 다만 시세와 형편에 따른다면, 훗날 너희 나라를 우리 조선에 합방하여 서양에 항거하는 형편이 생기고, 이 연설석(演說席)을 너희 정부로 옮겨 놓는 일도 생길 수 있다는 것을 생각해본 적이 있는가?

倭兵 : 이 말은 내가 답변할 수 없겠다. 그대에게 그런 능력이 있으면, 스스로 맡아서 해 보아라.

醒菴 : 남의 나라를 멸망시키는 자는 남이 정벌하지 않아도 스스로 멸

망하게 되니, 어찌 내가 힘을 쓰는 것을 기다리겠는가? 그러나 오늘의 일은 내가 비록 만 번 죽는다 하더라도 지키는 바는 끝내 변할 수 없는 것이다.

왜인은 '백이(伯夷)와 숙제(叔齊)는 고사리를 캐 먹었다' 고 써서 보여주고, 우리를 쫓아냈다.

9월 5일. 왜병이 미복(微服)을 입고 찾아와서 말했다. (이하 對話體로 번역)

倭兵 : 충신(忠臣) · 열사(烈士)가 되는 것은 비록 좋은 일이나, 이미 이 세상에 살면서 세상과 더불어 추이(推移)하지 않고 여러 사람의 미움을 받는 것은 또한 매우 고생스럽지 않은가? 모름지기 마음을 바꾸어 대중(大衆)을 따르는 것이 옳을 것이다.

醒菴 : 그대는 그대 나라의 명령을 전하는 군졸(軍卒)이니, 어찌 족히 함께 말할 수 있겠는가? 그대는 내게 '마음을 고쳐먹으라' 고 권할 필요가 없다. 돌아가서 그대의 군수(君帥)에게 그 '하늘을 거역하고 만물을 해롭게 하는 마음' 을 고쳐먹도록 권하면, 그대도 그대 나라의 충신이 될 것이다.

倭兵 : 친구는 몇 사람이나 있는가?

醒菴 : 내게 약간의 친구가 있었는데, 혹은 을사년(乙巳年, 1905년)의 변고 때 순사(殉死)하고, 혹은 의병(義兵)을 일으켰다가 근래에 화(禍)를 당하여, 지금은 이 세상에 나 홀로 살고 있다.

왜병이 웃으며 돌아갔다.

9월 9일. 왜병이 찾아와서 말하기를, "모월(某月) 모일(某日)은 우리 일본 황제의 탄신일로서, 신민(臣民)들은 모두 깃발을 꽂고 경축하는 날이다. 지금 조선은 이미 일본에 합방되어, 조선 인민들도 또한 모두 깃발을 꽂고 만수무강을 축원하고 있으니, 그대 또한 기꺼이 그렇게 하겠는가?"라고 했다. 경운(畊芸)이 옆에 있다가 말하기를 "그대 나라의 경축일이 우리와 무슨 상관인가? 우리는 이씨(李氏) 나라의 백성이니, 이씨 나라의 옛 정사(政事)와 예법(禮法)을 지키면서 살아갈 뿐이다."라고 했다. 나도 "나 역시 유(柳) 아무개와 같은 생각이다."라고 했다. 왜병은 "그대들은 어느 나라 사람인지 모르는가 보다."라고 말하고, 돌아갔다. 그 뒤로 왜병들이 찾아와서 감시하는 것이 더욱 빈번해져서, '닷새에 한 번씩 오는 것'으로 준칙을 삼았다.

* 〈甲寅日記〉[16]

甲寅年(1914년) 9월 3일. 체포를 당해 부여읍(扶餘邑)으로 들어가자, 왜인 분대장(分隊長) 이케가미 가쓰토(池上勝騰)란 자가 말했다.

倭警 : 그대가 홀로 일본을 배척하는 뜻을 품고 있다고 들었기에, 그대를 타이르고자 지난번에 몇 차례 만나고자 했었는데, 모두 만나지 못했다. 엊그제 공주(公州)에 주재하는 내무부장(內務部長)이 이곳으로 순행(巡行)을 나왔다가, 또한 그대를 타이르기

16 『醒菴集』 卷7 頁18~34.

위해 사람을 보내 만나자고 청했는데, 그대는 한결같이 완고하게 거절했다. 민적(民籍)에 관한 일은 국가의 중대한 정사(政事)인데, 끝내 신고를 하지 않으니, 이는 도대체 무슨 일인가?

醒菴 : 나는 '불사이군(不事二君, 두 임금을 섬기지 않음)'과 '존화양이(尊華攘夷, 中華를 높이고 오랑캐를 물리침)' 두 가지 신조(信條)를 지키는 까닭에, 그러므로 너희의 정령(政令)과 너희의 방문(訪問)을 모두 일절 거절하는 것이다.

왜인은 칼을 가져다 앞에 두고, 붓을 잡고 종이를 편 다음 강제로 호적을 기입하고자 온갖 방법으로 위협했다. 내가 말했다.

醒菴 : 너희가 이미 우리나라를 빼앗았으니 그것으로 충분할 텐데, 또 필부(匹夫)가 의리(義理)를 지키고자 하는 뜻을 빼앗고자 하는가? 너희의 포학(暴虐)은 참으로 예전에 없던 일이다.

倭警 : 일본과 조선이 합병한 것이 5~6년이나 되었다. 이 나라의 비와 이슬, 흙과 곡식 등 모든 것이 일본 황제의 소유 아닌 것이 없다. 그대가 이미 일본을 배격한다면, 무슨 마음으로 일본의 비와 이슬을 맞고 일본의 땅에서 난 곡식을 먹는가?

醒菴 : 나는 '개화(開化)의 법은 조금도 압제(壓制)가 없는 것'이라고 들었다. 지금 그대의 나라는 '공법(公法)을 시행한다'고 말하는데, 사실은 그렇지 못하다. 몇 해 전, 이른바 '합병'을 할 때, 너희는 감히 군대를 이끌고 대궐에 들어가 우리 임금님을 위협하고서는, 오히려 '그 나라 군주(君主)가 양여(讓與)했다'고 말했다. 또 우리나라의 충성스럽지 못하고 의롭지 못한 신하들을

유혹하여 작위(爵位)와 돈[恩賜金]을 주고서는, 오히려 '그 나라의 대신(大臣)이 즐겁게 복종했다' 고 말했다. 또 우리나라의 소란스런 백성들을 유혹하여 일진회(一進會)를 만들게 하고는, 오히려 '국민들의 마음이 일본으로 돌아왔다' 고 했다. 이런 식의 농간으로 감히 여러 나라들에게 선전하면서 '조선을 점령했다' 고 하니, 그대의 나라는 참으로 이 세상 도적들의 괴수(魁首)이다.

倭警 : 이제 360주(州)의 백성이 순종하지 않는 사람이 없거늘, 그대는 홀로 무슨 악심(惡心)을 품고서 이처럼 행패를 부리며 거만하게 구는가?

醒菴 : 그대는 어찌 나의 '의로운 마음' 을 '악심' 이라 하고, '곧은 말' 을 '어긋난 말' 이라 하는가? 그대의 나라 사람들이 모두 그대와 소견을 같이 한다면, 그대의 나라에 사람이 없음을 알겠도다. 이처럼 어리석은데 감히 나에게 질문을 하는가?

倭警 : 그대는 문명시대(文明時代)를 알지 못하면서 도리어 나를 어리석다고 하는가?

그리고는 나의 성명(姓名)과 아내의 성(姓)을 쓴 다음, 강제로 날인하고자 했다. 내가 손을 휘저어 물리치고 따르지 않자, 저들은 법조문을 가져다 보여주며 말했다.

倭警 : 이 죄는 형률(刑律)이 매우 무거운데, 감당할 수 있겠는가?

醒菴 : 나는 바로 이씨(李氏) 나라의 신민(臣民)이니, 그대 나라의 법률과 무슨 관계가 있겠는가? 또한 그대의 나라에는 충성스럽고

의로운 사람을 처형하는 법률이 있는가?

이렇게 말하고, 법조문을 물리치고, 보지 않았다.

倭警 : 그대가 비록 담력(膽力)이 있어도, 내가 지금 형률을 시행하면 그대는 어찌하려는가?

醒菴 : 내가 그대에게 미치지 못하는 것은 힘이요, 천하에 넉넉한 것은 의(義)이다. 힘은 굴복시킬 수 있을지언정 의(義)는 빼앗을 수 없으니, 그대는 내 몸을 죽이는 것에 불과할 뿐이다.

倭警 : 그대가 순종하지 않으면, 강제를 써서라도 반드시 복종시키고 말 것이다.

이렇게 말하고, 마침내 유치실(留置室)에 가두었다. 경계(警戒)와 금지(禁止)가 매우 혹독하여, 패도(佩刀)와 속대(束帶)를 모두 빼앗아갔다. 대립(大笠)과 원메(圓袂)는 죽도록 저항해 빼앗기지 않았다. 이날 밤 시 한 수를 읊었다.

五六年前已歷玆　5~6년 전 이미 이런 일 겪었으니
餘生今又死爲期　남은 인생은 이제 죽음으로 기약하네.
寒風板屋孤燈夜　찬바람 판잣집 외로운 등불 아래 누워
臥誦淸陰雪窖詩　청음선생의 설교시(雪窖詩)[17]를 외우누나.

---

17 淸陰 金尙憲 先生이 淸에 인질로 잡혀가 瀋陽에서 억류 생활을 할 때 지은 詩文을 모은 책의 이름이 『雪窖集』이다. '雪窖詩를 외운다'는 것은 淸陰이 淸에 굴복하지 않고 저항한 節義를 떠올리며 日帝에 저항하는 節義를 가다듬은 것이다.

9월 6일. 왜인이 나를 문밖으로 끌어내고 말했다.

倭警 : 며칠 동안 어두운 방에서 살아보니, 얼마나 괴로웠는가? 이제는 마음을 고쳐먹고 생각을 바꾸겠는가?

醒菴 : 나의 '의리를 지키는 마음'을 고치라고 한다면, 이는 도리어 '불의(不義)의 마음'을 먹으라는 말인가? 신하가 각각 그 임금을 위하는 것은 천하고금의 공통된 의리이다. 가령 훗날 일본이 우리 조선에 합병되어 그대가 나의 지위에 있게 된다면, 그대는 그 임금을 위하는 마음을 고치겠는가, 고치지 않겠는가?

저들이 한참 있다가 말했다.

倭警 : 그대의 이러한 마음을 나도 또한 훌륭하게 여긴다. 그러나 그대는 이미 죽지 않고 살아 있으니, 지금 정령(政令)을 일신(一新)하는 초기에 결단코 이를 어길 수 없는 것이다. 다만 안으로는 임금을 위해 통박(痛迫)하는 마음을 품고 있더라도, 겉으로는 예전의 고집을 조금 바꾸어, 대략 보통 사람들과 같게 처신한다면, 또한 지금의 세상을 사는 데 편리하지 않겠는가? 나 또한 그대를 남들과 다르게 대우하여, 행할 만한 일로써 시키는 것이니, 깊이 생각하고 또 깊이 생각해보라.

醒菴 : 마음과 행실이 서로 다른 것은 성현(聖賢)께서 경계한 바이다. 나는 참된 마음으로 의리를 지키는 까닭에, 그 일을 하는 것이 부득불 이와 같은 것이다. 만약 그 마음은 있으나 그 행실이 없다면, 나는 차마 할 수 없노라. 다시는 많은 말을 하지 말고, 다

만 그대의 힘이 미치는 데까지 마음대로 하라.

倭警 : 그대는 이러한 결약(結約)으로 능히 그대의 나라를 회복할 수 있다고 보는가?

醒菴 : 과연 나의 마음과 나의 행실처럼 한다면, 어찌 한갓 우리의 나라를 회복할 뿐이겠는가? 실로 천하의 금수 같은 풍속(風俗)도 바꿀 수 있을 것이다. 다만 나처럼 하는 자가 드물기 때문에 너희 무리가 이처럼 횡행(橫行)하는 것이다.

倭警 : 그대가 만약 끝내 일본을 배격한다면, 설사 훗날 능욕(陵辱)을 당하고 절도(竊盜)를 당하는 환난이 생기더라도 군청(郡廳)이나 헌병(憲兵)이 모두 그대를 돌보지 않을 것이니, 어찌하려는가?

醒菴 : 걱정하지 말라. 나는 자치(自治)의 도(道)가 있어서 몸을 닦고 집안을 거느리니, 누가 감히 나를 모욕하겠는가? 충성스럽고 믿음직하며 두텁고 공경스러우면 비록 오랑캐 땅이라도 행할 수 있는 것인데, 하물며 내가 사는 고을이겠는가?[18] 또한 우리 강토(疆土) 전체를 큰 도적에게 빼앗기고 군부(君父)가 개 · 돼지에게 치욕을 당했으니, 이보다 더 심한 능욕과 절도가 있겠는가? 슬프다. 내 한 몸은 돌아볼 겨를이 없다.

이렇게 말하자, 왜인은 큰 소리로 "그대의 기습(氣習)이 나날이 더욱 심해지니, 다시 유치실로 들어가라." 고 말했다.

---

18 子張이 '행실' 에 대해 묻자, 孔子가 "말이 충성스럽고 믿음직하며 행실이 두텁고 공경스러우면 비록 오랑캐 땅에서도 행할 수 있지만, 말과 행실이 그렇지 못하면 자기 고을에서인들 행할 수 있겠는가?" 라고 말씀한 바 있다(『論語』 衛靈公 5 : 言忠信 行篤敬 雖蠻貊之邦 行矣 言不忠信 行不篤敬 雖州里 行乎哉).

9월 9일. '중양음(重陽吟)' 한 수를 읊었다.

九月九日臥獄中　9월 9일 중양절인데 옥중에 누워있으니
黃花不得摘籬東　동쪽 울타리의 국화꽃을 딸 수 없도다.
耳邊只聽啾啾過　귓가로는 왜인들 떠드는 소리만 들리니
俗慣島夷萬里風　섬나라 오랑캐 풍속이 만리풍(萬里風)이 되었네.

또 '영교목(咏喬木)' 한 수를 읊었다.

百年喬木望非輕　백년 된 큰 나무를 가벼이 보지 달라.
特立參天出世情　하늘로 우뚝 솟아 세상 물정 벗어났네.
豈獨繁華春夏節　어찌 봄 · 여름에만 번화하겠는가?
飽經霜雪可能生　수많은 풍상(風霜) 겪으며 살아남은 것이라오.

9월 11일. 또 나를 문밖으로 끌어내고, 말했다.

倭警 : 그동안 생각을 바꾸었는가?

醒菴 : 내 마음은 돌과 같아, 변하지 않는다.

倭警 : 민적(民籍)은 비록 그대가 성명(姓名)을 신고하지 않아도, 거주지가 판적(板籍)에 실려 있으니 어찌 능히 빠질 수 있겠는가?

醒菴 : 나라를 빼앗은 나머지 꾀를 여기서 또 써먹으려 하는가? 내가 하지 않는 일을 누가 감히 할 수 있겠는가?

倭警 : 그대가 만약 한결같이 완고하게 거절한다면, 즉시 사람이 살지 않는 절해고도(絶海孤島)에 가서 사는 것이 옳을 것이다.

醒菴 : 나는 이 땅의 주인이요, 그대는 손님이다. 손님이 주인을 쫓아

낸다는 것이 말이 되는가?

倭警 : 내가 좋은 말로 누차 설명을 해줘도 끝내 듣지 않는구려. 이제부터는 나도 할 일이 많아서 자주 접속할 수 없다. 마음을 고쳐먹을 때까지 비록 몇 해가 걸리더라도 유치실에서 보내시오.

醒菴 : 나는 망한 나라의 유민(遺民)이니, 어찌 안일(安逸)을 바라겠는가? 또한 죽을 때까지라도 여기에 있겠다.

9월 14일. 밤이 깊어 여러 왜인들과 보조원들이 모두 퇴근하고, 당직(當直) 헌병 두 명만 남았는데, 그 가운데 한 명은 오장(伍長) 仲徂였다. 仲徂는 주과(酒果)를 가지고 와서 옥문(獄門)을 열고 내게 권하면서, 위로의 말을 했다.

倭警 : 그대의 성대한 이름은 익히 들었다. 몰래 서로 사귀고 싶은데, 그대의 뜻은 어떤지 모르겠다. 또 피차 말을 알아들을 수 없고 정의(情意)도 통하지 않아서, 항상 속으로 한탄하였다. 지금 그대를 가두고 있는 것은 다만 장관(長官)의 명령에 따른 것일 뿐, 나의 개인적 감정으로는 크게 미안하게 여긴다. 비록 그러나 끝내 별일 없을 것이니, 근심하지 마시오.

醒菴 : 나는 '두 임금을 섬기지 않겠다'는 의리를 지켜서, 처음부터 일본의 정령을 따르지 않았기 때문에, 몇 해 전부터 지금까지 나를 이토록 심하게 학대하는 것이다. 나는 지금 의(義)로 스스로를 지킬 수 있다면 죽음도 회피하지 않거늘, 무슨 근심이 있겠는가?

倭警 : 사람들이 각자 자기의 군주를 위하는 것은 천하의 대의(大義)이다. 내가 그대를 존경하고 사모하는 것은 그대가 의(義)를 지키

기 때문이다. 내가 어찌 그대를 미워하겠으며, 어찌 그대를 싫어하겠는가? 다만 나는 관리가 되었으니, 옥에 갇힌 죄수와 사사롭게 말하는 것은 체례(體禮)를 잃는 것 같다. 그러나 그대는 의사(義士)로서, 남들과 크게 다르다. 또 나는 평소 그대에 대한 흠모를 그만둘 수 없었기에 감히 틈을 엿보아 말하는 것이니, 나를 이상하게 여기지 마시오.

이렇게 말하고는, 내게 술과 과일을 권했다. 나는 비록 굳이 사양하고 먹지 않았으나, 그의 절절한 성심(誠心)은 스스로 그치지 않는 점이 있었다. 어찌 떳떳한 양심(良心)은 중화(中華)와 오랑캐 사이에 차이가 없는 것 아니겠는가?

9월 15일. 공주에 주재하는 경무부장(警務部長) 왜인 호소이 요시미(細井愛親)란 자가 와서, 잠시 뒤에 나를 불러냈다. 그 사람은 당(堂) 가운데의 의자에 앉고, 이른바 분대장이 칼을 지팡이 삼아 계단 위에 서 있었으며, 병졸들은 모두 총을 잡고 계단 아래에 늘어서 있었다. 통역하는 사람은 본국 옛 판서(判書)의 후손 서광국(徐光國)으로서, 왜의 중좌관(中佐官)이 되어, 괴수의 옆에 서 있었다. 마침내 나를 앞으로 불러내 물었다.

倭警 : 그대가 이(李) 아무개인가?

醒菴 : 그렇다. 그대의 이름은 무엇인가?

그가 큰 소리로 말했다.

倭警 : 그대는 보잘것없는 백성으로서, 대관(大官)의 앞에서 이처럼 당

돌하고 공손치 못하구나. 형법(刑法)이 두렵지 않은가?

醒菴 : 의(義)로 말하면 그대는 나의 원수요, 존비(尊卑)로 말하면 나는 중화(中華)이고 그대는 오랑캐이다. '그대' 라고 부르는 것이 뭐가 공손치 못한가?

倭警 : 나이는 지금 얼마나 되었는가?

醒菴 : 48세이다.

倭警 : 노숙한 선비로다. 노숙한 선비로다. 듣자하니, 아들이 없다고 하던데, 매우 안타깝구나.

醒菴 : 명수(命數)인데, 어찌하겠는가?

倭警 : 그대가 호적 편입에 불응하는 것은 '불사이군(不事二君)의 의리' 라고 들었다. 이는 참 훌륭한 말이다. 그러나 백이(伯夷) · 숙제(叔齊)는 은(殷)나라가 망한 다음 수양산(首陽山)에서 굶어죽었는데, 그대는 어찌하여 합방한 날에 죽지 않고 지금까지 세상에 살아있는가?

醒菴 : 그날 죽지 않은 것으로 흠을 잡는다면, 그럴 수 있겠다. 그러나 그렇지 않은 점이 있으니, 사군자(士君子)가 절개(節介)를 세워 의리를 지키는 것이 어찌 다만 백이 · 숙제를 본받아 굶어 죽는 것만 있겠는가? 한(漢)나라 때 소중랑(蘇中郎)은 북쪽의 흉노(匈奴)에게 사신으로 갔다가, 끝내 위협에 굴복하지 않고 북해 바닷가에서 19년 동안 절개를 지키다가, 살아서 돌아왔다. 송(宋)나라의 김인산(金仁山)은 오랑캐 원(元)나라의 난리를 당하여, 금화산(金華山) 속에 숨어서 40년 동안 도의(道義)를 강마하고 의리를 지키면서 살다가 죽었다. 우리나라의 김청음(金淸陰) 선생은 청(淸)나라 오랑캐의 변란을 당했을 때 대명(大明)을 위해 척

화(斥和)를 주장하다가, 심양(瀋陽)으로 끌려가 6년 만에 살아서 돌아왔다. 그런데도 이를 논하는 사람들은 '죽지 않았다'는 이유로 '백이 · 숙제 보기에 부끄럽다'고 여기지 않았다. 나는 본래 벼슬하지 않은 선비로서, 일찍이 성현(聖賢)의 글을 읽고 명교(名敎)를 익혀서 존화양이(尊華攘夷)의 의리를 알게 되었다. 천하의 혼란을 당해서, 명예나 이익을 추구하지 않고 숨어 살면서 뜻을 지켰고, 우리나라가 망한 뒤로는 더욱 스스로 긴축하여 세상과 더불어 교제를 끊었다. 그러므로 민적에 가입하지 않고, 왜국의 깃발도 꽂지 않고, 온갖 부역(賦役)에도 응하지 않고, 옛날처럼 선비의 관(冠)과 옷을 입고 강학(講學)하면서 자정(自靖)하는 것이 어찌 다른 이유가 있겠는가? 김인산의 '자수(自守)의 도(道)'를 본받으려는 것뿐이다. 그런데 너희 무리의 포학(暴虐)이 오랑캐 원(元)나라보다 심하여, 몇 번이고 나를 잡아다가 몽둥이로 때리고 발로 차고, 부월(斧鉞)로 겁박하고, 옥에다 가두었다. 그런데도 내가 한결같이 굴복하지 않은 것은 소중랑과 김청음의 절의(節義)를 남몰래 흠모했기 때문이다. 이렇게 하다가 죽더라도 진실로 유감이 없을 것이요, 이렇게 하면서 살더라도 또한 부끄러움이 없을 것이다. 내가 지금 이 세상에 살아있는 것이 무슨 잘못이 있는가?

倭警 : 그대에게 죽고 싶은 마음이 있다면, 내가 총검(銃劍)을 빌려줄 테니, 죽을 수 있겠는가?

醒菴 : 그대의 이 말은 정말로 웃기지도 않는 말이다. 무릇 병기(兵器)는 나라의 중요한 물건이다. 그대는 그대의 임금으로부터 병기를 받아서, 침략을 막는 데 쓰지 않고, 사사롭게 남에게 빌려주

려고 하니, 이는 '장수(將帥)가 된 도리'를 모르는 것이다. 만약 과연 내게 병기를 빌려준다면, 내가 어찌 기꺼이 먼저 자살하겠는가? 당연히 먼저 너희 무리를 죽일 것이니, 이는 매우 어리석은 것이다. 그대가 그대의 칼로 속히 나를 죽이는 것이 후환이 없고, 좋을 것이다.

(저들은 얼굴이 벌게져서 말했다.)

倭警 : 내가 그대의 동정(動靜)과 기색(氣色)을 보니, 진실로 참말은 아닌 것 같다. 그러나 우리의 정치는 깨끗하고 공평하며, 법망(法網)도 촘촘하니, 어찌 능히 벗어날 수 있겠으며, 어찌 야박하다고 싫어할 수 있겠는가? 옛날에 백이·숙제처럼 칭송을 받으면서도 그 행실은 다른 사람이 있었으니, 이윤(伊尹)이 그 사람이다. 이윤은 "누구를 섬긴들 임금이 아니겠는가?"라고 했으니, 왜 이를 본받으면서 살지 않는가?

醒菴 : 하(夏)나라 걸(桀)은 천자(天子)이고, 성탕(成湯)은 제후(諸侯)로서, 이윤은 두 사람 모두에게 '군신(君臣)의 의리'가 있었다. 그런데 '선악(善惡)의 차이'가 있었으니, 그러므로 이처럼 말한 것이다. 세상에 임금을 잊고 원수를 섬겨서 행실이 개·돼지 같은 자가 감히 이윤의 이 말씀을 인용하여 구실로 삼는다면, 이는 성인(聖人)의 글을 잘못 읽은 것이요, 성인의 책임 의식을 오인한 것이다.

倭警 : 만약 일본 정부의 명령을 따르지 않을 것이라면, 어찌 북간도(北間道)로 옮겨가 살지 않는가?

醒菴 : 지금 세상은 모두 오랑캐의 땅이 되어서, 한 군데도 낙토(樂土)가 없다. 그러니 나의 고국(故國)을 버리고 어디로 가겠는가? 무

릇 사람과 짐승은 함께 살 수 없고, 얼음과 숯불도 서로 용납하기 어려우니, 돌아가 그대의 임금에게 '각각 자기 나라를 지키자' 는 뜻으로 보고함이 옳을 것이다. 대개 남의 나라를 빼앗는 자는 한갓 힘으로 굴복시키는 것이요, 그 나라 사람들이 마음으로 복종하는 것이 아니니, 결국엔 반드시 패망하게 된다.

倭警 : 그대의 소견이 끝내 이처럼 옹색하니, 다시 유치실로 들어가 분대장의 깨우침을 더 듣는 것이 좋겠다. 나는 잠시 이곳을 지나가는 까닭에 몇 마디 말로 깨우친 것이다.

醒菴 : 내가 지키는 뜻과 행하는 일은 죽더라도 변치 않는다.

그는 안색이 변하면서 "훌륭한 말이다! 훌륭한 말이다!" 라고 했다. 그 뒤로 다시 접견하지 않고, 다음 날 아침에 다른 곳으로 떠나갔다.

9월 21일. 저녁에 이른바 반장(班長)이라는 왜인이 옥문 앞으로 와서, 통역을 통해 "지금은 심사(心思)가 어떤가?" 물었다. 나는 "그대는 미쳤는가? 어찌 그렇게 자주 심사에 대해 묻는가? 나는 '죽어서 이 방을 나가겠다' 는 마음으로 기한을 삼았으니, 다시는 괴로운 질문을 하지 말라." 고 답했다.

9월 29일. 공주에서 검사(檢査) 왜인이 왔다고 들었다. 분대(分隊)는 청소를 하느라 매우 소란스러웠다. 반장 왜인이 보조원을 시켜 나를 점사(店舍) 밖으로 끌어내게 했는데, 사실은 별관(別館)에 가두기 위한 것이었다. 저들은 반드시 나를 무한히 괴롭혀서 항복을 받아낸 다음에야 그만둘 것인데, 지금 갑자기 나를 밖으로 옮겨서 너그러운 뜻을 보여주는 것은 또 무슨 까닭인가? 옥에 있을 때엔 비록 식구들이나 문생(門生)들이라도 만나지 못하게 하다가, 지금에 이르러서야 비로소 면회(面會)를 할 수 있게 되었으니, 저승에 갔던 사람이 다시 밝은 세상으로 나와 서로 만나는 것 같았다. 경운(畊芸)은 비록 오지 않았으나, 나의 춥고 배고픔을 염려하여 새 솜으로 만든 옷과 이불을 계속 보내주고, 또한 선종(善終)하도록 응원했다. 이희순(李羲純)은 수십 리 밖에 살면서도 풍설을 피하지 않고 자주 찾아와서 문안했다. 평소에 서로 사귀던 정의(情誼)가 환난을 만나 더욱 두터워졌으니, 이것이 어찌 쉬운 일이겠는가? 지난번 옥중에 있을 때 공주(公州) 경무부(警務部)로부터 본읍으로 이감(移監)된 사람이 있었는데, 그는 "죄수를 상부로 이감할 때엔 반드시 먼저 머리를 깎게 한다." 고 했다. 나는 속으로 "나 또한 상부로 이감되는 것을 면할 수 없을 것이니, 머리를 깎이는 화(禍)를 결단코 피할 수 없을 것이다.[19] 일찌감치 몸을 지킬 수 있는 물건을 준비해 두었다가, 때가 되면 스스로 결정하는 것이 더 나을 것이다." 라고 생각했다. 그리하여 분대에 고용되어 출입하는 사람들을 통해, 틈을 엿보아 제생(諸生)들에게 말하여, 작은 칼 하나를 가져다 달라고 요청했다. 그리고는 또 '제생들이 혹시 두려워 명(命)에 따르지 않을까' 염려되어, '손톱도 깎고, 종이를 자르는 데 쓰려고 한다' 는 핑계를 대고, 또 "옥중에서는 이러한 물건들을 사사로이 유통하는 것을 절대로 금지하니, 반드시 비밀리에 가져오라." 고 주의를 주었다. 제생들이 나가서 서로 비밀리에 논의하고는 "이는 반드시 선생께서 순절(殉節)하려는 계책이다. 그러나 대의(大義)가 걸린 일이니, 따르지 않을 수 없다." 고 하여, 칼 하나를 사서 막 비밀리에 반입하려는

19 醒菴은 당시 保髮을 하고 있었는데, 그 머리털을 깎이게 될까 염려한 것이다.

즈음이었다. 그런데 그때 마침 내가 별관으로 나오게 되니, 제생이 일의 기틀이 조금 느슨해진 것을 보고는 기뻐하면서, 내게 "선생께서 순절하시려는 뜻은 머리를 깎는 하나의 일에 관련된 것입니다. 지금 이후로는 결단코 공주로 이감되는 일이 없을 터이니, 머리 깎이는 일은 크게 걱정하지 않으셔도 됩니다. 그러니 어찌 반드시 용맹을 손상시켜야 하겠습니까?" 라고 했다. 그들의 주장이 매우 조리(條理)가 있어서, 능히 의리를 재단하여 선택하였으니, 매우 기특하고 사랑스러운 일이었다.

9월 그믐. 검사(檢査) 왜인이 돌아갔다. 보조원이 반장의 명령으로 나를 불러서, 분대실로 따라가니, 반장 왜인이 말했다.

倭警 : 그대는 끝내 평소 지키던 뜻을 바꾸지 않을 것인가? 다시 생각해 보아야 할 것이다.

醒菴 : '목숨을 버리고 의리를 취함[捨生取義]' 은 성인(聖人)의 밝은 가르침이다. 내가 어찌 차마 구차하게 삶을 꾀하겠는가?

倭警 : 나는 본국에 있을 때 이미 귀국(貴國)의 정치가 법도가 없음을 들었다. 지금은 열강(列强)의 시대인데, 자강(自强)의 도리에 힘쓰지 않고, 아침에는 일본에 붙었다가 저녁에는 러시아에 붙어서, 뒤바꿈이 무상(無常)하니, 만약 이쪽에 합병되지 않았다면 반드시 저쪽에 몰입되었을 것이다. 이것으로 본다면, 조선이 멸망한 것은 진실로 스스로 초래한 것이다. 그대는 어찌 이처럼 심하게 우리 일본을 원망하는가?

醒菴 : 나라의 흥망은 옛날부터 있던 일이다. 그러므로 선성(先聖) 기자(箕子)께서도 '상(商)나라가 망하여도, 나는 다른 나라의 신복

(臣僕)이 되지 않겠다' 는 말씀을 남겼고,[20] 칠실(漆室)의 처녀 또한 기둥에 기대어 울지 않을 수 없었으니,[21] 이는 인정(人情)과 천리(天理)의 당연한 바이다. 어찌 어질고 의로운 선비가 자기 나라 망하는 것을 보기를 월(越)나라 사람이 진(秦)나라의 수척함을 보듯이 할 수 있겠는가? 하물며 우리 임금님은 인자(仁慈)하시어 요・순(堯舜)의 자질이 없지 않으셨건만, 간신(奸臣)들이 나랏일을 그르쳐 드디어 멸망하게 되었고, 이웃 나라 또한 고약하여 몰래 흉계를 꾸몄다. 고금 천하에 어찌 이런 일이 있겠는가?

倭警 : 내가 조선에 온 지가 이미 5~6년이나 되어, 조선 사람들의 감정을 두루 살펴보았다. 지난해에 의거(義擧)를 일으켰던 여러 조선 사람들을 체포하여 심문할 때, 굳센 자는 (일본을) 꾸짖고 욕하는 것이 끝이 없었고, 허약한 자는 두려움에 떨어 횡설수설 제대로 말을 못 하였다. 그런데 지금 그대는 말이 바르고 이치가 순조로워 물정(物情)을 골고루 다 발휘하되, 악성(惡聲)을 지르지도 않고 또한 놀라 날뛰지도 않았다. 오랫동안 유치실에 있으면서도 날마다 의관(衣冠)을 정제하고 공손하고 단정하며 엄숙하게 침묵을 지키면서, 일찍이 게으르고 거만한 용모를 보여주지 않았다. 이렇게 하여 한 달을 하루처럼 보냈으니, 이것이 어찌 보통 사람들이 할 수 있는 일이겠는가? 나의 사사로운

---

20 『書經』〈微子〉에 보임.

21 春秋時代 魯나라 漆室邑의 과년한 처녀가 자신이 시집가지 못하는 것은 걱정하지 않고 나라의 임금이 늙고 태자가 어린 것을 걱정하여 기둥에 기대어 울자, 이웃집 부인이 "이는 魯나라 大夫가 근심할 일이지, 그대가 무슨 상관인가?" 라고 비웃었다고 한다. 『列女傳』에 보임.

감정으로는 흠모와 감탄을 그칠 수 없으나, 이 일은 상관(上官)과 관련된 것이어서 내 마음대로 판결할 수가 없다. 지금 분대장이 다른 곳에 갔다가 돌아오지 않았으니, 다시 경관으로 가 있기 바란다.

이렇게 말하고 나서 곧 분대장 왜인이 들어왔다. 잠시 뒤에 나를 다시 끌어다 유치실에 가두었다.

10월 1일. 오후에 시작된 심문이 초경(初更, 오후 7시~9시 사이)까지 계속되었다. 이때 반장 왜인이 붓을 들고 기록하였다. 분대장 왜인이 말했다.

倭警 : 그대는 끝내 호적에 편입하지 않을 것인가?

醒菴 : 나를 죽이는 것은 쉬운 일이지만, 호적에 편입시키는 것은 어려울 것이다. 더는 많은 말을 하지 말라.

倭警 : 만약 내 말에 순순히 따른다면 당연히 즉시 아무 일 없이 풀어줄 것이나, 그렇지 않다면 곤란이 막심할 것이다. 마음속에는 설령 의거(義擧)를 일으키고 싶은 뜻이 있더라도 겉으로는 짐짓 군헌(郡憲)의 명령에 따른다면, 이 세상에 살아있을 수 있다. 이는 나의 깊은 마음속에서 나온 말이니, 범범하게 듣지 말라.

醒菴 : 그대는 내게 불충(不忠)할 것을 유혹하니, 그대도 반드시 불충한 마음을 품고 있을 것이다. 나는 다른 재주나 방략이 없어서, 원수들이 내 나라 강토를 짓밟는 것을 차마 보고 있었거니와, 가슴이 찢어질 듯 마음이 아파, 차라리 확 죽어버릴까 하는 생

각을 품은 지 오래되었다. 그러니 어찌 한 때의 곤란을 두려워하겠는가?

倭警 : 그대가 많은 청년을 교육했다고 들었다. 교육한 것은 무슨 책이며, 실천한 것은 무슨 행실인가?

醒菴 : 성현(聖賢)의 책을 가르쳤고, 도의(道義)의 일을 실천했다.

倭警 : 제자들도 모두 선생과 뜻을 같이할 수 있는가?

醒菴 : 뜻은 같이하지만, 행실은 간혹 미치지 못하는 것이다.

倭警 : 일본과 조선이 합병한 것은 조선의 황제가 선심(善心)으로 양여(讓與)한 것이다. 지금 그대는 '임금을 위한다' 고 말하면서, 어찌 '임금의 선심' 을 따르지 않는가?

醒菴 : 가령 그대 나라의 임금이 대대로 지켜오던 강토를 들어서 까닭없이 남에게 준다면, 그대 나라의 신민(臣民)들은 모두 이를 '참으로 임금의 선심에서 나온 것' 이라고 여겨, 성심으로 즐겁게 따르겠는가? 무릇 사람의 마음은 지극히 신령하여, 겉으로 사람을 속이는 것은 비록 쉬우나 속마음은 끝내 스스로 속이기 어려운 것이다. 지금 그대들이 내게 합병의 일을 말할 때 비록 '양여(讓與)' 라고 말했지만, 이는 겉으로 남을 속이는 말이다. 그대도 마음속으로는 반드시 '내가 비록 입으로는 양여라고 말했지만, 사실은 강제로 협박한 일' 이라고 여길 것이니, 이는 속마음은 스스로 속일 수 없기 때문이다. 만약 이러한 지각이 없다면, 이는 반드시 어리석고 미친 사람이니, 어찌 사람을 대하면서 대화할 수 있겠는가?

倭警 : 그대의 이 말은 어찌 그리 심한가?

醒菴 : 이는 결코 심한 말이 아니다. 바로 이치와 형세의 자연스러운

말이다.

倭警 : 지금 그대가 조선의 왕을 만날 수 있다면, 장차 무슨 일을 꾸밀 것인가? '장차 일본을 정벌하라' 고 요청할 것인가?

醒菴 : 우리나라 임금님이 원수들에게 갇히고 모욕을 당하였는데도, 나는 막연하게도 성상(聖上)의 안부를 듣지 못하였으니, 어찌 폐하를 뵐 수 있겠는가? 가령 폐하를 뵙게 된다하여도, 나라와 백성을 잃은 지 오래되었으니, 무슨 힘으로 그대의 나라를 정벌하겠는가? 지금의 사세(事勢)는 조선의 신민(臣民)이 진실로 지혜와 모략이 있다면, 죽음을 무릅쓴 의사(義士)들을 모집하여 비록 먼저 거행하고 뒤에 보고하여도 될 것인바, 다만 이러한 역량(力量)이 없는 것이 한스러울 뿐이다.

倭警 : 지금도 조선의 회복을 바란다니, 그대의 소견은 우물 안 개구리에 불과하다. 이미 패망하여 남은 것이 없는 나라에 무슨 희망이 있다고, 죽음을 무릅쓰고 절개를 지킨다는 것인가?

醒菴 : 국가의 전성기(全盛期)에도 오히려 감히 길러준 은혜를 잊지 못하였는데, 오늘에 이르러서는 더욱이 어떻게 차마 은혜를 등질 수 있겠는가?

倭警 : 그대는 일찍이 큰 관직을 담당했었다고 들었는데, 과연 그랬는가?

醒菴 : 잘못 들은 것이다. 나는 비록 관작(官爵)이 없었으나, 국가와 함께 휴척(休戚)을 같이하려는 의리는 사실 녹을 먹었던 관리들과 다름이 없다.[22]

---

22 休戚 : 평안함과 근심. '국가와 함께 休戚을 같이 한다' 는 것은 '국가와 더불어 興廢存亡의 운명을 같이 한다' 는 뜻.

倭警 : 나는 그대의 곤란을 가엽게 여겨 누차 설명한 것인데, 끝내 내 말을 듣고자 하는 의사가 없으니, 다시 유치실로 들어가시오.

밤에 시 한 수를 읊었다.

犬羊叢裏已三旬　개 · 돼지의 소굴로 들어온 지 이미 30일
家事渾忘只有身　집안일 모두 잊고 겨우 내 한 몸 살아있구나.
劍戟飜空霜雪下　서리 눈발 아래 칼과 창이 번득이나
胸襟不減一團春　가슴 속 한 덩어리 봄 생각 줄어들지 않는다오.

10월 2일. 이른 아침, 분대장 왜인이 다른 곳에 가고, 오장(伍長) 왜인 다케다(竹田)라는 자가 옥문을 열고 나를 끌어내 당직실로 데리고 가서는, 작은 책자를 들고 다시 나의 성(姓)과 나이 등을 물었다. 내가 질책을 하고 답변을 하지 않으니, 그는 "이는 호적에 편입하려고 하는 것이 아니요, 훗날 서로 방문했을 때 증거로 삼기 위한 것이다."라고 말하고, 더는 힐난하지 않고 물러갔다. 그 뒤에 들으니, 이날 다케다(竹田)가 보조원을 이끌고 우리 집으로 와서, 갑자기 안뜰로 들어와 아내에게 호적을 묻고자 했다. 아내가 방으로 들어가 문을 잠그고 '모른다' 고 거절하니, 다케다(竹田)가 어찌할 수 없어서 그냥 돌아갔다고 했다.

10월 12일. 이른 아침, 반장 왜인이 옥문을 열고 내게 말하기를 "날씨가 매우 추우니, 나와서 난로 옆에서 불을 쬐라" 하고, 필담(筆談)으로 "日本人은 異國의 民에 無하야 現今日本과 朝鮮과 合併爲하야 同一人이오니 貴公은 旣往의 意志를 排去하고 更更新附의 良民이 되시오"라고 적

어 보여주었다. 나 또한 필담으로 "나라가 망한 백성이 만고강상(萬古綱常)의 의리를 지켜서, 죽을지라도 변하지 않을 것이니, 오직 바라건대 빨리 나를 죽이시오."라고 적어 보여주었다. 그는 이를 보고 깜짝 놀라서 아무 말 없이 서 있다가, 다시 보조원에게 나를 다시 점사(店舍)로 들여보내도록 하고서는, "오늘은 매우 추우니, 판잣집에서 오래 있도록 하는 것이 매우 미안하다. 청컨대 사관(舍舘)에서 잠시 쉬시오."라고 했다. 이때 공주도장관(公州道長官)이라는 자가 본군 군청에 도착했다고 했다. 대개 공주로부터 그런 대관(大官)이 오면, 반드시 나를 관(舘)으로 불러내니, 매우 괴상한 일이었다. 생각건대 그 상관이 이미 석방하라고 명령했는데, 분대장이 사사로이 나를 붙잡아두고 있었던 것인지, 알 수 없는 일이다. 집안의 종형(從兄)과 조카들 그리고 제생들이 함께 와서, 예전처럼 면회했다.

10월 15일. 도장관(道長官)이라는 자가 돌아가자, 다시 나를 불러 유치실로 들어가게 했다.

10월 20일. 분대장 왜인이 옥문을 열고 나를 불러, 물었다.

倭警 : 날씨가 이처럼 추우니, 고생이 매우 심할 것이다. 어찌하여 반장의 설득을 듣고 집에 돌아가 편안히 쉬지 않는가? 처자(妻子)들과 서로 보지 못한 것이 이미 몇 달이 되었으니, 후회하는 생각이 들지 않는가?

醒菴 : 비록 집을 생각하는 마음이 간절하나, 대의(大義)가 있는 곳에서는 사사로운 정을 돌아볼 겨를이 없는 법이다.

倭警 : 비록 악형(惡刑)이나 징역(懲役)을 당하더라도 뜻을 바꾸지 않을 수 있는가?

醒菴 : 죽음이 있을 뿐이니, 다시 무슨 두려움이 있겠는가?

倭警 : 나는 그대를 위하여 솜옷을 반입할 수 있도록 허락하고, 관(冠)과 도포를 벗기지 않았으며, 또 강제로 삭발(削髮)을 시키지 않았으니, 능히 나의 관대한 뜻을 알겠는가?

醒菴 : 너그럽게 대해주는 것이 빨리 죽이는 것만 못하다.

倭警 : 참으로 깨우치기 어려운 사람이구나, 어찌할 방법이 없도다.

이렇게 말하고서는, 나를 다시 판잣집 방으로 들여보냈다.

10월 23일. 밤, 같은 방에 머물던 수인(囚人) 장(張) 아무개와 함께 누워 있는데, 갑자기 문밖에서 시끄러운 소리가 들리고, 헌병 6~7명이 함께 술에 취한 왜인 한 명을 잡아다 옥중에 밀어 넣었다. 이 왜인은 매우 완력이 세고 미친 듯이 술주정을 하여, 옥문을 발로 차고 갑자기 튀어 나가려고 하다가, 여러 왜인들에게 제압당했다. 그러자 장씨를 구타하여 피가 흥건하게 흐르고, 또 방 안에 오줌을 누어, 여러모로 매우 위급한 상황이었다. 내게도 덤벼들까 두려워, 나는 몰래 뒷간으로 들어가 판자로 된 문을 잠그고 서 있었다. 그러자 술 취한 왜인이 판자 문을 발로 차 부수고, 연달아 목침(木枕)을 4~5차례 던졌으나, 모두 문틀에 맞아 내 몸에까지 날아오지는 않았으니, 꼭 신인(神人)이 나를 보호해준 것 같았다. 참 기이하고도 다행스런 일이었다. 그런데 또 장씨를 찾아내 상투를 잡아당기고 목덜미를 발로 차서, 장씨는 거의 죽었다가 살아났다. 보조원들이 이에 몽둥이를 들고 들어와 술 취한 왜인을 난타하고 그의 손발을 묶으니, 비로소 사나운 행패가 그쳤다. 내 옷에도 핏자국이 여기저기 물들어 있었다. 반장 왜인이 나를 별관으로 가서 머물게 했다. 며칠 뒤에 들으니, 공주의 검사관(檢查官)과 경무관(警務官)이 잇달아 다녀갔다고 했다. 나로 하여금 별관에서 머물게 한 것은 혹시 이 때문인 듯도 하다.

10월 25일. 우리 형수(兄嫂)의 대상(大祥) 날이다. 몸이 지척(咫尺)에 있는데도 제사에 참여할 수 없으니, 슬픔을 이길 수 없도다. 식구들과 제생들이 날마다 찾아와서 면회하고, 삼종제(三從弟) 인영(仁榮)이 덕산(德山)으로부터 찾아와서 만났다. 점사(店舍)의 주인이 그 아버지를 잃고 거상(居喪)하는데, 퉁소 불기를 좋아했다. 내가 '자식으로서 애통하고 박절한 정이 이럴 수는 없는 것' 이라고 깨우치자, 점사의 주인이 부끄러워하면서 그쳤다. 또 그가 성나서 어미에게 욕하는 것을 보고, 고인(古人)이 어버이를 섬긴 도리를 말해주면서 잘 타이르니, 그 모자(母子)가 크게 감복하였다. 또 점사의 벽에 여러 나라 군주의 화상(畫像)을 걸어놓았는데, 우리 임금의 어진(御眞) 또한 걸려있었다. 점사의 주인을 불러 "우리나라의 법은 어진(御眞)을 감히 사가(私家)에서 봉안할 수 없다. 또 영상(影像)을 봉안한 장소는 상하를 막론하고 지나가는 사람들은 모두 경의(敬意)를 표해야 하며, 그렇지 않을 경우 불경죄(不敬罪)로 다스리는 것이다. 근래에 오랑캐들이 중화(中華)를 어지럽혀 기강이 해이해졌으나, 진실로 사람 된 마음이 있는 자라면 어찌 임금을 존경하고 윗사람을 친하게 여기는 의리가 없겠는가? 즉시 이 어진을 보이지 않는 곳에 잘 모셔두어, 오가는 무식한 사람들이 손가락질하며 더럽혀서, 그대 스스로 불경죄의 처벌을 당하지 않도록 하시오."라고 타일렀다. 점사의 주인은 '그런 줄 몰랐다' 고 사죄하고, 옆에서 보던 사람들도 모두 두려워했다.

11월 2일. 식사한 뒤, 보조원이 나를 불러, 분대실로 들어갔다. 반장 왜인이 "오랫동안 별관에서 있었으니, 별도로 새로운 생각이 들던가?" 라고 묻기에, 나는 큰 소리로 "나는 비록 못난 사람이나 결단코 임금을 잊고 원수를 섬기는 사람은 아니다."라고 답했다. 그가 이 말을 분대장에게 보고하니, 분대장 왜인이 다시 나를 판자 방에 유치하도록 하였다. 오장(伍長) 왜인 仲徂가 홀로 사무실에 앉아 있다가, 내게 "나는 그동안 규암(窺巖)으로 옮겨갔다가, 당직일이어서 들어온 것"이라 말하고, 내게 매우 간곡하게 술을 권했다. 내가 굳이 사양하고 마시지 않자, 그가 말했다.

倭警 : 그대처럼 어진 사람도 이처럼 곤란을 당하니, 내 마음이 늘 안타깝다. 그대가 민적(民籍)에 가입하지 않은 것이 이미 5~6년이나 되었다. 이제 와서 죽을 때까지 변치 않는 것은 진실로 남아(男兒)다운 일로서, 내가 감히 잘못이라고 여길 수 없다. 그러나 속마음은 바꾸지 않고 겉으로는 짐짓 복종하여 곤란을 면하는 것이 또한 마땅하지 않겠는가?

醒菴 : 옛날부터 군자의 처사(處事)는 겉과 속을 다르게 할 수 없는 것이다.

倭警 : 우리 상하의 관료들이 모두 그대를 존모(尊慕)할 줄 안다. 다만 상부의 정령에 따르지 않기 때문에 지금까지 유치하고 있는 것이다.

醒菴 : 나 또한 죽어서 돌아가는 것으로 기한을 삼고 있다.

倭警 : 명년(明年)에 내 관직 생활의 임기가 차서, 일본으로 돌아갈 것이다. 그대가 내게 시 한 수를 지어준다면 어떻겠는가? 꼭꼭 숨겨두어, 다른 사람들의 눈에 뜨이지 않게 하겠다.

그가 더욱 강하게 요청했는데도, 나는 끝내 허락하지 않았다. 이 날, 유기수(柳基燧) · 유인수(柳寅壽) · 유인택(柳寅澤) 등이 군저(郡邸)로 들어왔다가 우연히 仲徂와 보조원 2명을 만났는데, 이들은 읍에서 집까지 따라오면서 "분대에 애걸하면 반드시 풀려날 수 있을 것"이라 말하며, 그렇게 하도록 권하였다. 제생들이 "선생의 뜻은 구차하게 면하는 것을 원치 않을 것이니, 우리가 감히 요행을 도모할 수는 없다."고 말하자, 저들은 쓸쓸하게 돌아가면서 "청컨대 남들에게 '관리들이 이처럼 달했다' 고 말하지 마시오."라고 요청했다.

11월 5일. 바람이 불고 눈이 내려 몹시 추웠다. 나는 손을 모으고 반듯하게 앉아있었는데, 반장 왜인이 옥문에 와서 보조원으로 하여금 털로 만든 요로 내 등을 감싸주도록 하였다. 그는 이미 나를 가두어 괴롭히고, 또 이처럼 나를 감싸서 보호하니, 그의 마음 씀을 진실로 헤아리기 어렵도다. 한 옥수(獄囚)가 옥에 잡혀온 지 보름이 되었다. 하루는 그의 병든 아내와 허약한 자식이 옥문 밖에 와서 울자, 아비와 자식, 남편과 아내가 서로 바라보며 통곡하게 되었는데, 보조원들이 모질게 금하며 쫓아냈다. 내가 "슬프다. 저 어린아이가 아비를 부르며 통곡하는 것은 천륜(天倫)의 지극한 정이 발한 것이다. 천하에 누구인들 아비와 자식이 없겠는가?"라고 탄식하자, 왜인들이 내 말을 듣고 다시 그 아내와 자식을 불러다가 서로 얼굴을 볼 수 있게 하였다. 그 뒤로는 옥에 갇힌 사람들의 처자가 찾아오는 것을 모두 심하게 금지하지 않았다.

나는 옥에 오랫동안 갇혀있으면서, 여러 부류의 옥수들을 두루 겪었다. 그 가운데, 살인(殺人)이나 강도(强盜)의 죄를 범한 자들과는 절대로 함께 말하지 않았고, 잡기(雜技)나 가벼운 죄를 범해 잡혀 온 자들에 대해서는 간곡하게 훈계했다. 그랬더니, 처음 옥에 들어왔을 때 왜에 빌붙던 자들이 모두 비웃다가 점차 겸손하게 사양하는 말을 하고, 왜인들은 양반이라 부르고, 보조원들은 선생이라 부르고, 간혹 나를 위해 일을 도모하는 자들은 위율(衛律)이 소중랑(蘇中郎)을 설득하듯이 했으니,[23] 가소로운 일이었다. 보조원 박창순(朴昌淳)이 당직하던 날 밤에 〈춘향전(春香傳)〉이라는 소설을 보았다. 춘향은 남원(南原)의 창기(娼妓)인데, 남원의 원님이 춘향이 어여쁘다는 소문을 듣고 강제로 수청(守廳)을 들게 하자, 춘향이 의리를 지키며 명령에 따르지 않으니, 원님이 크게 노하여 춘향을 옥에 가두었다. 박창순은 이 대목을 읽다가 갑자기 그치고는, 내게 "선생이 지금 겪는 일이 춘향이 예전에 겪었던 정경(情景)과 같다" 고 말했다. 내가 "창기(娼妓)에 관한 판소리를 어찌 족히 믿을 수 있겠으며, 또 그 가련한 모습을 어찌 감히 대장부(大丈夫)의 일과 견주어 논할 수 있겠는가?" 라고 말했더니, 박창순은 "이를 말한 것이 아닙니다. 춘향이 두 남편을 바꾸지 않은 것이 선생께서 두 임금을 섬기지 않는 것과 비슷하

---

23 衛律은 漢나라 사람으로, 흉노에 使臣으로 갔다가 항복한 자이다. 그 뒤에 다시 中郎將 蘇武가 흉노에 사신으로 가자, 흉노는 衛律을 시켜 蘇中郎이 항복하도록 설득하였다. 『漢書』 〈蘇武傳〉에, "선우(單于)가 衛律을 시켜 蘇武를 불러 항복을 받게 하자, 衛律은 蘇武에게 말하기를, '내가 지난날 漢을 저버리고 匈奴에 歸順하여 다행히 큰 은혜를 입어서, 王이란 칭호를 얻고 馬畜이 산에 가득하다. 나는 이와 같은 부귀를 누리고 있으니, 그대도 오늘 항복한다면 내일 그렇게 될 것이다.' 하니, 蘇武는 衛律을 크게 꾸짖었다."는 내용이 보인다. 蘇中郎은 흉노에게 19년 동안 억류되어 있다가, 漢나라로 돌아왔다.

니, 그 의리가 그윽이 견줄 만합니다."라고 하는바, 그 말이 참으로 가소로웠다.

11월 7일. 동지(冬至)여서 집으로부터 팥죽 한 그릇을 보내왔는데, 보조원들이 숟가락으로 여러 번 휘저어본 다음에 옥 안으로 넣어주었다. 또 함께 보내준 대추 한 봉지가 있었는데, 휴지로 봉지를 만든 까닭에, 꺼내 본 다음에야 들여보냈다. 아마 집안사람들과 문자(文字)를 왕래할까 의심스러워 그런 모양인데, 심한 일이었다. 시 한 수를 지어 읊었다.

冬至一陽自底登　동짓날 하나의 양기(陽氣)가 밑바닥부터 올라오니
獄中不必閉關曾　옥중에서는 관문(關門)을 닫을 필요가 없구나.[24]
嘗來豆粥家人送　팥죽 한 그릇을 집안사람이 보내오니
却憶蕪蔞漢復興　무루정(蕪蔞亭)에서 팥죽 먹고 한(漢)나라 부흥시킨 일 떠올리네.[25]

11월 8일. 분대장 왜인이 옥문을 열고 나를 불러내, 좋은 말로 위로하였다.

---

24 『周易』 復卦 象辭에서는 "동짓날에는 關門을 닫고, 장사꾼들이 다니지 못하게 하며, 임금도 사방을 살피러 돌아다니지 않는다."고 했는데, 이는 동짓날 싹튼 陽氣를 잘 보전하여 잘 자라나도록 하기 위함이라 한다. 그런데 옥중에서는 모두 이미 갇혀있으니, 관문을 닫을 필요가 없는 것이다.

25 後漢의 光武帝가 王莽을 물리치고 漢室을 부흥시키려고 분투할 때, 賊兵에게 쫓기어 도망하다가 蕪蔞亭에 이르러 배가 고팠는데, 장군 馮異가 팥죽 한 그릇을 얻어다 바쳐서, 이를 먹고 기운을 차렸다고 한다.

倭警 : 날씨가 매우 추운데, 혹시 복통(腹痛)은 없는가?

醒菴 : 아픈 데는 없다.

倭警 : 만약 반장의 설득을 따른다면, 지금 당장 석방하겠다.

醒菴 : 석방은 바라지 않고, 오직 일찍 죽기를 바란다.

倭警 : 나는 그대를 어찌할 수가 없겠다.

이렇게 말하고는, 나를 다시 그 방에 가두었다.

11월 10일. 반장 왜인이 와서, "날씨가 이처럼 추운데, 옥중에서 얼마나 곤란이 많은가?" 라고 묻기에, 나는 "태평하다." 고 답했다. 그는 내 옷에 핏자국이 있는 것을 보고는 "이는 지난번에 술에 취한 미치광이가 더럽힌 것인가? 보기에도 매우 미안하다." 고 말하면서, 물었다.

倭警 : 그대는 본래 두려워하는 것이 없으면서도, 지난번에 뒷간으로 피해 들어간 것은 무슨 까닭인가?

醒菴 : 적(敵)을 만나 굴복하지 않고 죽는 것은 의(義)요, 뜻밖에 미친놈에게 해를 입는 것은 헛된 죽음이다. 헛된 죽음은 어찌 두렵지 않겠는가?

倭警 : 그대는 매일 말없이 단정하게 앉아 있는데, 무슨 생각을 하는가?

醒菴 : 우리 종묘사직(宗廟社稷)을 회복하는 생각과 나의 절의(節義)를 지키는 생각을 한다.

그는 더 이상 말하지 않았다.

11월 13일. 저녁 어두울 무렵, 제생이 분대가 고용한 사람 강기수(姜基壽)를 통해 저고리와 버선을 들여보내, 이날 밤은 이것을 입고 따뜻하게 잤다. 옥에 들어온 뒤로 이 사람이 자못 나를 향한 뜻이 있어서, 옥중에서의 여러 군색한 일들을 이 사람을 통해 해결한 적이 많았다. 그는 한가한 틈을 만나면 항상 자못 심정(心情)을 소통하는 말을 하기에, 나는 "그대는 부모형제가 있으니, 빨리 고향으로 돌아가 농사에 힘써서 양친(兩親)을 봉양하는 것이 옳을 것이다. 하필 원수의 밑에서 분주하게 복역하는가?"라고 훈계했다. 그는 "연말(年末)이 멀지 않았으니, 당연히 곧 돌아갈 것"이라 했다.

11월 14일. 저들의 양력(陽曆)으로 한 해가 끝나기 하루 전날이다. 분대장 왜인이 나를 불러서 말했다.

倭警 : 그동안 곤란을 겪어, 매우 불안하였을 것이다.

醒菴 : 나는 망한 나라의 유민(遺民)으로서, 이런 곤고(困苦)를 겪는 것은 대수롭지 않다.

倭警 : 이제 연말이다. 곧 집으로 돌아가게 될 것이니, 곰곰이 생각하여 군헌(郡憲)의 정령을 대략 따르는 것이 어떻겠는가?

醒菴 : 내가 하는 일은 오직 의(義)를 따르는 것뿐이다.

이날 이른 아침, 왜인은 먼저 이미 면장(面長)·이장(里長)과 나의 제생들을 불러다 놓고 "이(李) 아무개는 일등대남자(一等大男子)이다. 학식이 높고 말씀이 위대하여, 나는 매우 감복하였다. 그런데 이처럼 곤란을 겪은 것은 우리 일본의 정령을 배척했기 때문이다. 오늘 마땅히 석방하여 돌려보낼 것이니, 모두 함께 귀가하여 계속 설득해보라."고 했다. 면장 · 이장이 모두 "이 사람의 평소 고집은 우리들이 돌려놓을 수 없는 것"이라 하고, 제생들은 "제자가 된 자들이 감히 스승의 뜻을 어길 수 없다"고 했다.

내가 그날 집에 돌아와 경운(畊芸)을 보니, 덕스러운 용모가 매우 수척해졌다. 내가 놀라 "그대의 모습이 나보다 더 수척한 것은 무슨 까닭인가?" 물으니, 경운이 "형(兄)은 전쟁에서 이겼으니 살찐 것입니다. 나는 마음속에 별도로 두 가지 근심이 있어 밤낮으로 해결되지 않고 있었으니, 하나는 형을 위한 근심이요, 하나는 우리 집안을 위한 근심입니다. 이 두 근심을 품고 있었으니, 어찌 수척해지지 않을 수 있었겠습니까?"라고 말했다.

내가 판자로 된 집에 갇혀있을 때 함께 갇힌 여러 옥수(獄囚)들을 보니, 배고픔과 추위를 이기지 못하여, 아침 · 저녁의 밥을 대하면 반드시 급하게 먹어서 씹지 않고 삼키고, 밥을 먹은 다음에는 바로 몸을 웅크리고 누워서 조금도 움직이지 않았다. 그리하여 배에 냉기가 스며들어, 먹은 음식을 소화하지 못하고, 사지(四肢)가 얼음처럼 차갑게 되어 결국 병이 들고 말았다. 나는 그들이 병에 걸리는 것이 안타까워, 항상 음식을 조절해서 먹고 운동을 하라고 권했는데, 많은 사람들이 듣지 않았다. 그리하여 갇힌 지 5~6일만 되면 문득 귀신같은 모습이 되었다.

나는 아침 · 저녁으로 밥을 먹을 때 지나치게 많이 먹지 않았고, 먹은 다음에는 반드시 일어나 배회하여, 먹은 것이 소화된 다음에야 앉았다. 매서운 추위를 만나 사지가 모두 얼고, 발톱이 모두 빠지려고 하여, 살을 베고 고춧가루를 뿌리는 것처럼 아리고 아팠는데, 그러면 다시 일어나 거닐어 손과 발을 움직이고 기혈(氣血)이 통하게 하였다. 70여 일 동안 옥에 갇혀 있으면서 앉거나 누운 때는 항상 적었고, 일어나 움직인 때는 항상 많았으니, 그리하여 묵은 병이나 가래·기침 등도 생기지 않았다. 나처럼 기질이 허약하면서도 풍설(風雪)이 심한 판잣집에서 지내며 병에 걸리지 않은 것은 마음을 편안히 하여 기운을 펴고[平心舒氣] 아침·저녁으로 스스로 보호한 힘 때문이 아니겠는가?

* 〈戊午日記〉[26]

내가 호적에서 빠진 까닭에, 왜적들은 다른 사단(事端)이 생길까 의심하여 항상 나를 정찰(偵察)하고, 또 만약 나라 안에서 왜적을 해친 일이 생기거나 읍에 주재하는 왜인들이 신(新)·구(舊) 교대를 할 경우, 나한테 와서 조사하는 것이 더욱 빈번해졌다. **무오년(戊午年, 1918년) 7월 초순경**, 읍에 주재하는 왜인이 호구조사를 하러 와서, 내게 "이번에도 또한 호적에 편입하는 것을 허락하지 않을 것인가?" 라고 물었다. 내가 "10년 동안 지킨 것을 어찌 쉽게 고칠 수 있겠는가?" 라고 답하자, 왜인은 불화를 일으키지 않고 돌아갔다.

7월 20일, 보조원이 와서 "분대소(分隊所)에서 공(公)의 출석을 요청한다" 고 말하기에, 나는 "수적(讎敵)이 부르는 데는 의리상 갈 수 없으니, 이 말을 그대로 왜인에게 보고하라." 고 답했다. 얼마 뒤에 왜병(倭兵)이 와서, 나를 포승으로 묶고, 앞세워 몰고 갔다. 내가 큰 관(冠)에 소매가 넓은 옷을 입고 나막신을 끌며 천천히 걸으니, 왜병이 드디어 뒤에서 등

26 『醒菴集』 卷7 頁34~36.

을 떠밀며 빨리 가라고 재촉하면서 사납게 소리쳤다. 나는 큰 소리로 "그대는 아래 졸병으로서, 다만 그대가 받은 명령을 수행하면 될 것이다. 어찌 사사롭게 스스로 폭행을 할 수 있는가? 사람들이 각자 그 임금을 위하는 것은 천하의 대의(大義)이다. 그대는 어찌 감히 이처럼 무례(無禮)한가?" 라고 꾸짖었다. 저녁이 되어서야 분대청(分隊廳)에 도착하니, 우두머리 왜인이 물었다.

倭警 : 무슨 까닭으로 부르면 오지 않고, 체포해야만 오는가?

醒菴 : 체포를 당해서 오는 것은 강 · 약(强弱)이 다른 것이요, 부르는데 가지 않은 것은 의리(義理)를 지키기 위함이다.

倭警 : 민적(民籍)에는 무슨 뜻이 있기에 가입하지 않는 것인가?

醒菴 : 그대의 나라가 교린(交隣)의 약속을 어기고 우리 임금을 협박하여 우리의 강토를 빼앗았으니, 하늘 아래에서 함께 살 수 없는 원수에게는 의리상 민적에 가입할 수 없는 것이다.

倭警 : 그대 나라의 군주와 신민이 모두 호적을 만들었는데, 이것은 모두 불의(不義)인가?

醒菴 : 우리나라의 임금과 백성이 위협에 협박을 당한 것으로서, 사실은 즐겁게 복종한 것이 아니다.

倭警 : 문패(門牌)와 청결(淸潔)은 또 어찌하여 하지 않는 것인가?

醒菴 : 이 또한 일본의 정령이므로, 하지 않는 것이다.

倭警 : 민적이 대사(大事)와 무슨 관련이 있다고 여러 해 동안의 곤란을 기피하지 않고 고집을 부리며 따르지 않으니, 참으로 하나의 완고한 일이다. '성대하고 아름다운 일' 이라 할 수 없다.

醒菴 : 이른바 호적은 바로 국가의 중대한 정사이다. 그러므로 『주례

(周禮)』에서는 "왕에게 백성의 숫자를 바치던 왕은 경건하게 받는다." 고 하였고, 공자(孔子)는 수레를 타고 갈 때 호적을 지고 가는 사람을 만나면 경건하게 인사를 올렸던 것이니, 어찌 대사(大事)가 아니라고 하겠는가? 오늘의 이 일은 대의(大義)와 관계된 것이니, 비록 끓는 가마솥에 삶아 죽이는 형벌을 당하더라도 그 소신을 바꿀 수 없는 것이다.

倭警 : 그대의 이 일은 누군가가 권한 것인가?

醒菴 : 내가 공·맹(孔孟)의 책을 읽고 알게 된 것이다.

倭警 : 지금 천하의 대세는 옛날과 다르니, 만약 순수하게 고도(古道)를 따른다면 그 국가를 보전할 수 없다. 비록 공·맹이 다시 태어나신다고 하더라도, 반드시 권도(權道)로 변통(變通)하셨을 것이다.

醒菴 : 그렇지 않다. 공·맹의 도는 인륜(人倫)을 밝히는 데 중점이 있다. 지금 여러 나라의 군주가 남의 토지를 탐내고 전쟁터에서 자기 백성을 죽이니, 이는 전혀 임금을 위하는 도가 아니다. 여러 나라의 신하들이 임금을 시해하고 개화(開化)하여 걸(桀)을 도와 학정(虐政)을 베푸는 것을 당연하게 여기니, 이는 전혀 신하를 위하는 도가 아니다. '국정(國政)' 이라고 말하면서 부자(父子)나 형제(兄弟)의 쟁송(爭訟)을 들어주고, 패륜(悖倫)을 문제 삼지 않고 부부(夫婦)가 재물을 달리하거나 이혼하는 쟁송을 들어주어 행실이 개·돼지와 같으며, 신의를 버리고 약속을 배반하여 강자가 약자를 잡아먹는다. 성현(聖賢)께서는 이처럼 인륜(人倫)과 상도(常道)를 무너뜨려 예의(禮義)가 없는 사람을 금수(禽獸)에 견주었으며, 왕법(王法)에서는 이런 사람을 반드시 죽였

다. 성인(聖人)이 만약 다시 이 세상에 태어나신다면, 이런 사람들을 어찌 하루라도 너그럽게 용서하시겠는가?

倭警 : 아무개는 언론(言論)이 곧고 준엄하며 마음가짐이 견고하나, 치안(治安)에 방해가 될 수 있으므로 형률(刑律)을 쓰지 않을 수 없다.

醒菴 : 어찌 다른 나라 사람에게 형률을 쓰는 이치가 있는가? 또한 '국가를 위하고 의리를 지키는 사람'을 학대하고, '임금을 잊고 원수를 섬기는 무리'를 포상하면, 왜국(倭國)의 운명이 장구할 수 있겠는가?

왜인은 드디어 나를 유치실에 가두었다. 밤에 시 한 수를 지었다.

三入扶風獄　세 번째 부풍의 감옥에 들어오니
死生任彼天　죽고 사는 것은 저 하늘에 맡겼도다.
險夷宜一節　험난하든 평탄하든 한결같은 절개로
從我所當然　나의 마땅한 바를 따르리.

다음 날 오전에 풀려나, 집으로 돌아왔다.

10

토지 측량과 묘적(墓籍) 등록을 반대하다

일제는 1910년 3월 토지조사국(土地調査局)을 설치하여 토지조사에 필요한 준비 작업을 한 다음, 1912년 8월 토지조사령(土地調査令)을 발포하여 토지조사 사업에 본격적으로 착수하였다. 토지조사 사업 역시 겉으로는 토지의 소유권을 명확히 하는 등 행정의 편의를 위한 것이었다. 그러나 보다 본질적인 목적은, 모든 토지를 등록시켜 세입(稅入)을 확충하고, 조선의 국유지를 조선총독부 소유지로 개편하며, 기존의 미등록 토지를 총독부가 차지하는 등 식민지적 지배와 수탈을 강화하는 데 있었다. 토지조사 사업의 결과, 조선총독부는 전 국토의 40%에 해당하는 전답과 임야를 차지하는 대지주가 되었다.

일제가 "만약 토지를 측량하지 않는다면, 결국 국유지(國有地)로 소속시킬 것"이라 포고하고, 우리나라 사람들에게 각자 자기의 산림(山林)과 토지(土地)를 측량하도록 명령했을 때, 성암은 당시 집안의 종손(宗孫)이었던 종씨(從氏) 회영(晦榮)과 이 일을 상의하면서 "사가(私家)의 휴척(休

戚)은 국가와 함께 하는 것이 마땅합니다. 저 원수들에게 동정을 구걸한다는 것은 차마 할 수 없는 일입니다."라고 주장하였다. 이에 종손 회영은 "나라가 망하는데, 그 나라의 사부(師傅)로서 국은(國恩)을 입은 집안이 어떻게 홀로 보전할 수 있겠는가? 이러한 의리는 있을 수 없다."고 말하며, 흔쾌히 결단을 내렸다.[1] 그리하여 초려의 종가는 크고 작은 종산(宗山)을 한결같이 방치하였고, 그 결과 70정보가량의 산판(山坂)을 고스란히 빼앗겼다. 성암은 〈선영을 빼앗기다[先壟見奪]〉라는 시에서 이때의 심정을 다음과 같이 읊은 바 있다.

* 〈先壟見奪〉[2]

(왜구가 우리 백성들에게 각각 그 山坂을 측량하게 하고, "만약 측량하지 않으면 결국 國有地로 만들겠다"고 했다. 나는 복종하지 않았기 때문에 빼앗겼다.)

元來休戚家國同　원래 사가(私家)와 국가는 기쁨과 슬픔을 같이하는 법
雨露恩澤五百年　5백년이나 우로(雨露)의 은택을 입었도다.
非獨先山今至此　오직 선산(先山)만 지금 이런 수모를 당하는 것 아니니
乞憐豈忍犬羊前　어찌 개·돼지 앞에서 연민을 구걸하겠는가?

일제의 횡포는 민적 편입을 강요하고 토지 측량을 강요하는 것으로 끝나지 않았다. 일제는 마침내 조상의 무덤에 대해서도 묘적(墓籍)을 만들어 등록하라고 강요하면서 "만약 응하지 않으면 백골(白骨)의 환란(患

---

1 『龍湖農圃兩世合編』, 〈(龍湖公) 家狀〉, 16쪽.

2 『醒菴集』 卷1 頁11.

亂)을 면하지 못할 것"이라고 협박한 것이다. 성암은 〈오랑캐가 묘적을 거두는 것에 분노하다[憤虜收墓籍]〉라는 시에서 이때의 심정을 다음과 같이 읊은 바 있다.

＊〈憤虜收墓籍〉[3]

行乎夷狄誠難事　오랑캐의 세상에 살기란 참으로 어려우니
古所無聞變故多　옛날에는 없었던 변고도 많구나.
寧與泉臺俱受禍　무덤과 함께 화(禍)를 받을지언정
豈將墓籍付讐倭　어찌 장차 왜적에게 묘적을 바치리오.

위의 시에서는 '왜적에게 묘적을 바칠 수 없다'는 심정을 드러냈지만, 실제로는 묘적 등록에 대해서는 고심(苦心)을 거듭했다. 다시 말해, 성암은 토지 측량에 대해서는 단호히 반대했지만, 묘적 등록에 대해서는 고심을 거듭한 것이다. 토지 측량을 거부함은 토지를 빼앗기는 것으로 끝나나, 묘적을 등록하지 않으면 조상의 백골이 화(禍)를 입게 될 것이라 하니, 이는 쉽게 처리하기 어려운 문제였던 것이다.

한편, 성암은 "충주의 왜적이 사람들이 묘적법을 어기자 성을 내어 몇 개의 무덤을 파헤쳤는데, 신씨(辛氏) 노인이 있어 무덤을 파헤치는 왜적을 몽둥이로 쫓아내니, 그에 힘입어 나머지 무덤들은 무사했다" 그 하는 소문을 듣고는, 다음과 같은 시를 지어 신씨를 칭송한 바 있다.

---

3 『醒菴集』 卷1 頁15.

＊〈聞忠州倭 怒人違墓籍 發掘幾許塚 有辛氏老 打碎發塚賊 餘塚遂得賴其力無事云〉[4]

無道理人事　도리가 없는 사람들의 일이란
犬羊彼島夷　개·돼지 같은 저 섬나라 오랑캐들.
入據我邦後　우리나라를 점거한 뒤로
何所憚不爲　꺼려서 못하는 짓이 없도다.
然其各倭心　그러나 왜적들 각각의 마음은
緩急或有之　간혹 완급의 차이가 있네.
聞道忠州倭　듣자하니, 충주의 왜적이
掘塚以爲治　남의 무덤을 파내는데
爲是違墓籍　이는 묘적법을 어겼기 때문이라네.
白骨有何知　백골이 무엇을 알겠느뇨.
大骨一壑聚　큰 뼈는 한쪽 골짜기에 모으고
小骨各地遺　작은 뼈는 각지에 버려두어도
塚主不敢言　무덤 주인은 감히 말을 못 했으니
可謂生如屍　살아있어도 시체와 마찬가지였다네.
將盡一境葬　장차 한 지역을 모두 파묻으려 했으니
酷禍何至斯　어찌 이처럼 참혹한 화가 있다더냐.
幸有辛氏老　다행히 신씨(辛氏) 노인이 있어
義勇用此時　이때에 의로운 용기 발휘했네.
椎逐掘塚倭　무덤 파는 왜적을 몽둥이로 쫓아내니

4『醒菴集』卷1 頁32~33.

何讓博浪椎　어찌 박랑사의 철퇴보다 못하겠는가.[5]

禍止千萬塚　수많은 무덤에 미칠 화가 그쳤으니

奚但爲其私　어찌 제 조상의 무덤만을 위한 것이겠는가.

逮囚不死出　붙잡혀 갇혔다가 죽지 않고 풀려나니

人皆奉斗巵　사람들이 모두 큰 잔에 술을 올렸네.

固當書諸史　이는 마땅히 역사책에 기록하여

以爲後世垂　후세에 모범으로 삼아야 하리.

한편, 성암은 1915년 2월의 〈삼매 윤심구에게 답하는 편지[答尹三梅心求]〉에서 묘적 문제에 대한 여러 가지 대응 방법을 논의한 바 있기에 이를 소개한다. 또한 1916년 5월의 〈집안의 현초 어른께 올리는 편지[答玄樵族丈 文鏞]〉는 토지 측량은 단호히 반대하면서도 묘적 문제에 대해서는 고심을 거듭한 당시의 정황이 잘 나타나 있기에, 이를 함께 소개한다.

*〈答尹三梅 心求〉[6]

근래의 묘적(墓籍)에 관한 이야기는 과연 말씀해주신 것과 같습니다. 이는 정말로 유사 이래 처음 있는 변고(變故)로서, 옛 현철(賢哲)들께서도

5 韓나라가 秦始皇에게 멸망하자, 張良은 그 원수를 갚기 위해 滄海力士로 하여금 철퇴를 들고 博浪沙에서 진시황을 저격하게 했는데, 철퇴가 빗나가는 바람에 진시황이 탄 마차를 맞히지 못하고 다음 수레를 치고 말았다.

6 『醒菴集』 卷2 頁23~24.

겪지 않은 일이요 말씀하지 않았던 일이니, 그 변고에 대처하는 도리는 장차 어디에서 취하여 절충해야 하겠습니까? 아니면 혹시 옛날 역사 가운데 참조할 만한 일이 있습니까? 이처럼 얕은 지식으로 천만 번 생각해도 하나도 얻은 것이 없는바, 도(道)가 있고 나이도 많은 분께 나아가 질문하려고 해도 아직 그렇게 하지 못하여 걱정하던 중이었습니다. 지금 그 처단(處斷)에 관해 하문(下問)하신 편지를 받자온대, 장차 가르침을 베풀고자 먼저 그 실마리를 제기하신 것입니까? 간략하게 저의 어리석은 견해로 망령되이 헤아린 내용을 말씀드리고, 우러러 질정(質正)을 구하겠습니다.

옛날에 서원직(徐元直)은 어머니 때문에 한(漢)나라에서 위(魏)나라로 귀부(歸附)했는데,[7] 정자(程子)께서는 이를 어질게 여기시고, '조포(趙苞)[8]의 충효에는 흠집이 있다'[9]고 변정(辨正)하신 바 있습니다. 이는 비록 묘

---

7 徐元直의 本名은 徐庶. 後漢 末期의 인물로, 먼저 劉備를 만나 參謀가 되었으나, 曹操가 그의 어머니를 인질로 잡고 부르자, 어쩔 수 없이 曹操에게 歸附함.

8 趙苞는 後漢 末期의 인물. 遼西太守로 부임한 다음 使者를 보내 母親과 妻子를 데려오게 했는데, 마침 鮮卑族이 萬里長城을 넘어 침략하면서 조포의 어머니와 처자를 인질로 삼았다. 조포가 "예전에는 어머니의 자식이었지만, 지금은 군왕의 신하인 처지입니다. 道義를 따진다면, 사사로운 은혜를 위해 忠節을 더럽힐 수 없습니다. 만 번 죽어도 죄를 갚을 방법이 없습니다."라고 탄식하자, 그 어머니는 오히려 "어찌 사사로운 정 때문에 忠義를 더럽힐 수 있겠느냐"라고 격려했다. 조포는 즉시 전투를 벌여 적군을 격파했으나, 그의 어머니와 처자는 모두 살해되었다. 이후 조포는 "봉록을 받아먹는 처지에 난을 피하는 것은 忠義가 아니며, 어머니를 죽이고 義를 이루는 것 또한 孝行이 아니다. 그렇다면 어찌 天下에 面目이 서겠는가!"라고 탄식하며, 피를 토하고 죽었다.

9 『二程全書』 卷24에 "東漢의 趙苞가 변방의 郡守가 되었을 때, 오랑캐가 그 어머니를 빼앗고 '城을 바치고 항복하라' 고 요구했는데, 趙苞는 성급하게 싸워 그 어머니를 죽였으니, 잘못한 일이다. 임금의 城을 바치고 항복하여 그 어머니를 살리는 것도 진실로 옳지 못한 일이다. 그러나 또한 마땅히 '어머니를 살릴 수 있는 방도' 를 강구해

적(墓籍)의 일과 맥락은 다르지만, 임시방편으로 여기에 견주어 논해보겠습니다.

조포가 성(城)을 등지고 선비(鮮卑)를 공격하며 그 어머니가 죽는 것을 견디고 본 것처럼, 지금 저 묘적의 명령을 따르지 않음으로써 '조상의 무덤이 파헤쳐지는 참혹한 화(禍)'를 당하게 된다면 어찌하겠습니까? 비록 '살아있는 생명이 해(害)를 당함'과 '죽은 뼈가 편안하지 못함'은 경중의 차이가 있지만, 선영(先塋)이 뭉개지고 체백(體魄)이 드러나게 된다면, 그 자손들이 어찌 세상에 살고 싶은 마음이 있겠습니까? 설령 세상에 살아있다고 하더라도, 또 어찌 이마에 땀이 나지 않겠습니까? 하물며 조포처럼 지켜야 하는 성(城)도 없고, 다만 하나의 몸뚱이뿐이지 않습니까? 이렇게 본다면, 허물을 머금고 치욕을 참으며 그 명령에 따르는 것도 혹 할 수 있겠습니다.

또 다시 생각해보면, 왕릉(王陵)[10]이 기꺼이 초(楚)나라로 가지 않은 것은 그 어머니가 먼저 스스로 목숨을 끊었기 때문입니다. 어찌 가히 묘적 때문에 하루아침에 법도를 고쳐, 저 개·돼지 앞에 머리를 숙이고 기어 다닌다는 말입니까?

이렇게 해도, 저렇게 해도 중용을 얻기는 어렵습니다. 저의 증조(曾祖)·고조(高祖) 이상의 산소(山所)는 여러 자손들이 '화(禍)를 면하기 위한 계책'을 찾고자 한다면, 저로서도 중지시킬 수 없을 뿐만 아니라 또

야 했는바, 어찌하여 성급하게 싸웠던 것인가? 부득이했다면, 자신만 항복하는 것이 옳았을 것이다. 王陵의 어머니가 楚나라에 있을 때, 만약 楚나라가 인질로 삼고 王陵을 불렀더라면, 王陵은 항복하는 것이 옳았다. 徐庶는 처신을 잘했다."는 말이 보인다.

10 王陵은 秦나라 말기의 인물로, 같은 고향 출신 劉邦의 부하가 되었다. 項羽가 王陵의 어머니를 인질로 잡고 그를 유인해 부르려고 하자, 그 모친이 몰래 使者를 보내어 "漢王은 長者이니, 나 때문에 두 마음을 지니지 말라"고 전하고는, 自決했다.

한 금지시킬 수도 없습니다. 내 한 몸이 맡은 분묘는 '남몰래 업고 도망가는 의리'[11]로 기약하면서 묘적을 만들지 않겠습니다. 알지 못하겠습니다만, 어떻게 생각하십니까? 문하(門下)의 정밀하고 적절한 권도(權度)[12]로 가르침을 주신다면, 천만다행이겠습니다. 엎드려 바라나이다.

* 〈答玄樵族丈 文鏞〉[13]

(前略) 저들이 묘적(墓籍)을 등록시키는 것 또한 예전에 없던 변고(變故)여서, 옛날 선철(先哲)들이 잘 대처했던 방도를 찾아보아도 참고할 만한 것이 없습니다. 그런데 철영(喆榮)이 이미 조성한 형세로는 바람에 따라 휩쓸릴 수 없으니, 그러므로 묘적을 등록하지 않으면 자신(自身)에게 형벌이 따른다 해도 치지도외(置之度外)할 것이나, 장차 무덤에 화가 미칠 것을 생각하면 날마다 걱정되고 두려워서, 일찌감치 스스로 한번 죽지 못한 것이 한탄스럽습니다.

중호(中湖)의 산판(山坂)도 바깥 지역은 이미 저들에게 빼앗겼고, 남아있는 한쪽 기슭도 장차 어떻게 될지 모릅니다. 생각건대 종사(宗社)가 전복되었는데, 사가(私家)의 한 조각 산기슭을 잃느냐 마느냐에 대해 돌아볼

---

11 桃應이 "舜이 天子의 자리에 있는데, 그 아버지 瞽瞍가 殺人했다면 어떻게 하였겠습니까?" 라고 묻자, 맹자는 "舜은 천하를 버리기를 헌 짚신 버리는 것처럼 생각하여, 남몰래 아버지를 업고 바닷가로 도망가서 살았을 것" 이라고 답한 바 있다(『孟子』 盡心上 35).

12 權度 : 무게를 재는 저울의 추를 '權' 이라 하고, 길이를 재는 자를 '度' 라 한다. 이곳에서는 당면한 사태를 올바로 인식할 수 있는 '판단능력' 을 뜻한다.

13 『醒菴集』 卷3 頁2.

겨를이 어디 있겠습니까? 그러나 오직 조상과 부모의 묘소는 목숨이 붙어 있는 한 또한 어찌 사사롭게 걱정하고 탄식하지 않을 수 있겠습니까?

또한 금산(錦山) 고향은 곧 우리 이씨(李氏)가 남쪽으로 내려왔을 때의 고토(故土)로,[14] 선영(先塋)이 그곳에 있고, 종족(宗族)들이 살고 있으니, 어찌 하루라도 마음속에 잊을 수 있겠습니까? 그러나 저는 불초(不肖)하여 자주 성묘(省墓)를 다니지 못하였습니다. 근래에는 중호를 왕래하는 것도 또한 쉽지가 않으니, '이 세상에 살아있다' 고 할 수 있겠습니까?

금산(錦山) 종중에서 선영을 지키고 종족을 화목하게 하는 일은 오직 어른께서 계시니, 믿고서 크게 걱정하지 않습니다. 지난봄 서울에서 대동보(大同譜)를 편찬한다는 통장(通章)이 왔는데, 어떻게 편찬하는 것인지 모르겠습니다. 우리 지파(支派)는 파보(派譜)를 만든 지가 이미 오래되어, 장차 기(杞)・송(宋)의 병폐를 면하기 어려울 것인바,[15] 이는 또한 유념해야 할 것입니다.

매번 문회당(文會堂)[16]에서 어른을 모시고 속마음을 모두 말하고 싶지만, 생각만 있을 뿐 실행하지 못하고 있습니다. 엎드려 생각건대, 슬프고 암담할 뿐입니다.

---

14 醒菴의 先代는 서울에서 世居하다가, 성암의 10代祖(月峰公 曙) 때에 충남 금산(지금의 금산군 금성면 하류리 버드실)로 낙향하였고, 성암의 9代祖(文憲公 惟泰) 때에 다시 충남 공주(지금의 공주시 상왕동 中湖 마을)로 이거하였다.

15 孔子는 "夏나라 禮法을 내가 능히 말할 수 있으나 杞나라가 증거하기에 부족하고, 殷나라 禮法을 내가 능히 말할 수 있으나 宋나라가 증거하기에 부족하니, 문헌이 부족하기 때문이다. 문헌이 충분하다면 내가 능히 증거할 수 있을 것이다."라고 말한 바 있다(『論語』 八佾 제9장). 杞는 夏의 遺民들에게 봉해준 나라이고, 宋은 殷의 遺民들에게 봉해준 나라인데, 각각 자기 조상들의 문헌을 잘 보존하지 않았기 때문에 그 先代의 文物을 증거할 수 없게 되었다는 뜻이다.

16 醒菴의 先祖 草廬가 錦山에 살 때 공부하던 書齋의 이름.

11

「내범요람」을 저술하다

경술년(庚戌年, 1910)의 치욕스러운 '합방(合邦)'은 이 땅의 백성들을 절망(絶望)과 실의(失意)에 빠지게 하였다. 그러나 이 시기에 성암은 절망과 실의에 머물지 않고, 암중모색(暗中摸索)의 일환으로 「내범요람(內範要覽)」을 지었다.[1]

성암은 1909년의 〈일본 정부에 보내는 편지〉에서 "지금 우리나라의 국운(國運)이 비록 일시적으로 막혔으나, 끝내는 하늘이 정한 이치가 사람을 이기는 것이니[天定勝人], 오늘의 일본도 예전 임진년의 경우처럼 참혹하게 패망하지 않으리라는 것을 어찌 알겠는가?"라고 말한 바 있

1 박우훈은 「내범요람」의 저술 동기에 대해 "朱子學을 공부한 유학자들의 현실의식은 敎化論으로 표현되기 마련이다. (…) 醒菴은 현재를 마땅히 지켜야 할 人倫이 무너진 혼란한 상태로 파악하고, 이 사회가 바람직한 사회가 되기 위해서는 聖人의 가르침을 회복해야 한다고 생각했다. 新學을 배척한 醒菴은 인륜질서의 회복을 목표로 風俗을 改良하고 부녀자들의 心性을 敎化하기 위하여 전통적인 여성교육 방법을 택해 이 「내범요람」을 저술했다."라고 설명한 바 있다(박우훈, 「醒菴 李喆榮의 '內範敎訓歌' 考」, 221~222쪽).

다. 요컨대 성암은 흥망성쇠란 거듭 반복되는 것이라는 점에서, 망국에 임해서도 절망에 그치지 않고 희망을 찾고자 하였다. 또한 성암은 1914년의 〈갑인일기(甲寅日記)〉에서는 "우리 국민이 모두 나처럼 결심하고 나처럼 행동한다면, 우리나라를 회복할 수 있을 뿐만 아니라 천하의 금수 같은 풍속도 바꿀 수 있다"고 주장한 바 있거니와, 성암은 백성의 '계몽'에서 '광복(光復)'의 길을 찾고 있었다. 이러한 두 맥락에서, 성암은 망국 이후에도 서사(書社)에서 문도(門徒)들과 강학(講學)을 계속했던 것이다.

「내범요람」은 경술국치 다음 해인 1911년, 성암이 부녀(婦女)들의 교육을 위하여 '한글'로 지은 책이다. 문도들과의 강학은 남자들을 대상으로 하는 것인바, 여자들을 대상으로 하는 교육 또한 절실히 필요한 것이므로, '부녀들을 위한 한글 교재'를 마련한 것이다. 「내범요람」의 내용은 ① 부녀들이 행해야 할 일반 규범, ② 선심(善心)을 일으키게 하는 선행(善行)의 사례, ③ 악심(惡心)을 경계하기 위한 악행(惡行)의 사례, ④ 계례(笄禮)와 혼례(婚禮)의 절차와 예법(禮法), ⑤ 아이를 낳고 기르는 방법 등 다섯 부류로 나눌 수 있다. 이제 각각의 내용을 간단히 소개하기로 하겠다.

첫째, '부녀들이 행해야 할 일반 규범'에 대해, 성암은 다음과 같이 말한다.

> 대범 부녀(婦女)의 평생 행하는 도리는 지극히 순후(醇厚)하고 유한(幽閒)함이 으뜸이라. 이런 고로 처음 혼인하여 우귀(于歸)할 대에, 부(父) 명하여 가로대, 너희 집에 들어가서 주야(晝夜)로 공경하고 조심하여 구고(舅姑)의 명하심을 어기지 말라 하시고, 모(母) 명하여 가로대, 숙야(夙夜)로 너희 규

문의 예를 어기지 말라 하시니, 시가(媤家)에 들어간 후 동동촉촉(洞洞屬屬)하여 잠깐이나 부모의 신명(申命)을 잊을소냐만, 만일 부도(婦道)를 삼가지 못하여 부모에게 욕됨이 날로 미치게 하고 저의 몸도 구고(舅姑)의 실애(失愛)하고 가부(家夫)의 소대(疏待) 받고 가족과 족당(族黨)의 천대(賤待) 받나니, 이러한 후 누구를 원망하며 한탄하리오. 이런 고로 옛 성인(聖人)이 지극히 말씀하사 세상 부녀에게 삼종지도(三從之道)와 칠거지악(七去之惡)으로 정녕히 가르치시니 (…) 성인의 이 말씀을 마땅히 어려서부터 배워 알 것이요, 또한 부녀의 직업은 다만 침선방적(針線紡績)[2]과 중궤(中饋)[3]를 주장하되, 첫째는 봉제사(奉祭祀)하는 범절과 양구고(養舅姑) 하기를 성경(誠敬)으로 함이요, 둘째는 가족 먹이는 것과 빈객 대접하기를 정결히 할 따름이라.[4]

위의 인용문은 부녀의 도리를 가장 포괄적으로 규정한 것으로, 삼종지도와 칠거지악, 바느질과 길쌈, 시부모를 보시는 일과 부엌일을 주관하는 것, 제사를 받들고 손님을 대접하는 일 등에 정성을 다해야 한다는 '전통적인 유교 규범' 을 그대로 소개한 것이다.

혹 남편이 유약하거나 어리석으면 설만(褻慢)하고 능멸하여 심히 공경치 아니하나니 이전에 말하였으되, 착한 지어미는 남편을 공경하고 어리석은 지어미는 남편을 업신여긴다 하였으니, 진실로 마땅한 말이로다. 하물며 남편은 한번 서로 초례(醮禮)하면 종신토록 앙망(仰望)하며 그 존대함이 하늘 같고 또한 강상이 지엄한지라, 어찌 감히 경솔히 여겨 망사지죄(罔赦之罪)를

2 針線紡績 : 바느질과 길쌈.

3 中饋 : 主婦가 부엌에서 한 집안의 食事를 主掌하는 일.

4 『醒菴集(영인본)』 下, 「내범요람」, 201~204쪽.

범하리오. 남편이 과실이 있으면 지성으로 간하는 도리가 있는지라. 이전 현 부인이 비녀를 빼고 남편 앞에 꿇어 엎드려 낯빛을 낮게 하고 온화한 말씀으로 극히 간하였으니, 이러한 일을 본받을 것이요.[5]

위의 인용문은 아내가 남편을 섬기는 도리를 규정한 것으로, 성암은 남편을 공경하고 순종할 것을 강조하였다.

또한 형제(兄弟)와 지친(至親) 간의 불목(不睦)하는 연고는 흔히 부녀로 말미암나니, 이런 것이 다름 아니라 일실지내(一室之內)의 모든 부녀가 각성(各姓)이 서로 모여, 비록 의로 맺어 형제숙질(兄弟叔姪)이라 하나, 본래는 소원할 뿐 아니라 또한 성품이 흔히 편협한 고로, 가간(家間) 사소한 일로 인하여 옳다 그르다 하여, 화목(和睦)지 못할 흔단(釁端)을 이루나니, 이전의 장공예(張公藝)란 사람은 구세동거(九世同居) 하였으되 서로 화동(和同)하여 조용히 지내거늘, 임금이 들으시고 가상히 여기시어, 장공예를 대하시며 그 연고를 묻자온대, 장공예 지필(紙筆)을 들어 '참을 인[忍]' 자 백여 자를 써서 올리니, 그 뜻은 식구가 혹 잘못하는 이라도 가리지 아니하고 서로 참음이 주장인 말이라.[6]

위의 인용문은 대가족 제도 속에서 가정불화의 원인을 각성(各姓)이 모인 며느리들 사이의 불화에서 찾고, 무엇보다도 '인내(忍耐)'를 강조한 것이다.

5 『醒菴集(영인본)』 下, 「내범요람」, 205~206쪽.

6 『醒菴集(영인본)』 下, 「내범요람」, 206~208쪽.

사람의 복록(福祿)과 앙화(殃禍)가 다 본래 타고날 뿐만 아니라, 착한 행실을 누리면 복을 받고 악독한 행실이 있으면 앙화가 이르나니, 세속 부녀는 자기의 행실 선악은 생각지 아니하고 부질없이 요망하고 사탄한 무녀(巫女)와 여승(女僧)의 화복지설(禍福之說)을 고혹하여 조익(助益)한다 하여 절간에 불공(佛供)하며, 복록을 한량(限量) 없이 받는다 하여 무녀(巫女)를 들이어 굿하기를 좋게 여겨, 가장(家長)의 눈을 속이어 전곡(錢穀) 둘러내어 쓸데없이 허비하고, 동기지친(同氣至親)에게는 일 홉 곡(穀) 일 푼 전(錢)을 아끼나니, 망신패가(亡身敗家) 여기 있다. 어찌 슬프지 아니하리오. 만일 복록을 구하고자 할진대 제사(祭祀)에 성경(誠敬)을 드리오며, 시부모께 효순(孝順)하며, 동서(同壻) 간에 화동하며, 부당(夫黨)에게 돈목하며, 중첩(衆妾)에게 투기(妬忌) 말며, 며느리를 자애하며, 비복(婢僕)을 선대(善對)하면 자연히 복록이 이르는 중, 지극한 효도와 출중한 열행(烈行)이 있으면 국가에서도 문려(門閭)를 정표(旌表)하여 무궁한 방명(芳名)을 후세에 전하게 하나니, 이런 좋은 일은 하지 아니하고 저 같은 요망한 여승(女僧)과 무녀(巫女)를 믿으리오.[7]

위의 인용문은 화복지설(禍福之說)에 현혹되어 무녀나 여승들을 불러들이지 말 것을 당부하고, 대신 가족들에게 선행을 베풂으로써 자연스럽게 복록이 이르도록 하라고 당부한 것이다.

둘째, '선심(善心)을 일으키게 하는 선행(善行)의 사례' 로서, 이는 중국과 조선의 역사에서 이름난 숙녀현원(淑女賢媛)과 열녀효부(烈女孝婦)의 사례를 소개한 것이다. 성암은 "대저 부인의 덕이 구비한 이는 태임(太

7 『醒菴集(영인본)』 下, 「내범요람」, 218~220쪽.

姙)·태사(太姒)[8] 제일이라. 이른바 성녀(聖女)시니, 마땅히 주장하여 배울 것이요"[9]라 한 다음, 이들의 선행을 다음과 같이 소개하고 있다.

태임(太姙)은 주(周)나라 왕계(王季)의 아내요 문왕(文王)의 어머님이라. 성품이 장중전일(莊重專一)하사, 오직 덕된 일만 행하시더니, 문왕을 잉태하사 태교(胎敎)를 행하시되, 눈으로는 악한 빛을 보지 아니하며, 입으로는 간사한 맛을 먹지 아니하며, 귀로는 음란한 소리를 듣지 아니하며, 비뚤게 자지 아니하며, 기울게 앉지 아니하며, 기울게 서지 아니하사, 문왕을 탄생하시매 형용(形容)이 단정하고 심히 명성(明聖)하사, 태임이 하나를 가르치매 문왕이 열을 통하사, 마침내 주종이 되시니라.

대저 사람의 성품(性品)이 본래는 지선(至善)하여 요·순(堯舜)으로 다름이 없으되, 타고난 기질(氣質)이 청·탁(淸濁)이 있는 고로 착한 이도 있고, 악한 이도 있나니, 태기(胎氣) 있어 아해(兒孩) 기질이 생길 참에, 잉모(孕母)의 듣고 보고 먹고 자고 앉고 서고 말함이 다 아해 기품의 감화하는 근본이 되는 고로, 착한 데 느끼면 아해 성품이 착하고, 악한 데 느끼면 아해 성품이 악하나니, 태중(胎中)을 어찌 삼가지 아니하리오.[10]

태사(太姒)는 태임(太姙)의 며느리요, 문왕(文王)의 아내시다. 덕된 성품이

---

8 太姙은 周나라 王季의 아내요 文王의 어머니이며, 太姒는 太姙의 며느리요 文王의 아내며 武王의 어머니이다. 『詩經』 大雅 文王之什 〈思齊〉에서는 "거룩하신 太姙은 文王의 어머니시니, 시어머니 太姜께 효도하시며, 王室의 主婦노릇 하셨네. 太姒께서 또 아름다운 영예 이으시니, 많은 아들 낳으셨네."(思齊大任 文王之母 思媚周姜 京室之婦 大姒嗣徽音 則百斯男)라고 한 바 있다.

9 『醒菴集(영인본)』 下, 「내범요람」, 224쪽.

10 『醒菴集(영인본)』 下, 「내범요람」, 226~228쪽.

유한정정(幽閒貞靜)하여, 문왕의 성덕(聖德)을 배필할 만하시니, 진실로 요조숙녀(窈窕淑女)는 군자호구(君子好逑)라. 태사 갖추신 덕이 세상에 항상 있지 아니한 고로, 문왕이 구지부득(求之不得)하사는 오매반측(寤寐反側)하시고, 님의 배필을 삼아서는 금슬우지(琴瑟友之)하시며 종고낙지(鍾鼓樂之)하사, 문왕과 태사가 서로 정가지도(正家之道)를 이루시어 천하후세의 법이 된지라. 중첩(衆妾)의 투기(妬忌) 없어 궁중이 화락한 고로, 궁인(宮人)이 관저지시(關雎之詩)를 지어 기리고, 태사 몸소 치적갈포(治績葛布)를 나어서 의상(衣裳)을 지어 입고, 귀령부모(歸寧父母) 하옵시니, 그 근검지덕(勤儉之德)이 또한 이 같은지라. 주나라 팔백 년 왕업(王業)의 성자신손(聖子神孫)이 계계승승(繼繼承承)하였으니, 태사지덕(太姒之德)을 본받을진대 비단 일신의 영명(英名)뿐이 아니라 그 덕음이 자손에게 내리어, 만대영화(萬代榮華)하리니, 어찌 좋지 아니하리오.[11]

성암은 태사 · 태임의 사례 외에도, 요(堯)의 두 딸이자 순(舜)의 두 아내였던 아황과 여영, 맹자의 어머니, 제(齊)나라 왕손가(王孫賈)의 어머니 등 중국의 사례 20여 건을 소개한 다음, 신라시대 박제상(朴堤上)의 아내, 백제시대 도미(都彌)의 아내, 고려시대 양수생(楊首生)의 아내와 송극기(宋克己)의 아내, 조선시대 남충세(南忠世)의 아내, 신명화(申命和)의 아내, 서덕숭(徐德崇)의 아내, 노경린(盧慶麟)의 딸이자 율곡(栗谷)의 아내, 송상현(宋象賢)의 소실(小室), 임경업(林慶業) 장군의 아내 등 우리나라의 사례 16건을 소개했다. 그 가운데 하나를 소개하면 다음과 같다.

11 『醒菴集(영인본)』 下, 「내범요람」, 228~230쪽.

김섬(金蟾)과 이씨(李氏)는 천곡(泉谷) 송상현(宋象賢)의 소실(小室)이라. 임진년(壬辰年) 4월에 왜란이 크게 일어나거늘, 이때에 송천곡이 동래부사(東萊府使)로서 절사(節死)하거늘, 김섬은 도적을 꾸짖다 죽고, 이씨는 도적에게 잡혀 수절하고 항복하지 아니한대, 도적이 경복(敬服)하여, 관백(關伯) 수길(秀吉)의 수절하는 누이 방에 두었더니, 홀연코 풍우(風雨)에 장벽이 다 무너지되, 이씨 있는 방은 온전하거늘, 도적이 고히 여기어 본국으로 돌려보냈다. 이씨 회중(懷中)에 공(公)의 채색 갓끈을 지녔다가 신표(信標)를 삼아 공의 부인으로 서로 보고, 공의 삼년복을 고쳐 입으니라. 공과 김섬과 이씨를 다 정표(旌表)하니라.[12]

셋째, '악심(惡心)을 경계하기 위한 악행(惡行)의 사례' 로서, 이는 중국과 조선의 역사에서 악명 높은 은모악처(嚚母惡妻)와 음부투녀(淫婦妬女)의 사례를 소개한 것이다. 중국의 사례로는 순(舜)의 어머니 등 10여 건을 소개하였고, 조선의 사례로는 다음과 같이 장희빈(張禧嬪)의 사례를 소개했다.

장희빈은 숙종(肅宗)의 빈궁(嬪宮)이라. 민중전(閔中殿)에게 투기불충(妬忌不忠) 하거늘 숙종대왕이 진노(震怒)하사 그 역죄(逆罪)를 정법(定法)하시니라. 사가(私家) 부녀도 투기 심하면 반드시 망가망신(亡家亡身) 하나니 극히 삼갈지로다.[13]

넷째, '계례(笄禮)와 혼례(婚禮)의 절차와 예법(禮法)' 은 "예문(禮文) 중

12 『醒菴集(영인본)』 下, 「내범요람」, 309~310쪽.

13 『醒菴集(영인본)』 下, 「내범요람」, 340쪽.

에 계(笄)하는 절차와 현구고(見舅姑)하는 절차는 부녀가 마땅히 익힐 것인 고로” 계례(笄禮)하는 절차, 초례(醮禮)하는 절차, 구고(舅姑)를 뵙는 절차, 사당(祠堂)을 뵙는 절차 등을 대강 기록한 것이다.

다섯째, ‘아이를 낳고 기르는 방법’ 은 『동의보감(東醫寶鑑)』에서 어린 아이를 낳고 기르는 방법을 발췌하여 소개한 것으로서, 태중(胎中)에 금기(禁忌)하는 것과 몸조심 하는 법, 아이를 처음 나서 입 가운데 독기(毒氣)를 풀어 씻어주는 법, 아이를 씻겨주는 법, 배꼽줄을 따는 법, 유모(乳母)를 가리는 법, 아이에게 젖을 먹이는 법, 아이를 보호하는 법, 자식을 기르는 열 가지 법, 아이 명(命)의 장단(長短)과 병든 것을 살피는 법 등을 소개하였다.

이상에서 「내범요람」의 주요 내용을 대략 소개하였다. 「내범요람」은 글자 그대로 전통적인 현모양처상(賢母良妻像)에 따라 부녀들이 따라야 할 규범을 제시한 것이다. 그런데 다른 계녀서(戒女書)와 비교해 볼 때, 「내범요람」은 다음의 두 가지 특징을 지닌다.

첫째, 성암의 다른 저술과 마찬가지로 「내범요람」 역시 ‘항일의식(抗日意識)’ 의 연장선상에서 저술된 것이다. 이는 「내범요람」에서 소개한 신라시대 이래 우리나라 사람의 선행(善行) 사례 16건 중 무려 4건이 임진왜란 때의 열부의녀(烈婦義女)라는 점에서 알 수 있다.[14] 다음의 사례를 보자.

> 원씨(元氏)는 장수 고을 사람 박이환의 아내라. 임진왜란(壬辰倭亂)에 두 딸을 데리고 대밭 속에 숨었더니, 도적에게 들키어 작은딸을 겁욕하고자 했

14 박우훈, 「醒菴 李喆榮의 ‘內範敎訓歌’ 考」, 222쪽 참조.

는데, 여자 칼을 휘두르며 좇지 아니하고, 큰딸을 겁욕하고자 했는데, 여자 또 칼을 휘두르며 좇지 아니하였거늘, 도적이 포함을 무수히 하되, 부인 모녀 삼인이 서로 대숲을 웅거하고 분매(憤罵)함이 추상여일(秋霜如一) 같은데, 도덕이 대로(大怒)하여 그 딸을 이끌어내거늘, 원씨 한 팔로 달을 잡고 한 팔로 대를 잡아, 칼날에 상하여 피가 떨어지되, 굴복하지 아니하거늘, 도적이 먼저 두 딸을 베어 죽이고, 지차로 원씨에게 미치니, 원씨 명(命)은 이미 끊어졌으되, 손에 대 잡음은 놓지 아니하였는지라. 후에 모녀 삼인을 다 정표(旌表)하니라. 임진왜란의 열부의녀(烈婦義女)가 한량(限量) 없으나, 대강 이만 기록하노라.[15]

성암은 '원씨의 사례'를 소개하고는, "임진왜란의 열부의녀(烈婦義女)가 한량(限量)없으나, 대강 이만 기록한다"고 했다. 성암은 '임진왜란 때 열부의녀가 한량없이 많았음'을 상기시킴으로써, 당시 부녀들에게 항일의식을 북돋고자 했음을 짐작할 수 있다.

둘째, 「내범요람」에는 또한 당시의 개화풍(開化風)에 맞서려는 '반개화의식(反開化意識)'이 담겨 있다. 이는 「내범요람」에 실린 〈내범교훈가(內範教訓歌)〉를 보면 분명히 알 수 있다. 〈내범교훈가〉는 성암이 '이전을 상고(詳考)하고 이제를 목도(目睹)하여 지은 노래'[16]로서, 처음 도입부에서는 당시의 '국파군망(國破君亡)'을 임진왜란의 재현으로 규정하고, 망국과 더불어 오륜삼강과 예의염치까지 사라진 세태를 개탄했다. 본

---

15 『醒菴集(영인본)』 下, 「내범요람」, 312~313쪽.

16 성암이 「내범요람」을 저술하면서 '이전을 상고(詳考)하고 이제를 목도(目睹)하여 지은 노래'에는 본래 題目이 없는데, 박우훈이 '內範教訓歌'라는 제목을 붙인 것이다. 필자도 이를 따라 '內範教訓歌'라고 부르고자 한다. 한편 아래에 소개하는 〈內範教訓歌〉는 박우훈의 判讀에 크게 힘입은 것이다.

론부에서는 서울과 시골, 상류층과 하류층, 남녀노소 모두가 '개화풍'에 휩쓸려 빚어내는 추태를 묘사하고, 비판했다. 결론부에서는 잘못된 개화풍에 휩쓸리지 말고, 태임과 태사 등을 본받아 '영원토록 아름다운 나라' 를 만들자고 권고하였다. 이제 그 전문(全文)을 읽어보기로 하자.[17]

＊〈內範敎訓歌〉[18]

망극하다 이 세상이 국파군망(國破君亡) 하였으니
종사망극(宗社罔極) 어찌 하리
창생도탄(蒼生塗炭) 되었으니 임진왜란 또 당했다
오륜삼강 무너지고 예의염치 하나 없네

서울로 볼 것이면
공경대부 종척지신(宗戚之臣) 거반(居半)이나 융적(戎狄)되고
정경부인(貞敬夫人) 정부인(貞夫人)과 사족부녀(士族婦女) 정신없어

---

17 박우훈은 성암의 〈내범교훈가〉에 대해 "외래의 문물과 정신에 대한 깊은 성찰에서 사물을 取捨하지 않는 도식적인 사고로서, 우리 아닌 他世界에 대한 가치를 인정하지 않으려는 위정척사론자들의 인식의 한계를 이 작품에서도 발견할 수 있다." 고 비판하면서도, 또한 "이러한 성암의 인식을 역사 발전에 장애를 가져오는 보수적 폐쇄주의로 비난할 수도 있을 것이다. 그러나 무조건적 東洋的 世界觀에 대한 거부가 無主體性의 상태로 빠질 우려가 있음을 생각할 때, 절박한 현실 속에서 외부의 힘에 맞서 자신의 학문적 근거에 대한 확신을 가지고, 끝까지 자기가 믿는 바를 지킨 성암의 자세를 재평가해야만 할 것이다." 라고 그 의의를 부여한 바 있다(박우훈, 「醒菴 李喆榮의 '內範敎訓歌' 考」, 228~230쪽).

18 『醒菴集(영인본)』 下, 「내범요람」, 314~319쪽.

난신적자(亂臣賊子) 남편 두고 수괴지심(羞愧之心) 하나 없네
남편 따라 개화하여 외인교섭(外人交涉) 능히 하니
내외분별(內外分別) 있을소냐
종로가상(鍾路街上) 왕래하며 연설참예(演說參預) 능란(能爛)하니
규문심처(閨門深處) 곱게 키운 딸 여학교에 보내놓고
신신부탁하는 말이 개명발달 잘 하여라
천재일시(千載一時) 이 세상에 남자 압제(壓制) 받을소냐
희희세계(熙熙世界) 다 통하니 동서양의 인진부(人盡夫)라[19]
이전 법례(法禮) 말도 말라 여자 혼자 전중(專重)이라
천지간에 같이 생겨 못할 노릇 어있으리
저 하나만 잘나노면 만국유람 다 하리라
인면수심(人面獸心) 저 부녀가 환장역심(換腸易心) 촌-하였네
광언추행(狂言醜行) 한량(限量)없어 남북촌에 널렸으니
광풍음우(狂風陰雨) 침침야(沈沈夜)에 이매망량 한풀졌다
선왕법복(先王法服) 다 버리고 연지단장(臙脂丹粧) 좋게 여겨
검은 옷을 들쳐 입고 단장(短杖) 하나 손에 쥐었네
엇그젯 일 생각하면
창기(娼妓)라도 않던 양(樣)을 홀연간에 성풍(成風)하니
태극조판(太極肇判) 하온 후에 이런 변고 또 있을까
요순공맹 몰(沒)하시니 삼대전풍(三代傳風) 어찌 하리
예의동방 군자국(君子國)이 소중화(小中華)라 일컫더니
오늘날을 당해보니 눈물 지고 한숨 나네

19 '人盡夫'란 '모든 사람이 다 나의 남편이 될 수 있다'는 뜻.

음기박진(陰氣剝盡) 양생(陽生)함은 희문주역(羲文周易) 소소(昭昭)하고
비풍하천(匪風下泉) 난극사치(難極思治) 철리인정(哲理人情) 분명하다
일월(日月) 고쳐 밝아지면 지가 어찌 발뵈리요

시골로 내려와 보면
대처(大處) 바닥 굵은 집이 개화풍속 먼저 드니
덧저고리 박쥐우산 궐련[卷煙]까지 물었으니
계집 사내 일반이라 허전대고 다니면서
수구부녀(守舊婦女) 꾀는 말이
우리보다 윗수가는 경재부녀(卿宰婦女) 다 한다대
뒷귀 어둔 시골 어엄 창고(蒼古)한 말 말으시오
이 세상을 당하여서 좀것들이 내외(內外)라니
규문결박(閨門結縛) 풀어놓고 자유권(自由權)을 내어주니
남편 호령(號令) 받을손가 침선방적(針線紡績) 저참이라
우리 아들 타국(他國) 가고 우리 딸이 개화하여
졸업장을 마친 후에 부귀영화 차제사(次第事)라
어서 바삐 나오시오 개화(開化) 세계 좋을시고
저 하는 말 들어보니 이 내 간담 서늘하네
전고(前古) 없는 철로윤거(鐵路輪車) 오랑캐가 벌여놓고
우리나라 망친 뒤에 만국지인(萬國之人) 모두 타니
구유인심(苟有人心) 하온 이면 남자도 아니 탈 걸
사족부녀(士族婦女) 올라타고 사내 어깨 서로 대어
흔들대고 왕래하니 노류장화(路柳墻花) 윗수친다
선왕예속(先王禮俗) 없어지니 어두귀면(魚頭鬼面) 한 세계라

의복음식 승(勝)히 하나 견돈행실(犬豚行實) 면할소냐
임진년과 이제 날이 왜놈 날이 같건마는
임진 열부(烈婦) 쏟아지고 오늘 어찌 적막(寂寞)한고
도적(盜賊)에게 팔 한번만 잡히어도
시사여귀(視死如歸) 하던 절개(節槪) 금일 하나 있을소냐

세한송백(歲寒松柏) 후조(後凋)하고 질풍경초(疾風勁草) 알아봄이
이 세상을 시험(試驗)하세
빙옥절개(氷玉節槪) 견수(堅守)하여 태임태사(太妊太姒) 스승 삼고
아황여영(娥皇女英) 본을 받아 유방백세(流芳百世) 하여보세

12

선조 초려(草廬)에 대한 무함(誣陷)을 해명하다

성암의 선조 초려와 우암 · 동춘은 사계(沙溪) 김장생(金長生)과 신독재(愼獨齋) 김집(金集)의 문하에서 함께 공부한 막역한 사이로서, 학문적 견해와 정치적 진퇴를 함께 하였다. 그런데 갑인예송(甲寅禮訟, 1674) 이후 만년에 우암과 초려 사이에 불화가 생겼다.

초려와 우암은 갑인예송의 과정에서 견해를 같이했고, 결국 남인(南人) 측에 패하여, 초려는 북쪽의 평안도 영변(寧邊)으로, 우암은 남쪽의 경상도 장기(長鬐, 蓬山)로 유배를 당하였다. 초려가 북쪽에서 유배생활을 하고 있는데, 남쪽에서는 '초려가 화(禍)를 모면하려고 예설을 바꾸었다' 는 소문이 떠돌았다. 초려가 죽음을 피하고자 예설에 대한 소신을 바꾸었다는 것이다. 이러한 소문의 진원지는 우암 문하의 송상민(宋尙敏)이었다. 그런데 우암은 송상민의 주장이 거짓임을 알고 있었으면서도, 송상민을 꾸짖지 않고, 오히려 초려가 변절한 것처럼 몰아갔다. 그리하여 초려와 우암 사이에 불화가 생기고, 결국 서인 계열이 분열하게

된 것이다.[1]

초려와 우암 사이의 불화는 초려의 후손들에게 적지 않은 불행을 초래했다. '초려가 예설을 바꾸었다' 는 소문은 무함(誣陷)임이 모두 밝혀졌음에도 불구하고, 우암의 문도들은 초려의 후손들을 음양으로 핍박했던 것이다. 숙종 이후 조선 말기까지 노론의 집권이 계속되면서, 초려의 후손들은 숨을 죽이고 살아야 했다.

성암은 〈선조의 예설에 대한 비방을 추념하며 느낀 적을 읊다[追念先祖禮謗事有感]〉라는 장편의 서사시에서 초려와 우암 사이에 빚어진 불화의 전말을 서술하고, 소회를 읊은 바 있다. 먼저 이 시를 통해서 그 전말을 살펴보기로 하자.

---

1 明齋 尹拯은 초려와 우암을 화해시키려고 먼저 사실 관계를 파악하면서, 이 일이 애초에 宋尙敏 등의 誣陷에서 비롯된 일임을 알게 되었다(『明齋遺稿』 別集 卷2, 〈蓬山語錄〉 참조). 요컨대 明齋는 송상민의 무함과 우암의 두둔을 알게 된 것인바, 이것이 훗날 老 · 少 分黨의 한 遠因이 되었던 것이다.

한편, 尤庵은 庚申年(1680) 5월 25일에 文谷 金壽恒에게 보낸 편지(『宋子大全』 卷55, 〈答金久之〉)에서 "나의 의견은 「孝廟는 곧 周나라 武王과 같다. 그러나 반드시 適統을 빼앗은 후에 適子가 되었기 때문에 부득불 '聖庶(天子의 庶子)' 라 하고, 또 부득불 '體이면서 正이 아니다[體而不正]' 라 하고, 또한 檀弓과 子游를 인용하지 않을 수 없다」고 여겼던 것인데, 이는 賤臣이 만 번 죽어도 용서받지 못할 죄인 것입니다. 그러나 草廬는 泛稱으로 適統이라 했으니, 이는 本然의 適統이 됩니다. 그러므로 지난번에 時輩들이 자기들의 의견과 부합된다고 생각하여 심지어 榻前에서 아뢰기까지 하였으니, 이것이 어찌 크게 서로 다른 점이 아니겠습니까? 생각건대 次子 適子의 說은 이미 孝考의 誌文 속에 나타나 있고 儒疏 또한 이것으로 聖上께 아뢰었으니, 어찌 그의 疏를 기다려 밝힐 것이겠습니까? 또 宋尙敏의 의견이나 말은 일체 나의 말에서 나온 것이니 그의 疏를 보면 알 수 있습니다."라고 말한 바 있는데, 이는 여러모로 검토를 요하는 내용이다.

＊〈追念先祖禮謗事有感〉[2]

春尤暨草三先生　동춘 · 우암 · 초려 세 선생은
共事一師若兄弟　한 스승을 함께 모시어, 형제와 같았네.
同志同傳相結約　동지동전(同志同傳)으로 서로 약속을 맺으니
一身二人師門評　스승께선 '한 몸에 두 사람' 이라 평하셨네.
未幾奄遭梁摧痛　얼마 후 문득 스승께서 돌아가시니
一幅祭告共聯名　한 장의 제문에 세 사람이 연명했네.
擬結三廬卜一丘　한 곳에 집터 잡아 세 집 짓고 살자 하며
鐵心石肝斯邁征　철석같은 마음으로 학업에 매진했네.
幼學壯行君子事　어려서 배운 것을 자라서 실행함은 군자의 일
一體應薦際時明　밝은 시절 만나 함께 천거를 받았네.
如何中罹丙丁亂　어찌하여 중간에 호란(胡亂)을 당했더냐.
天飜地覆退野耕　하늘과 땅이 뒤집혀 초야로 물러났네.
孝廟志雪山河恥　효종께서 산하의 치욕을 씻으려 하심에
草野遺逸招以旌　초야에 숨은 이를 밀지(密旨)로 부르셨네.
春秋大義明日月　춘추대의를 해와 달처럼 밝히려
三先生又至王京　세 선생이 또 서울로 올라가셨네.
有志未就旋泣弓　효종께서 뜻을 이루지 못하고 갑자기 돌아가시니
天下大事從此傾　천하의 대사가 이로써 기울었네.
慈殿服制定朞年　자전(慈殿)의 복제는 1년으로 정해지니
是爲己亥禮說成　이것으로 기해년의 예설 이루어졌네.

---

2 『醒菴集』 卷1 頁33~34.

主論三年彼一邊　저쪽(南人)에서는 3년설을 주장하니
愛官難以口舌爭　관직을 탐하는 사람들과 구설로 다투기 어려웠네.
卑主貳宗殆險疏　'비주이종' 이라는 매우 음험한 상소로
陷人苗脈豈非萌　사람을 모함하려는 싹이 텄던가.[3]
及至甲寅如火熾　갑인년에 이르러 불처럼 뜨거워지니
禮訟紛紛時局驚　예송이 분분하여 시국이 동요했네.
此時同春先已沒　이때 동춘은 이미 먼저 돌아가셨고
尤草二老禍惟攖　우암·초려 두 노인께 화가 닥쳤네.
二老各竄千里外　두 노인은 각자 천 리 밖으로 쫓겨나
處坎冀見道愈亨　귀양살이 하며 道가 형통해지길 바라셨네.
外食雖急尋常事　외식(外食)은 비록 급박해도 늘 있는 일인데[4]
此邊又何如沸羹　이쪽(西人)에선 또 어찌 국을 끓이듯 소란했는가.[5]
造爲新作禮說謗　'새로 예설을 지었다' 는 말 만들어 비방하며
欲將草廬落坑塹　초려를 함정에 빠뜨리려 했네.
時輩坐收漁人功　당시 집권한 무리들은 앉아서 어부지리 얻고자
解配所以欲加兵　초려를 풀어줌은 이쪽을 공격하려는 꾀였는데
如何更做乞哀說　어찌 다시 '그들에게 애걸했다' 는 말을 지어내
白地浮謗一層橫　아무런 근거 없는 비방이 횡행하게 했는가.

---

3 禮訟 당시 윤휴·윤선도 등 南人들이 西人의 禮說을 '임금을 낮추고 종통을 둘로 삼는 것[卑主貳宗]' 이요, '(孝宗은) 섭정 황제며, 가짜 세자라는 것[攝皇帝 假世子]' 이라고 비판한 바 있다. 이러한 비판으로 인해 禮訟은 학문적 논쟁에서 권력투쟁으로 변질하게 되었다.

4 '外食' 은 '밖에서 닥쳐오는 禍' 로써, 여기서는 南人들의 공격을 받아 귀양살이를 하는 것을 뜻함.

5 우암과 초려 사이에 틈이 벌어져 요란하게 시비를 다투게 된 것을 말함.

聖庶奪嫡江郊疏　‘성서탈적’[6]은 우암의 주장이었고
庶升稱適鐵甕呈　‘서승칭적’[7]은 초려의 주장이었던바
此載萬義往復說　이는 모두 만의사 왕복한 글에 실려 있고
況復尤菴潤色精　하물며 우암이 또 정밀하게 윤색한 것이니
尤菴門庭豈不識　우암 쪽에선 어찌 모를 리가 있었겠는가.
坦道無端欲生荊　평탄한 길을 무단히 가시밭길로 만들었네.
旣知父師爲尊重　이미 부모와 스승은 높고 무거움을 아는바
父師道交亦非輕　부모와 스승이 道로 사귐 또한 가볍지 않은 것.
兩皆無過誠好事　양쪽 모두 허물없다면 참으로 좋은 일인데
空然擯一豈常情　공연히 한쪽 배척함은 어찌 떳떳한 일이겠는가.
愛人以德聖訓在　‘사람을 덕으로 사랑하라’ 는 성인의 말씀 있으니
況諫父師當以誠　하물며 부모와 스승께는 정성 다해 간해야 하네.
反欲父師忘久要　도리어 부모와 스승이 오랜 약속 잊도록 한다면[8]
自省能無顔發頳　스스로 반성함에 얼굴이 붉어지지 않겠는가.
越彎笑道兄彎泣　월인에겐 웃으며, 형에겐 울며 말하는 법이니[9]

---

6 聖庶奪適 : ‘天子의 庶子가 適長子 대신 適統을 이은 것’ 을 말함.

7 庶升稱適 : ‘庶子라도 適統을 이으면 適子라고 말한다’ 는 뜻.

8 『論語』 憲問 제13장에 “이익을 보면 의리를 생각하고, 위험을 당하면 목숨을 바쳐 남을 구하고, 오래된 약속에 평소 하던 말을 잊지 않으면, 成人이 될 수 있다(見利思義 見危授命 久要不忘平生之言 亦可以爲成人矣)” 는 말이 보임.

9 『孟子』 告子下 제3장에 “여기에 어떤 사람이 있는데, 越나라 사람이 활을 당겨 사람을 쏘려고 하면 자기는 웃으면서 타이르는 것은 다름이 아니라 그 越나라 사람을 소원하게 여기기 때문이요, 자기 兄이 활을 당겨 사람을 쏘려고 하면 자기가 눈물을 흘리며 타이르는 것은 다름이 아니라 그 兄을 친척으로 여기기 때문이다.” 라는 말이 보임. 성암은 “周公의 宗法을 따르자면 이른바 ‘三年’ 과 ‘期年’ 은 그 옳고 그름이 스스로 명백한 것인데도, 南人들이 얽어서 함정에 빠뜨리고자 한 실정이 드러났으니, 이는 ‘越나라 사람이 활을 당긴 것’ 입니다. (우암과 초려 사이에) 禮論에 대해 서로 다

鐵甕長書曰一鳴　철옹의 장서에선 '한번 울겠다[一鳴]' 고 했네.[10]
期欲不負收司律　수사율을 피하지 않겠다고 기약했으니[11]
此心千載如水清　이 마음은 영원히 물처럼 맑을 것.
作爲此詩質無及　이 시를 지어도 질정할 곳 없어
惟戒後人心不平　오직 후인들께 경계하노니, 마음 편치 못하네.

한편, 초려의 7대손 화(鉌, 1806~1847)는 선조 초려에 대한 무함을 해명하기 위해 그와 관련된 기록들을 모두 수집하여 『문산문답(文山問答)』을 편찬하였다(1844년). 성암은 『문산문답』을 교정하고 보완하는 일에 힘쓰면서, 이를 바탕으로 기회가 있을 때마다 초려에 대한 무함을 해명하고자 했다.

1916년(丙辰) 당시 송의섭(宋毅燮)이 『동국강감(東國綱鑑)』을 편찬하고 있었으며, 유인호(柳寅鎬)가 그 교정에 참여하고 있었던 것 같다. 이때 성암은 『동국강감』에서의 초려에 대한 서술이 공정하지 못하다는 소문을 듣고, 1916년 1월 유인호에게 다음과 같은 편지를 보낸 바 있다.

른 뜻이 없는데도 같은 집 안에서 틈이 생긴 것은 '그 형이 활을 당긴 것' 이니, '그 아우가 울면서 타이르는 것' 을 어찌 그만둘 수 있겠습니까?" 라고 말한 바 있다.

10 초려가 寧邊의 鐵甕에서 귀양살이를 할 때 우암 쪽에서 '초려가 새로 禮說을 만들었다' 는 말을 지어내서 비방한다는 소식을 듣고 우암에게 그 경위를 따지는 편지를 보냈는데, 우암은 이에 대해 '별지의 내용은 한번 웃는다[別紙一笑]' 는 답장을 보내왔다. 이에 초려는 우암과의 일들을 회상하는 내용을 쓴 다음, "(南人들의 공격으로) 우리들은 모두 죽게 될 것이니, 지금 말을 하지 않는다면 말할 수 있는 날도 없을 것이오. 애오라지 참으로 한번 울며, 이로써 서로 永訣할까 하오[吾輩皆將死矣 今而不言 恐無其日 聊誠一鳴 因與之永訣]" 라고 답한 바 있다(『草廬全集』 卷8 頁20 참조).

11 '收司律' 은 緣坐制를 말함. 동춘 · 우암 · 초려가 沙溪 문하에서 함께 공부할 때 "우리들 세 사람 중에 한 사람이 허물이 있으면 마땅히 收司律을 받을 것" 이라고 맹약했었다 한다.

(前略) 듣자하니, 우리 벗 송강재(宋强哉)가 동사(東史)를 편집하는데 그 권질(卷帙)이 매우 많다고 하니, 생각건대 정력을 기울여 노력하는 것이 사마온공(司馬溫公)의 『자치통감(資治通鑑)』보다 덜하지 않을 것 같습니다. 그런데 우리 형께서 그 책을 교정하는 일을 맡으셨으니, 과연 능히 천고(千古)의 시비(是非)가 뒤얽힌 덤불 속에 참여하실 수 있겠습니까? 우습습니다.

무릇 역사책은 반드시 직필(直筆)을 거친 다음에야 후세에 전할 수 있는 것이니, 형께서 맡으신 책임이 무겁지 않겠습니까? 그 책에서 저희 선조 초려(草廬)의 예설에 대한 비방을 서술한 곳을 집안 조카가 보고 와서 전하기를, "비록 집필하는 사람이 글을 지어 넣은 것은 없지만, 그 수집한 글들이 다분히 한쪽에 치우쳤다"고 합니다. 혹시 두 집안의 문자를 골고루 살피지 않아서 그런 것입니까? 즉시 강재(强哉)와 의논하여 확실히 해 두고 싶지만 서로 멀리 떨어져 살아 만나 뵙기가 어려우니, 매우 한탄스럽습니다. 장차 편지로써 변론하여 바로잡고자 합니다. 우리 집안에 『문산문답(文山問答)』이라는 책이 있는데, 예송(禮訟)의 전말을 기록한 책입니다. 이에 이 책을 형께 바치오니, 살펴보신 다음에 돌려주시는 것이 어떻겠습니까?[12]

위의 글에서 알 수 있듯이, 당시 송의섭은 『동국강감』을 편찬하면서 초려와 우암 사이의 불화에 대해서는 다분히 우암 쪽의 주장만 수록했던 것이다. 이에 대해 성암은 '두 집안의 문자를 골고루 살펴서 공정하게 직필할 것'을 주문하고, 그 자료로 『문산문답』을 보냈던 것이다. 성암은 1917년 3월에는 유인호에게 다음과 같은 편지를 보냈다.

12 『醒菴集』 卷2 頁35, 〈與柳士俊 寅鎬〉.

(前略) 지난번에 형께서 저희 종형(從兄)께 보낸 편지에서 "초려의 자명소(自明疏)와 복제설(服制說)이 있으면, 요약해서 보내 달라"고 말씀하신 것을 보았기에, 그것을 베껴 보내드립니다. 그런데 예송(禮訟)에 관한 것뿐만 아닙니다. 친구들 사이의 편지나 봉사(封事) 또는 경연(經筵)에서 아뢴 말씀으로 대의(大義)를 강명(講明)한 것이어서 지금이나 후세에 크게 관계된 것이 있으니, 그러므로 그 가운데 중요한 것을 뽑아 함께 베껴 보내드립니다. 비록 성암(惺菴)이 역사를 편찬하는 규례가 어떤지는 모르겠으나, 대개 편년체(編年體)를 기준으로 삼는다고 하니, 그 해당 조목에 따라 채택하여 편입시키면 다행이겠습니다.

형께서도 또한 국조(國朝)의 사적(事蹟)을 편집하고 계시니, 만약 책이 완성되었다면 혹시 보여주실 수 있는지요. 무릇 세상에 형적을 보고 기술하는 사람들은 그 당파에 따라 제각각이어서 대부분 공정하지 못합니다. 제 생각에, 반드시 자양부자(紫陽夫子, 朱子)와 같은 큰 안목을 지닌 사람이 나온 다음에야 비로소 논정할 수 있을 것입니다. (後略)[13]

초려의 '자명소(自明疏)'란 초려가 자신은 새롭게 예설을 지은 적이 없음을, 다시 말해 자신은 예설에 대한 소신을 바꾼 적이 없음을 해명한 상소이다.[14] 유인호가 초려의 자명소와 복제설을 보내 달라고 요청한

13 『醒菴集』 卷2 頁35~36, 〈與柳士俊〉.

14 우암 측에서 '초려가 禮說을 바꾸었다'고 비방하자, 당시 南人에 속한 우의정 吳始壽가 "이유태는 지난날 자신의 禮說이 잘못이었음을 깨닫고 바꾸었으니, 스스로 새로워질 수 있는 길을 열어주어야 한다"고 상소하였다(『肅宗實錄』 5년 7월 13일조 참조). 그리하여 초려는 유배에서 풀려나게 되었으나, 초려는 '자신은 禮說에 관한 소신을 바꾼 바 없다'고 自明疏를 올리고, 유배지에서 돌아오지 않고 장소를 조금 옮겨 계속 머물러 있었다. 한편, 초려를 석방해야 한다는 오시수의 상소는 초려와 우암 사이를 더욱 벌어지게 만들려는 南人들의 離間策이었을 것으로 보인다.

것으로 보아, 그는 '두 집안의 문자를 골고루 살펴서 공정하게 직필하라' 는 성암의 요청을 수용했던 것으로 보인다. 한편, 성암은 예송에 관한 것뿐만 아니라 초려의 글 가운데 '대의(大義)를 강명한 것이어서 지금이나 후세에 크게 관계된 것' 을 뽑아 보내면서, 함께 수록하여 줄 것을 요청하였다. 성암은 1917년 5월에는 유인호에게 다음과 같은 편지를 보냈다.

> 사서(史書) 편찬에 관한 일은 잘 알겠습니다. 보내주신 편지에서 "오직 당쟁(黨爭)이 생긴 이후로는 공정한 안목을 지니기가 매우 어렵다" 고 하신 말씀은 참으로 그런 것 같습니다. 그러나 만약 시비를 두려워하여 정직하게 쓰지 못한다면, 어찌 역사를 쓴다고 하겠습니까? 비록 그러하나 이미 사관(史官)의 책임을 맡은 것이 아니니, 역사책을 저술하는 일로 인해 헛되게 세상의 화를 입어서도 안 될 것입니다. 오직 자양부자께서 『통감강목(通鑑綱目)』을 수정(修正)하신 것처럼 정밀하고 절실한 권도(權度)로 임하여, 그 선을 선이라 하고 악을 악이라고 함이 한결같이 무편무당(無偏無黨)한 데서 나와야 합니다. 이렇게 실록(實錄)을 완성하여 상자 속에 보관하고 있다가, 일이 지나고 재가 식어 은혜와 원망이 모두 잊힌 다음에 출간한다면, 폄론(貶論)한 일이 어찌 다만 안목이 밝은 데 그치겠습니까? 예컨대 지금 한·당(漢唐)의 인물에 대해 가·부(可否)를 논하는데, 미워하고 성내는 사람이 어디 있습니까? 오늘날 우리 동방의 역사책 또한 한·당처럼 먼 옛날의 일이 된 다음에야 가능할 것입니다. 이는 대개 시비는 스스로 존재하는 것이어서 사람들이 속이기 어렵기 때문입니다. (後略)[15]

15 『醒菴集』 卷2 頁36, 〈答柳士俊〉.

유인호는 '두 집안의 문자를 골고루 살펴서 공정하게 직필하라'는 성암의 요청을 수용하면서도 "오직 당쟁이 생긴 이후로는 공정한 안목을 지니기가 매우 어렵다"고 토로한 것이다. 이에 대해 성암은 "만약 시비를 두려워하여 정직하게 쓰지 못한다면, 어찌 역사를 쓴다고 하겠습니까?"라고 격려한 다음, "이로 인해 헛되게 세상의 화를 입어서도 안 되니, 실록(實錄)을 완성하여 상자 속에 보관하고 있다가, 일이 지나고 재가 식어 은혜와 원망이 모두 잊힌 다음에 출간하라"고 권했던 것이다.

한편, 성암은 1917년 3월 마침내 송의섭에게 다음과 같은 장문의 편지를 보냈다.

* 〈與宋强哉 毅燮〉[16]

슬픕니다. 우리 청구(靑邱)가 예전에 북쪽 오랑캐의 땅이 되었었지만, 오히려 비린내가 초야(草野)까지 미치지는 않았습니다. 지금은 남쪽 오랑캐에게 점령을 당하여 개·돼지들이 매번 궁정(宮庭) 안으로 돌입하니, 사람의 도(道)가 장차 소멸되려고 합니다. 이처럼 전에 없던 변고가 나의 앞도 아니고 뒤도 아닌 바로 지금 닥쳤는데, 동해(東海)의 물결 속으로 뛰어들어 죽지도 못하고 있습니다.[17] 이러한 치욕을 만난 것은 진실로 그 형세입니다. 비록 그러하나 우리들이 목숨을 조금이라도 연장한 이상, 어찌 자정(自靖)의 방도가 없겠습니까? 매번 동지(同志)들과 함

16 『醒菴集』 卷2 頁37~43.

17 戰國時代 齊나라의 魯仲連은 "포악한 秦나라의 지배를 받느니, 차라리 東海에 빠져 죽겠다."고 외치며 秦을 물리치는 데 앞장선 바 있다.

께 한 곳에 오두막을 짓고 사생(死生)을 함께 할까 생각했었는데, 우리 형과는 10년 가까이 서로 보지도 못했으니, 하물며 이웃에 사는 것을 바랄 수 있겠습니까? 이 또한 형세가 어찌할 수 없는 것이니, 다만 스스로 슬퍼하며 탄식할 뿐입니다.

지난번에 들으니, 형께서 야사(野史)를 쓰고 계신다고 합니다. 비록 보지는 못했지만 그 책의 분량이 제법 많다고 하니, 형께서 정력(精力)을 바치는 곳을 알 수 있겠습니다. 다만 듣자오니, 우리 선조 초려(草廬)의 사적에 대한 기록은 사실과 어긋난 곳이 있는 것 같습니다. 이는 저희 집안 문자(文字)의 간행이 매우 늦었고, 또한 널리 배포할 수 없었기 때문입니다. 봉양(鳳陽)[18]이 교정(校正)하고 윤문(潤文)하는 일을 맡았다고 하기에, 곧바로 이를 정정해달라는 뜻의 편지를 보낸바 있습니다. 형께는 인편(人便)을 구하기가 쉽지 않아 지금까지 미루고 있었습니다만, 지금은 비록 제가 말하지 않더라도 사적을 살펴 진실을 알 수 있을 것입니다.

이 일은 우옹(尤翁)의 문장(門墻)과도 관계된 일이라서, 후학(後學)이 붓을 들기가 불편할 것입니다. 그러나 사실(事實)이 본래 이와 같으니, 어찌하겠습니까? 하물며 역사책은 직필(直筆)을 귀하게 여기지 않습니까? 혜량하여 주시기 바랍니다.

〈別紙〉

우옹(尤翁)의 〈기축봉사(己丑封事)〉 제13조에 말하기를, "공자는 『춘추(春秋)』를 지으시어 천하 후세에 대일통(大一統)의 의리를 밝히셨으니, 무릇 혈기가 있는 무리들은 모두 '중국을 마땅히 높이고 오랑캐를 추하게

---

18 鳳陽 : 柳寅鎬(柳士俊)의 號.

여겨야 함' 을 알게 되었습니다. 주자가 또 인륜(人倫)과 천리(天理)를 극진히 미루어나가 복수설치(復讐雪恥)의 의리를 밝혀 '하늘은 높고 땅은 낮은데, 사람은 그 가운데 자리하고 있습니다. 하늘의 도(道)는 음양(陰陽)을 벗어나지 않고, 땅의 도(道)는 강유(剛柔)를 벗어나지 않으니, 따라서 인(仁)과 의(義)를 버리고서는 또한 사람의 도(道)를 확립할 수 없는 것입니다. 그런데 인(仁)은 부자(父子)보다 큰 것이 없고, 의(義)는 군신(君臣)보다 큰 것이 없으니, 이것이 삼강(三綱)의 요점이요, 오상(五常)의 근본이며, 인륜과 천리의 지극한 것으로서, 천지 사이에 도망갈 수 없다고 하는 것입니다. 군부(君父)의 원수와는 함께 하늘을 이고 살 수 없다는 말은 바로 하늘이 덮어주고 땅이 실어주는 가운데 군신과 부자의 천성을 지닌 자들이 지극히 원통하여 그만둘 수 없는 동일한 감정에서 한 말이요, 한 몸의 사사로움에서 나온 말이 아닙니다.' 라고 했습니다. 신(臣)은 이 글을 읽을 때마다 '이 한 글자 한 구절이라도 혹시 미진하게 이해한다면, 예악(禮樂)이 똥구덩이에 떨어지고 인도(人道)가 금수(禽獸)에 빠져도 구제할 수 없을 것' 이라고 여겼습니다." 라고 했습니다. 또 말하기를, "우리나라는 참으로 신종황제(神宗皇帝)의 은혜에 힘입었습니다. 임진년(壬辰年)의 변고에, 종사(宗社)가 이미 폐허가 되었다가 다시 되찾았고, 백성은 거의 죽었다가 다시 소생했으니, 우리나라의 초목 하나하나, 백성의 머리터럭 하나하나까지도 모두 황은(皇恩)이 미친 것입니다. 그렇다면 오늘에 있어서 그 분통한 원한은 온 세상 어느 누가 우리만 하겠습니까?" 라고 했고, 또 "일종의 어리석고 둔하며 이익을 좋아하고 부끄러움이 없는 무리들은 '우리는 이미 저들에게 굴복했으니, 명분이 이미 정해졌다. 홍광(弘光)[19]이 시해된 것과 앞선 조정의 치욕은 돌아볼 필요가 없다.' 고 말합니다. 그윽이 생각건대, 이러한 주장이 행해진다면, 공자 이래의 대경대법(大經大法)이 일체 사라질 것입니다. 장차 삼강(三綱)이 매몰되고 구법(九法)이 무너져서, 자식으로서 부모가 있는 줄을 모르고 신하로서 임금이 있는 줄을 모르는 등, 사람들의 마음이 어긋나고 하늘과 땅이 막혀서 모두 금수의 무리가 될 것이니, 두렵지 않겠습니까?" 라고 했습니다.

우리 선자(先子)께서 정유년(丁酉年, 1657년)에 우옹(尤翁)께 보낸 편지에서는, "병자호란을 당하던 초기에 인심(人心)이 죽지 않고 천리(天理)가 민멸되지 않아서, 고상한 사람들은 농사짓고 세금 내는 일을 하지 않으려 하고, 선비들은 간혹 과거(科擧) 공부를 부끄럽게 여기고, 벼슬길에 나간 사람도 고관대작(高官大爵)으로 조정에 서는 것을 수치로 여겼으니, 우리 임금께서 차후에 중흥할 수 있는 근본이 여기에 있었습니다. 기축년(己丑年, 1649년)에 쉽사리 세상에 나갔던 여러 사람들이 일은 이루지 못한 채 단지 천하의 큰 제방(堤防)만 무너지게 하였습니다. 간혹 작록(爵祿)에 마음을 둔 사람들은 청나라와 우리나라 사이의 군신(君臣)의 명분이나 의리는 단 하루라도 없어서는 안 될 일이라 하여, 청나라 연호를 쓰지 않는 것을 백성을 혼란케 하는 일이라 했습니다. 이런 말이 한 번 나오매, 강개한 지기(志氣)가 있고 오랑캐 풍습을 부끄러워하는 사람들이 모두 상상 못할 지경에 빠져, 형벌을 가하지 않아도 사기(士氣)는 이미 삭막하게 되었습니다. 그런 말을 하는 사람들은 매우 어질지 못한 사람들이었습니다. 얼마 안 가서 사람들이 서로 금수가 되는 것은 반드시 이런 사람들 때문일 것입니다. 그러므로 우리 임금께서 성명(聖明)하시니, 지금이 어찌 '약간 편안한 시절' 이 아니라 하겠으며, 선비들을 불러

19 1644년 明나라가 망한 뒤 神宗의 손자인 福王 朱由崧이 南京에서 즉위하고, 年號를 弘光이라 했다. 재위 기간은 1644~1645년이다.

들임에 여럿이 나아갔으니, 국사를 논하는 것이 어찌 '볼만하다' 하지 않겠습니까? 그러나 나의 근심은 이에 더욱 깊어집니다. 나는 일찍이 '국가가 백성을 사랑하여 부세(賦稅)를 가볍게 하는 것이 비록 급무이기는 하나, 청나라에서 요구하는 부역(賦役)은 절대로 미루거나 줄일 수 없다.' 고 했습니다. 왜냐하면, 백성들이 청나라에 바치는 폐백(幣帛)에 시달려서 분노와 원한을 잊지 말게 하자는 것이었습니다. 청나라에서 요구하는 부역을 미루거나 줄인다면, 임금은 성스럽고 신하는 현명하여 시대가 조금 다스려지는 효험이 있고 백성이 조금 편안한 즐거움이 있게 되어 다시는 백척간두(百尺竿頭)에서 한 발짝 더 나아가려고 하지 않을 것이니, 중흥(中興)의 희망은 더욱 끊길 것이요, 오랑캐의 풍습을 우리들은 끝내 면할 수 없게 될 것이니, 그 근심이 어찌 더 심하지 않겠습니까? 충분히 할 수 있는 도구도 있고 충분히 할 수 있는 시기도 만났는데, '터럭 하나를 뽑아서 온 천하를 이롭게 하는 일'[20]을 하지 않는다면, 이는 '형수가 물에 빠졌는데도 건져주지 않는 것'[21]과 차이가 없습니다. 앞에서 말한 '어질지 못한 자' 와 맑고 흐림은 비록 다르지만, '어질지 못하다' 는 점에서는 무슨 차이가 있겠습니까?" 라고 했습니다.

무릇 선현의 이러한 문자(文字)는 더욱이 하늘의 이치를 밝히고 사람의 마음을 바로잡는 커다란 관건이요, 또 천지와 더불어 영원히 보전되어야 할 것입니다. 국승(國乘)과 야사(野史)에서도 또한 마땅히 하나하나 채택하여 기록해야 하니, 비록 큰 글자로 특별하게 써도 좋고, 한 번뿐

---

20 맹자는 楊朱에 대해 "터럭 하나를 뽑아서 천하를 이롭게 하는 일도 하지 않는 사람"이라고 비판한 바 있다(『孟子』 盡心上 제26장 참조).

21 맹자는 "형수가 물에 빠졌는데 구해주지 않는다면, 이는 승냥이 · 이리와 다르지 않다" 고 비판한 바 있다(『孟子』 離婁上 제17장 참조).

만 아니라 여러 번 써도 좋을 것입니다. 그윽이 생각건대, 우옹의 글은 저렇듯 빠짐없이 역사책에 모두 기록되어 있습니다만, 우리 선자의 글은 혹시 빠뜨리지 않았을까 염려되어, 이에 써서 보내는 것입니다. 감히 한 구절도 도울 것이 없는 중에 혹시 도움이 되겠습니까?[22]

기해년(己亥年, 1659년)과 갑인년(甲寅年, 1674년)의 예송(禮訟) 또한 삭제할 수 없는 것입니다. 주공(周公)의 종법(宗法)을 따르면서 논한다면, 이른바 '삼년(三年)'과 '기년(期年)'은 그 옳고 그름이 스스로 명백한 것인데도, 저들(南人들)이 얽어서 함정에 빠뜨리고자 한 실정이 드러났으니, 이는 '월(越)나라 사람이 활을 당긴 것'입니다. (우옹과 우리 先子 사이에) 예론에 대해 서로 다른 뜻이 없는데도 같은 집 안에서 틈이 생긴 것은 '그 형이 활을 당긴 것'이니, '그 아우가 울면서 타이르는 것'을 어찌 그만둘 수 있겠습니까?[23] 그러므로 우리 선자께서 이에 대해 여러 차례 변론한 것은 혹시 후세에 웃음거리가 될까 두려웠기 때문입니다. 하물며 갑인예설(甲寅禮說)은 곧 만의사(萬義寺)와 왕복했던 정당한 내용이었음은 두 집안의 유고(遺稿)에 모두 밝고 밝게 실려 있습니다.[24] 그런데

---

22 『史記』〈孔子世家〉에서는 "공자가 『春秋』를 짓는데, 쓸 것은 쓰고 삭제할 것은 삭제하니, 子夏의 무리가 감히 한 구절도 돕지 못하였다[爲春秋 筆則筆 削則削 子夏之徒不敢贊一辭]"라고 하였다.

23 맹자는 "여기에 어떤 사람이 있는데, 越나라 사람이 활을 당겨 사람을 쏘려고 하면 자기는 웃으면서 타이르는 것은 다름이 아니라 그 越나라 사람을 소원하게 여기기 때문이요, 자기 兄이 활을 당겨 사람을 쏘려고 하면 자기가 눈물을 흘리며 타이르는 것은 다름이 아니라 그 兄을 친척으로 여기기 때문이다."라고 말한 바 있다(『孟子』 告子下 제3장 참조).

24 甲寅禮訟 당시 草廬는 全義의 飛庵寺에서 대죄하고 尤庵은 水原의 萬義寺에서 대죄하였다. 이때 초려는 禮說을 지어 우암에게 보냈는데, 우암은 거기에 80~90자를 보완하였다. 이것이 초려의 甲寅禮說로 확정된 것이다. 그런데 뒤에 宋尙敏 등 우암의 몇몇 문인들이 '우암이 고친 사실'을 모르고 이를 '草廬가 禮說을 바꾸었다는 증

무슨 까닭으로 이에 대해 지껄이는 사람들이 아직도 사라지지 않는 것입니까?

무릇 예론가(禮論家)들이 말하는 '적자(適子)' 라는 명칭은 세자(世子)·태자(太子)와 같은 명칭입니다. 그러므로 송나라 인종(仁宗)이 부왕(裒王)·예왕(豫王)·악왕(鄂王) 등 세 왕을 연달아 잃고서 다시는 황자(皇子)가 없었을 때 영종(英宗)이 복왕(濮王)의 아들로서 들어와 대통(大統)을 이었는데, 정자(程子)는 '인종의 적자' 라고 일컬었습니다. 또한 광종(光宗)은 셋째 아들로서 태자로 세워졌는데, 주자(朱子)는 영종(寧宗, 光宗의 아들임)을 '세적(世適)'[25]이라 일컬었습니다. 『상례비요(喪禮備要)』 '부장기(不杖朞)' 조목에서는 "서손(庶孫)이 적손(適孫)으로 승격된 경우, 강복(降服)[26]한다" 고 했고, 『통전(通典)』에서는 "성서탈적(聖庶奪適)"[27]이라 했습니다. 이러한 몇 가지 문단을 준거로 삼는다면, 우리 선자의 갑인예설에서 '서자(庶子)를 세워 적자로 삼은 경우 또한 적자라 한다[庶升稱適]' 고 한 것은 비유컨대 '탕·무(湯武)가 제후로서 천자가 되었으면, 천자라고 일컫는다' 는 말과 같으니, 어찌 조금이라도 예의 뜻에 어긋나겠습니까? 그러므로 우옹은 만의사에서 왕복할 때 80~90자를 덧붙였는데, 탕·무의 이야기에 대해서는 한 글자도 바꾸지 않았던 것입니다. 그 뒤에 어떤 사람에게 답한 편지에서도 또한 "갑인설은 전편(全篇)이 좋아, 해로운 것이 없다." 고도 했고, 또 "아무개 친구의 예설은 고경(古經)과 어긋나지

거' 로 삼아, 초려를 비방하는 일이 벌어졌다.

25 世適 : 대대로 適子였다는 뜻. 즉 寧宗뿐만 아니라 그 아버지 光宗도 適子로 인정했다는 뜻.

26 降服 : 喪服의 등급을 내림. 즉 본래 정해진 喪服보다 한 등급 낮은 喪服을 입는 것.

27 聖庶奪適 : '天子의 庶子가 適長子 대신 適統을 이은 것' 을 말함. 아래에 보이는 바 '武王이 伯邑考 대신 大統을 계승한 것' 과 같은 경우를 말함.

않는다.”고도 했습니다. 참으로 괴상한 것은, 당시의 부박(浮薄)한 무리들이 정자・주자・사계・우옹의 설명을 보지도 않고 ‘초려가 갑자기 예전의 견해를 바꾸었다’는 말을 지어내어 속이고 비방한 것입니다.

어떤 사람은 “효종대왕은 다만 ‘차적(次嫡)’이라 말할 수 있다.”고 하며, 어떤 사람은 “다만 종통(宗統)과 적통(適統)을 말하는 것으로서, 곧바로 ‘적자’라 말할 수는 없다.”고 하는데, 이는 무슨 의견이랍니까? ‘차적(次嫡)’이라는 말은 곧 예론가들이 말하는 ‘서자(庶子)’입니다. 서자로서 적자로 세워졌는데도 오히려 ‘서자’라 일컫는다면, 세자나 태자로 세워졌는데 세자나 태자라고 일컫지 않는 것이니, 그것이 옳겠습니까? 또 이미 종통이나 적통을 말하고서 곧바로 적자라고 일컬을 수 없다면, 또한 어찌 이런 이치가 있겠습니까? 서손(庶孫)으로서 적통으로 승격되면 ‘적손(適孫)’이라 일컫는데, 서자로서 적통으로 승격된 경우에는 홀로 ‘적자’라고 일컬을 수 없다는 것입니까?

그러나 주공(周公)이 예법을 제정한 것은 그 후환을 깊이 염려한 것이니, 그러므로 비로소 종자법(宗子法)을 세워 오직 장자(長子)만이 아버지의 후사(後嗣)가 될 수 있게 하고, 다른 형제들은 참여할 수 없게 했던 것입니다. 이 예법은 천자・제후・사대부에 모두 적용되는 것입니다. 그러므로 ‘서자(庶子)’는 본래 첩자(妾子)의 칭호였는데, 적처(嫡妻)가 낳은 둘째 아들 이하를 모두 ‘서자’라는 이름으로 함께 일컫는 것은 ‘장자’와 멀리 구별하려는 까닭이었습니다. 또한 부모는 아들을 위해 본래 ‘기년복(朞年服)’을 입는데, 장자가 죽었을 경우에는 높여서 ‘참최(斬衰) 삼년복’을 입는 것은 중자(衆子)[28]와 구별하려는 것입니다. 천자와 제후

28 衆子 : 長子를 제외한 여러 아들들.

는 중자(衆子)에 대한 기년복을 입지 않는데, '서자가 후사로 세워졌을 경우' 적통을 이었기 때문에 본래의 복제에 따라 '기년복'을 입는 것은 또한 일반 중자들과 구별하려는 것입니다. 이렇게 본다면 주공(周公)의 뜻이 정밀하다고 하겠습니다.

대개 장자는 삼년복을 입고 중자는 복이 없는 것은 상제(常制)가 그런 것이요, 서자를 후사로 세웠을 경우 기년복을 입는 것은 변례(變禮)이기 때문입니다.[29] 저들(南人들)은 "적처(嫡妻)가 낳은 아들은 모두 적자(適子)라고 말하며, 후사로 세우면 모두 장자가 될 수 있으니, 또한 삼년복을 입어야 한다."고 주장하는데, 이것이 과연 주공(周公)이 종법을 세운 뜻이겠습니까? 이것이 과연 『의례(儀禮)』 경문(經文)의 '장자를 위한다[爲長子]'는 뜻이겠습니까? 이것이 과연 정현(鄭玄)의 본주(本註)에서 '반드시 장자로 적자를 세운다'는 뜻이겠습니까? 경문에서 '부모는 장자를 위하여[父爲長子]'라고 한 것은 '적처가 낳은 첫째 아들'을 말하는 것입니다. 경문을 반복해서 살피고 또 주공의 본의를 깊이 탐구해 보아도 '적처가 낳은 아들을 모두 장자라고 말한다'는 뜻은 발견하지 못했습니다. 그러므로 우옹의 헌의(獻議)에서는 "효종대왕은 인조대왕의 서자가 됨에 방해받지 않는다"고 하고, "차장(次長)을 모두 장자라 일컫고 참최복을 입는다면 적통이 존엄하지 못할 뿐만 아니요, 부모된 사람은 한 몸이 참최복이 끊이지 않고 많아질 것입니다."라고 했던 것입니다. 대개 여기서 '서자'와 '적통이 존엄하지 못하게 된다'는 구절은 다만 복제(服制)로 인해 장자와 서자의 구분을 처음 말한 것입니다. 그 뒤에 '적통이 돌아가는 곳'을 논할 때엔 즉 '강교의소(江郊擬疏)'에서는 성서탈적(聖庶

29 '常制'란 평상시에 적용되는 제도를 말하고, '變禮'란 변화된 상황에서 적용되는 예법을 말한다.

奪適)의 학설을 인용하여 '적통은 이미 소현세자에게서 끊겼다' 고 했고, 또 '적통이 어디로 돌아가겠는가?' 라고 했습니다. 만약 그 뜻을 소급하여 헤아리지 않고 다만 그 문자에만 집착한다면, '적통이 존엄하지 못하게 된다' 는 말과 '적통이 어디로 돌아가겠는가?' 라는 말은 어찌 서로 모순되지 않겠습니까?

우옹이 〈문곡(文谷)에게 답한 편지〉[30]에서 "초려(草廬)가 일반적으로 말한 '적통' 이란 바로 '본연의 적통' 으로서, 나의 예설과는 크게 다르다." 고 말한 것은 진실로 만의사에서 왕복한 본지(本旨)가 아닐 것입니다. 또한 송석곡(宋石谷, 宋尙敏)이 스승을 위해 변론한 상소에서 증거를 끌어다가 예(禮)를 논한 것은 매우 자세하고 해박하여 '실록(實錄)' 이라 여길 수 있겠습니다. 그러나 그 가운데 "백읍고(伯邑考)는 비록 적자(適子)였지만 그 아들에 이르러서는 문득 서손(庶孫)이 되었다." 는 말과 "무왕(武王)은 비록 전중(傳重)을 얻었으나 적자(適子)가 아니다." 라는 말이 있으니, 그렇다면 백읍고의 적통은 비록 무왕에게 빼앗겼어도 적통이 백읍고에게 끊이지 않은 것이요, 무왕은 비록 백읍고의 적통을 빼앗았어도 적통이 무왕에게 돌아오지 않은 것입니다. 이것이 어찌 말이 되는 것입니까? 저들이 만약 이에 집착하여 "당신들은 효묘(孝廟)에 대해 정자 · 주자가 '적자' 라고 일컬은 정론(定論)을 따르지 않고, 다만 본색서자(本色庶子)의 명칭을 따른 것은 무슨 까닭인가?" 라고 힐난한다면, 장차 무슨 말로 답변하겠습니까?

그러므로 우리 선자(先子)께서는 곧 "집안에는 두 적통이 없으니, 그러므로 무왕이 아직 빼앗기 전에는 적통이 백읍고에게 있고, 무왕이 이

---

30 『宋子大全』 卷55의 〈答金久之〉(庚申 5월 25일)를 말함. '文谷' 은 金壽恒의 號이고, '久之' 는 字임.

미 빼앗은 뒤에는 적통이 무왕에게 있는 것이다. 만약 '무왕이 이미 빼앗은 뒤에도 적통이 오히려 백읍고에게 있다' 고 한다면, 무왕이 빼앗은 것은 무슨 물건인가? 그러므로 종적(宗適)이 있는 곳에서는 명칭(名稱)과 위호(位號)를 모두 차자(次子)에게 빼앗기는 것이다. 차자가 빼앗을 수 없는 것은 다만 천륜(天倫)의 형제 가운데 '장(長)' 이라는 한 글자뿐이다." 라고 주장하셨던 것입니다.[31]

모르겠습니다만, 형의 고명(高明)하신 견해로는 어떻게 생각하십니까? 무릇 이 예설 여러 조목도 또한 반드시 채택하여 '기미년(己未年, 1679), 거짓 상소로 인해 이(李) 아무개를 석방하다' 라는 조문의 아래에 끼워 넣어야 할 것입니다.

위의 편지를 보내고 나서 1년 반쯤 지난 1918년 7월, 성암은 다시 송희섭에게 "야사(野史)를 기록하는 책에서 저희 선조(先祖)에 관한 사실을 실제 사적(事蹟)에 따라 바르게 고쳐주셨으니, 고견(高見)의 공정함이 유속(流俗)에 구애받지 않음을 알게 되고 흠모하는 바입니다. 어찌 이뿐이겠습니까? 무릇 다른 곳에서도 만약 곡절의 소재를 분명히 알면 당론(黨論)에 견제받지 않고 한결같이 시비를 공정하게 논하셨으니, 이것이 바로 '일의 성실함' 으로서 '후세의 공안(公案)' 이 될 것입니다."[32]라고 감사하는 편지를 보냈다. 이것으로 보면, 송희섭은 당시 노론(老論)이 지배하던 유속이나 당론에 구애받지 않고 공정하게 시비를 밝히는 용기를 발휘했던 것인바, 그 배후에는 성암의 정성스런 설득이 있었던 것이다.

---

31 長子가 일찍 죽어 次子가 宗統을 이어 適子가 되었더라도, 그 次子를 '長子' 라 할 수는 없다는 뜻.

32 『醒菴集』 卷2 頁43~44, 〈與宋强哉〉.

13

무오년의 국상(國喪)과 기미년의 만세 운동

무오년(戊午年) 12월, 양력으로는 1919년 1월 21일, 고종(高宗)이 승하했고, 고종의 인산일(因山日)을 계기로 삼일독립만세운동이 일어났다. 성암은 국상(國喪)을 당하여 거상(居喪)하며 보고 들은 바를 기록하여 〈무오국보록(戊午國報錄)〉이라는 글로 남겼다. 이 글에서는 "그 뒤로 전해 들으니, 국상(國喪)은 사실 20일에 일어났는데, 이른바 '신문(新聞)' 에서는 21일로 기재했으며, 또한 임금의 환후(患候)에 관한 소식을 듣지 못했는데 하룻밤 사이에 갑자기 돌아가신 것은 반드시 해(害)를 당했기 때문일 것이라 했다. 그리하여 민심이 매우 흉흉해지고, 서울에서는 먼저 시정(市井)의 백성들부터 시장(市場)을 닫고 대궐 문밖에서 통곡하는 자들이 날마다 수천 명씩 되었다."고 했거니와, '고종 독살설(毒殺說)'[1]이

1 '高宗皇帝 毒殺說' 은 박은식의 『韓國獨立運動之血史』(下編 第4章 〈太皇之犧牲於獨立運動〉)와 윤치호의 日記(『尹致昊日記』 1919년 2월 11일) 등에도 보인다. 이태진은 위의 두 자료와 日本人 倉富勇三郎의 日記(『倉富勇三郎日記』)를 토대로 '日帝가 高宗을

시골에까지 전파되어, 많은 국민들이 고종의 승하를 원통하게 여겼던 것이다.

나라가 정상인 상태에서 군주가 자연스럽게 승하했다면, 당연히 모든 국민이 거상(居喪)했을 것이다. 그런데 고종은 '망국지주(亡國之主)'[2]였으니, 그 거상을 두고 의견이 분분하였다. 무능한 망국지주이므로 거상할 이유가 없다는 의견, 망국지주에 대해 거상하면 왜적의 핍박을 받을 수 있다는 의견, 개화한 세상이 되었으니 옛날처럼 거상할 이유가 없다는 의견 등등이 그것이다. 이에 대해 성암은 "우리 주상(主上)께서는 성품이 본래 어질고 두터우셨으니, 만약 훌륭한 신하의 보필을 받으셨다면 아름다운 군주가 되셨을 것이다. 그런데 권간(權奸)들이 나라를 그르치고, 뇌물을 탐내어, 도적들을 끌어다가 주상을 위협하여 이런 지경에 빠진 것이요, 주상께서 즐거운 마음으로 일을 이렇게 만든 것이 아니다. 또한 주상께서 백성들에게 군림(君臨)한 것이 40여 년이나 오래되었는데, 우리 이씨왕조(李氏王朝)의 신민(臣民)이 된 자들이 어찌 상복을 입지 않을 수 있겠는가? 남송(南宋)이 휘종(徽宗)과 흠종(欽宗) 두 황제의 상복을 입은 것으로 미루어 보아도,[3] 마땅히 상복을 입어야 함을 알 수 있

毒殺했다' 고 주장하면서, 당시의 상황을 다음과 같이 설명한 바 있다. 즉, '헤이그 밀사사건' 을 겪은 日帝는 高宗이 '1919년 파리 만국평화회의에 또 비밀리에 特使를 파견할 가능성이 있다' 고 보았는바, 그리하여 高宗에게 '乙巳勒約을 지금이라도 追認하라' 고 요구하고, 高宗이 이를 거부하자 毒殺했다는 것이다. 이태진에 의하면, 高宗의 毒殺은 日本內閣總理大臣 寺內正毅가 지시하고, 朝鮮總督 長谷川好道가 지휘하여 감행한 것이다(이태진, 〈고종황제 毒殺과 일본정부 首腦部〉, 『歷史學報』 제204집, 역사학회, 2009 참조).

2 사실 이제까지 高宗에 대한 평가는 '暗君' 이요 '亡國之主' 라는 평가가 대부분이다. 그런데 근래에는 高宗은 '開明君主' 로서 '망해가는 나라를 구하기 위해 혼신의 노력을 기울였던 군주' 라는 새로운 평가가 등장하고 있다(이태진, 『고종시대의 재조명』, 태학사, 2015 ; 황태연, 『백성의 나라 대한제국』, 청계, 2017 등 참조).

다."고 주장하면서, 왜적의 핍박을 각오하고 몇몇 동지들과 함께 거상하였다.

한편, 성암은 고종의 인산일을 기해 일어난 '독립만세운동'에는 참여하지 않은 것 같다. 그것은 성암이 독립만세운동을 설명함에 있어서 '자신이 직접 참여한 경험'으로 말하지 않고 '보고 들은 내용'으로 말하고 있는 데서 짐작할 수 있다. 그렇다면 성암은 왜 만세운동에 참여하지 않았을까? 성암은 만세운동이 일어난 배경을 다음과 같이 설명하였다.

> 대개 서양의 여러 나라가 여러 해 동안 전쟁을 한 나머지, 사람들 마음이 전쟁을 매우 싫어하게 되었다. 무오년(戊午年, 1918년) 겨울 이래 여러 나라의 대사(大使)들이 프랑스의 수도 파리에 모여 다시 평화(平和)의 방안을 강구했는데, 미국 대통령 윌슨(Wilson)이 맹주가 되어 13건의 약속을 제출하였다. 그 가운데 '민족자결(民族自決)'이라는 한 조항은 곧 '민주정치(民主政治)'로서, 또한 '각국이 점령한 땅을 해방하여 독립하게 한다'는 일이었다. (…) 지금 평화회의가 열리는 즈음, 조선이 왜국에 굴복하지 않는다는 실상을 열강에게 보여주기 위해, 조선인으로서 미국의 하와이(Hawaii)에 살고 있는 사람이 만여 호(戶)나 되는데, 서양 달력으로 1월 1일에 집집마다 조선의 태극기(太極旗)를 걸고, 일제히 '조선독립만만세' 일곱 글자를 큰 소리로 계속 외쳐, 미국 대통령이 이를 찬양했다고 한다. 그 뒤로 소식이 조선에 전해져서, 인산(因山) 하루 전에 야소교(耶蘇教) 교인과 신식 교육을 받은 학

---

3 1126년에 金나라는 宋나라의 수도 開封을 점령했으며, 이듬해에는 太上皇 徽宗과 皇帝 欽宗, 皇族 및 官吏 2~3천 명을 포로로 끌고 갔는데, 이 치욕스러운 사건을 '靖康의 變'이라 한다. 1127년 欽宗의 아우 康王이 남쪽의 臨安(지금의 杭州)을 도읍으로 정하고 황제로 즉위하여 南宋이 성립하였다. 徽宗과 欽宗은 돌아오지 못하고 金나라에서 죽었는데, 이때 南宋에서는 포로로 잡혀간 先皇들을 위해 喪服을 입었다는 말이다.

생 및 천도교(天道敎)의 교주 손병희(孫秉熙)의 무리 등 모두 합쳐 수만 명이 서울에서 '독립만세'를 선창하고, 사민(士民) 수만 명이 또 그 뒤에 '만세'를 외쳐, 날마다 연속하여 끊이지 않고 '만세' 소리가 천지를 진동하게 하였다.

위에서 주목할 것은 두 가지이다. 첫째, 성암은 당시 독립만세운동의 배경을 서양 열강과 관련지어 설명했는데, 성암은 '서양 열강에게 우리의 독립을 호소하는 운동'을 탐탁하게 여기지 않았다. 둘째, 성암은 당시 독립만세운동의 주역을 "야소교(耶蘇敎) 교인과 신식 교육을 받은 학생 및 천도교(天道敎)의 교주 손병희(孫秉熙)의 무리 등"이라고 설명했는데, 성암은 이념적으로 '야소교(기독교)·신식교육·천도교(동학)'를 모두 반대하는 처지에 있었다. 성암은 이들의 독립만세운동을 비판한 것은 아니다. 다만 성암은 "내가 나라를 위하고 임금을 위하는 방법은 이와 다르다."는 관점에서 그에 참여하지 않은 것이다.

성암은 혹자의 "지금의 이러한 변동은 실로 우연이 아니다. 만일 이번 기회를 바탕으로 우리의 국권(國權)을 회복한다면 원수를 갚는 일도 그 안에 포함될 것이다. 그런데 그대는 문을 닫고 집안 깊숙이 앉아서 국사(國事)를 돌보지 않으며, 또한 서양 열강들에게 호소하는 방법을 취하지도 않으니, 어찌 나라를 위하고 임금을 위한다고 할 수 있겠는가? (…) 지금의 천하를 돌이켜보면 '서양의 개화(開化)된 기술'이 아닌 것이 없다. 그대는 장차 이것을 버리고 어찌하려는 것인가?"라는 질문에 다음과 같이 답하였다.

내가 나라를 위하고 임금을 위하는 방법은 이와 다르다. 그대와 나는 어찌 우리나라 5백 년 명교(名敎)에 힘입어 예의(禮義)를 지닌 몸이 되지 않았겠는가? 그러므로 요·순(堯舜)의 도(道)가 아니고 이륜(彝倫)의 가르침이 아니면 감히 그것으로 나라를 위하지 않는 것이다. 생각건대 저 이적금수(夷狄禽獸)의 도(道)에 물들어 문을 열어 도적을 받아들이는 것은 바로 나라를 망하게 하는 짓이다. 지금 다시 그 나라를 망하게 하는 방법으로 나라를 회복하겠다고 말하는 것은 내가 나라를 위하는 방도가 아니다. (…) 온 나라가 모두 나처럼 '성현의 방도를 쓰겠다는 마음'을 먹는다면 원수를 갚고 나라를 회복하는 일은 머지않아 이루어질 것이다. 슬프다! 나와 뜻을 같이하는 사람이 없음이여. (…) 나 또한 '저것이 이것보다 낫다'고 말하지 않는 것이 아니다. 그러나 중화(中華)의 도(道)를 회복하지 않으면 짐승을 끌어다가 사람을 잡아먹고, 또 사람끼리 잡아먹게 되니, 그 해로움이 어찌 홍수나 맹수에 그칠 것인가? 무릇 '중화가 멸망한 한(恨)'과 '나라가 멸망한 아픔'이 서로 무슨 경중(輕重)이 있겠는가? 그대 또한 알지어다.

성암 또한 '저것이 이것보다 낫다'고, 즉 '서양 열강에 호소하여 독립을 이루는 것이 일제의 지배를 받는 것보다 낫다'고 생각하지 않은 것은 아니다. 그러나 서양에 호소하고, 결국 서양 문명을 수용하면 결국 '짐승을 끌어다가 사람을 잡아먹고, 또 사람끼리 잡아먹게 된다'는 것이다. 이러한 맥락에서, 성암은 "무릇 '중화가 멸망한 한(恨)'과 '나라가 멸망한 아픔'이 서로 무슨 경중(輕重)이 있겠는가? 그대 또한 알지어다."라고 설명했다. 요컨대 '공·맹(孔孟)의 가르침' 또는 '중화(中華)의 도(道)'로 '우리 국가(國家)의 주권'을 회복해야만 한다는 것이 성암의 지론이었다. 이제 〈무오국보록〉 전체를 읽어보기로 하자.

* 〈戊午國報錄〉[4]

무오년(戊午年) 12월 22일,[5] 저녁에 우리 주상(主上)께서 승하하셨다는 소식을 대략 들었다. 그 전해 들은 이야기가 자세하지는 않아, 당황한 채 번민하고 있다가, 24일이 되어서야 비로소 정확한 소식을 접하게 되었다. 여러 사람들의 의견은 시국(時局)에 구애되어 감히 먼저 거애(擧哀)[6]하는 자가 없었다. 나와 경운(畊芸) 및 유인수(柳寅壽) 등은 서로 약속을 맺고 "지금 우리 임금을 위해 상복(喪服)을 입되, 비록 이로 인해 왜적에게 해를 입더라도 단연코 거행하는 것이 의리이다."라고 맹세하고, 마침내 집 뒷산으로 올라가 거애하였다.

다음 날, 본현(本縣)의 분대장(分隊長) 왜인이 와서 자리 앞에 무릎을 꿇고는 "이태왕(李太王)께서 훙거(薨去)하셨다는 소식을 들으셨습니까?"라고 물었다. 나는 "어제 나라의 부음(訃音)을 듣고 산에 올라 거애했으며, 장차 성복(成服)하려 한다."고 답했다. (이하, 平語 對話體로 번역함)

倭警 : 몇 사람이 함께 거애했으며, 또 어느 날 상경(上京)할 것인가?

醒菴 : 아무개 아무개가 함께 거애했다. 성복(成服)은 집에서 거행할 것이다.

倭警 : 지금 이태왕(李太王)께서 훙거하여, 우리들도 또한 슬픈 마음이 있는데, 귀공(貴公)은 더욱 슬플 것이니, 위로하고자 찾아왔다.

醒菴 : 우리 종묘사직을 전복시킨 것은 왜인(倭人)이며, 우리 임금을 유

---

4 『醒菴集』 卷4 頁27~34.

5 高宗이 승하한 날짜는 陽曆으로는 1919년 1월 21일이다.

6 상제가 옷을 갈아입고 머리를 풀고 슬피 울어서 초상난 것을 알리는 일.

폐시킨 것도 왜인이다. 이는 우리가 날마다 절치부심(切齒腐心)하는 바인데, 지금 무슨 마음으로 왜인에게 위로를 받겠는가?

倭警 : (왜인이 놀라는 표정으로 말했다) 우리 일본이 만약 전쟁을 일으켜 살육을 자행하면서 조선을 빼앗았다면, 비록 공(公)처럼 말해도 될 것이다. 그러나 좋은 얼굴로 '양여(讓與)' 한 것인데, 무슨 까닭으로 이처럼 불평하며 말하는가?

醒菴 : 데라우치 마사타케(寺內正毅)가 군사를 일으켜 대궐을 침범하고 강제로 '양여(讓與)' 라는 문서를 만들어 천하에 반포한 것이다. 그런데 천하의 이목은 한 손으로 가리기 힘든 것이니, 누가 그것을 믿겠는가? 우리나라가 원한을 품는 것은 천지신명(天地神明)께서도 사실은 함께 보살피시는 것이다. 왜국의 우두머리는 만약 사람에게 드러나게 처벌받지 않는다면 반드시 귀신에게 속으로 처벌을 받을 것이다. 또한 그때 우리나라 사람으로서 뜨거운 피를 지닌 자는 의려(義旅)를 규합하지 않은 사람이 없으니, 곳곳에서 의병을 일으켜 왜적과 싸우다 죽은 사람이 헤아릴 수 없이 많다. 이것이 전쟁과 살육이 아니고 무엇인가?

倭警 : (왜인이 한동안 묵묵히 있다가 말했다) 서양의 전란(戰亂)을 들었는가?

醒菴 : 대략 들은 바 있다.

倭警 : 서양의 병선(兵船)이 만약 조선을 압박한다면, 그대는 장차 어찌할 것인가?

醒菴 : 우리가 본래 지략(智略)이 없었기 때문에 왜적에게 나라를 빼앗긴 지가 이미 9년이나 되었는데도 오히려 아직 회복하지 못하고 있는 것인데, 다른 나라는 무엇 때문에 말하는가? 다만 우리

의 의관(衣冠)을 지키고, 사생(死生)을 하늘에 맡기면 그만이다.

倭警 : 그것을 말하는 것이 아니다. 그대가 만약 정권을 잡으면 장차 어찌할 것인가?

醒菴 : 만약 내가 무슨 일이든 할 수 있는 권세를 얻고 무슨 일이든 할 수 있는 권력을 잡는다면, 통쾌하게 나라의 원수를 갚고 우리 5백 년 종묘사직을 회복할 것이며, 서양 오랑캐를 배척하여 우리 5천 년 도맥(道脈)을 붙잡을 것이다. 이것이 바로 내 가슴 속에 있는 뜻이요 소원인데, 다만 그렇게 하지 못해서 원통하다.

倭警 : 조선의 왕세자가 우리나라의 황족(皇族) 나시모토 노미야(梨本宮)와 혼사(婚事)를 치르기로 결정되었다.[7] 결혼식을 며칠 앞두고 이런 대상(大喪)을 당했으니, 매우 불행한 일이다. 그러나 결혼식은 결국 이루어질 것인바, 이는 두 나라가 점차 친밀해지는 조짐이다. 그대는 어떻게 생각하는가?

醒菴 : 이 사람은 우리나라의 왕자(王子)로서 군부(君父)의 원수를 생각하지 않고 도리어 원수의 자식을 아내로 삼으니, 진실로 큰 변고이다. 어찌 그럴 이치가 있겠는가? 이는 분명 강제로 하는 결혼일 것이다.

倭警 : (왜인이 성을 내며 말했다) 지난번에는 그대의 말이 모두 정직하기 때문에 내가 머리를 숙였던 것이다. 그런데 지금 이 말을 들으니, 놀라움을 금할 수 없는바, 이는 전혀 그대답지 못하다. 왕세

7 '英親王'으로 잘 알려진 이은(李垠, 1897~1970)은 1907년 황태자로 책봉된 뒤 人質로 일본에 끌려가 살다가, 1920년 4월 28일 일본 황족 나시모토 노미야(梨本宮)의 長女 마사코(方子, 한국명 李方子)와 일본 東京에서 결혼식을 올렸다. 이것으로 보면 高宗의 昇遐로 인해 두 사람의 결혼식은 1년 정도 미루어진 것 같다.

자는 곧 그대의 웃어른인데, 웃어른의 일에 대해 어찌 이처럼 공손하지 못하게 말하는가?

醒菴 : 만약 왜국이 다른 나라에게 망하여 왜왕을 궁중에 유폐시키고 있는데, 그 아들은 그 아버지의 원수를 잊고 원수 나라의 여자와 결혼하려고 한다면, 왜국의 신민(臣民)은 장차 이 일이 잘 이루어지도록 경축할 것인가?

倭警 : (왜인이 한참 있다가 말했다) 잘 들었다. 그대의 결심은 비록 소진(蘇秦) · 장의(張儀)의 언변으로 달래더라도 풀기 어렵다는 것을 잘 알겠다. 오늘 여기에 온 것은 사실 위문하려는 것이요, 그대에게 '마음을 고치라' 고 권하러 온 것이 아니다.

분대장 왜인이 이렇게 말하고는 일어나서 돌아갔다. 부음(訃音)을 들은 지 엿새가 되는 날 거애하고 성복했다. 성복한 다음 날, 본현의 왜인이 또 보조원을 보내 나의 동정(動靜)과 몇몇 상종하는 자들을 탐문하고 돌아갔다.

그 뒤로 전해 들으니, 국상(國喪)은 사실 20일에 일어났는데, 이른바 '신문(新聞)' 에서는 21일로 기재했으며, 또한 임금의 환후(患候)에 관한 소식을 듣지 못했는데 하룻밤 사이에 갑자기 돌아가신 것은 반드시 해(害)를 당했기 때문일 것이라 했다. 그리하여 민심이 매우 흉흉해지고, 서울에서는 먼저 시정(市井)의 백성들부터 시장(市場)을 닫고 대궐 문밖에서 통곡하는 자들이 날마다 수천 명씩 되었다. 마침내는 창기(娼妓)와 술집의 여자들 및 어린 남녀들도 각각 4~5백 명씩 무리를 이루어 부모를 잃은 것처럼 곡반(哭班)에 동참하였고, 뒤늦게는 곳곳의 마을에서 모든 동네 사람들이 모여 대궐을 바라보며 통곡하였다. 무릇 항구(港口)나

읍촌(邑村)의 시장이 열리는 곳은 모두 5~6일씩 점포를 닫았으며, 우리나라 사람으로서 다른 나라에 가서 사는 사람들도 모두 부음을 듣고는 시가(市街)나 도로에서 애곡(哀哭)을 했다고 한다. 또한 만일 검은 갓을 쓰고 색깔이 있는 옷을 입은 사람이 있으면 서로 질책하고, 심지어는 그 갓이나 옷을 부수고 찢기까지 했다. 그러므로 흰 갓의 가격이 평상시의 10배 이상 올랐다. 또 많은 사람들이 폐양자(蔽陽子, 햇빛을 가리는 모자)를 썼기 때문에, 그 가격 또한 폭등했다.

마침내 다음 해 2월 4일, 인산(因山) 행차가 지나가게 되자, 이때 팔도의 사민(士民)들이 다투어 서울로 올라왔다. 발인(發靷)하여 현궁(玄宮)에 관(棺)을 묻고 반혼(返魂)하는 즈음, 멀리서 바라보며 통곡하는 자들이 몇천만 명이나 되는지 모를 정도였다. 이는 개국(開國)한 이래로 일찍이 없었던 일이니, 참으로 예전에 드문 일이었다. 지금 국휼(國恤)을 당해서 조령(朝令)을 반포하지도 않았는데, 온 나라의 백성들이 창졸간에 스스로 서로 통곡하며 상복을 입은 것은 아래로부터 위로 통달한 것이니, 저 백성들이 어찌 식견(識見)이 있어서 그런 것이겠는가? 그들에게도 병이(秉彝)의 천성(天性)이 있음을 여기에서 알 수 있겠다. 어떤 사람이 내게 물었다. (이하, 對話體로 번역함)

或者 : 그대는 지금 세상의 수구인(守舊人)이니, 산릉(山陵)할 때에 달려가 통곡하는 것이 마땅할 텐데, 달려가지 않음은 무슨 까닭인가? 혹시 무슨 고집이 있어서 그런 것인가?

醒菴 : 그렇다. 베옷을 입은 평범한 선비가 국장(國葬)에 달려가 통곡하는 것은 예전의 선철(先哲)들께서 하지 않은 일이다. 또한 하물며 『춘추』의 필법(筆法)은 '역적(逆賊)을 토벌하지 못했으면

그 장례를 기록하지 않는 것' 인데, 지금은 나라의 역적을 토벌할 수 없을 뿐만 아니라, 외부의 도적과 내부의 역적이 치상(治喪)과 송장(送葬)을 주장하는 상황이다. 비록 형세가 그렇게 만든 것이라 하더라도, 내 마음이 아프고 절박하여 같은 하늘 아래 함께 살고 싶지 않은데도 그럴 수 없다. 어찌 차마 저들과 함께 어깨를 나란히 하며 산릉의 장소에서 모일 수 있겠는가? 이것이 바로 내가 그렇게 하지 않는 까닭이다.

或者 : 그렇다면, 장지(葬地)로 달려간 다른 사람들은 모두 잘못한 것인가?

醒菴 : 어찌 일률적으로 말할 수 있겠는가? 혹 지키는 뜻이 나와 다른 사람도 있을 것이다. 다만 큰 상여(喪輿)를 한 번 바라보고 지금의 망극한 감정을 토로하며 달려가 통곡한다면 무슨 불가(不可)함이 있겠는가?

或者 : 장례를 치르는 달수는 7개월이어야 하는가, 5개월이어야 하는가?

醒菴 : 옛 법도를 따르는 것이 옳다. 그런데 지금 3개월 만에 장례를 치르는 것은 권한이 저들에게 있으니 어찌하겠는가?

或者 : 만약 졸곡(卒哭)도 예법에 정해진 달수를 기다리지 않고 즉시 행한다면, 사가(私家)의 제사(祭祀)와 혼사(婚事)는 혹시 예법대로 갖추어 행할 수 있는 것인가?

醒菴 : 선비로서 지조(志操)를 지키는 사람이라면 반드시 5개월 졸곡의 기간을 기다리는 것이 옳다.

或者 : 선비나 백성들의 국복(國服)에 대해, 고례(古禮)와 국제(國制)가 과연 차이가 없는가?

醒菴 : 고례(古禮)에 따르면, 신하는 임금에 대해 방상(方喪) 3년을 치르고, 초야(草野)의 일반 백성은 임금에 대해 자최(齊衰) 3월을 치른다. 임금의 아내나 임금의 어머니에 대해서는 복(服)이 없다. 다만 우리나라의 국제(國制)는 비록 일반 백성이라도 나라의 임금에 대해 삼년복(三年服)을 입으며, 임금의 아내나 임금의 어머니에 대해서도 함께 기년복(期年服)을 입는다. 지금은 마땅히 국제(國制)를 기준으로 삼는 것이 옳을 것이다. 무릇 지금처럼 오랑캐가 다스리는 난세(亂世)를 만나서, 내가 저들에게 어찌하겠는가? 다만 나의 예의(禮義)를 행할 뿐이다.

이보다 앞서 내게 다녀간 과객(過客)이 있었는데, 그는 "한 명의 선비로서, 덕수궁(德壽宮)에서 만약 꺼리지 않는다면, 선비나 백성은 상복을 입으면 안 된다."고 했다. 그에게 설명을 요청하자, 그는 "조가(朝家)에서 개화(開化)의 신식 방법을 쓰고 조종(祖宗)의 옛 법도는 폐기하여, 사직(社稷)이 이미 폐허가 되고 백성들도 도탄에 빠졌으며, 결국 종묘(宗廟)의 주인 노릇도 못 하게 되었다. 정말로 사람들이 하는 말과 같이, 장차 어찌할 것인가?"라고 말했다. 내가 "우리 주상(主上)께서는 성품이 본래 어질고 두터우셨으니, 만약 훌륭한 신하의 보필을 받으셨다면 아름다운 군주가 되셨을 것이다. 그런데 권간(權奸)들이 나라를 그르치고, 뇌물을 탐내어, 도적들을 끌어다가 주상을 위협하여 이런 지경에 빠진 것이요, 주상께서 즐거운 마음으로 일을 이렇게 만든 것이 아니다. 또한 주상께서 백성들에게 군림(君臨)한 것이 40여 년이나 오래되었는데, 우리 이씨왕조(李氏王朝)의 신민(臣民)이 된 자들이 어찌 상복을 입지 않을 수 있겠는가? 남송(南宋)이 휘종(徽宗)과 흠종(欽宗) 두 황제의 상복을 입은 것으로 미루어 보아도,[8] 마땅히 상복을 입어야 함을 알 수 있다." 라고 말하자, 그는 '그렇겠다' 고 말하면서 물러갔다.

지금 국휼(國恤)이 일어난 뒤에 들으니, 이른바 '책을 읽었다고 하는 사람들' 도 간혹 '상복을 입지 말아야 한다' 는 주장을 펴고, 심지어는 (상복을 입은 사람을) '쫓아낸다' 거나 '때린다' 는 말까지 하였다. 저 달콤한 마음으로 왜적을 섬기는 자들이 상복을 입지 않는 것은 더 말할 것도 없지만, 평소에 '사류(士類)' 라고 자처하던 자들이 어찌 이런 지경에 이른 것인가? 하물며 당일 왜적들의 화염이 하늘을 찌르는 데도 불구하고, 온 나라 사람들이 통곡하면서 서로 조문(弔問)하던 것에서도 또한 사람들의 마음을 알 수 있으니, 이른바 '노래를 하며 한나라를 생각한다[謳吟思漢]' [9]는 것이 옛날에만 있었던 것이 아니요, 임금을 위해 삼년복을 입는 것이 결코 의리에 해롭지 않은 것이다. 어찌 민중(民衆)의 마음을 어기면서까지 상복을 입지 않아야 하겠는가?

또한 '주상께서 해(害)를 입어서 국상(國喪)이 일어났다' 는 말은 당초에 전해진 말이 모호하여, 예컨대 '촛불 아래의 도끼 그림자' 처럼 그 참된 원인을 알 수 없었으나, 왜적의 정세가 점점 탄로 나면서 온 나라가 떠들썩하게 달아올랐다.

대개 서양의 여러 나라들이 여러 해 동안 전쟁을 한 나머지, 사람들

---

8 1126년에 金나라는 宋나라의 수도 開封을 점령했으며, 이듬해에는 太上皇 徽宗과 皇帝 欽宗, 皇族 및 官吏 2~3천 명을 포로로 끌고 갔는데, 이 치욕스러운 사건을 '靖康의 變' 이라 한다. 1127년 欽宗의 아우 康王이 남쪽의 臨安(지금의 杭州)을 도읍으로 정하고 황제로 즉위하여 南宋이 성립하였다. 徽宗과 欽宗은 돌아오지 못하고 金나라에서 죽었는데, 이때 南宋에서는 포로로 잡혀간 先皇들을 위해 喪服을 입었다는 말이다.

9 王莽이 漢나라를 찬탈하자, 사람들이 옛 漢나라를 생각하는 마음을 노래하였다고 한다.

마음이 전쟁을 매우 싫어하게 되었다. 무오년(戊午年, 1918년) 겨울 이래 여러 나라의 대사(大使)들이 프랑스의 수도 파리에 모여 다시 평화(平和)의 방안을 강구했는데, 미국 대통령 윌슨(Wilson)이 맹주가 되어 13건의 약속을 제출하였다. 그 가운데 '민족자결(民族自決)' 이라는 한 조항은 곧 '민주정치(民主政治)' 로서, 또한 '각국이 점령한 땅을 해방하여 독립하게 한다' 는 일이었다. '조선(朝鮮) 문제' 에 대해서는, 조선인은 '강탈(强奪)' 이라 하고, 왜적들은 '양여(讓與)' 라고 하여, 서로 변론하며 논쟁했다. 윌슨이 왜적들에게 '양여의 증서를 찾아오라' 고 하자, 왜적들은 일찍이 자기들을 위해 공을 세운 조선의 매국역당(賣國逆黨)들을 지휘하여 다시 '양여문서(讓與文書)' 를 만들었는데, 이완용(李完用)이 귀족(貴族) 대표가 되고, 김윤식(金允植)이 유림(儒林) 대표, 윤택영(尹澤榮)이 종척(宗戚) 대표, 조중응(趙重應)과 송병준(宋秉畯)이 사회(社會) 대표, 신흥우(申興雨)가 교육(敎育) 대표가 되었다.

문서를 만든 다음 우리 주상(主上)께 다시 옥새 도장을 받으려 하자, 주상께서 얼굴을 붉히며 진노(震怒)하시고 꾸짖으며 물리쳤다. 이완용의 무리는 윤택영의 아우 윤덕영(尹悳榮)과 한상학(韓相鶴)에게 예주(醴酒)에 독(毒)을 넣도록 부탁하고, 궁녀로 하여금 주상께 올리게 한 다음, 즉시 참간(參看)했던 궁인(宮人) 2명을 죽여서 그들의 입을 막았다. 그리고는 옥새를 가져다가 '양여문서' 를 완성했다고 하니, 참으로 포학한 왜적이다. 그 군주를 죽이고 개화를 도모한 수단을 곳곳에 응용하여 가는 곳마다 방자하게 전횡하니, 우리나라가 혹독하게 그 해독(害毒)을 입는 것이다.

아! 원통하다. 무슨 변고가 여기에 이른다는 말인가? 천도(天道)는 이 일을 아는 것인가, 모르는 것인가? 어찌 저 사납고 해로운 물건으로 하여금 더욱 그 흉악함을 베풀게 하고, 음흉하고 참혹한 도적들로 하여금 이 세상에 스스로 용납되게 하는가?

또 듣자하니, 서양에서는 일찍이 그 나라를 회복하고자 하는 자가 있었는데, 무기(武器)를 갖추기 어렵기 때문에, 다만 맨주먹과 말[言舌]로 적(敵)의 칼날을 무릅쓰고 싸워, 적에게 죽임을 당한 자가 만 명이나 되는데, 열강(列强)의 공사(公使)가 그들의 원통함을 알고 회의를 소집하여 담판하여 그 나라를 회복하게 했다. 그러므로 지금 평화회의가 열리는 즈음, 조선이 왜국에 굴복하지 않는다는 실상을 열강에게 보여주기 위해, 조선인으로서 미국의 하와이(Hawaii)에 살고 있는 사람이 만여 호(戶)나 되는데, 서양 달력으로 1월 1일에 집집마다 조선의 태극기(太極旗)를 걸고, 일제히 '조선독립만만세' 일곱 글자를 큰 소리로 계속 외쳐, 미국 대통령이 이를 찬양했다고 한다. 그 뒤로 소식이 조선에 전해져서, 인산(因山) 하루 전에 야소교(耶蘇教) 교인과 신식 교육을 받은 학생 및 천도교(天道教)의 교주 손병희(孫秉熙)의 무리 등 모두 합쳐 수만 명이 서울에서 '독립만세'를 선창하고, 사민(士民) 수만 명이 또 그 뒤에 '만세'를 외쳐, 날마다 연속하여 끊이지 않고 '만세' 소리가 천지를 진동하게 하였다.[10]

왜병(倭兵)은 독립만세 시위를 해산시키는 계책으로 혹은 전마(戰馬)로 짓밟고, 혹은 군도(軍刀)를 휘두르고, 혹은 총을 쏘아 죽이거나 몽둥이로 때렸다. 그리하여 만세를 외치는 자들이 죽고 다치는 일이 계속되었으나, 더욱 단결하여 해산하지 않고 기세가 더욱 등등하게 되어, 심지어는 신교육(新教育)을 졸업한 어린 소녀들도 모두 만세를 외쳤다. 가장

10 '因山 하루 전'은 陽曆으로 '1919년 3월 1일'을 말한다.

어린 한 소녀는 거리에 서서 만세를 외치다가 왜적 순검에게 잡혀갔다. 순검이 그 소녀에게 옥중에 갇힌 사람들을 보여주면서 "이 사람들이 모두 만세를 부르다가 잡혀 온 것인데, 너는 두렵지 않느냐?" 라고 묻자, 소녀는 "이 옥에 갇힌 사람들은 만세를 외친 사람들 외에는 다른 죄인은 없는가?" 라고 물었다. 왜적 순검이 "강도(强盜) 짓을 한 사람도 있다" 고 말하자, 소녀는 "나도 강도에게 물건을 빼앗긴 것이 있는데, 나를 위해 그 강도를 색출해줄 수 있는가?" 물었다. 순검이 "말해 보라. 색출할 수 있으면 당연히 색출하겠다." 고 말하자, 소녀는 "나가 나라를 잃은 지 오래되었기 때문에, 이제 되찾고자 한다. 저 만세를 외친 사람들이 무슨 죄가 있기에 가둔 것인가?" 라고 말했다. 그러자 왜국 순검은 이 소녀를 흉악하다고 여기고, 풀어주어 돌려보냈다. 사람들이 전하는 말이 이와 같은데, 비록 그 실상은 알지 못하나, 그 말이 포복절도(抱腹絶倒)할 만큼 우습기에, 함께 기록해둔다.

서울 이외에도, 서대문에서 의주(義州)에 이르기까지, 남대문에서 부산(釜山)에 이르기까지 수천 리 곳곳에서 '독립만세' 라는 소리를 끊이지 않게 계속 크게 외쳤다. 그다음엔 호서(湖西)와 호남(湖南), 관동(關東)과 관북(關北)에서도 고을마다 시장(市場)에서나 산봉우리에서나 모두 만세를 외쳤으며, 심지어는 왜국에 사는 조선인들도 만세를 외쳤다. 서울로부터 전국 각지에 이르기까지, 시정(市井)에서는 거리마다 점포를 닫고 물건을 교역하지 않았으며, 혹은 군 · 면(郡面) 및 주재소(駐在所)의 왜적 분대청(分隊廳)을 부수기도 했다. 만세를 외치는 자는 모두 빈손이었고, 그것을 금하는 자는 모두 무기를 지녔으니, 그러므로 만세를 외치다가 경향(京鄕) 각지의 감옥에 갇힌 사람들이 몇만 명이나 되는지 모른다. 심지어는 감옥이 가득 차서 모두 다 가둘 수도 없었다고 한다. 지금 이와 같은 변동이 생긴 것이 이미 한 달이 넘었는데, 그 결갈이 어떻게 지어질지 모르겠다.

또 어떤 손님이 내게 물었다. (이하, 對話體로 번역함)

或者 : 지금의 이러한 변동은 실로 우연이 아니다. 만일 이번 기회를 바탕으로 우리의 국권(國權)을 회복한다면, 원수를 갚는 일도 그 안에 포함될 것이다. 그런데 그대는 문을 닫고 집안 깊숙이 앉아서 국사(國事)를 돌보지 않으며, 또한 서양 열강들에게 호소하는 방법을 취하지도 않으니, 어찌 나라를 위하고 임금을 위한다고 할 수 있겠는가?

醒菴 : 내가 나라를 위하고 임금을 위하는 방법은 이와 다르다. 그대와 나는 어찌 우리나라 5백 년 명교(名教)에 힘입어 예의(禮義)를 지닌 몸이 되지 않았겠는가? 그러므로 요 · 순(堯舜)의 도(道)가 아니고 이륜(彝倫)의 가르침이 아니면 감히 그것으로 나라를 위하지 않는 것이다. 생각건대, 저 이적금수(夷狄禽獸)의 도(道)에 물들어 문을 열어 도적을 받아들이는 것은 바로 나라를 망하게 하는 짓이다. 지금 다시 그 나라를 망하게 하는 방법으로 나라를 회복하겠다고 말하는 것은 내가 나라를 위하는 방도가 아니다. 그윽이 생각건대, 주부자(朱夫子)는 남송(南宋)의 신하로서 힘써 척화(斥和)를 주장하고, 임금께 내정(內政)을 닦고 외적(外敵)을 물리치는 방도를 권했는데, 그 진언한 대로 되지 않자 '아픔을 참고 원통함을 품으며 절박하여 어쩔 수 없이[忍痛含寃 迫不得已]' 라고 말씀하셨으니, 이것이 곧 내가 오늘 사법(師法)으로 삼는 의체(義諦)이다.

或者 : 우활하도다! 그대의 말씀이여. 삼대(三代, 夏 · 殷 · 周)에 태어났으면 삼대의 정치를 행하고, 한 · 당 · 송 · 명(漢唐宋明)에 태어났으면 한 · 당 · 송 · 명의 정치를 행하여야만 경세제민(經世濟民)의 공을 이룰 수 있다. 그러므로 지금 세상에 태어나서 옛날의 정치를 회복하고자 하는 사람은 성공할 수 없는 것이다. 하물며 지금 삼대는 매우 먼 옛적의 일이고, 한 · 당 · 송 · 명 역시 먼 옛날의 일로서, 왕도가 낮아져 패도로 되고, 패도가 낮아져 이적이 되었다. 이는 기수(氣數)가 그렇게 시킨 것이니, 누가 능히 막을 수 있겠는가? 지금의 천하를 돌이켜보면 '서양의 개화(開化)된 기술' 이 아닌 것이 없다. 그대는 장차 이것을 버리고 어찌하려는 것인가?

醒菴 : 성현(聖賢)의 존화양이(尊華攘夷)의 의리를 버리고 점점 세상을 따라가다가, 타락하여 결국엔 금수가 되는 것은 괴이할 것이 없다. 위태롭도다! 그대의 논설이여. 온 나라가 모두 나처럼 '성현의 방도를 쓰겠다는 마음' 을 먹는다면 원수를 갚고 나라를 회복하는 일은 머지않아 이루어질 것이다. 슬프다! 나와 뜻을 같이하는 사람이 없음이여.

或者 : 그대의 고집이 옳지 않은 것은 아니다. 다만 스스로 그 힘을 쓸 수 없다면, 간혹 서양의 힘을 빌려 원수를 몰아내고 역당을 토멸하는 것이 오히려 그만두는 것보다 낫지 않은가?

醒菴 : 이 또한 쇠망한 세상에서의 비분강개(悲憤慷慨)한 뜻이다. 나 또한 '저것이 이것보다 낫다' 고 말하지 않는 것이 아니다. 그러나 중화(中華)의 도(道)를 회복하지 않으면 짐승을 끌어다가 사람을 잡아먹고, 또 사람끼리 잡아먹게 되니, 그 해로움이 어찌

홍수나 맹수에 그칠 것인가? 무릇 '중화가 멸망한 한(恨)' 과 '나라가 멸망한 아픔' 이 서로 무슨 경중(輕重)이 있겠는가? 그대 또한 알지어다.

14

독립청원서에 서명을 거부하다

앞에서 설명한 것처럼, 삼일독립만세운동은 '야소교 교인과 신식 교육을 받은 학생 및 천도교의 교주 손병희의 무리 등' 이 주도하여 '프랑스 파리에서 강화회의를 열고 있는 서양 열강에게 우리의 독립을 호소하는 운동' 이라는 성격을 지니고 있었다. 여기서 주목할 것은 삼일운동의 주역에 '유림(儒林)' 이 눈에 띄지 않는다는 점이다. 다시 말해, 삼일운동을 기획한 주역들은 처음부터 유림을 소외시켰던 것이다. 대다수 유림들이 '위정척사(衛正斥邪)' 의 입장에서 '야소교, 신식 교육, 천도교' 를 배척하고 있었으니, 그들 역시 유림을 소외시킨 것은 사실 자연스러운 일이라 하겠다.

그런데 거국적인 삼일운동에 별다른 기여를 하지 못한 것을 깨달은 몇몇 유림들은 '자신들 역시 무언가 기여를 해야 한다' 는 맥락에서 이른바 '파리장서사건' 을 기획하게 되었다. 조지훈(趙芝薰)은 『한국민족운동사』에서 파리장서사건의 배경을 다음과 같이 설명한 바 있다.

고종 황제 인산에 참례하고자 경성에 모였다가 3·1운동의 발발을 본 이중업(李中業), 김창숙(金昌淑), 곽대연(郭大淵), 김정호(金丁鎬), 권상도(權相道) 등은 유림들만이 이 운동에 빠졌다는 것은 유림의 수치라 생각하고, 유림에 중망(重望)이 있는 이를 추대하여 유림을 단결함으로써 파리에 사람을 보내어 만국평화회의에 우리의 독립청원이 거족일치의 대의(大義)임을 설명하기로 결의하고, 김창숙이 거창으로 곽종석(郭鍾錫 : 전 의정부 참찬)을 찾아가 곽종석의 쾌락을 받고, 다시 입경하여 각도 유림에 사람을 보내어 유림의 독립청원서에 서명을 받으니, 홍성의 김복한(金福漢 : 전 승지)이 호응하고 문인(門人) 임성백(林聲百)을 서울로 보내어 적극 협력하였다. 이로써 경남북과 충남북의 유림 137명이 참가하였다. 김창숙이 유림대표로 청원서를 휴대하고 3월 말에 상해(上海)로 가지고 가서 파리와 구미·중령·노령 국내에 배포하였다.[1]

위에 보이듯이, 파리장서사건은 유림들이 주도하여 서구 열강에게 우리의 독립을 청원한 사건이다.[2] 당시에는 프랑스 파리에 장서(長書)를 보낸 것 외에도 여러 부류의 독립청원운동이 있었다.[3] 그런데 성암은 독립만세운동에도 참여하지 않았을 뿐만 아니라, 독립청원운동에도 참여하지 않았다. 앞에서 살핀 것처럼 '서양에게 호소하는 것은 결코 좋은 방법이 아니다' 라는 것이 그 까닭이었다. 이제 이와 관련하여 하나의 사례를 살펴보자. 1919년 여름, 성암은 사돈이었던 김용국(金容國)으

---

1 趙芝薰, 『한국민족운동사』, 152~153쪽.

2 1919년 4월 12일 파리장서사건이 발각되고, 관계자들이 체포되어, 郭鍾錫·金福漢·河龍濟 등은 감옥에서 殉死하고, 그 밖의 인사들도 日警의 고문에 못 이겨 죽거나 처형되었다.

3 趙芝薰, 『한국민족운동사』, 153~154쪽.

로부터 다음과 같은 편지를 받은 바 있다.

근래에 오진영(吳震泳) 사문(斯文)의 편지를 받았는데, "서울에서 맹보순(孟輔淳)(徐野愚의 門人으로 淸나라에서 10여 년 동안 활동하다가 근래에 서울로 들어왔답니다)과 함께 하는 선비들이 미국(美國) 대통령에게 공함(公函)을 보내 독립(獨立)을 청원하려고 하는데, 이철영(李喆榮)의 이름도 함께 기록하였으니, 내게 '이철영(李喆榮)에게 기별을 보내, 훗날 응수(應酬)하는 바탕으로 삼자' 고 요청해왔기에, 그러므로 우러러 기별합니다." 라고 했습니다(이상은 吳斯文의 편지 내용입니다).

무릇 맹씨의 이 일은 과연 맹랑합니다. 그 사람에게 묻지도 않고 그 이름을 기록하는 것은 이미 근거가 없는 것이요, 또한 편지가 저들에게 들어간다 하더라도 성사(成事) 여부는 진실로 알 수 없는 것입니다. 편지가 만약 중간에 누설된다면 화(禍)가 생길 염려도 없지 않습니다. 모르겠습니다만, 형은 장차 어떻게 처리하시겠습니까?

대개 서울의 선비들은 이름을 기록한 사람들이 매우 많습니다. 그런데 이름을 모록(冒錄)[4]한 인물은 전간재(田艮齋) · 오진영(吳震泳) · 최병심(崔秉心) 및 형입니다. 맹씨의 말로는 "이 사람들은 비록 조사를 받게 된다 하더라도 '나는 모르는 일' 이라고 말하지는 않을 것이므로, 그 이름을 적었다." 고 합니다. 공함(公函)을 작성한 사람은 김사묵(金思默) · 이상영(李商永) · 경현수(慶賢秀) 등으로서, 이들이 함께 작성했다고 합니다.[5]

4 冒錄 : 사실이 아닌 것을 기록함. 여기서는 '본인들의 동의를 받지 않고 그 이름을 기록함' 을 말함.

5 『醒菴集』 卷2 頁33, 〈附 原書〉.

위의 편지에 의하면, 1919년 봄 파리장서사건 이후, 맹보순[6] 등은 미국 대통령에게 공함(公函)을 보내 독립을 청원하려고 하는 과정에서, 성암 등 몇몇 유림들의 이름을 임의로 적고, 차후에 그들의 동의를 구했던 것이다. 이에 대해 1917년 7월, 성암은 사돈 김용국에게 다음과 같이 답장하였다.

*〈答金士賢 容國〉[7]

제 이름을 기록한 것에 관한 편지는 잘 알겠습니다만, 진실로 생각지 못한 일입니다. 지난번에 왜인(倭人)이 와서 '독립(獨立)의 옳고 그름'을 묻기에, 내가 "왜적을 토벌하고 원수를 갚은 다음, 우리 이씨(李氏) 5백 년의 종사(宗社)를 회복하여 백성들로 하여금 의발(衣髮)을 보전하고 요 · 순(堯舜) 5천 년 중화(中華)의 맥(脈)을 잇도록 하는 것, 이것이 내가 밤낮으로 피를 흘리며 하늘에 기도하는 내용이다. 지금의 이른바 '독

---

6 『한국향토문화전자대전』에서는 孟輔淳에 대해 "1862년 충청북도 진천군에서 태어나 9세에 신갈 김수운에게 한학을 배우고 15세에 서야우(徐野愚)에게 제자의 예를 올리고 가르침을 받았다. 1894년 신갈 금화에 와서 후학을 가르치다 1906년 용인향교(龍仁鄕校)에서 학부대신을 역임한 이도재(李道宰)와 함께 명륜학교를 설립하여 신구학문 교육에 힘썼다. 1910년 국치를 당함에 만주로 건너가 이동녕 등과 함께 민족의식 고취를 위한 신문을 발행하며 제자인 김혁(金爀)과 이영선 등을 가르쳤다. 고종(高宗)의 승하로 귀국하여 3년 상을 치른 후 심곡서원(深谷書院)에서 후학을 가르치면서 능골의 충렬사를 다시 세웠다. 심곡서원 부지가 남에 손에 넘어가게 됨에 따라 용인 지역 유지들과 함께 부지를 되찾아 오늘에 이르게 하였으며, 그곳에서 후학을 가르치며 여생을 마쳤다. 묘소는 경기도 용인시 기흥구 신갈동 도봉산에서 안성시로 이장하였다."라고 소개하고 있다.

7 『醒菴集』 卷2 頁32~33.

립' 이 내가 말한 내용과 같은 것이라면 옳을 것이다. 그러나 만약 그렇지 않다면 나는 알지 못하겠다."라고 답하니, 왜인은 빙그레 웃으면서 다시는 따지지 않고 돌아갔습니다.

무릇 오늘의 의리는 중화(中華)와 이적(夷狄)을 분변하는 것이 중요합니다. 어찌하여 남의 생각도 모르면서 먼저 그 이름을 썼다는 것입니까? 속히 오사문(吳斯文)께 기별하여, 오사문이 또 맹사문(孟斯文)께 기별하게 하여, 서방(西方)에 보내는 공함(公函)에서 제 이름을 삭제하도록 하면 다행이겠습니다. 어떻습니까? 어떻습니까?

위에 보이듯이, 성암은 자신이 추구하는 독립의 상(像)을 '5백 년 종사(宗社)의 회복' 과 '5천 년 도맥(道脈)의 계승' 으로 설명하였다. 그런데 개화한 서양 열강들에게 우리의 독립을 청원한다는 것은, 그들이 우리의 청원을 수용할 리도 만무하지만, 설령 수용한다고 하더라도 그것은 바람직한 독립의 상이 못 된다는 것이다.

사실 얼마 전까지 '위정척사(衛正斥邪)' 와 '척양척왜(斥洋斥倭)' 를 외치던 유림들이 어느 날 갑자기 '서양 열강에 독립을 청원한다' 는 것은 이해하기 곤란한 일이다.[8] 유학에는 물론 '권도(權道)를 발휘해 임기응변(臨機應變)을 도모할 수 있다' 는 말이 있다. 그러나 그 권도가 자신들의 기본 원칙이나 신념에 어긋나는 것이라면, 그것은 설득력이 별로 없는 것이다.

---

8 田艮齋 역시 이러한 맥락에서 당시에 署名을 거부했다(『艮齋集』 後編 卷2 頁17, 〈答孟士幹 輔淳〉 참조). 이에 대해 당시 사람들의 誹謗이 비등했지만, 파리장서를 주도한 郭俛宇는 오히려 "艮齋가 常經을 지킨 것은 正道이다"라고 평하였다(〈艮齋年譜〉 己未年 '先生 79歲' 條 참조).

성암은 "오늘의 의리는 중화(中華)와 이적(夷狄)을 분변하는 것이 중요하다"고 말했다. 이러한 맥락에서 성암은 '국가의 독립을 추구하는 방법'도 '요·순·공·맹의 도(道)'에서 벗어나면 안 된다고 보았던 것이요, 같은 맥락에서 독립을 청원하는 공함(公函)에 서명하기를 거부했던 것이다.

15

애국충렬(愛國忠烈)을 추모하다

성암의 가장(家狀)에서는 "당시에 '충의(忠義)와 절행(節行)이 있는 사람'이 있으면, 선생은 그 소식을 듣고는 바로 감탄하고 칭찬하였으며, 또한 반드시 정밀한 의리로 절충하는 논설을 지었다. 예컨대 면암(勉菴) 최익현(崔益鉉), 의암(毅菴) 유인석(柳麟錫), 복암(復菴) 이설(李偰), 지산(志山) 김복한(金福漢), 의사(義士) 이강년(李康秊) 등 여러 인물들에 대해서는 '중화(中華)를 보존한 공(功)'이 있다는 이유로 시를 지어 칭송하는 뜻을 나타냈다. 또 예컨대 심암(心巖) 김지수(金志洙) 공과 회천(晦泉) 이학순(李學純) 공이 오랑캐가 주는 돈[恩賜金]을 받지 않고 순국(殉國)하자, 선생은 김공(金公)에 대해서는 제문(祭文)을 짓고 제물을 보내 그 '태산처럼 우러르는 뜻'을 표하고, 이공(李公)에 대해서는 그 행장(行狀)을 지어 그 큰 절개를 칭송하였다."라고 하였다.

성암이 이처럼 나라를 사랑하여 충성을 다 바친 의사(義士)와 열사(烈士)를 기리고 추모한 것은 그분들에 대한 존경과 감사의 표시였을 뿐만 아니라, 자신도 이들을 본받겠다는 의지의 표시였을 것이다. 이제 성암이 충신과 열사를 추모한 시문들을 뽑아 소개하기로 한다.

서론 격으로 먼저 소개할 것은 〈충렬전을 읽고서 느낀 점을 읊다[覽忠烈傳有感]〉로서, 이는 충렬에 관한 자신의 일반적인 생각을 읊은 것이다. 성암은 '누구나 충의(忠義)의 본성을 지니고 있는데, 못난 사람들은 이해관계에 얽매여 충의를 외면하는 것' 이라고 설명했다.

＊〈覽忠烈傳有感〉[1]

忠義性中固有者　충의는 본성 속에 본래 들어 있는 것
人生天地誰無此　이 세상 누구인들 충의의 마음 없겠는가.
惟其利害蔽心明　오직 이해(利害)가 밝은 마음 가리는바
不肖失之賢守矣　못난 사람은 이 마음을 잃고, 어진 사람은 지킨다네.

다음에 소개할 것은 〈낙화암(落花巖)〉이다. 백제가 망하던 날 3천 궁녀가 낙화암에서 투신했다는 전설이 있거니와, 성암은 이를 '나라와 고락(苦樂)을 같이 한 것' 으로 규정하여 칭송하였다. 여기서 주목되는 것은 "아름다운 영혼은 응당 슬퍼하지 않으리."라는 마지막 구절로서, 충신 · 열사는 '기꺼이 조국과 함께 산화(散花)할 수 있다' 는 생각을 표현한 것이다.

＊〈落花巖〉[2]

花開國存日　나라가 있을 때엔 꽃이 피었다가
花落國亡時　나라가 망하는 날 꽃이 지었네.

---

1 『醒菴集』 卷1 頁6.

2 『醒菴集』 卷1 頁4.

開落與同國　피고 짐을 국가와 함께했으니
芳魂應不悲　아름다운 영혼은 응당 슬퍼하지 않으리.

다음은 〈야은집을 읽다가 차운하다[讀冶隱集仍次集中韻]〉이다. 고려가 망하고 조선이 세워졌을 때, 길재(吉再)는 두 임금을 섬기지 않고 '고려의 충신'으로 남았는데, 성암은 이를 '만고(萬古)의 절의(節義)'로 기린 것이다.

* 〈讀冶隱集仍次集中韻〉[3]
金烏山下吉先生　금오산 아래 야은 선생이여
不事二君萬代榮　두 임금 섬기지 않아, 만대의 영광이네.
日月爭光仰節義　해와 달은 빛을 다투며 선생의 절의 우러르니
亘于宇宙垂名聲　널리 우주에까지 명성을 떨쳤네.

다음은 〈중봉 선생의 행장을 읽다[覽重峯先生行狀]〉이다. 조헌(趙憲)은 임진왜란이 일어나기 전에 왜란을 예상하며 갖가지 대책을 제시했는데, 조정에서 이를 모두 무시하자, 도끼를 들고 가서 상소를 올렸으며[持斧上疏], 왜란이 일어난 다음에는 의병을 모아 왜적과 싸우다 순국한 인물이다. 성암은 조헌을 '도덕과 문장, 충과 효'를 겸비한 인물이라고 칭송하였다.

---

3 『醒菴集』 卷1 頁7.

* 〈覽重峯先生行狀〉[4]

牛栗爲師道得中　우계 · 율곡 스승으로 삼아 道는 중용을 얻었고
傳來心法聽天公　전래한 심법은 천리(天理)의 공정함을 따랐네.
事親已過曾賢可　어버이를 섬김은 이미 증자보다도 훌륭했고
底豫須知舜聖同　부모를 기쁘게 해드림은 순임금과 같았네.
抗章北闕堂堂義　북쪽 대궐에 항의하는 당당한 의리와
殉節南州凜凜風　남쪽 고을에서 순절하는 늠름한 풍모여.
道德文章忠與孝　도덕과 문장, 충과 효를
先生兼有擅吾東　선생께서 겸비하여, 우리 동방에 떨치네.

다음은 〈병중에 청음 선생의 설교 시를 읽다[病餘讀淸陰先生雪窖詩]〉로서, 김상헌(金尙憲)이 청나라에 볼모로 잡혀갔다가 굴복하지 않고 살아 돌아온 일을 소중랑(蘇中郞)과 문천상(文天祥)의 행적에 비유하고 칭송한 것이다. 한편, 이 시에서 "강상을 부식함은 천세에 기억될 일이요, 사직의 존망은 한때의 근심일 뿐이네."라고 하여 '사직의 존망보다 강상의 부식이 더 중대한 일'이라고 한 것에서 성암 사상의 특징을 엿볼 수 있다.

* 〈病餘讀淸陰先生雪窖詩〉[5]

先生大義秉春秋　선생의 큰 의리는 『춘추』를 따른 것으로
南漢當年第一流　남한산성에서 당시 제일류였네.
扶植綱常千世念　강상을 부식함은 천세에 기억될 일이요

4 『醒菴集』 卷1 頁22.

5 『醒菴集』 卷1 頁23.

存亡社稷一時愁　사직의 존망은 한 때의 근심일 뿐이네.
跡同蘇郎堪呑雪　자취는 소중랑과 같아 눈을 녹여 마시며 버티고[6]
心似文山不下樓　마음은 문산과 같아 누대에서 내려오지 않았네.[7]
行乎夷狄詩中見　이적(夷狄)에 처하셨던 행적 시에 드러나니
後學高吟病擧頭　후학은 높이 읊으며 병중에도 머리를 드네.

다음은 〈의병을 일으킨 여러 인물들의 일에 대해 추모하며 느낀 바를 읊다[追感擧義諸公事有吟]〉로서, 성암은 이 시에 대해 "갑신년(1884) 역적의 우두머리 박영효(朴泳孝)가 왜국으로 도망갔다가, 을미년(1895)에 왜적과 함께 돌아와서, 정권(政權)을 마음대로 하면서 강제로 백성들의 머리를 깎게 했다. 이에 의암(毅菴) 유인석(柳麟錫)이 춘천(春川)에서 의병을 일으켰고, 승지(承旨) 김복한(金福漢)과 승지(承旨) 이설(李偰)이 홍주(洪州)에서 의병을 일으켰다. 춘천의 의병이 더욱 장대(張大)하여, 여러 차례 왜병을 격파하여 삭발을 멈추게 했다. 박영효 무리는 다시 도주했다."라고 부연한 바 있다. 요컨대 성암은 을미년 의병의 의의를 무엇보다도 삭발령을 중단시킨 데서 찾은 것이다.

＊〈追感擧義諸公事有吟〉[8]

逆魁泳孝自倭入　역적의 우두머리 박영효가 왜국에서 돌아와

6 蘇中郎은 漢나라 때의 中郎將 蘇武로서, 흉노에 使臣으로 갔다가 억류되었는데, 19년 동안이나 항복하지 않고 버티다가, 살아서 돌아왔다.

7 '文山'은 宋나라 말기의 승상 文天祥의 호. 元나라의 침략에 끝까지 대항하다가 사로잡혀 누대에 갇혀있었는데, 3년 동안이나 굴복하지 않자, 元나라 世祖(쿠빌라이)는 문천상을 죽이고 말았다. '不下樓'란 '누대에 갇혀있으면서 내려와 굴복하지 않은 것'을 말한다.

勒削靑邱幾陸沈　삭발을 강요하여, 청구의 땅 거의 가라앉았네.
曩日若非義旅力　지난번 만약 의병의 힘 아니었다면
生靈億萬盡爲禽　우리 백성 억만 명 모두 금수 될 뻔했네.

다음은 〈면암 최익현 공이 의리를 지킨 전말을 추기하며 느낀 점을 읊다[追記勉菴崔公(益鉉)仗義顚末有感]〉로서, 성암은 이 시에 대해 "공은 일찍이 병자년(1876) 이후 상소하여 힘껏 척화(斥和)를 주장했는데, 받아들여지지 않았다. 을사년(1905)의 변고가 있은 뒤로 또 호남에서 의병을 일으켰다가, 왜적에게 붙잡혀, 대마도로 끌려가 갇히고, 결국 그곳에서 순절(殉節)했다."라고 부연한 바 있다.

＊〈追記勉菴崔公(益鉉)仗義顚末有感〉[9]
誡深曲突和戎日　왜적과 강화(講和)하던 날엔 참으로 선견지명 있었고
忠激焦頭受賊時　왜적을 받아들인 때엔 충의 격분 머리카락 태웠네.[10]
知是有終因有始　시작이 있으므로 끝도 있음을 알게 되니
令人不面漏如絲　공을 뵙지 못한 사람들도 눈물 줄줄 흘리네.

다음은 〈이강년 공이 순의한 사실을 듣고 느낀 바를 읊다[聞李公(康

---

8 『醒菴集』 卷1 頁11.

9 『醒菴集』 卷1 頁11.

10 첫째 구절의 '曲突' 은 '曲突徙薪' 의 준말로, 先見之明을 발휘하여 禍를 미연에 방지하는 것. 戰國時代 齊나라 淳于髡이, 옆집의 굴뚝이 곧게 뻗어 장작더미 옆으로 나 있는 것을 보고는, 火災의 위험이 있으니 '굴뚝을 구부리고 장작을 옮기라[曲突徙薪]' 고 충고했는데, 그 말을 듣지 않아 과연 불이 났다고 한다. 둘째 구절의 '焦頭' 는 '焦頭爛額' 의 준말로, 옆집 주인은 그 불을 끄느라 '머리카락이 타고 이마가 그을렸다[焦頭爛額]' 고 한다.

季)殉義事實有感〉로서, 성암은 이 시에 대해 "공은 을미년(1895)에 의병을 일으킨 후, 정미년(1907)에 또 영춘(永春)에서 의병을 일으켰다. 왜적과 여러 차례 교전하여 크게 이겼으나, 뒤에 결국 패하여, 체포되어 죽임을 당하였다. 공이 처형될 때, 왜적은 중[僧]으로 하여금 공을 설득하게 했으나, 공이 크게 꾸짖으며 물리치자, 중이 감히 가까이 가지 못했다고 한다."라고 부연한 바 있다.

* 〈聞李公(康季)殉義事實有感〉[11]

一箇微官起義旅　일개 미관말직이 의병을 일으켜
國讐多殪仰之欽　원수를 많이 죽였으니, 우러르고 흠모하노라.
臨刑不變凝然立　사형에 임해서도 변함없이 꼿꼿하게 선 채
喝退倭僧亦快心　왜승을 꾸짖어 물리친 것 또한 통쾌하여라.

다음은 〈재상 조병세 공이 순절한 소식을 듣고 읊다[聞趙相公(秉世)殉節〉로서, 한편으로는 조병세가 1905년 을사늑약에 항의하여 독약을 먹고 순절한 일을 기리면서, 한편으로는 국가 원로(元老)들의 책임 의식을 일깨운 것이다.

* 〈聞趙相公(秉世)殉節〉[12]

吁嗟國步艱難久　아! 國運이 어렵게 된 지 오래이니
元老在家豈不知　집에 있는 元老들 어찌 이를 모르랴.
突缺棟焚何以救　굴뚝이 무너져 불이 나면 어떻게 구할까

11 『醒菴集』 卷1 頁11~12.

12 『醒菴集』 卷1 頁12.

焦頭爛額亦堪悲　머리카락 태우고 이마 그을리며 슬픔을 감당하네.

다음은 〈판서 민영환이 순절한 소식을 듣고 읊다[聞閔判書(泳煥)殉節〉이다. 1905년 11월 30일(陽曆), 육군부장(陸軍副將) 민영환은 "오호라! 나라의 치욕과 백성의 욕됨이 이에 이르렀으니, 우리 인민은 장차 생존경쟁(生存競爭) 가운데서 진멸(殄滅)하리라. 대개 살기를 바라는 사람은 반드시 죽고, 죽기를 기약하는 사람은 도리어 삶을 얻나니, 제공(諸公)은 어찌 이것을 알지 못하는가. 영환은 한번 죽음으로 황은(皇恩)에 보답하고 우리 2천만 동포형제에게 사죄하려 하노라. 그러나 영환은 죽어도 죽지 않고 저승에서라도 제공을 기어이 도우리니, 다행히 동포형제들은 천만 배 더욱 분려(奮勵)하여 지기(志氣)를 굳게 하고 학문에 힘쓰며 한마음으로 힘을 다하여 우리의 자유 독립을 회복하면 죽어서라도 마땅히 저세상에서 기뻐 웃으리라. 오호라! 조금도 실망하지 말지어다." 라는 유서를 남기고 순국했다. 이에 대해 성암은 한편으로는 민영환이 순절한 일을 기리면서, 한편으로는 민영환이 머리를 깎고 양복을 입은 것에 대해 비판하였다.

＊〈聞閔判書(泳煥)殉節〉[13]

主辱當時公獨死　主上께서 치욕을 당하던 날 公만 홀로 자결하니

堂堂忠節斷無他　당당한 충절은 결단코 다른 까닭이 아니네.

國亡只在和戎日　亡國은 왜적과 강화하던 날 시작된 것인데

忍變衣裳薙髮何　차마 옷을 바꾸고 머리 깎은 것은 무슨 까닭인가?

---

13 『醒菴集』 卷1 頁12.

다음은 〈병정 김봉학이 순절한 소식을 듣고 읊다[聞金兵丁(奉學)殉節〉로서, 장군이나 재상도 아닌 일개 병졸이 을사늑약에 항의하여 독약을 먹고 순절한 일을 기린 것이다. 그런데 이 시에서도 역시 김봉학이 머리를 깎은 것에 대해서는 '문학을 배우지 못했기 때문'이라고 안타까워하고 있다.

＊〈聞金兵丁(奉學)殉節〉[14]

負國忘君皆將相　나라를 등지고 임금 잊은 자들은 모두 장군과 재상
忽看卒伍獨捐生　홀연히 살피니, 병졸이 홀로 목숨을 버렸네.
如斯美質從文學　이처럼 훌륭한 자질로 문학에 종사했더라면
應不甘心斷髮兵　당연히 머리 깎은 병졸이 되지는 않았을 것을.

다음은 〈안중근 의사가 왜적 우두머리를 쏘아 죽인 소식을 듣고 읊다[聞安烈士(重根)砲殺倭魁〉로서, 1909년 가을 안중근 의사가 하얼빈에서 이토 히로부미(伊藤博文)를 사살한 것을 기리는 내용이다. 흥미로운 것은, 성암은 안중근 의사를 '조선의 남자'로 칭송했는데, 훗날 왜적도 성암을 '일등대남자(一等大男子)'로 칭송했다는 점이다.

＊〈聞安烈士(重根)砲殺倭魁〉[15]

倭賊縱橫四十載　왜적들이 횡행한 지 어언 40년
謀危隣國弑其君　이웃나라를 위태롭게 하고 그 국모를 시해했네.
朝鮮幸有一男子　조선에는 다행히 한 남자 있어

14 『醒菴集』 卷1 頁12.
15 『醒菴集』 卷1 頁12.

殪彼哈濱天下聞　하얼빈에서 그 괴수를 죽여 천하가 알게 했네.

다음은 〈이준 열사가 밀지를 받들고 서양에 특사로 갔다가 공회장에서 할복하여 원통함을 호소했다는 소식을 듣고 읊다[聞李烈士(儁)奉使西洋剚腹訟寃于公會]〉로서, 성암은 이 시에 대해 "병오년(1906년)[16] 밀지(密旨)를 받들어 헤이그에서 열린 만국공회(萬國公會)에 참석하여 왜적의 강요로 을사늑약이 체결됨을 밝히고 호소했는데, 여러 나라 사람들이 들어주지 않자, 배를 가르고 피를 뿌리며 죽었다." 고 부연한 바 있다.

* 〈聞李烈士(儁)奉使西洋剚腹訟寃于公會〉[17]

誓心奉使西洋去　군은 맹세로 밀지 받들어 서양으로 사신 갔으나
聽若無聞寃號聲　우리의 원통한 사연 듣고도 못 들은 척.
剚腹血濺公會席　공회장에서 배를 가르고 피를 뿌리며
忠臣一死萬邦驚　忠臣이 한 번 죽자 萬邦이 놀랐네.

성암은 이처럼 안중근과 이준의 충렬을 칭송하면서도, 〈또다시 읊다[又吟]〉라는 시에서는 그들이 중화(中華)의 문물을 지키지 않고 '기독교를 믿고, 머리를 깎고, 양복을 입었다' 는 사실에 대해서는 또한 비판적인 태도를 견지했다.

16 헤이그 밀사사건은 1907년(丁未年) 6월에 있었거니와, 성암의 설명에 착오가 있는 것 같다.

17 『醒菴集』 卷1 頁12.

* 〈又吟〉[18]

李安兩姓忠雖大　이 · 안 두 열사는 충성심은 비록 컸지만
宗教耶蘇又變形　예수교를 믿었고 또 머리를 깎았네.
若採群芳營享宇　만약 여러 의열을 골라 사당에 모신다면
髮無髮有異其庭　두발의 유 · 무에 따라 따로 모셔야 할 것.

성암은 훗날 우리가 나라를 되찾았을 때 "만약 여러 의열을 골라 사당에 모신다면, 두발을 보존한 사람과 보존하지 않은 사람을 구별하여 서로 다른 사당에 모셔야 할 것"이라고 주장했다. 성암은 민영환에 대해서도 "저 민영환은 두 측면을 지닌 사람이니, 부득불 그가 '형체를 훼손했음'을 비난하여 중화가 오랑캐로 변했음을 징계하는 한편, 또한 부득불 그가 '순국한 절의'를 허여하여 이 세상의 나라에 충성하는 사람들을 권장해야 한다."[19]고 주장한 바 있다. 성암의 이러한 입장은 '사직(社稷)의 존망(存亡)보다 강상(綱常)의 부식(扶植)이 더 중요하다'는 지론과 궤를 같이하는 것이다.

18 『醒菴集』 卷1 頁12~13.

19 『醒菴集』 卷2 頁27, 〈與林伯棠〉.

16

성리설(性理說) 연구에 침잠하다

성암이 만년(晩年)에 마지막으로 심혈을 기울인 일은 성리설의 연구였다. 성암은 무오년(戊午年, 1918) 겨울에 「사상강설(泗上講說)」을 저술했는데, 이는 성암의 일생에서 마지막 업적이라 할 수 있다.

성암은 물론 그 전에도 성리설에 대한 지속적인 관심을 지니고 있었다. 경술년(庚戌年, 1910) 2월의 〈임백당에게 보내는 편지[與林伯棠]〉에서는 성리설에 대한 자신의 기본적 관점을 피력하였고, 경술년 4월의 〈유사준에게 답하는 편지[答柳士俊]〉에서는 '농암(農巖) 김창협(金昌協)의 성리설을 베껴서 보내줄 것'을 요청하였으며, 갑인년(甲寅年, 1914) 12월의 〈지치용에게 답하는 편지[答池致用]〉에서는 율곡설을 옹호하고 화서(華西) 이항로(李恒老)의 성리설을 비판하였다. 이렇게 본다면 성암은 성리설에 대해 일찍부터 지속적인 관심이 있었던 것이다. 그런데 정사년(丁巳年, 1917) 4월부터 명덕(明德)에 대한 해석 문제를 두고 간재(艮齋) 전우(田愚)와의 왕복 논변을 시작한 것으로 보면, 성암은 이 무렵부터 성리설에 본격적인 관심을 기울이기 시작한 것으로 짐작된다.

당시 학계에서는 화서(華西) 이항로(李恒老) 문하와 매산(梅山) 홍직필(洪直弼) 문하 사이에 '명덕논쟁(明德論爭)'이 한참이었고, 또 남당(南塘) 한원진(韓元震)과 외암(巍巖) 이간(李柬)으로부터 시작된 '호락논쟁(湖洛論爭)'은 2백여 년이 지난 당시에도 계속되고 있었다. 명덕논쟁에 대해서는, 성암은 '명덕'을 '마음과 본성을 합친 이름[心性總名]'으로 규정하고 참포(黲袍, 흰 날줄과 검은 씨줄로 짠 베)에 비유하여, 명덕을 이(理)나 기(氣) 어느 한 쪽으로 치우치게 규정할 수 없다고 설명했다.[1] 성암의 탁월한 성리설은 무엇보다도 호락논쟁에 대한 논의에서 잘 드러난다. 성암은 호락논쟁의 쟁점을 세밀히 분석하여 양자(兩者)의 옳고 그름을 논하고, 새로운 이론을 정립하여 양자를 지양시키고자 했던 것이다.[2]

성암은 호락논쟁의 쟁점을 ① 인성(人性)과 물성(物性)의 동·이(同異) 문제, ② 미발시(未發時) 본연지성(本然之性)과 기질지성(氣質之性)의 관계 문제로 파악했다. ①의 쟁점은 호론과 낙론이 서로 다른 차원에서 본성을 논함으로써 야기된 것으로, 이에 대해 성암은 관점의 차이를 인정하면 사실은 서로 같은 내용이라고 보았다. 즉 호론에서는 본성을 '기(氣)를 띤 것'으로 규정함으로써 '인성과 물성이 다르다'고 주장하였으며, 낙론에서는 본성을 '기(氣)를 띠지 않은 것'으로 규정함으로써 '인성과 물성이 같다'고 주장했던 것이다.

성리학의 일반론에 따르면, 인간의 본성은 이(理)에 속하고[性卽理], 인간의 마음은 기(氣)에 속한다[心卽氣]. 또 성리학의 일반론에 따르면,

---

1 『醒菴集』 卷2 頁9, 〈答艮齋田丈〉.

2 금장태는 '醒菴 性理說'의 특징을 "栗谷의 입장을 기준으로 하여 그 시대의 대립된 이론을 통합하려는 종합성의 추구"라고 설명한 바 있다(금장태 고광직, 『儒學近百年』, 396쪽).

인간의 본성은 이(理)에 속하나, 본성은 또한 마음이라는 그릇 속에 존재한다. 성암은 '이(理)와 기(氣)'는 본래 '서로 떠날 수 없는[不相離]' 관계인 동시에 '서로 섞일 수 없는[不相雜]' 관계로서, '서로 떠날 수 없다'는 맥락에서는 기(氣)를 띠고 본성을 말할 수 있으나, '서로 섞일 수 없다'는 관점에서는 기(氣)를 띠지 않고 본성을 말할 수 있다고 보았다. 요컨대 관점에 따라 인물성동론(人物性同論)과 인물성이론(人物性異論)이 모두 성립할 수 있다는 것이요, 따라서 호락논쟁에서 인성과 물성의 동·이 문제는 중요한 쟁점이 못 된다는 것이다.

성암은 호락논쟁에서 중요한 쟁점은 ②의 문제라고 보았다. 성암에 의하면, 미발시 본연지성과 기질지성의 관계를 호론은 '동위동시(同位同時)'로 보았고, 낙론은 '이위이시(異位異時)'로 보았는데, 이는 모두 잘못된 것으로서 '동위이시(同位異時)'로 보아야 한다는 것이다. 여기서 '동위(同位)와 이위(異位)'란 각각 '일원적(一元的)이냐, 이원적(二元的)이냐'를 의미하고, '동시(同時)와 이시(異時)'란 각각 '같은 때에 존재하느냐, 다른 때에 존재하느냐'를 의미한다. 남당은 외암의 심성론에 대하여 그것은 인간에게 '두 마음과 두 본성이 있다는 말'이라고 비판했는데,[3] 이는 외암이 '본연지심(本然之心)과 기질지심(氣質之心)' 또는 '본연지성(本然之性)과 기질지성(氣質之性)'의 관계를 '이위(異位)'로 규정했기 때문이었다. 반면에 외암은 남당의 심성론에 대하여 '순자(荀子)의 성악설(性惡說)이나 양웅(揚雄)의 성선악혼설(性善惡混說)과 마찬가지'라고 비판했는데,[4] 이는 남당이 '본연지성과 기질지성'의 관계를 '동위동시(同位同時)'로 규정했기 때문이다. 즉 외암의 '이위론(異位論)'은 인간에게

3 『南塘集』 卷11 頁47, 〈擬答李公擧〉.

4 『巍巖遺稿』 卷12 頁24, 〈未發有善惡辨〉.

는 '하나의 마음과 하나의 본성만 있다'는 성리학의 대전제에 어긋나는 것이었고, 남당의 '동위동시론(同位同時論)'은 인간의 본연지성에서 순선의 가능 근거를 확보할 수 없었던 것이다.[5] 이에 성암은 '동위이시론(同位異時論)'을 제창하여 다음과 같이 말한다.

> '본연지심과 기질지심' 또는 '본연지성과 기질지성'이 동위(同位)인 까닭은 무엇인가? 하나의 마음이고 하나의 본성이기 때문이다. 그 때가 다른 까닭은 무엇인가? 허령(虛靈)이 혹 드러날 때도 있고, 기품(氣稟)이 혹 방해할 때도 있기 때문이다.[6]

외암은 '미발(未發)'에 대한 논의를 심화시켜 '대본저미발(大本底未發, 中底未發)과 부중저미발(不中底未發)'을 구분한 바 있고, 남당은 기존의 본성에 대한 2분법(本然之性과 氣質之性)으로는 인성과 물성의 동·이 문제를 제대로 해명할 수 없다고 보아 '초형기(超形氣, 上層性), 인기질(因氣質, 中層性), 잡기질(雜氣質, 下層性)'이라는 3분법을 제시한 바 있다. 성암은 이들의 논의를 비판적으로 수용하여 '성삼양설(性三樣說)'을 제시하였다. 첫째는 본연지성(本然之性)으로서, 중저미발시에 이(理)만을 지칭한

---

5 오늘날의 많은 학자들은 호락논쟁의 쟁점 가운데 하나는 '미발시 心體가 純善한가 有善惡한가' 하는 것이라고 규정했는데, 이는 잘못된 설명이다. 洛論과 마찬가지로 湖論도 역시 '心體는 純善하다'고 보았기 때문이다. 남당의 주장은, 미발시 心體가 有善惡하다는 것이 아니라, 氣質이 有善惡하다는 것이었다. 또한 많은 학자들은 호락논쟁의 쟁점을 '聖人의 마음과 凡人의 마음이 같은가, 다른가'로 파악하기도 하는데, 이것 역시 정확한 설명은 못된다. '本然之心(心之本然)은 성인과 범인이 같고, 氣質之心(心之氣質)은 성인과 범인이 다르다'는 것이 호론과 낙론의 공통된 주장이기 때문이다.

6 『醒菴集』 卷5 頁28, 〈泗上講說〉.

것이다[單指理]. 본연지성은 사람과 동물이 모두 같은 것으로, 순선하다. 둘째는 기본지성(氣本之性, 氣之本然之性)으로서, 중저미발시에 이(理)와 기(氣)를 함께 지칭한 것이다[兼指理與氣]. 기본지성은 사람은 사람끼리 같고 동물은 동물끼리 같은 것으로, 역시 순선하다. 셋째는 기질지성(氣質之性, 氣之氣質之性)으로서, 부중저미발시에 이(理)와 기(氣)를 함께 지칭한 것이다[兼指理與氣]. 기질지성은 사람마다 다르고 동물마다 다른 것으로, 악한 것이다.[7]

남당의 '초형기(超形氣)' 는 만물의 이(理)가 동일한 것이고, '인기질(因氣質)' 은 인간과 동물이 서로 다른 것이며, '잡기질(雜氣質)' 은 사람마다 다르고 동물마다 다른 것이었다. 그리고 남당은 '인기질(因氣質)한 중층성(中層性)' 을 인간과 동물 각각의 본성으로 규정하여, 인물성이론(人物性異論)을 주장한 것이었다. 그리하여 표면적으로는 남당의 삼층설(三層說)과 성암의 삼양설(三樣說)이 차이가 없는 것 같으나, 다음과 같은 점에서 크게 다른 것이다.

남당의 삼층설은 '초형기, 인기질, 잡기질' 에 의한 분류이고, 특히 '인기질(因氣質)' 은 '단지(單指) 또는 겸지(兼指)' 로 표현될 수 없는 것이어서 '동 · 이(同異)' 를 논할 때 논리적인 애매함이 있었다. 남당의 삼층설은 또한 미발에 대한 분석적 논의를 전제하지 않은 것이어서 '선 · 악(善惡)' 을 논할 때도 역시 애매함이 있었다. 그러나 성암의 삼양설은 '단지(單指)와 겸지(兼指)' 를 분명하게 구분하고, '중저미발과 부중저미발' 을 분명하게 전제하여, '동 · 이' 와 '선 · 악' 을 명쾌하게 논한 것이다. 또한 남당은 인기질과 잡기질의 관계를 '동위동시' 로 규정했으나, 성

---

7 『醒菴集』 卷5 頁11, 〈泗上講說〉.

암은 그 관계를 '동위이시'로 규정한 것이다.

성암의 삼양설(三樣說)은 남당과 외암의 대립된 입장을 통합할 수 있도록 마음과 본성의 개념을 새롭게 제시한 것이다. 성암이 비록 기본지성(氣本之性)을 만물의 고유한 본성으로 규정하고 '인간과 동물이 서로 다르다'고 하여, 결론적으로 인물성이론(人物性異論)에 서는 것이지만, 그것은 내용적으로 호론의 이론(異論)과 낙론의 동론(同論)을 지양시킨 것이다. 또한 성암의 삼양설은 남당의 동시론(同時論)의 폐단과 외암의 이위론(異位論)의 폐단을 극복한 것이다. 요컨대 성암은 남당에 의해 심화된 본성에 대한 3분법과 외암에 의해 심화된 미발론을 수용하고 지양시킴으로써, 당시까지 2백여 년 동안 지속되던 호락논쟁을 마무리하려 한 것이다.

성암의 성삼양설(性三樣說)에 입각할 때, 우리는 비로소 다른 동물들과 구별되는 '인간의 고유한 본성'을 제대로 설명할 수 있게 되고, 또 인간에게는 하나의 마음, 하나의 본성만 있다는 원칙을 견지하면서도 선·악(善惡)의 문제를 제대로 해명할 수 있게 된다. 성암의 동위이시론(同位異時論)과 성삼양설(性三樣說)은 정자(程子)·주자(朱子) 성리학의 추지를 가장 정확히 계승한 것이요, 또한 조선시대 성리학의 대미(大尾)를 장식한 탁월한 업적이었다.

아래에서는 성암의 성리설을 엿볼 수 있는 하나의 자료로서, 성암이 1918년 7월 〈송의섭에게 보낸 편지〉를 소개하기로 한다.

* 〈與宋强哉 毅燮〉[8]

(前略) 성명(性命)에 관한 학설은 나처럼 거칠고 멸렬(滅裂)한 사람이 어찌 감히 논설을 제시하겠습니까? 그러나 근래에 성글게나마 여기에 뜻을 두고 있었는데, 여러 선유(先儒)들의 복잡다단한 논설에 이르러서는 망막하여 무엇을 따라야 할지 모르겠습니다. 옛 선철(先哲)은 "율옹(栗翁)은 동방(東方)의 집대성(集大成)하신 선현(先賢)이시다. 하물며 그 이기심성론(理氣心性論)은 앞선 학자들이 밝히지 못한 것을 많이 밝히어, 천하후세에 크게 공(功)을 세운 것이다. 위로 소급해 올라가면 염락(濂洛)과 수사(洙泗)의 근원과 묘합(妙合)하고, 아래로 내려와서는 백가중론(百家衆論)의 다양한 학설들을 절충한 것이다."라고 했습니다. 나 역시 이 말씀이 나를 속이지 않았다는 것을 대략 알고 있습니다. 불행히도 근래 노사(蘆沙) 기정진(奇正鎭)의 〈외필(猥筆)〉과 〈납량사의(納凉私議)〉 등이 세상에 간행되어, 율옹의 종지(宗旨)를 道를 해치는 구덩이로 밀어 넣었으니, 얼마나 한탄할 일입니까?

무릇 율옹의 학설은 초년(初年)과 만년(晩年) 사이에 별다른 이견(異見)이 없으니, 하나하나가 다 정론(定論)으로서 진실로 마땅히 따라야 하는 것이요, 옮기거나 바꿀 수 없는 것입니다. 그 가운데 명덕(明德)에 대한 설명은 분명히 '마음과 본성을 합친 이름[心性總名]'이라 하였으니, 그 뜻을 깊이 연구해보면 또한 『대학장구(大學章句)』 첫째 장의 뜻과 부합됩니다. 그렇다면 화서(華西) 이항로(李恒老)의 '明德은 理'라는 주장이나 매산(梅山) 홍직필(洪直弼)의 '明德은 心'이라는 주장은 모두 율옹의 주장

8 『醒菴集』 卷2 頁43~46.

과 어긋나는 것입니다. 지난번에 계화도(繼華島)의 간재장(艮齋丈)께 질문을 드렸더니, '明德主心論이 옳다' 고 답하시면서 " '心·性을 합쳐서 함께 말한 것' 은 語錄에 보이는 말이요, '天命之性은 明德이 갖춘 것이요, 率性之道는 明德이 행하는 것이다' 는 『성학집요(聖學輯要)』에 직접 쓰신 말씀입니다. 알지 못하겠습니다만, 그대께서는 이에 대해 한결같이 (율곡께서) 손수 쓰신 말씀을 버리고 (남들이 기록한) 어록을 따르는 것입니까? 또한 心과 性을 합쳐서 말하는 가운데 빈·주(賓主)의 구분이 전혀 없는 것입니까?"라고 했습니다. 이는 제가 감히 따를 수 없는 내용입니다.

'明德은 心性總名' 이라는 내용은 어록에 보일 뿐만이 아닙니다. 율곡이 〈안응휴에게 답한 편지[答安應休]〉에서는 "四端은 곧 明德이 발한 것이니, 명목이 어찌 다르겠는가? 心과 性을 합쳐서 부를 때 明德이라 한다."고 했습니다. 이것으로 본다면 明德은 분명 心과 性을 합쳐서 말한 것입니다. 明德은 이미 心과 性을 합쳐서 말한 것이라면, 心에 중점을 두어 形而下者라고 말함은 옳지 못하며, 性에 중점을 두어 形而上者라고 말하는 것도 옳지 못한 것 같습니다. 『성학집요』에서 "天命之性은 明德이 갖춘 것"이라 함은 '明德은 心으로서 이 天命之性을 갖추고 있다' 는 말이 아니요, 바로 '明德이 明德이 되는 까닭은 心 때문만이 아니라 또한 이 天命之性을 갖추고 있기 때문이다.' 라는 말입니다. 〈안응휴에게 답한 편지〉도 또한 '心과 性을 합친 이름' 이라는 말로 결어(結語)를 삼았으니, 율곡의 明德에 대한 해명은 두 갈래가 있는 것이 아닙니다.

제 생각에, 明德은 또한 빈·주(賓主)로 나누어 볼 수 없는 것입니다. 만약 心은 性·情을 통섭하는 것으로서, 능히 여러 理를 갖추고 만사에 응하는 것이라는 이유로, 반드시 '心이 主가 되고, 性은 賓이 된다' 고 말한다면, 또한 미안한 것입니다. 무릇 明德이라는 이름은 사람의 心·性에서 벗어나지 않는 것이요, 사람의 心·性은 곧 天地의 理·氣입니다. 주자는 〈태극도해(太極圖解)〉에서 "太極은 진실로 조화(造化)의 추뉴(樞紐)요 품휘(品彙)의 근저(根柢)이다."[9]라고 했으며, 율옹은 "理는 氣를 주재하는 것이요, 氣는 理가 탈 바이다."라 했고, 또 "사람의 마음이 발하는 것은 곧 天地의 造化이다."라고 했습니다. 지금 만약 "天地의 造化에 있어서는 氣가 主가 되고 理가 賓이 되며, 사람의 心·性에 있어서는 性이 賓이 되고 心이 主가 된다."고 한다면, 그것이 말이 되겠습니까?

心이라는 물건은 靈明하고 활발하게 움직이는 것으로서, 性·情을 통섭하는 것입니다. 그러므로 『대학장구』에서 明德을 설명할 때, 먼저 '허령불매(虛靈不昧)'를 말하고, 다음에 '여러 理를 갖추고 있음[具衆理]'을 말하고, 다음에 '만사에 응함[應萬事]'을 말한 것입니다. 그러나 어찌 먼저 '虛靈不昧'를 말했다는 이유로 明德을 곧 形而下者로 규정하고, 그리하여 形而下者를 主로 삼고 形而下者를 賓으로 삼을 수 있겠습니까?

돌이켜보니, 진실로 明德을 밝히는 참된 노력은 없이 한갓 明德이 어떤 것인가를 알려고 하였으니, 그러므로 저의 식견(識見)이 항상 의심스럽고 어두운 점이 많은 것 같습니다. 원컨대 고명(高明)께서는 실천을 통해 자각하신 것이 많으시니, 가르쳐주신다면 다행이겠습니다.

---

9 '造化의 樞紐'란 '자연계의 모든 운동변화의 가능근거'라는 뜻이요, '品彙의 根柢'란 '자연계의 모든 사물의 존재근거'라는 뜻이다. 요컨대 '太極은 자연계의 모든 운동변화의 가능근거인 동시에, 모든 사물의 존재근거'라는 말이다.

제3부

문선
文選

抗日精神萬古光
身係黑獄生不屈
名登青史死猶榮
威聲烈烈山河動
義氣堂堂宇宙間

1

시선(詩選)

1) 〈民心을 한탄하다〉[1]

至極愚還畏　백성은 매우 어리석지만 또 두려우니
無常向背情　향배의 감정이 무상하기 때문.
昨爲我赤子　어제까지 나의 적자(赤子)였는데
今作誰蒼生　오늘은 누구의 백성 되었나.

天時次地利　천시(天時)는 지리(地利) 다음이요
地利後人和　지리(地利)는 인화(人和) 다음이네.[2]
邦寧由本固　민생이 튼튼해야 나라가 편안하니

1 『醒菴集』 卷1 頁2, 〈歎民心七首〉. 이 詩는 '民心의 향배는 무상하다' 는 것, 통치자들이 民心의 지지를 받으려면 '愛民政治를 시행해야 한다' 는 것을 말하고, 백성들에게도 '私家와 國家는 결국 공동운명체' 임을 일깨운 것이다.

2 『孟子』 公孫丑下 제1장에서는 "天時는 地利만 못하고, 地利는 人和만 못하다."고 하고, 人和를 얻기 위해서는 仁政을 베풀어야 한다고 하였음.

征斂豈宜多　세금을 어찌 많이 거두겠는가.

自是險如水　백성은 본래 물처럼 위험하니
載舟又覆舟　배를 띄우기도 하고 뒤집기도 한다네.
欲安無欲動　평안을 바라고 동요를 바라지 않는다면
恩澤使長流　은택을 널리 베풀어야 한다네.

難藉先王澤　선왕의 은택은 의지하기 어려우니
害身卽怨咨　자신을 해치면 곧 원망하고 탄식하네.
爲其父母道　백성의 부모가 된 도리는
好惡必同之　반드시 백성과 호오를 함께 하는 것.[3]

險程騁六驥　천리마를 타고 험한 길을 달릴 수 있으나
朽索不能牽　썩은 밧줄로는 천리마를 끌 수가 없네.[4]
莫道無知覺　백성은 지각이 없다고 말하지 말라
視聽卽是天　백성이 보고 들음은 곧 하늘이 보고 듣는 것.[5]

---

3 『詩經』「小雅」〈南山有臺〉에서는 "즐거운 저 君子여, 백성의 父母로다(樂只君子 民之父母)" 라고 했는데, 『大學章句』 傳10章에서는 이를 인용하고 "백성이 좋아하는 것을 좋아하고, 백성이 싫어하는 것을 싫어하는 것, 이것을 바로 '백성의 부모' 라 한다." 고 하였음.

4 『書經』「夏書」〈五子之歌〉에서 "나는 백성을 대함에 마치 썩은 새끼줄로 여섯 말을 모는 것처럼 두려움을 느낀다(予臨兆民 凜乎若朽索之馭六馬)" 라고 하였음.

5 『書經』「周書」〈泰誓〉에 "하늘은 우리 백성을 통해서 보고, 하늘은 우리 백성을 통해서 듣는다(天視自我民視 天聽自我民聽)" 고 하였음.

烝盡天生者 백성은 모두 하늘이 낳았으니
執無是秉彝 누구인들 떳떳한 본성이 없겠는가.[6]
縱云不我愛 비록 '나를 사랑하지 않는다' 고 해도
雨露奈其滋 비와 이슬은 어찌 번성하게 하는가.

家國相依立 가정과 국가는 서로 의지하나니
國摧無汝家 국가가 꺾이면 너희 집도 없는 법.
汝家無自毁 너희 집을 스스로 허물지 않는다면
風雨不憂耶 비바람에도 근심이 없을 터.

2) 〈정전법을 회상하다〉[7]

殷周久寂寞 은나라 주나라는 오래도록 적막하고
四海困蒼生 세상의 수많은 백성 곤궁하여라.
不用井田制 정전제를 시행하지 않는다면
何能行王政 어찌 능히 왕도정치 펼칠 수 있으랴.

6 『詩經』「大雅」〈烝民〉에서는 "하늘이 수많은 백성을 낳으심에, 사물이 있으면 法則이 있도다. 백성들이 지니고 있는 떳떳함이라, 이 아름다운 德을 좋아한다(天生烝民 有物有則 民之秉彝 好是懿德)" 고 했음.

7 『醒菴集』 卷1 頁2, 〈井田三首〉. 이 詩는 백성을 골고루 잘 살게 하려면 井田法을 시행해야 한다는 주장을 담고 있다. 井田制는 殷·周 시대에 시행되었다가 폐지되었는데, 孟子는 王道政治의 일환으로 井田制를 시행할 것을 주장한 바 있고, 張橫渠 역시 井田制를 다시 시행할 것을 주장한 바 있다.

孟子言無售　맹자의 말씀은 실현되지 못했고
橫渠志未成　장횡거의 뜻도 이루어지지 못했네.
謾將王制語　〈왕제(王制)〉의 말씀 실천하기를 게을리하고[8]
只是付殘經　경전(經典)의 자투리 구절처럼 무시하네.

貧無錐立地　가난한 사람은 송곳을 꽂을 만한 땅도 없고
富有陌連田　부유한 사람은 밭두둑을 연달아 차지했네.
飢飽不均甚　굶주림과 배부름이 매우 고르지 못하니
何心雨露天　비와 이슬 내려주는 하늘의 마음은 어떠할까?

3) 〈쓸쓸한 옥중(獄中)에서〉[9]

室中深且暗　깊고도 어두운 방 속
靜坐守吾眞　조용히 앉아 나의 참된 마음 지키네.
終日無言語　종일토록 말을 하지 않으니
殆同聾啞人　귀머거리 · 벙어리와 같은 모습.

東迎朝日來　동쪽 구멍으로는 아침의 뜨는 해 맞이하고
西納夕陽回　서쪽 구멍으로는 저녁의 지는 해 바라보네.

---

8 『禮記』〈王制〉에서는 井田制와 관련하여 전답을 분양하고 녹봉을 지정하는 기준을 자세히 설명하고 있음.

9 『醒菴集』 卷1 頁3, 〈獄中涔寂二首〉. 이 詩는 甲寅年(1914) 獄中에서 지은 것이다. 쓸쓸한 獄中 생활을 귀머거리 · 벙어리에 비유하면서도, 양쪽으로 뚫려있는 두 窓을 두 눈에 비유한 것이 재치 있다.

壁孔僅通二　벽에는 겨우 두 구멍 뚫려 있으니
晝間眼兩開　낮 동안에는 두 눈을 뜨고 있는 듯.

4) 〈새장에 갇힌 두루미〉[10]

潔白以爲衣　희고 순결한 옷을 입었는데도
留籠久未歸　새장에 갇혀 오래도록 돌아가지 못하네.
路開雲萬里　구름 속 만 리 길 열린다면
一翮衝天飛　한 번의 날갯짓에 하늘을 뚫고 날아오르리.

5) 〈만동묘의 천석(泉石)이 왜적들에게 점령되다〉[11]

宗社保存日　종묘사직이 보존되었던 날엔
一間茅屋寧　한 칸의 초가집도 편안했는데
今無一片土　이제는 한 조각의 땅도 없으니
何處慰皇靈　어느 곳에서 명나라 황제의 영혼을 위로할까?

---

10 『醒菴集』 卷1 頁3, 〈咏籠鶴〉. 이 詩 역시 甲寅年 獄中에서 지은 것이다. 순수한 기상을 지녔음에도 불구하고 獄에 갇힌 자신의 신세를 한탄하며, 포부를 밝힌 것이다.

11 『醒菴集』 卷1 頁4, 〈屋社後萬東廟泉石亦爲蠻夷所占云可恨〉. 이 詩의 제목을 그대로 번역하면 〈나라가 망한 뒤에 萬東廟의 泉石 또한 오랑캐들에게 점령되었다고 하니, 한탄스럽다〉이다. 이 詩는 제목 그대로 나라가 망한 뒤 萬東廟의 泉石 또한 왜적들에게 점령된 것을 한탄하는 내용이다. 萬東廟는 丙子胡亂 이후 '明나라를 숭배하고 淸나라를 배격한다'는 의식의 산물이었거니와, 이는 그대로 '왜적에 대한 저항의식'으로 연결되는 것이었다.

6) 〈어린 딸이 천연두를 앓다〉[12]

痘何多證非常侵　마마는 어찌 증세도 많아 아무 때고 침노하나
坐不成眠到夜深　곁에 앉아 깊은 밤까지 잠 못 이루네.
始以今年憂爾病　금년 초부터 네 병을 근심하다보니
知吾父母養吾心　부모님이 나를 기를 때의 마음 알겠노라.

7) 〈어린 아들이 병에 걸려 잠을 이루지 못하다〉[13]

一子晩生舐愛甚　늦게야 아들 하나 얻어 핥을 정도로 사랑했는데
又何多疾使爺憂　어찌 또 병이 많아, 아비를 근심하게 하는가.
立揚他日那期望　훗날의 입신양명(立身揚名) 어찌 바라랴
三世單身血續求　삼대 걸친 단신(單身), 혈통 잇기만 바랄 뿐이네.

8) 〈강제로 머리를 깎느라 소동이 일었다는 말을 듣고〉[14]

萇楚不如歎我生　내 인생은 장초(萇楚)만도 못함을 탄식하노니[15]

---

12 『醒菴集』 卷1 頁6, 〈稚女患痘〉. 이 詩는 어린 딸이 천연두를 앓을 때 곁에서 간호하면서 애타는 심정을 읊은 것이다.

13 『醒菴集』 卷1 頁10, 〈穉子有病 夜不成眠〉. 이 詩는 어린 아들이 아플 때 애타는 심정을 노래한 것이다. 성암은 본래 2남 2녀를 두었는데, 2남 1녀는 일찍 죽고 1녀만 제대로 장성하였다.

14 『醒菴集』 卷1 頁6, 〈聞薙髮搔說〉. 이 詩는 단발령을 내리고, 보발한 사람들을 붙잡아

腥塵到處怯人情　가는 곳마다 비린내 사람들을 두렵게 하네.
金華山裏誰全髮　금화산 속에는 누가 두발을 보존하고 있었는가
不與犬羊竝跡行　개・돼지와 행적을 함께 하지 않았네.

9) 〈무궁화〉[16]

先開纔落後開因　먼저 핀 꽃송이 지면 다음 송이 또 피어
連續無窮秋尙新　무궁하게 이어져, 가을에도 새롭게 피네.
我愛由來非爾色　내가 너를 좋아함은 빛깔 때문이 아니요
賴知三十六宮春　일 년 내내 봄임을 알 수 있기 때문이네.[17]

강제로 머리를 깎는 과정에서 소란이 생겼다는 소문을 듣고, 시절을 한탄하는 내용이다.

15 '萇楚' 는 복숭아나무와 비슷한 나무이다. 『詩經』「檜風」〈萇楚〉에 "진펄에서 자란 저 장초나무, 그 가지 곱기도 하네. 반지르르 귀여운 너, 너의 知覺 없음 부럽도다[隰有萇楚 猗儺其枝 夭之沃沃 樂子之無知]" 라고 하였는데, 이는 虐政에 시달리는 백성들이 그 고통을 견디지 못하고서 '萇楚가 無知하여 근심이 없는 것만 못하다' 고 탄식한 것이라 한다.

16 『醒菴集』 卷1 頁6, 〈無窮花〉. 이 詩는 제목 그대로 '무궁화' 를 노래한 것이다. 성암은 무궁화를 '피고 또 피고, 무궁하게 계속 피어, 일 년 내내 봄 같은 기분을 주는 꽃' 으로 노래했다.

17 邵康節의 〈觀物吟〉에 "천근과 월굴이 한가로이 왕래하매, 삼십육궁이 온통 봄빛이로다.[天根月窟閑來往 三十六宮都是春]" 라고 하였다.

10) 〈홍산에 억류되었을 때 경운(畊芸)에게 써 주다〉[18]

人生有死死如生 태어나면 죽는 것이니, 삶과 죽음은 같은 것이나
死若成仁不可生 죽어서 만약 仁을 이룬다면, 살아남을 수 없다오.
前路險難又莫測 앞길은 험난하고 또 헤아릴 수 없으니
請君全髮了餘生 그대에게 청컨대, 두발을 보전하고 여생을 마치게나.

11) 〈홍산에서 돌아와 경운(畊芸)에게 화답하다〉[19]

共君努力多餘日 그대와 함께 노력할 날 앞으로도 많은데
一事何傷偶不同 하나를 우연히 함께 못한 것 상심하지 마소서
松柏歲寒然後約 송백은 추워진 다음을 기약하는 것[20]
中天白月照心同 중천의 밝은 달 우리의 같은 마음 비춰주네

---

18 『醒菴集』 卷1 頁8, 〈留鴻邑 寄畊芸柳文若〉. 이 詩는 홍산경찰서에 붙잡혀갔을 때 처남 畊芸 柳秉蔚에게 지어준 것이다. 성암은 '殺身成仁을 각오한 자신의 앞날은 예측할 수 없다' 고 판단하고, 畊芸에게 '죽을 때까지 두발을 보전할 것' 을 당부했다.

19 『醒菴集』 卷1 頁8~9, 〈自鴻邑歸家 和畊芸韻〉. 이 詩는 홍산경찰서에서 풀려나 집으로 돌아와, 처남 畊芸에게 和答한 것이다. 성암이 홍산경찰서에 붙잡혀갔을 때, 처남 畊芸은 자신도 함께 붙잡혀갔어야 마땅하다고 생각하고, 그렇지 못한 것을 상심하자, 성암은 "松柏은 추워진 다음을 기약하는 것, 中天의 밝은 달 우리의 같은 마음 비춰주네" 라고 畊芸을 위로한 것이다.

20 『論語』 子罕 제27장에는 "한 해가 추워진 다음에야 소나무와 잣나무가 뒤늦게 시듦을 알 수 있다(歲寒然後 知松柏之後彫也)" 고 했다.

12) 〈시절에 상심하여 읊다〉[21]

五帝三王生長地 오제와 삼왕께서 나고 자라신 곳은
單于奪據更無人 오랑캐가 점거하여 사람 없게 되었네.
東來吾道線陽在 동쪽에 전해진 道 양맥(陽脈) 하나 남았었는데
倭又於今大亂眞 왜적이 또 지금 크게 진리를 어지럽히네.

陰濁陽淸消又長 흐린 음과 맑은 양은 또 서로 늘어나고 줄어들며
一治一亂互相隨 다스려짐과 혼란함도 서로 뒤따르는 것.
如今國有云亡日 지금은 나라가 있어도 망한 것이나 마찬가지
從古人無失節時 고인(古人)의 절개(節介) 지킴을 따라야 할 때.

中華蠻貊皆天性 중화와 오랑캐는 모두 천성을 지니고 있으니
全是爲人失是禽 온전히 지키면 사람이 되고, 잃으면 금수 되는 것.
欲事洋倭扶國脈 양적과 왜적 섬겨 국맥(國脈)을 지키기보다는
寧亡社稷我無心 차라리 사직을 망하게 함이 내 마음에 합당하네.

假使變夷何效魯 설령 오랑캐 풍습 바꾼다 한들 어찌 노(魯)를 본받는가

---

21 『醒菴集』 卷1 頁9~10, 〈傷時六首〉. 이 詩는 제목 그대로 시절을 한탄하는 내용이다. 첫째 首에서는 중국과 한국이 모두 오랑캐의 땅으로 전락하였음을 한탄하고, 둘째 首에서는 혼란한 세상에서 古人처럼 節介를 지킬 것을 다짐하였다. 셋째 首에서는 '국가의 존망보다 道의 존망이 더 중요하다' 고 읊었고, 넷째 首에서는 당시에 등장한 太極敎를 비판하였다. 다섯째 首에서는 '조그만 덕으로 자기를 시험하지 말라' 고 당부하였고, 여섯째 首에서는 '현재의 고난에 좌절하지 말고, 男兒의 기개를 발휘하여 원수를 갚자' 고 당부하였다.

固當用夏必追仁　진실로 중화의 道를 써서 반드시 仁을 따르리라.[22]
胸中本有宣尼學　가슴 속엔 본래 공자의 학문 품고 있으니
太極敎名豈曰新　'태극교' 라는 이름이 어찌 새롭다 하겠는가.[23]

莫將小德試磨涅　조그만 덕으로 자기를 시험하지 말라
必受磷緇不保終　반드시 갈리고 물들어 끝내 보전할 수 없다네.[24]
天下皆夷無所往　천하가 모두 오랑캐 되어 갈 곳 없으니
死生何必去吾東　죽고 사는데 하필 우리 동방을 떠나야 하겠는가.

晴日常多陰日少　갠 날은 항상 많고 흐린 날은 적은 법
一時風雨莫深愁　한 때의 비바람에 깊이 근심하지 말게나.
男兒落席誠非偶　남아가 이 세상에 태어남은 진실로 우연 아니니
豈獨齊襄報世讎　어찌 오직 제양공만 조상의 원수 갚겠는가.[25]

---

22 『論語』 雍也 제22장에서는 "齊나라가 한 번 변하면 魯나라처럼 될 수 있고, 魯나라가 한 번 변하면 道에 이를 수 있다." 고 했음. 즉 오랑캐의 풍습을 바꾸고자 한다면, 魯나라의 文物처럼 그에 못 미치는 것을 본받을 것이 아니라, 곧바로 中華의 道를 본받아야 한다는 뜻.

23 '太極敎' 는 1907년 宋炳華가 창시한 儒教 계열의 新宗教로서, '孔子를 숭배하고 유교정신을 이어받아, 道法禮儀 생활을 실천하자' 는 종교였다. 원래의 취지와는 달리 폐해가 나타나게 되자, 日帝 당국이 조정에 나서게 됨으로써 교세가 침체되었다(한국학중앙연구원 편, 『한국민족문화대백과』, '太極敎' 참조).

24 『論語』 陽貨 제7장에서는" 갈아도 얇아지지 않는다면 견고하다고 할 수 있지 않겠는가? 물들여도 검어지지 않는다면 희다고 할 수 있지 않겠는가?(不曰堅乎 磨而不磷 不曰白乎 涅而不緇)" 라고 했는데, 이는 보통 사람은 갈면 얇아지고 물들이면 검어지나, 聖人은 갈아도 얇아지지 않고 물들여도 더러워지지 않는다는 뜻으로 해석됨.

25 齊襄公은 9代 선조의 원수를 갚기 위해 紀나라를 멸망시켰다고 함.

13) 〈시절을 한탄하다〉[26]

東土居人惟億萬　우리 동방의 인구가 억만(億萬)이나 되니
同心可撻楚秦兵　마음을 합치면 강대국 군사도 물리칠 수 있을 터.
莫分家國憂深淺　家·國을 구분하여 근심을 깊고 얕게 하지 마소서
各自謀生未必生　각자 삶을 도모한들 꼭 살아남는 것은 아닐세.

14) 〈갑인년 정월 초이틀 밤 꿈에 왜적을 정벌하다〉[27]

腐心切齒扶桑寇　동쪽 섬나라 왜구들에게 절치부심하던 차
試拂征衣一夢成　군복입고 옷깃 떨치는 꿈을 꾸었네.
却寤還依書案臥　잠을 깨고 보니 책상에 기대고 누워 꾼 꿈.
風雪激烈曉鷄鳴　거센 눈보라 속 새벽닭이 우는구나.

---

26 『醒菴集』 卷1 頁10, 〈歎時〉. 이 詩 역시 제목 그대로 시절을 한탄하는 내용이다. 자기 집안일은 크게 걱정하면서 나랏일은 외면하는 당시의 세태를 한탄하면서, '각자 삶을 도모한들 꼭 살아남는 것은 아님' 을 일깨우고, 온 국민이 일치단결하여 왜적에게 저항할 것을 촉구하였다.

27 『醒菴集』 卷1 頁13, 〈甲寅正月初二夜 夢得征倭〉. 이 詩는 제목 그대로 갑인년 정월 초이틀 밤에 왜적을 정벌하는 꿈을 꾸고, 그 감회를 읊은 것이다. 성암은 평소 왜구들에게 절치부심 하던 차에 꿈속에서나마 왜적을 정벌하게 된 것이다. 그러나 꿈은 꿈에 그치고 마는 것, 깨고 보니 현실에서는 거센 눈보라가 치고 있는 것이었다.

15) 〈꿈에 선영에 성묘하다〉[28]

沿路腥塵暗不明　고향에 가는 길은 비린내가 그득하여
積年未作古園行　몇 해 동안이나 고향에 가지 못했네.
片時往拜先塋在　잠깐 선영에 가서 절을 하고 왔는데
只是床邊夢裏情　깨고 보니 이부자리 속의 꿈일 뿐이었네.

16) 〈옥중에서 『춘추』를 읽고 싶은 마음〉[29]

三代餘風只有書　삼대의 남은 풍습은 겨우 책으로만 존재하니
杜門相對不過書　문을 닫고 상대하는 것은 서책에 불과하네.
笑吾身困今如許　우습도다, 나의 신세 지금처럼 곤궁함이여
甚至經旬未讀書　열흘이 지나도록 읽지 못했노라.

---

28 『醒菴集』 卷1 頁16, 〈夢拜先塋〉. 이 詩는 제목 그대로 꿈에 省墓한 일을 읊은 것이다. 성암은 부여에 살면서 7~80리 떨어진 고향을 마음대로 다닐 수 없었다. 왜적들이 성암의 동태를 살피며 견제했기 때문이다. 그리하여 고향에 가서 성묘하기가 어렵게 되자, 이번에는 先塋에 省墓하는 꿈을 꾼 것이다. 첫째 구에서 말한 '비린내[腥塵]'는 물론 '왜적들'을 말한다.

29 『醒菴集』 卷1 頁14, 〈獄中涔寂 欲納入麟經而不得 以一咏遣懷〉. 이 詩의 제목을 정확히 번역하면 〈獄中에서 쓸쓸하여 『春秋』를 들여다 읽고 싶었으나, 그럴 수 없기에, 詩 한 首로 감회를 읊다〉이다. 『春秋』를 들여다 읽지 못한 정확한 사연은 알 수 없다. 아마도 『春秋』가 의리정신을 북돋는 책이므로, 저들이 반입을 금지한 것 같다.

17) 〈『주역』을 읽다가 느낀 바를 읊다〉[30]

風雪紛紛動竹林　눈보라 어지럽게 대나무 숲 흔들 때
靜看周易坐門深　깊숙히 홀로 앉아 조용히 『주역』을 읽네.
陰陽消長雖天道　음양이 서로 소장(消長)함은 비록 천도이나
一抑一扶亦聖心　음을 누르고 양을 보호함이 또한 성인의 마음.

18) 〈겨울밤 학동들을 일깨우다〉[31]

求我童蒙共下帷　어린이들 모아 함께 장막 치고 독서하는데
不堪辛苦睡頭垂　괴로움 견디지 못해 고개 떨구고 조는구나.
永夜環燈床共接　긴긴 밤엔 붉을 켜고 책상 맞대고
早朝穿雪屐相隨　이른 아침엔 눈길 뚫고 발자국이 서로 따르네.
玉貴成磨宜積力　옥은 갈아 윤기가 나야 하니, 노력해야 마땅하고
扑期無用勿違規　회초리를 없애려면 학규(學規)를 어기지 말거라.
進之與止皆由我　학업이 진보함과 그침은 모두 내게 달렸으니
解惜爲山一簣虧　'한 삼태기 모자라 공을 그르침' 없도록 하라.[32]

---

30 『醒菴集』 卷1 頁15, 〈看周易有感〉. 이 詩는 눈보라 치는 겨울에 집에 들어앉아 『주역』을 읽을 때의 소감을 읊은 것이다. '음이 극에 달하면 양이 되고, 양이 극에 달하면 음이 되는 것' 이 '陰陽 消長의 이치' 이다. 그런데 이러한 이치를 수용하면서도 또한 '음을 억누르고 양을 보호함' 이 聖人의 心法이라는 것이다.

31 『醒菴集』 卷1 頁21, 〈冬夜警學童〉. 이 詩는 제목 그대로 겨울밤에 學童들을 일깨우는 내용이다. 졸음을 참지 못하고 고개를 떨구는 학동들에게 '스스로 학업을 이룰 때까지 공부해야만 하는 이유' 를 설명하면서, 분발을 촉구하였다.

19) 〈양복 입은 사람들이 요·순·공·맹을 모독함을 보고〉[33]

堯舜爲君孔孟師　요 · 순은 임금이시고 공 · 맹은 스승이시니
綱常千古賴於玆　오랜 세월 강상(綱常)이 여기에 의지했네.
彼何侮聖無餘地　저들은 어찌 여지없이 성인을 모독하는가
風雨凄凄夜色遲　비바람 쓸쓸하게 밤은 깊어 가누나.

20) 〈왜적에게 벼슬한 사람을 부러워함을 보고〉[34]

寧爲華夏飢寒民　차라리 중화의 춥고 굶주린 백성이 될지언정
詎作夷戎飽煖臣　어찌 오랑캐의 배부르고 따뜻한 신하가 되겠는가.
陋巷簞瓢自有樂　단표누항(簞瓢陋巷)에도 본래 즐거움 있으니

---

32 "아홉 길 높이의 산을 쌓는데, 한 삼태기 흙이 모자라 功이 무너진다[爲山九仞 功虧一簣]"는 속담을 상기시킨 것임.

33 『醒菴集』 卷1 頁14, 〈留店舍時 洋服擔銃者五六人 獵歸同宿 嘲我大笠長袖 又言堯舜孔孟 若在今世 無所用矣 眞夷狄之甚者 風氣之變 一何至此 夜吟一絶〉. 이 詩의 제목을 정확히 번역하면 〈旅館에 머무를 때, 洋服을 입고 총을 멘 5~6人이 사냥을 마치고 돌아가다가 함께 留宿하게 되었는데, 내가 큰 삿갓에 긴 소매의 옷을 입은 것을 조롱하며 '지금 세상에 堯 · 舜 · 孔 · 孟은 소용이 없다'고 말하였으니, 참으로 오랑캐에게 깊이 동화된 자였다. 風俗의 변화가 어찌 이 지경에 이르렀다는 말인가? 밤에 絶句 한 首를 읊다〉이다.

34 『醒菴集』 卷1 頁15, 〈或有凍餒者 羨彼仕虜而致富者 爲詩以示〉. 이 詩의 제목을 정확히 번역하면 〈추위 속에 굶주리는 자가 왜적에게 벼슬하여 致富한 자를 부러워함을 보고, 詩를 지어 보여주다〉이다. '목구멍이 포도청'이라는 속담처럼, 굶주림 속에서는 누구나 志操를 잃기 쉬운 것이 人之常情인 것이다. 이러한 人之常情을 벗어난 사람만이 志士와 仁人이 될 수 있는 것이다.

請言衛律何如人　청컨대 위율이 어떤 사람인지 말하겠노라.[35]

21) 〈왜적에게 효열 포상을 요청했다는 소문을 듣고〉[36]

一字衣裳卽介鱗　우리의 중화 문물 개떡같이 여기고
作心行事絶無倫　작심하고 하는 일에, 결코 인륜은 없네.
殺父代治稱聖子　아비 죽이고 대신 통치함에 성자(聖子)라 하고
弑君開化置功臣　임금 죽이고 개화함에 공신(功臣)이라 하네
夫妻異貨成其俗　남편과 아내 재산을 달리함이 풍속 되었고
兄弟聚虞許彼民　형제들은 근심 모아 저들 백성 되었네.
笑矣謾將忠孝烈　우습도다, 충 · 효 · 열(忠孝烈)을 속임이여.
向渠願說褒玆人　저들에게 이 사람을 포상하라 말하고 싶네.

22) 〈왜적의 사찰이 빈번해지다〉[37]

倭營將卒送來窺　왜군의 병영에서 장졸(將卒)을 보내 엿보니

---

35 衛律은 漢나라 사람으로, 匈奴에게 使臣으로 갔다가 항복하여, 그곳에서 匈奴가 제공한 부귀영화를 누린 사람이다.

36 『醒菴集』 卷1 頁30~31, 〈人有以孝烈 請褒于倭〉. 성암은 '어떤 사람이 일제에게 자신의 孝烈을 표창해달라' 고 요청했다는 기가 막히는 소문을 듣고, 이 詩를 지은 것이다. 성암은 이 詩에서 엉터리 聖子와 엉터리 功臣의 예를 들며, '이들이 日帝의 표창을 받는 것은 잘 어울리는 일일 것' 이라고 조롱하였다.

37 『醒菴集』 卷1 頁16, 〈丁巳春夏之交 倭之來察頻數〉. 이 詩의 제목을 정확히 번역하면

茅屋床書半箔垂　초가집 책상에 발[箔]을 반쯤 걸쳐놓고
視若尋常言笑去　겉으로는 평범하게 말도 하고 웃지단
胸中豹略爾何知　가슴속의 표범과 같은 전략 너희가 어찌 알리오.

23) 〈제석(除夕)〉[38]

人間四十年　인간으로 태어나 40년
虛送海東邊　해동의 변방에서 허송했네.
風霜多受後　온갖 풍상 겪었으나
事業未成前　사업은 이루지 못했네.
榮枯聽造化　영고성쇠는 조화옹(造化翁)의 명(命)에 따르고
脩短外神仙　신선처럼 목숨의 길고 짧음 벗어났네.
畎畝深憂在　초야(草野)에 살면서 깊은 시름하느라
對燈坐不眠　등불 마주하고 앉아 잠 못 이루네.

24) 〈옥중에서 읊다〉[39]

白頭老大年　백발의 늙은 나이에

〈丁巳年(1917) 봄과 여름이 교차할 때, 왜적들이 더 자주 찾아와서 사찰하다〉로서, '남을 무력으로 억압하면 마음속으로는 더욱 반항하게 된다' 는 평범한 진리를 설파한 것이다.

38 『醒菴集』 卷1 頁17, 〈除夕〉. 이 詩는 40세 무렵 除夜에 風霜 속에 지나간 세월을 돌이켜보며 시름하는 내용이다.

寃若囚於燕　연나라 옥에 갇힌 것처럼 원통하네.[40]
家國同無地　집안이나 나라나 모두 땅을 잃었으니
死生信有天　살고 죽는 것은 참으로 하늘에 달렸네.
胡風雖烈矣　오랑캐 풍습이 아무리 맹렬해도
華脈豈泯然　중화의 맥이 어찌 사라지겠는가.
萬古綱常大　만고의 강상은 위대한 것
四旬冰上眠　40일을 얼음판처럼 차가운 데서 버티며 잤네.

25) 〈갑인년 12월 10일, 꿈속에서 짓다〉[41]

步登百尺樓　백 척의 누각에 걸어 오르니
風定雨聲收　바람이 가라앉고 빗소리도 멎는구나.
三角連天立　삼각산은 하늘에 잇닿아 서 있고
漢江滿地流　한강물은 땅에 가득 흐르누나.
北虜無開口　북쪽 오랑캐는 입을 열지 못하고
南蠻不擧頭　남쪽 오랑캐는 고개를 들지 못하네.
願如夢裏語　원컨대 꿈속의 일처럼

39 『醒菴集』 卷1 頁18, 〈留店舍時吟〉. 이 詩는 甲寅年(1914) 獄中에 있을 때 원통한 심정을 읊으며, '萬古의 綱常을 지켜내고야 말겠다' 고 다짐하는 내용이다.

40 戰國時代 燕나라 惠王이 참소를 믿고 鄒衍을 하옥하자, 鄒衍이 하늘을 우러러 통곡하며 원통함을 호소하니, 한여름에 서리가 내렸다 한다.

41 『醒菴集』 卷1 頁18~19, 〈甲寅臘月十日 夜夢作三句詩 覺而足一句〉. 이 詩의 제목을 정확히 번역하면 〈甲寅年(1914) 12월 10일 밤 꿈에 세 구절을 짓고, 깨어나 한 구절을 마저 채우다〉로서, 復讐雪恥와 光復에 대한 염원이 잘 나타나 있다.

宗社復千秋　종사(宗社)가 회복되어 천추(千秋)에 영원하길.

26) 〈왜병이 찾아와 사찰하다〉[42]

五載杜門不出行　5년 동안이나 두문불출 돌아다니지 않는데
南蠻何事每侵城　남쪽 오랑캐 무슨 일로 매번 성(城)을 침노하나.
從古擊膺元有道　예부터 오랑캐를 칠 때도 원래 방도가 있는 법
到今蠢動豈爲明　지금에 와서 준동함이 어찌 현명하겠는가.
名雖爲卒魚頭樣　이름은 비록 졸개이나 모습은 어두(魚頭) 같고
語不類人鴃舌聲　언어는 사람의 것이 아니라 때까치 소리 같네.
禍起蕭墻還未察　재앙은 나라 안에서 일어나는데 이를 모르고[43]
空探萬里外人情　헛되이 만 리 밖 사람의 동태를 정탐하네.

27) 〈우연히 읊다〉[44]

擇處湖山本有期　호숫가 산속 골라 산 것은 본래 기약 있었으니

42 『醒菴集』 卷1 頁29, 〈倭兵來伺〉. 이 詩는 자신을 사찰하러 나온 왜병을 조롱하는 내용이다. 성암은 사찰을 나온 倭兵에 대해 '모습은 魚頭와 같고, 언어는 사람의 것이 아니라 때까치 소리 같다' 고 하여, 극도의 경멸감을 표하였다. 성암은 또 日帝에 대해 '일본 안에서의 民心의 離叛을 걱정해야 할 처지인데, 헛되이 조선 사람들의 동태를 정탐한다' 고 일갈하였다.

43 春秋時代 魯나라의 실권자 季氏가 附庸國 顓臾를 정벌하려고 하자, 공자는 이를 비판하면서 "季氏의 근심거리는 顓臾에 있지 않고, 자기 집 울타리 안에 있다[季孫之憂不在顓臾 而在蕭牆之內也]" 고 깨우친 바 있다(『論語』 季氏 제1장 참조).

窓明几淨讀工宜　창은 밝고 책상은 깨끗하여 책을 읽기 좋구나.
逢人但問桑麻長　사람들 만나면 뽕과 삼이 잘 크는가만 묻고
擧目惟看水石奇　눈을 들면 오로지 물과 돌의 기이함만 본다네.
吟遣閑情詩作友　시 짓는 친구에게 한가한 정 읊어주고
醉忘愁病酒爲醫　취하면 향수를 잊으니, 술이 바로 의사라네.
人歎世亂吾還笑　남들이 난세를 한탄하면 나는 도리어 웃으니
旣濟元因未濟時　기제는 본래 미제로부터 비롯되는 것이라네.[45]

貧爲家寶怨無侵　가난을 가보로 삼으니 원수도 침노하지 않고
日抱羲經習古音　날마다 『주역』 안고 고음을 익힌다네.
坐看山色胸襟靜　앉아서는 산색을 바라보니 흉금이 고요하고
臥聽江聲意思深　누워서는 강물 소리 들으니 생각이 깊어지네.
疎才那望和梅手　성근 재주로 어찌 큰 벼슬을 바라리오.[46]
晦跡元非荷蕢心　숨어사는 것도 원래 하궤의 마음 아니라네.[47]

---

44 『醒菴集』 卷1 頁26, 〈偶吟二首〉. 이 詩는 성암이 草野에 은거하면서 亂世를 견디어나가는 심정을 읊은 것이다. 성암은 이 詩에서 "旣濟는 본래 未濟로부터 비롯되는 것"이라 하여 '미래에 대한 희망'을 피력했고, "숨어사는 것도 원래 荷蕢의 마음 아니라"하여 자신의 은거는 '세상을 버리자는 것이 아니라 自靖에 뜻이 있는 것'이라 하였다.

45 旣濟와 未濟는 모두 『周易』의 卦 이름으로, 旣濟는 '세상이 질서정연하게 다스려지는 상황'을, 未濟는 '세상의 질서가 잡히지 않은 상황'을 뜻한다. '기제는 본래 미제로부터 비롯된다'는 것은 一治一亂이 세상의 이치이므로 '지금 세상이 혼란하니 장차 안정된 세상이 올 것'이라는 뜻이다.

46 '和梅手'란 '鹽梅를 조리하는 손'이란 말로, '큰 벼슬을 맡은 사람'을 비유하는 말.

47 '荷蕢'는 '삼태기를 멘 사람'으로서, '道家的 隱者'를 뜻한다(『論語』 憲問 제42장 참조), '荷蕢의 마음이 아니다'라는 것은, 성암이 비록 지금 草野에 숨어살지만, '道家들처럼 이 세상을 영원히 등지고 살겠다'는 뜻이 아니다, '자신의 포부를 실현할 기

復有竹扉三四在　대나무 사립문 집 서너 군데 있으니[48]
漁兄樵弟也相尋　어부와 나무꾼 친구들이 서로 찾아온다네.

28) 〈경운(畊芸)을 추모함〉[49]

賢有父師善繼述　어진 부사(父師)의 가르침 잘 계승했으니
人誰不曰孝哉人　뉘라서 효성스런 사람이라 하지 않겠소.
韜髮緇冠超俗累　검은 관(冠)에 보발하고 비루한 세속 초월하며
滿床朱傳學心眞　책상엔 주자서 가득, 참된 마음공부 했네.
怕或入夷常戒魯　혹시 이적에 빠질까, 항상 노나라를 경계하니
幸玆用夏獨希仁　다행히 중화 지켜, 홀로 인(仁)을 바랐네.[50]
丹旐前路秋風起　붉은 깃발 앞길엔 가을바람 일어나니
後死安能不淚巾　뒤에 죽는 사람 어찌 눈물 흘리지 않으리오.

회가 오면 언제든지 세상에 나갈 수 있다' 는 뜻이다.

48 '대나무 사립문 집' 이란 가난한 선비들이 숨어사는 집을 말함.

49 『醒菴集』 卷1 頁31, 〈挽畊芸〉. 이는 처남 畊芸의 죽음을 애도하는 挽詩이다. 畊芸은 醒菴보다 다섯달 먼저 別世했다.

50 孔子는 "齊나라가 한번 변하면 魯나라에 이르고, 魯나라가 한번 변하면 道에 이를 것" 이라 말씀한 바 있다(『論語』 雍也 22). 魯나라는 '道에 가장 근접한 나라' 로서, 이 詩에서는 당시에 우리 '東邦' 이 홀로 中華의 문물을 보전하고 있다는 점에서 '魯나라' 에 비유한 것임.

29) 〈私字〉[51]

無私然後公　私가 없는 뒤에야 공정하니

非公卽是私　公이 아니면 곧 私인 것.

萬善原於公　모든 善은 公에 근원하고

百惡生自私　모든 惡은 私에서 나오네.

億萬惟億萬　억만이면 억만

小人心各私　소인들은 제각각 私心뿐.

千載同一揆　천년동안 법도(法度)가 한결같음은

君子心不私　군자의 마음이 사사롭지 않기 때문.

窮則獨善者　궁색할 때 홀로 善을 지킴은

一身無所私　일신에 私가 없는 것.

達則兼善者　영달했을 때 남들과 善을 함께 하니

天下不行私　천하가 私를 행하지 않는 것.

屋漏尙不愧　구석진 곳에서도 오히려 부끄럽지 않게 하여[52]

處幽以無私　그윽한 데 처하기를 '私 없음' 으로 하네.

俯仰不愧怍　우러르고 굽어봄에 부끄러움 없는데[53]

---

51 『醒菴集』 卷1 頁31~32, 〈私字〉. 이 詩는 '善과 惡' 의 문제 및 '君子와 小人' 의 문제는 모두 '公과 私' 의 문제에서 비롯됨을 논하고, '克己復禮' 에 힘쓸 것을 권하는 내용이다.

52 『詩經』「大雅」〈抑〉편에서는 "네가 홀로 방안에 있음을 살펴보니, 오히려 방 귀퉁이에서도 부끄럽지 않게 행동하였다[相在爾室 尙不愧于屋漏]" 라고 했는데, 『中庸』에서는 이 구절을 인용하고, "그러므로 君子는 움직이지 않아도 공경하고, 말하지 않아도 믿는 것" 이라 하였다(『中庸章句』 제33장 참조).

53 孟子는 '君子三樂' 을 말하면서, 첫째는 '父母가 모두 생존해 계시고 兄弟가 無故한 것' 이요, 둘째는 '우러러 하늘에 부끄럽지 않고, 굽어 사람들에게 부끄럽지 않음[仰

處顯有何私　드러난 데 처함에 무슨 私가 있겠는가.

嗟彼反是人　슬프다, 저 이와 반대되는 사람들은

事事皆由私　일마다 모두 私에서 말미암네.

自暴又自棄　자포(自暴)하고 또 자기(自棄)하니[54]

行己專以私　몸소 행함을 오로지 私로 하네.

妒賢又嫉能　어진 사람과 능한 사람을 질투하니

待人無非私　남들을 대할 때 私 아닌 것이 없네.

爲利與爲名　이익과 명예를 위해선

淸濁同歸私　청·탁을 구분하지 않고 함께 私로 돌아가네.

知非故爲非　잘못인 줄 알면서도 일부러 잘못을 행하니

習私不勝私　私에 익숙하여 私를 이길 수 없네.

欺人還自期　남들을 속이는 것으로 스스로를 기약하여

蔽私不知私　私에 가려서 私인줄 모르네.

恐人知我過　남들이 자신의 잘못을 알까 두려워

以私欲匿私　私로써 私를 숨기려 하네.

喜言人不善　남들의 나쁜 점을 말하기 좋아하고

己私笑人私　자기의 私로 남의 私를 비웃네.

私中私又生　私 가운데 私가 또 생겨나니

一念千萬私　한 생각에 온갖 私가 끼어드네.

舜蹠相去遠　요순(堯舜)과 도척(盜跖)은 서로 거리가 먼데

不愧於天 俯不怍於人' 이며, 셋째는 '天下의 英才를 얻어 教育함' 이라고 설명한 바 있다(『孟子』 盡心上 제20장 참조).

54 孟子는 "스스로 해치는 자[自暴者]는 함께 말할 수 없고, 스스로 버리는 자[自棄者]는 함께 일할 수 없다. '말할 때 禮義를 비방함' 을 '自暴' 라 하고, '나는 仁義를 실천할 수 없다고 함' 을 '自棄' 라 한다." 고 설명한 바 있다(『孟子』 離婁上 제10장 참조).

其初在公私　그 단초는 公과 私에 있다네.

顔子事四勿　안자(顔子)가 사물(四勿)을 일삼으심은

所以克此私　이 私를 이기기 위함이었네.[55]

30) 〈사람들이 서로 '환장했다' 고 싸우기에, 장난삼아 짓다〉[56]

世人鬪謂互換腸　사람들이 싸우면서 서로 '환장했다' 하기에

初似不知誰換腸　처음엔 누가 환장했는지 몰랐네.

聽言觀行究厥心　그들 언행 살피면서 그들 마음 궁구해보니

實是兩造俱換腸　사실은 양쪽 모두 환장한 것이네.

如何未察自家惡　어찌하여 자기 잘못은 살피지 않고

但言他人有換腸　남에게만 환장했다고 말하는가.

姑置責人先責己　남을 꾸짖기에 앞서 자신을 꾸짖으면

---

55 안연이 공자에게 '仁' 에 대해 묻자, 공자는 '자기의 사사로움을 이기그 禮로 돌아감[克己復禮]' 이 바로 '仁' 이라고 답했다. 안연이 다시 '克己復禮의 방법' 을 묻자, 공자는 '禮가 아니면 보지 말고, 禮가 아니면 듣지 말며, 禮가 아니면 말하지 말고, 禮가 아니면 행동하지 말라[非禮勿視 非禮勿聽 非禮勿言 非禮勿動]' 고 설명해 주었다. 이에 안연은 '이 네 가지를 일삼아 실천하겠습니다' 라고 답하였다(『論語』 顔淵 제1장 참조).

56 『醒菴集』 卷1 頁34~35, 〈見世人爭鬪 互謂之換腸 戱題一篇〉. 이 詩는 제목 그대로 세상 사람들이 싸우면서 서로 '환장했다' 고 욕하는 세태를 보고, 장난삼아 지은 것이다. 이 시에서 성암은 두 가지를 말하고자 했다. 첫째는 남을 '환장했다' 고 꾸짖기 전에 자신을 꾸짖으라는 것, 그러면 모두 환장할 일이 없어진다는 것이다. 둘째는 당시의 환장한 세태는 특히 '開化의 부산물' 이므로, 유교를 되살리고 나라를 되찾아야만 환장을 없앨 수 있다는 것이다.

必然還覺自換腸 반드시 도리어 자기가 환장했음을 알리라.
雖然徒覺不卽改 그러나 깨닫기만 하고 고치지 않으면
終是未免實換腸 끝내 진실로 환장함을 면치 못하리.
不徒換腸一二人 다만 한두 사람만 환장한 것이 아니요
擧皆爲非世換腸 모든 사람 잘못하여 세상이 환장했네.
換腸何故如此多 어찌하여 환장함이 이토록 많은가.
必有主張使換腸 반드시 환장하도록 만드는 사람 있을 것.
比屋可誅桀紂世 집집마다 처벌해야 함은 걸 · 주의 세상이니
桀紂之民盡換腸 걸 · 주의 백성들은 모두 환장한 것이네.
桀紂行政猶可說 걸 · 주의 행정은 오히려 말이 되니
夷狄成風今換腸 오랑캐 풍속에 빠진 지금이 환장한 때.
男女無別人卽獸 남녀의 구별 없고 사람도 짐승처럼
人獸同歸大換腸 사람과 짐승 같아졌으니 크게 환장한 일.
自由黃童極開明 자유로운 어린이는 개화의 극치니
非媒得配男換腸 중매도 없이 짝을 얻음은 남자가 환장한 것.
處女緣行新學校 처녀가 신학교에 다니며
未嫁先娩女換腸 결혼 전에 애를 낳음은 여자가 환장한 것.
犬豚行自開明出 개 · 돼지 같은 행실 개화에서 비롯되었으니
三綱墜地各換腸 삼강이 땅에 떨어져 모두가 환장했네.
以財爭訟聽父子 부자간에 재물 두고 쟁송(爭訟) 일으켜
滅絶天屬子換腸 천륜을 멸절하니 자식이 환장한 것.
只較强弱謀身榮 강 · 약만을 따져서 일신(一身) 영화 도모하며
開門納賊臣換腸 문 열고 도적 받아들이니 신하가 환장한 것.
一與之齊憤不顧 혼인을 하고서도 분통한 일 살피지 않고[57]

離婚申請妻換腸　이혼을 신청하니 아내가 환장할 것.
陵夷三綱禁賭博　삼강을 무너뜨리고서는 도박을 금지하니
大換腸治小換腸　크게 환장한 자가 작게 환장한 자 다스리는 꼴.
垂拱平章何世上　수공평장(垂拱平章)[58]은 어느 세상일 이런가
直道斯民無換腸　곧은 도리로 다스리면 백성이 환장하지 않을 것.
比屋皆封堯舜世　집집마다 등용할 만함은 요·순의 세상이니
堯舜之民不換腸　요·순의 백성은 환장하지 않았네.
有明朝鮮慕堯舜　명나라를 받드는 조선은 요·순을 사모하니
我朝盛時豈換腸　우리나라 홍성할 때 어찌 환장할 일 있었겠나.
換腸由來亡國家　환장은 나라가 망한 데서 유래하니
國家亡後益換腸　나라가 망한 뒤로 더욱 환장하네.
否極泰來自然道　비색이 극에 달하면 태통하게 됨은 자연의 이치
名敎何時杜換腸　우리 유교 어느 때에 환장을 막을런가.

---

57 『禮記』〈郊特牲〉에서는 '한번 혼인하면 종신토록 짝을 바꾸지 않는다[一與之齊 終身不改]' 고 했음.

58 '垂拱平章' 은 '衣裳을 드리우고 손을 모은 채 가만히 있어도, 천하가 저절로 잘 다스려진다' 는 말로, '無爲의 정치' 를 뜻한다. 『書經』〈武成〉에서는 "武王이 衣裳을 드리우고 손을 모으고 계시니, 천하가 다스려졌다[垂拱而天下治]" 고 했고, 〈堯典〉에서는 "백성을 고루 밝히시니, 백성이 덕을 밝혔다[平章百姓 百姓昭明]" 고 했으며, 『周易』〈繫辭下傳〉에서는 "黃帝·堯·舜이 의상을 드리우고 있음에, 천하가 잘 다스려졌다[黃帝堯舜垂衣裳而天下治]" 라고 했다.

2

문선(文選)

1) 〈천군(天君)께 경계하여 아뢰는 글〉[1]

천군(天君)이 즉위(卽位)한 첫해가 바로 강충(降衷)[2]의 원년(元年)이다.[3] 이미 허령불매(虛靈不昧)한 곳에 임하여 자리 잡으니, 광명정대(光明正大)한 덕이 생기는데 이를 '명덕(明德)'이라 하며, 지극히 크고 지극히 굳센

---

1 『醒菴集』 卷4 頁1~2, 〈告戒天君文〉. 이 글은 성암이 37세 무렵 스승 自慊窩 선생을 永訣한 다음, 修己之學에 더욱 힘쓸 것을 다짐하면서 자신을 성찰하기 위해 지은 것이다. 성암은 「泗上講說」에서 "理가 사람의 마음속에 있으면서 主宰者가 된 것을 '天君'이라 한다(理之在人心 而爲主宰者 曰天君也)"고 설명한 바 있다(『醒菴集』 卷5 頁2). 이 글에서 성암은 虛靈不昧한 마음속에 仁義禮智의 본성이 갖추어져 있음과 세상의 모든 일이 우리의 마음에 달려있음을 설명한 다음, 마음을 잘 다스려야 하는 당위성과 그 방법을 설명하였다.

2 『書經』 「商書」 〈湯誥〉에서는 "오직 皇上帝께서 아래 백성들에게 衷을 내려주셨다(惟皇上帝 降衷于下民)"고 했는데, 성리학에서는 '사람이 타고난 仁義禮智의 本性'을 '降衷'이라 해석하였다.

3 '天君이 卽位한 첫해가 바로 降衷의 元年'이라는 말은 '사람의 마음(天君) 속에는 본래 仁義禮智의 本性이 들어있다'는 뜻임.

기를 받는데 이를 '호연지기(浩然之氣)'라 한다. 오성(五性)을 본체로 삼으니 인·의·예·지·신(仁義禮智信)이며, 칠정(七情)을 작용으로 삼으니 희·노·애·구·애·오·욕(喜怒哀懼愛惡欲)이 그것이다. 무릇 수신(修身)과 제가(齊家)·치국(治國)·평천하(平天下)의 방법이 방촌(方寸)의 가운데 모두 찬란하게 갖추어져 있으니, 본성(本性)에 근거하여 오륜(五倫)을 베풀고, 인정(人情)에 부합하게 만사(萬事)에 대응하여, 중화(中和)의 극치를 이루면 천지가 자리를 잡고 만물이 자라나는 것이다. 저 하늘을 나는 솔개와 연못에서 뛰는 물고기, 오동나무에 걸린 달과 버드나무를 스치는 바람 등이 모두 영대(靈臺)[4]에 달려있으니, 만약 장차 무슨 일을 하여 요·순(堯舜)과 같아지고자 한다면, 어찌 일념(一念)을 삼가지 않을 수 있겠는가?

온갖 사악한 생각이 틈을 엿보아 깊은 병이 되면, 이에 오성(五性)은 제대로 자라날 수 없고 칠정(七情)은 알맞은 법도에 어긋나게 되며, 은미한 도심(道心)은 더욱 은미해지고 위태한 인심(人心)은 더욱 위태해진다. 그리하여 나가고 들어옴이 일정하지 않아 그 있는 곳을 알지 못하면, 혹은 눈으로 보고 귀로 듣는 것에 따라 소리와 빛깔의 아름다움에 유혹되고, 혹은 코로 냄새 맡고 입으로 맛보는 것에 따라 맛과 냄새를 즐김에 빠져서, 존귀한 천군(天君)이 도리어 바깥 사물에 지배를 받게 된다. 진실로 이와 같을 뿐이라면, 앞에서 말한 명덕(明德)은 흐려져 어둡게 되고, 호연지기(浩然之氣)는 굶주려 시들게 되며, 마침내 백체(百體)도 풀어져 느슨하게 된다. 군주가 군주 노릇을 하지 못하면, 걸·주(桀紂)처럼 폭군이 되는 것도 어렵지 않고, 새나 짐승처럼 타락하는 것도 멀지 않으

---

4 우리의 '마음'은 '텅 비고 신령하여 어둡지 않은 것[虛靈不昧]'이므로 '靈臺'라고도 한다.

니, 안타깝고 슬프지 않겠는가?

비록 그러하나, 어린아이가 우물에 빠지는 것을 보면 측은지심(惻隱之心)을 발휘하고, 소가 사지(死地)로 끌려가는 것을 보고는 양(羊)으로 바꿀 줄 아는 것이 사해(四海)를 보존하기에 충분한 방책이다.[5] 우산(牛山)의 나무가 비록 도끼에 잘려나가도 어찌 싹이 돋아남이 없겠는가? 사물과 접촉하기 전의 아침의 기운은 오히려 맑고 밝으니, 또한 천군이 명덕과 호연지기를 거듭 질곡 하여 망가뜨리지 않는다면,[6] 이때에 이르러서는 알기 쉬운 것부터 차츰 깨달을 수 있으니, 모름지기 이를 확충시켜나가려고 노력해야 한다.

이제 닭이나 개가 달아나면 찾으려 하면서도, 오히려 손가락 하나와 어깨나 등이 어느 것이 중요하고 어느 것이 가벼운지를 모르고 있도다.[7] 괜찮다면 한마디 하겠노라. 사물(四勿)[8]의 깃발 아래 삼성(三省)[9]으로

---

5 齊宣王은 釁鍾(새로 鍾을 주조했을 때 피를 발라 틈을 메꾸는 것)을 위해 끌려가는 소를 보고 안타까운 마음이 들어 羊으로 바꾸게 했는데, 맹자는 齊宣王에게 '이러한 不忍之心(惻隱之心)을 백성들에게도 미루어나가면 四海를 보존하기에 충분하다' 고 설명한 바 있다(『孟子』 梁惠王上 제7장 참조).

6 『孟子』 告子上 제8장에서는 "牛山의 나무가 일찍이 아름다웠는데, 큰 나라의 郊外에 있기 때문에 날마다 도끼와 자귀로 나무를 베니, 아름답게 될 수가 있겠는가? 그 날마다 밤에 자라나는 바와 雨露가 적셔줌으로 인해 싹이 돋아나지만, 소와 양이 또 와서 뜯어먹으니, 저처럼 민둥산이 되었다. 사람들은 민둥산이 된 것을 보고는 '일찍이 나무가 없었다' 고 말하는데, 이것이 어찌 牛山의 본성이겠는가? 비록 사람에게 보존된 것인들 어찌 仁義의 마음이 없겠는가마는, 그 良心을 잃는 것이 또한 도끼와 자귀가 아침마다 나무를 베는 것과 같으니, 아름답게 될 수 있겠는가? 날마다 밤에 자라나는 것과 아침의 맑은 기운에 그 好惡가 남들과 가깝게 되는 것이 약간 있는데, 낮에 하는 일이 이것을 梏亡시킨다. 梏亡하기를 반복하면 夜氣가 보존될 수 없고, 夜氣를 보존하지 못하면 禽獸와 거리가 멀지 않게 된다."라고 했다.

7 『孟子』 告子上 제11장에서는 "사람들은 닭이나 개가 달아나면 찾을 줄을 알면서도, 마음이 달아나면 찾을 줄을 모른다. 學問을 하는 방법은 다름이 아니라 그 달아난 마

재계하여, 마음을 붙잡아 보존하고 반성하여 살피며, 깊은 연못에 임한 듯 얇은 얼음을 밟은 듯 두려워하고 조심하라. 그 보지 않는 곳에 경계하고 삼가며 그 듣지 않는 곳에 조심하고 두려워하여, 항상 경(敬)과 의(義)를 함께 간직하여, 잊지도 말고 조장하지도 말라. 이러한 노력을 오랜 세월 쌓아서 넉넉하게 노닐고 배부르게 물리면, 중간에 덕을 잃은 과오도 고칠 수 있고, 원년에 받은 강충(降衷)도 회복할 수 있도다.

주일무적(主一無適)[10]에 힘써 삼재(三才)[11]에 참여하면 내가 뜻하는 대로 온갖 조화(造化)를 주재하고, 저 이목구비와 수족백체(手足百體)의 기관이 모두 천군의 명령에 따를 것이니, 어찌 즐겁고 기쁘지 않겠는가? 만약 기뻐하면서도 이치를 따져보지 않고, 따르면서도 행실을 고치지 않으며, 정일(精一)[12]의 학문에 살피지 않고 인순(因循)의 습관에 맡겨서,

---

음을 되찾는 것이다."라고 했고, 제12장에서는 "지금 약손가락[無名指]이 굽혀져 펴지지 않으면, 아프거나 일하는 데 방해가 되는 것도 아닌데, 만약 이 손가락을 펼 수 있는 사람이 있다고 하면 먼 길을 마다않고 가서 편다. 이는 손가락이 남들과 다른 것이 싫기 때문이다. 손가락이 남들과 다른 것은 싫어할 줄 알면서 마음이 남들과 다른 것은 싫어할 줄 모른다면, 이는 輕·重의 등급을 모르는 것이다."라고 했으며, 제14장에서는 "그 손가락 하나는 기르면서도, 어깨나 배를 잃어버리고서도 알지 못한다면, 이는 낭패를 당할 사람이다."라고 했다.

8 顏淵이 '克己復禮의 방법'을 묻자, 孔子는 "禮가 아닌 것은 보지 말고, 禮가 아닌 것은 듣지 말며, 禮가 아닌 것은 말하지 말고, 禮가 아닌 것은 행동하지 말라[非禮勿視 非禮勿聽 非禮勿言 非禮勿動]"고 답한 바 있다(『論語』 顏淵 제1장).

9 曾子는 "날마다 자신을 세 가지로 반성한다"고 했는데, 그 내용은 "남을 위해 일을 도모함에 최선을 다하지 않았던가, 벗과 사귈 때 信義를 어겼던가, 그날 배운 것을 복습하지 않았던가?"였다(『論語』 學而 제4장).

10 主一無適 : 마음을 한 곳에 집중하여, 다른 곳으로 달아나지 않게 함.

11 三才 : 天·地·人을 말함. 『中庸章句』 제22장에서는 "자신의 본성을 다 발휘하면, 天地의 化育을 도울 수 있고, 天地와 더불어 참여할 수 있다."고 하였음.

12 惟精惟一 : 자신의 마음이 人心인지 道心인지 정확하게 분간하여, 한결같이 道心을 지키고 人心을 제어하는 것.

그날로 공부를 시작하지 않고 짐짓 내년으로 미룬다면, 뉘우쳐도 또한 보탬이 없으리니, 어디로부터 선(善)이 생겨나겠는가? 마침내 수습(收拾)할 수 없게 되면 천록(天祿)이 영원히 끝나리니, 천군은 생각할지어다. 천군은 삼갈지어다.

2) 〈곰발바닥과 생선의 선택에 관한 논설〉[13]

100% 마땅히 죽어야 하는데, 살아있다면, 그 삶은 치욕(恥辱)이다. 100% 마땅히 죽으면 안 되는데, 죽었다면, 그 죽음은 낭비(浪費)이다. 90%는 죽으면 안 되고, 10%는 마땅히 죽어야 하는데, 죽었다면, 그 죽음은 용(勇)을 손상한 것이다. 90%는 마땅히 죽어야 하고, 10%는 죽으면 안 되는데, 살아있다면, 그 삶은 의(義)에 해롭지 않다. 사람이 죽고 사는 것은 그 어찌 중대한 문제가 아니겠는가?

---

13 『醒菴集』 卷4 頁4, 〈論熊魚取舍〉. 孟子는 "생선도 내가 원하는 바요, 곰발바닥도 내가 원하는 바인데, 두 가지를 동시에 얻을 수 없다면, 생선을 버리고 곰발바닥을 취하겠다. 삶도 내가 원하는 바요, 義도 내가 원하는 바인데, 두 가지를 동시에 얻을 수 없다면, 삶을 버리고 義를 취하겠다. 삶도 내가 원하는 바이지만, 삶보다 더 원하는 바가 있기 때문에, 구차하게 삶을 얻지 않는 것이요, 죽음도 내가 싫어하는 바이지만, 죽음보다 더 싫어하는 바가 있기 때문에, 환난에도 회피하지 않는 바가 있는 것이다."라고 말한 바 있다(『孟子』 告子上 제10장). 이를 바탕으로, 醒菴은 이 글에서 名分에 따른 '死 · 生의 도리'를 논한 것이다. 성암은 '죽어야 할 명분이 10%인데 죽었다면 勇을 손상한 것이요, 살아야 할 명분이 10%인데 살아있다면 義에 해롭지 않다' 고 하여, 죽음보다는 삶을 옹호하고, 자신의 목숨을 소중히 여길 것을 강조하였다.

3) 〈효설(孝說)〉[14]

『시경(詩經)』에서는 "슬프다 부모님이시여, 나를 낳고서 고생이 많으셨네[哀哀父母 生我劬勞]"라고 했다. 그 구로(劬勞)의 은혜는 하늘과 더불어 끝이 없는 것이다. 어떻게 갚을 것인가? 효도하는 것뿐이다. 효는 마땅히 어떻게 해야 하는 것인가? 순(舜)의 효는 항상 자기를 죽이려 하는 부모를 마침내 기쁘게 해드린 것이다. 하물며 다른 부모들은 고수(瞽瞍)처럼 완고(頑固)하지 않음에랴. 부모가 비록 화가 나서 회초리로 나의 종아리를 쳐서 피가 나더라도 감히 부모를 원망해서는 안 되니, 공경과 효도를 다할 뿐이다. 하물며 부모가 기뻐서 나를 사랑해주실 때에랴.

무릇 사람이 태어나서 어릴 때엔 모두 그 어버이를 사랑할 줄 아는 것은 '양심(良心)'이 있기 때문이다. 그런데 자라나서는 처자(妻子)로 인해 효심(孝心)이 쇠퇴함은 '물욕(物欲)의 가림' 때문이다. 진실로 능히 자기의 사사로움을 제거하여 물욕이 모두 사라지고 양심이 다시 밝아진다면, 저절로 효를 다하게 되어, 인(仁)을 실천하는 데 근본이 서게 되며, 온갖 행실에도 근원이 이미 맑게 된다. '효(孝)'라는 한 글자는 어찌 이 세상 모든 일의 근본이 아니겠는가?

속담에 "자식을 낳아 기른 다음에야 비로소 부모의 마음을 알게 된다."고 했다. 이제 자식이 포대기 안에 있을 때, 배고파하면 먹여주고, 추우면 따듯하게 해주고, 혹은 업고 혹은 안고, 이리저리 이끌고 다니

---

14 『醒菴集』 卷4 頁6~8, 〈孝說〉. 이 글은 제목 그대로 孝道에 대해 설명한 것이다. 성암은 孝를 '부모님의 은혜에 대한 보답'으로 규정하고, "자식을 낳아 기른 다음에야 비로소 부모의 마음을 알게 된다"는 속담에 입각하여 '자식에게 구하는 바로써 부모를 섬기는 것'이 바로 孝라고 설명했다.

며, 몸과 마음이 모두 파리해져도 그 고생스러움을 알지 못했던 것이 바로 예전에 부모께서 나를 어루만져주고, 보살펴주고, 출입할 때에 나를 안아주신 것이다.[15] 자식이 바야흐로 지각(知覺)이 생김에, 꿇어앉게 하고, 절하게 하고, 착한 일을 하게 하고, 성공하게 하고, 얼굴을 보고 명령하고 귀를 잡아 이끌어주시면서 오직 혹시 불초(不肖)하게 될까 걱정하신 것은 바로 예전에 부모께서 나를 의로운 방향으로 가르쳐서 간사한 데 빠지지 않게 하신 것이다.

자식을 기르고 가르치는 바로써 돌이켜 우리 부모께서 나를 기르고 가르치신 것을 생각해보면, '자식에게 구하는 바로써 부모를 섬기는 것' 이 또한 어찌할 수 없는 일이라 하겠는가? 형체가 없는 데서 보고 소리가 없는 데서 듣는 것은 효자가 '부모님의 뜻을 받드는 것' 이요,[16] 음식을 충성스럽게 공양(供養)하는 것은 효자가 '부모님의 몸을 기르는 것' 이다. 저녁에는 이부자리를 보아드리고 새벽에는 편안히 주무셨는지 살펴보는 것은 아침저녁으로 효를 다하는 것이요, 겨울에는 따듯하게 해드리고 여름에는 시원하게 해드리는 것은 춥고 더울 때 효를 다하는 것이며, 나갈 때는 알려드리고 들어와서는 얼굴을 보여드리는 것은 출입할 때에 효를 다하는 것이다. 얼굴빛을 부드럽게 하는 것은 효자가

---

15 『詩經』 小雅 〈蓼莪〉편에서는 "슬프다 부모님이시여, 나를 낳고 고생이 많으셨네[哀哀父母 生我劬勞]" 라 하고, 또 "아버님 나를 낳아주시고, 어머님 나를 길러 주셨네. 나를 어루만져주시고 나를 길러주시며, 나를 자라게 해주시고 나를 길러 주셨네. 나를 보살펴주시고 나를 또 보살펴주시며, 출입할 적에는 나를 안아 주셨네. 보답하려는 은덕, 하늘처럼 끝이 없네[父兮生我 母兮鞠我 拊我畜我 長我育我 顧我復我 出入腹我 欲報之德 昊天罔極]" 라고 했다.

16 '형체가 없는 데서 보고, 소리가 없는 데서 듣는다' 는 것은 『禮記』 〈曲禮〉에 보이는 말로, 항상 父母의 처지에서 생각하여, '부모님이 내게 시키고 말씀할 것을 미리 헤아려 받듦' 을 말한다.

소리와 용모를 잊지 않는 것이요, 깊은 연못에 임한 듯, 얇은 얼음을 밟은 듯 두려워하며 조심하는 것은 효자가 신체를 잊지 않는 것이다. 부모님이 살아계실 때에는 공경을 다하고, 봉양할 때에는 즐거움을 다하며, 병이 드셨을 때에는 근심을 다하고, 돌아가셨을 때에는 슬픔을 다하며, 제사 지낼 때에는 엄숙함을 다하는 것은 효자가 처음과 끝을 잊지 않는 것이다.

이러한 것들을 생각하고 또 생각하여 평생토록 게을리하지 않는다면 효도를 거의 다 했다고 할 것이다. 이러한 자세를 군신(君臣)・부부(夫婦)・장유(長幼)・붕우(朋友)에 미루어 나간다면 어디든 옳지 않음이 없을 것이다. 효도가 사람에게 있어서 어찌 중대한 것이 아니겠는가?

4) 〈오랑캐를 물리침에 관한 논설〉[17]

오랑캐[夷狄]가 흥성하면 인륜(人倫)이 밝혀지지 못하고, 인륜이 밝혀지지 못하면 중화(中華)가 또한 쉽게 오랑캐로 바뀌게 된다. 그러므로 오랑캐를 물리치는 것은 인륜을 밝히기 위한 것인바, 오랑캐를 물리친 유래 또한 멀다. 무릇 오랑캐 또한 사람의 무리이다. 그러나 황복(荒服)[18]의

17 『醒菴集』 卷4 頁12~16, 〈攘夷說〉. 이 글은 '유교의 역사'와 '우리 동방의 역사'를 '오랑캐의 도전을 물리친 역사'로 파악하고, '尊華攘夷의 당위성'을 설파한 다음, 오랑캐를 물리치는 방법을 논한 글이다. 성암은 오랑캐를 물리치는 방법에는 무력투쟁만 있는 것이 아니라 하였다. '中華는 하루라도 등질 수 없고, 夷狄은 하루라도 향할 수 없음'을 알고서, 각자의 지위에서 자신의 본분을 다하는 것이 바로 오랑캐를 물리치는 방법이라는 것이다.

18 王畿를 중심으로 하여 주위를 每服 500리씩 나눈 다섯 구역을 五服(甸服・侯服・綏

바같에 처하여 성인(聖人)의 교화(敎化)를 입지 못하고 스스로 자기들의 법도를 써서, 삼강오상(三綱五常)의 아름다운 덕을 훼손하고 오직 토지와 금 · 비단 등을 탐낸다. 또 그들의 말은 괴이하여 이해하기 어렵고, 용모는 머리를 풀어헤쳤으며, 복장은 옷깃을 왼쪽으로 여몄고, 행실은 금수와 다름없다. 저 험준한 지형을 믿고 복종하지 않은 삼묘(三苗), 밥을 먹이는 자를 원수로 삼은 갈백(葛伯), 흉계를 꾸민 융적(戎狄) 등이 바로 그들이다.

(聖人들께서는) 저들이 스스로 자기의 본성을 해치는 것을 미워하셨을 뿐만 아니라, 그들이 중화(中華)를 침략하여 오염시킬까 근심하셨으니, 그러므로 대우(大禹)께서는 삼묘를 쫓아냈고, 성탕(成湯)께서는 갈백을 정벌하셨으며, 주공(周公)께서는 융적을 응징하셨던 것이다. 이것이 세 성인(聖人)께서 오랑캐를 물리치신 까닭이다. 그러나 저 세 성인의 시대에는 거룩한 문덕(文德)과 신비한 무용(武勇)으로 도덕과 위엄을 함께 베풀었으니, 그러므로 '7일 만에 와서 항복한 자' 도 있고, '왜 우리를 늦게 정벌하느냐' 고 하소연한 자도 있으며, '형서(荊舒)가 이에 징계됨' 도 있었다. 이처럼 오랑캐들이 모두 신하로 복종하며 왕에게 귀부(歸附)하여, 중국이 평안해졌다.

주(周)나라 왕실이 동천(東遷)할 때에 이르러서는 왕자(王者)의 자취가 차츰 사라지고 패자(霸者)의 술책이 비로소 등장하여, 거짓으로 인의(仁義)를 가장하고 오로지 지력(智力)을 숭상하며, 큰 나라는 작은 나라를 사랑하지 않고, 강한 나라는 약한 나라를 삼키며, 난신적자(亂臣賊子)가

服 · 要服 · 荒服)이라 했는데, 그 중에 가장 먼 변두리에 있는 구역이 荒服으로, 王畿에서 2000리에서 2500리 사이의 지역을 말한다. 帝王의 感化가 미치지 못하는 먼 나라의 異民族을 가리키는 말로 쓰인다.

계속 등장하게 되었다. 이에 진·초(秦楚)의 오랑캐 같은 행태가 점점 시작되고, 사람들의 순박하고 두터웠던 풍속이 변하게 되었다. 이때에 공부자(孔夫子) 같은 분이 태어나셨어도 지위를 얻어 정교(政敎)를 베풀 수 없었으니, 그리하여 주(周)나라 240년 남면(南面)의 권한을 빌려 『춘추(春秋)』를 닦으셨던 것이다. 『춘추』의 의리는 수십 가지인데, 그 중에서 중대한 것은 '중국을 안으로 삼고 오랑캐를 바깥으로 삼는 것'이니, 이는 공부자께서 세 성인을 계승하시어 오랑캐를 물리치신 것이다.

전국칠웅(戰國七雄)의 세상이 되어서는 성인의 시대가 점점 멀어지고 사설포행(邪說暴行)이 난무하여, 인의(仁義)를 알지 못하고 오직 이익(利益)만 추구하며, 민생(民生)이 도탄(塗炭)에 빠진 것이 극에 달해, 머지않아 오랑캐가 될 참이었다. 이에 맹자(孟子)께서 거친 주먹을 휘두르고 크게 발길질하면서 왕도를 높이고 패도를 물리치며, 양주(楊朱)와 묵적(墨翟)을 물리치는 등, 조금이라도 오랑캐와 비슷한 것이면 있는 힘을 다해 공척(攻斥)하셨으니, 그러므로 허행(許行)의 도(道)를 배우는 자를 '오랑캐에게 변화된 것'이라 하여 엄격하게 변척(辨斥)하셨던 것이다. 이는 맹자께서 『춘추』를 계승하여 오랑캐를 물리치신 것이다.

한·당(漢唐)의 시대가 되어서는, 군주가 혹은 간얼(奸孽)이 많은 일을 꾸밈을 알지 못하고, 혹은 아침에는 흉노를 정벌하다가 저녁에는 다시 강화(講和)를 하며, 혹은 지나치게 전쟁을 일삼아 도리어 중국의 국력을 소모하며, 혹은 사탄(邪誕)에 빠져 정도(正道)에 말미암지 않았다. 그리하여 한나라는 종실(宗室)의 여자를 흉노에게 시집보내는 치욕을 당하고, 당나라는 군주가 파촉(巴蜀)으로 피난 가는 난리를 겪었던 것이다.[19] 또

---

19 漢高祖는 匈奴를 정벌하려다가 실패하여, 匈奴에게 貢物을 바치고 漢의 공주를 匈奴 單于에게 출가시키는 조건으로 和約을 맺었다. 이에 따라 漢의 공주가 흉노 왕실과

한 서역(西域)의 불법(佛法)이 중국에 들어와, 세상을 미혹시키고 백성을 속였다. 이는 명목상으로는 '양이(攘夷)'를 내세웠지만 오랑캐를 물리치는 방도는 옛 성인을 본받지 않은 것이다. 그리하여 오랫동안 인륜(人倫)이 밝혀지지 않았으니, 가의(賈誼)가 상소를 올려 탄식하고,[20] 두보(杜甫)가 시(詩)로써 슬퍼하고,[21] 한퇴지(韓退之)가 표(表)를 지은 것[22]이 또한 마땅하지 않겠는가?

송(宋)나라에 이르러서는, 이정자(二程子)께서 참으로 성인(聖人)의 도(道)를 존신(尊信)하여 노·불(老佛)이 진리를 어지럽히는 해로움을 깊이 배척했다. 그리하여 송나라의 덕이 약간 융성하게 되었으나, 말기에 이르러서는 거란·몽고·요(遼)·금(金) 등의 오랑캐가 번갈아 침입하여, 마침내는 휘종(徽宗)과 흠종(欽宗) 두 황제가 오랑캐에게 잡혀가 죽게 되었다. 당시 조정의 신하들은 대부분 사익(私益)을 꾀하며 재앙을 두려워할 뿐 군부(君父)의 원수를 갚을 생각을 하지 않아서, 바야흐로 화의(和議)가 진행되는 것을 달게 여기고는, 다 함께 망하는 급박한 화가 목전에 다가와 있음을 알지 못했다. 주자(朱子)께서는 공·맹(孔孟)의 올바른 학문을 계승하여, 홀로 대의(大義)를 지키며 힘껏 척화(斥和)를 주장했다. 주자가 상소와 차자(箚子)를 올린 것은 모두 내정(內政)을 닦아 오랑캐를

혼인을 맺는 일이 漢文帝(在位, 기원전 179~157년) 때까지 계속되었다. 한편 楊貴妃에게 빠져 국정을 소홀히 하던 唐나라 玄宗은 安祿山의 난을 피해 巴蜀으로 피난한 일이 있다.

20 賈誼는 漢文帝에게 올린 상소에서, 다른 사람들은 당시의 천하를 治世라 하였지만, 자기가 보기에는 통곡할 만한 것 한 가지, 눈물 흘릴 만한 것 두 가지, 길이 탄식할 만한 것 여섯 가지가 있다고 지적한 바 있다(『通鑑節要』 卷7, 漢紀, 太宗孝文皇帝 [丁卯 6年條 참조).

21 杜甫는 安祿山의 亂을 겪으면서 그 처참하고 서글픈 광경을 많은 詩로 읊은 바 있다.

22 韓退之는 佛骨表를 지어 佛敎를 엄격하게 비판한 바 있다.

물리치고 원수를 갚는 일에 관해 간절하게 말한 것이었다. 비록 이것이 권간(權奸)들에게 거슬려, 그 말씀이 쓰이지 않았지만, 그러나 그 충성스럽고 의로운 간담(肝膽)은 중화(中華)를 격동시키고 오랑캐를 두렵게 할 수 있었다. 이것이 정자와 주자께서 공·맹을 계승하여 오랑캐를 물리치신 것이다.

오랑캐 원(元)나라가 송나라를 멸망시키고 신성한 터전을 훔쳐서 차지하니, 오랑캐가 중화를 어지럽힘이 이보다 더 심할 수는 없었거니와, 이로써 인륜과 강상이 끊어지고, 인류가 금수로 변하게 되었다. 이때 문문산(文文山)과 육수부(陸秀夫) 등 여러 인물들이 충성을 다하여 국은(國恩)에 보답하고, 오랑캐를 물리치고 죽음으로써 절개를 지켰으니, 이로써 강상(綱常)을 붙잡고 윤기(倫紀)를 세우게 되었다. 천운(天運)이 순환하여 가고서 돌아오지 않는 것이 없거니와, 대명(大明)이 중천(中天)에 크게 밝아 오랑캐의 더러운 덕을 쓸어내니, 삼강오상의 도(道)가 세상에 다시 밝아지고, 중화와 오랑캐의 구별이 하늘과 땅처럼 다시 분명하게 되었을 뿐만 아니라, 구이팔만(九夷八蠻)이 모두 먼 사막 바깥으로 그림자를 감추었다. 이것이 명태조황제(明太祖皇帝)께서 선성현(先聖賢)을 계승하여 오랑캐를 물리치신 것이다.

어찌 기수(氣數)가 자꾸 바뀌어, 청(淸)나라 오랑캐가 중화의 자리를 훔치고, 명나라는 망하게 되었다는 말인가? 의종황제(毅宗皇帝)처럼 현명하고 슬기로운 분도 마침 불행한 운수를 만나서는 몸소 사직을 위해 순절하였으니, 당당한 의열(義烈)은 천고에 짝할 만한 사람이 드물 것이다. 예원로(倪元路)·이방화(李邦華)·시방요(施邦曜)·범경문(范景文) 등 신하나 일반 백성으로서 순절한 사람이 많아 이루 다 기록할 수 없거니와, 그 열렬한 충의(忠義)는 해나 달과 빛을 다툴 만한 것이었다. 또 남명

(南明)[23]이 망할 때, 예컨대 사가법(史可法)이 끊임없이 역적을 꾸짖다가 죽은 것, 좌무제(左懋第)가 머리털을 깎이지 않으려고 하다가 죽은 것, 서동해(徐東海)가 머리털을 보전하고 죽은 것 등 그 절의도 모두 해나 별처럼 빛나는 것이다. 그밖에, 고홍도(高弘圖)·왕육시(王毓蓍)·반집(潘集)·주복년(周卜年) 등 절의를 세운 사람들을 이루 다 손꼽을 수 없으니, 어찌 군신(君臣)의 절의(節義)가 이처럼 장하고도 많은 것인가? 이것이 명나라 말기에 군신(君臣)들이 선황(先皇)과 선신(先臣)들을 계승하여 오랑캐를 물리친 것이다.

우리 동방(東邦)으로 말하자면, 고려나 신라 이전은 오래된 일이다. 오직 우리 본조(本朝)는 고려 말기에 국운(國運)을 열고 대명(大明)을 섬기어, 의관(衣冠)과 문물(文物)을 모두 중화(中華)의 제도를 따라서 앞 시대의 비루한 풍속을 바꾸고, 정치는 기자(箕子)의 옛 법도를 숭상하여, 오륜(五倫)이 이미 돈독해지고 예의(禮義)가 찬란하게 되니, 중국 사람들이 '소중화(小中華)' 라고 일컫게 되었다. 임진왜란(壬辰倭亂)에 이르러 섬나라 오랑캐들이 창궐하자, 신종황제(神宗皇帝)께서는 원군을 보내 우리를 도와 저들을 소탕하셨다. 이때 신하와 서민으로서 의병을 일으켜, 임금께 충성하고 왜적들을 물리치다가 순절한 사람들 또한 이루 다 헤아릴 수 없다. 충무공(忠武公) 이순신(李舜臣)이 장수로서 용감히 싸우고, 충렬공(忠烈公) 송상현(宋象賢)이 동래성(東萊城)을 사수(死守)한 것은 산하(山河)에 장대한 기상을 떨치고 국맥(國脈)을 붙잡은 것이다. 이것이 우리나라가 대명(大明)과 함께 오랑캐를 물리친 것이다.

---

23 '南明' 은 1644년에 明나라가 망한 뒤, 明 皇室의 系統을 잇는 여러 王이 華中 또는 華南에서 4대에 걸쳐 帝位에 올라 地方 政權으로서 명맥을 이었던 시대(1645~1662)를 말함.

그 뒤 청(淸)나라 오랑캐의 난리에, 우리 조정의 신하들로서 남한산성(南漢山城)에서 강화(講和)를 배척한 인물로는 예컨대 청음(淸陰) 김상헌(金尙憲), 동계(桐溪) 정온(鄭蘊) 등 여러 현인들이 있고, 강화도(江華島)에서 순절한 인물로는 선원(仙源) 김상용(金尙容) 및 권순장(權順長)·김익겸(金益兼) 등이 있으며, 심양(瀋陽)에서 항의(抗義)한 인물로는 홍익한(洪翼漢)·윤집(尹集)·오달제(吳達濟) 등 삼학사(三學士)가 있고, 용만(龍灣)에서 모사한 인물로는 지소(芝所) 황일호(黃一皓)[24] 이하 여러 사람들이 있는데, 이들은 모두 『춘추』에 의거하여 대의(大義)를 밝혔다. 그 밖에 자기가 처한 곳에서 목숨을 바쳐 드러나게 된 사람들은 또 그 수를 헤아리기 어렵다.

효종(孝宗)께서 '북벌(北伐)' 이라는 큰 계획의 뜻을 결정했을 때, 우암(尤庵)·동춘(同春)과 우리 선조 초려(草廬) 등 여러 현인들이 비밀리에 이를 돕는 방책을 추진했는데, 갑작스럽게 효종께서 승하하시어, 일이 비록 이루어지지는 못했으나, 진실로 천리(天理)를 밝히고 인심(人心)을 바로잡은 공이 있었다. 이는 또 우리나라의 임금과 신하가 선왕(先王)과 선신(先臣)을 계승하여 오랑캐를 물리치신 것이다.

오호라. 명(明)나라가 망한 뒤로 중국 땅이 모두 좌임(左衽)하게 되었으나,[25] 오직 우리나라만이 홀로 의관(衣冠)을 바꾸지 않고 예법(禮法)을 준수하였으니, '여러 음(陰)이 쌓인 가운데 한 줄기의 양맥(陽脈)이 존재하는 것' 으로서, 바로 '먹히지 않은 석과(碩果)' 에 해당한다고 말할 수

24 '龍灣' 은 평안북도 義州를 말한다. 芝所 黃一皓(1588~1641)는 丙子胡亂 때 仁祖를 호종하여 南漢山城에 들어가 督戰御史로 있으면서 反淸斥和를 주장하였으며, 義州 府尹으로 부임했을 적에 明나라를 도와 淸나라를 공격할 것을 모의하다가 발각되어, 1641년 淸나라 병사에게 피살되었다.

25 '左衽' 은 '옷깃을 왼쪽으로 여미는 것' 으로서, '오랑캐의 風俗' 을 뜻한다.

있겠다.[26] 어찌하여 정도(正道)는 더욱 미약해지고, 다른 무리들은 더욱 번성한다는 말인가? 근래에 남만(南蠻)·북적(北狄)·동이(東夷)·서융(西戎)이 온 세상에 가득 차 우리나라에까지 뻗쳐왔다. 혹은 견고하고 날카로운 무기로 우리를 위협하고, 혹은 기괴한 재물로 꾀어서, 우리 임금을 장악하고 수많은 백성을 어둡고 어지럽게 만들어, 삼강(三綱)이 이미 소멸하고 구법(九法)이 이미 무너졌으니, 참으로 "그 해로움이 홍수(洪水)나 맹수(猛獸)보다 심하다"고 할 것이다. 예나 지금이나 '인륜(人倫)이 밝혀지고 밝혀지지 않음'은 '오랑캐를 물리치느냐 물리치지 않느냐'와 관계가 있음이 대개 이와 같다.

오늘날 '오랑캐를 물리치는 일'에 대해 말하는 사람들은 모두 '무기(武器)가 모자라고, 적은 숫자로 많은 숫자를 대적하기 어려움'을 핑계로 삼아 반대하는데, 이는 진실로 한쪽에 치우친 주장이다. 무릇 오랑캐를 물리치는 방법은 다만 '무기가 많고 백성의 숫자가 많음'에 달린 것이 아니요, 진실로 '내 마음의 주장 여하'에 달린 것이다. 대우(大禹)께서 삼묘(三苗)를 쫓아내고, 성탕(成湯)께서 갈백(葛伯)을 정벌하며, 주공(周公)께서 융적(戎狄)을 응징하셨던 것은 '위무(威武)'로 물리친 것이다. 공·맹·정·주(孔孟程朱)께서 혹은 책을 닦고 혹은 사람을 배척하며 혹은 군주께 간언한 것은 '언어(言語)'로 물리친 것이다. 대명(大明)과 우리 조정의 임금과 신하가 혹은 종사(宗社)를 위해 순절하고 혹은 도(道)를 위해 순절하며 혹은 강화(講和)를 배척한 것은 '절의(節義)'로 물리친 것

26 『周易』의 剝卦(䷖)는 '여러 陰이 쌓인 가운데 한 줄기의 陽脈이 존재하는 형상'인데, 그 上九의 爻辭에서는 "맨 꼭대기에 있는 열매는 먹히지 않았으니, 군자는 수레를 얻을 것이요, 소인은 오두막집을 헐릴 것이다(碩果不食 君子得輿 小人剝廬)"라고 하였다.

이다. 비록 그분들이 처한 자리와 형세에 따라 오랑캐를 물리친 자취는 다름이 있지만, 그러나 그 마음이 '인의(仁義)를 주로 삼아 국가를 위하고 백성을 위함' 에 있어서는 한결같았던 것이다. 또한 언어(言語)와 절의(節義)는 위무(威武)에 견주면 오랑캐를 물리치는 데 소용이 없는 것 같지만, 나라의 기강을 세우고 사람들의 마음을 감동시키는 데 있어서는 그 공(功)이 실로 만세(萬世)에 미친다. 각자의 지위에 따라 다만 나의 물리치는 방도를 다하면서, '중화(中華)는 하루라도 등질 수 없고, 이적(夷狄)은 하루라도 향할 수 없음' 을 안다면 그만인 것이다. 그렇다면 오늘날 오랑캐를 물리침은 또한 마음에서 벗어나지 않으니, 만약 한 나라가 오랑캐를 물리침에 마음을 같이 한다면 나라에 '산하(山河)의 치욕' 이 없을 것이요, 한 집안이 오랑캐를 물리침에 마음을 같이 한다면 집안에 '금수(禽獸)의 행태' 가 없을 것이며, 한 사람이 오롯한 마음으로 오랑캐를 물리친다면 자신에게 '물들고 갈리는 치욕' 이 없을 것이다.[27] 오랑캐를 물리침에 어찌 그 방법이 없겠는가?

5) 〈낚시질에 관한 논설〉[28]

우리 집은 강호(江湖) 근처에 있다. 한 노인이 대나무를 잘라 낚싯대를

27 '물들고 갈리는 치욕' 이란 '오랑캐에게 물들고 오랑캐에게 지조를 잃는 치욕' 을 말한다. 『論語』 陽貨 제7장에 "갈아도 갈리지 않는다면 또한 견고하다 하지 않겠는가? 검은 물을 들여도 물들지 않는다면 또한 희다고 하지 않겠는가?(不曰堅乎 磨而不磷 不曰白乎 涅而不緇)" 라는 말이 보인다.

28 『醒菴集』 卷4 頁17, 〈釣魚說〉. 이 글은 낚시질에 관한 설명을 통해서 당시의 현실을 경계한 것이다. 낚시꾼들이 '냄새 좋은 먹잇감' 을 미끼로 물고기를 낚는 것처럼, 왜

만들고, 바늘을 두드려 낚싯바늘을 만들고, 실을 꼬아 낚싯줄을 만든 다음, 강의 여울에서 낚시질하는데, 아침에 나가서 저녁에 돌아오는 것을 보았다. 그가 고기를 잡는 사람임을 알고 한동안 살펴보니, 대나무 삿갓에 도롱이를 입고 비바람을 마다하지 않으며, 모래밭 갈매기와 동맹을 맺어 노래를 마치면 또 노래를 부르며, 이처럼 사는 것으로 일생을 마치려는 것 같았다.

하루는 그에게 다가가 "노인은 어찌 장지화(張志和)[29]의 짝이 될 수 있겠소? 『시경(詩經)』에서는 '잠긴 것(물고기)이 비록 엎드려 있으나, 또한 매우 밝게 드러난다' 고 했소. 지금은 혼란한 세상이니, 인생살이의 위태로움이 물고기가 물속에 엎드려있어도 밝게 드러나는 것보다 심합니다. 고기 잡는 어부 흉내를 낸다고 해서 성명(性命)을 보전할 수 있겠습니까?" 라고 힐난했다.

낚시질하는 노인이 답하기를, "나는 장지화를 사모하는 사람이 아니오. 다만 낚시질에서 이치를 터득한 것은 좀 있소. 내가 그대에게 한 마디 말해도 괜찮겠소? 대개 일찍이 낚시터에 앉아 낚싯대를 드리우면, 물이 맑아, 사방에 비단처럼 아름다운 물고기들이 전혀 노닐지 않으니, 하루 종일 앉아 있어도 고기를 잡을 수 없습니다. 집에 돌아갔다가 다음날 다시 와도 마찬가지입니다. 그런데 냄새 좋은 먹잇감을 구해서 다음

적들 역시 '냄새 좋은 먹잇감' 을 미끼로 삼아 우리 백성들을 낚고 있다는 것이다. 이 글의 결론부에서는 "저 강의 물고기도 그 먹잇감을 탐내지 않고 만 길이나 되는 活水 속에서 깊이 숨어 유유히 돌아다닌다면, 누가 그것을 낚시질할 수 있겠습니까? 변화를 예측할 수 없는 龍이 개나 양처럼 사람에게 잡혀 젓갈이 되는 까닭도 탐욕 때문입니다. 지금 탐욕이 없는 사람이 과연 몇이나 되겠습니까?" 라고 하였거니와, 요컨대 우리가 왜적의 물건을 탐내지 않을 때 우리의 主權을 지킬 수 있다는 것이다.

29 張志和 : 唐나라 때 낚시질을 하며 숨어 살던 隱者.

날 다시 낚시터에 가서, 징검다리처럼 돌멩이를 모아두고 먹잇감을 뿌린 다음 낚싯대를 드리우고 조금만 기다리면, 엎드려 숨어있던 한 자[尺]씩 되는 물고기들이 무리를 이루어 물결을 치며 모여듭니다. 앞에 있는 한 마리가 바늘에 걸려 올라온 다음에도, 그다음에 다가온 물고기들은 앞에서 걸려든 것을 보고 경계할 줄을 모르고 다시 앞을 다투어 모여듭니다. 그리하여 그 고기들을 거의 다 잡게 되는 것입니다. 낚시꾼들이 돌아간 다음에는 따오기들이 그 나머지를 노려서, 거의 쉴 틈이 없습니다. 어찌 오직 미물(微物)들만 그렇겠습니까? 사람들이 이익을 탐하여 사지(死地)로 나아가는 것도 이와 마찬가지입니다. 지금 동해의 왜구(倭寇)들은 냄새 좋은 먹잇감을 가지고 와서 낚시질을 하는 것이요, 서양 오랑캐들은 따오기처럼 낚시질이 끝난 다음의 틈을 노리는 것입니다. 그 냄새 좋은 먹잇감에 유혹되지 않는다면 날카로운 낚싯바늘에 걸려들어 다칠 사람이 거의 없을 것이니, 안타깝지 않을 수 있겠습니까? 저 강의 물고기도 그 먹잇감을 탐내지 않고 만 길이나 되는 활수(活水) 속에서 깊이 숨어 유유히 돌아다닌다면, 누가 그것을 낚시질할 수 있겠습니까? 변화를 예측할 수 없는 용(龍)이 개나 양처럼 사람에게 잡혀 젓갈이 되는 까닭도 탐욕 때문입니다. 지금 탐욕이 없는 사람이 과연 몇이나 되겠습니까?"

내가 "노인은 참으로 달관자(達觀者)이십니다. 혹시 나와 함께 벗으로 사귀지 않겠소?" 하고 말하자, 노인은 빙그레 웃으면서 낚싯대를 메고 갔다.

6) 〈농사짓는 일에 관한 논설〉[30]

음식을 불에 익혀 먹기 시작한 뒤로, 사람은 가색(稼穡, 곡식 농사)이 아니면 살 수 없게 되었다. 그러므로 요(堯)임금의 시대에 홍수가 범람하자 우(禹)에게 홍수를 다스리게 한 다음, 후직(后稷)에게 '백성들에게 곡식농사를 가르쳐서 수많은 백성들을 먹여 살리라' 고 명하였으니, 이른바 '임금의 하늘은 백성이요, 백성의 하늘은 식량이다' 라는 말은 이를 말한다.

곡식 농사는 그 의지함이 매우 중요하나, 곡식을 얻기는 매우 어렵다. 바야흐로 밭을 갈고, 씨를 뿌리고, 김을 매고, 거두어들일 때, 그 근육과 뼈를 힘들게 하고, 그 몸과 살갗을 고달프게 하며, 밭 가운데서 땀을 흘리고, 한여름에 밭두둑에서 고생해야 한다. 한 줄기의 기장, 한 줌의 벼도 몇 차례나 손을 거쳐 어루만지고 길러야 하는지 모르니, 이른바 '낟알 하나하나가 모두 신고(辛苦)의 산물' 이라는 말은 참으로 지극한 말씀이다. 그러므로 주공(周公)께서 〈빈풍(豳風)〉의 시를 지으실 적에 '농사일의 어려움' 을 간곡하게 읊으셨고, 맹자께서 왕도(王道)의 시작을 논하실 때 '백성의 산업을 제정함' 에 급급하셨던 것이니, 무릇 성인(聖人)이 천하의 왕자(王者)가 되는 방도 또한 어찌 일찍이 이것으로 근본을 삼지 않았겠는가?

저 큰 창고의 곡식과 만종(萬鍾)의 녹(祿), 사방 10자나 되는 큰 상에 차린 진수성찬은 비록 '풍성하다' 고 하겠지만, 그것이 나온 곳을 생각해

---

30 『醒菴集』 卷4 頁18~19, 〈稼穡說〉. 이 글은 '농사짓는 일의 어려움' 을 설파하고, 爲政者들은 백성에게서 한 알의 곡식이라도 함부로 거두거나, 곡식 한 알이라도 헛되이 낭비해서는 안 됨을 강조한 것이다.

보면 들판에서 농부들이 손수 씨 뿌리고 부지런히 힘들게 땀 흘려 일하여 얻은 수확이다. 이것으로 본다면, '남에게 얻어먹는 사람' 은 어찌 백성에게서 한 알의 곡식이라도 함부로 거둘 것이며, 한 알이라도 헛되이 낭비할 것인가? 저 나라를 다스리되, 백성들에게 거두어들임이 법도가 없으며, 재물을 씀이 절제가 없으며, 흐르는 물을 쓰듯 먹고 마시며, 하늘의 재물을 모조리 소비하여, 마침내 나라를 뒤집히게 만든 자들은 '농사의 어려움' 을 모르기 때문이다. 집안을 거느리되, 배불리 먹고 따뜻하게 입어 편안히 살면서 가르침이 없어서, 게으르고 방자하며 거칠고 음란하게 날을 보내어, 스스로 패가망신(敗家亡身)을 재촉하는 자들 역시 '농사의 어려움' 을 모르기 때문이다. 가정이나 국가를 오래도록 보전하고 싶다면, 어찌 '농사의 어려움' 을 모를 수 있겠는가?

7) 〈매장(埋葬)에 관한 논설〉[31]

지금 세상에서 장례(葬禮)를 치르는 자들은 대부분 풍수화복설(風水禍福說)이 결코 고인(古人)의 산(山)을 이용하는 뜻이 아니라는 점에 대해 잘 모르고 있다. 『맹자(孟子)』에서 "상고(上古) 시대에 일찍이 그 어버이를 묻지 않은 자가 있어, 그 어버이가 죽자 시신을 들어다가 구렁에 버렸다. 그가 뒷날 그곳을 지나가다가 시신을 여우와 살쾡이가 파먹으며 파

31 『醒菴集』 卷4 頁19~22, 〈葬埋說〉. 이 글은 '風水에 따라 화복이 결정된다' 는 風水禍福說을 비판하고, 그 대신 "무릇 일반 사람들이 태어나 壽를 누리고 번성하며 公도 되고 卿도 됨은 한결같이 그 祖上의 氣稟 여하와 蔭德 여하에 달린 것" 이라 하여 '蔭德을 쌓을 것' 을 강조한 글이다. 이 글에는 성암의 합리주의적 면모가 잘 드러나고 있다.

리와 등에가 모여서 빨아먹고 있는 것을 보고서는, 이마에 땀이 홍건해져 흘겨보고 차마 똑바로 보지 못하였다. 땀이 홍건하게 된 것은, 남들 때문에 땀이 난 것이 아니라, 속마음이 얼굴에 드러난 것이다. 그리하여 집으로 돌아와 삼태기와 들것을 가지고 가서 흙을 파서 덮었다." 고 말하지 않았던가? 이것이 바로 매장(埋葬)의 예법이 생기게 된 연유이니, 그렇다면 그 근본은 '사람의 자식으로서 애통(哀痛)하고 박절(迫切)하여 어쩔 수 없는 마음' 에서 나온 것이다. 이것은 천하만세의 모든 사람들이 함께 지닌 지극한 감정이요, 그 당연한 이치를 일깨워 발휘한 것이다. 그러므로 성인(聖人)께서는 또한 이를 계기로 예법(禮法)을 제정하여, 시신의 살갗에 흙이 닿지 않도록 관곽(棺槨)과 의금(衣衾)을 두텁게 하고, 언덕이 점차 평평해지는 후환을 생각하여 산릉(山陵)을 견고하게 만들도록 하여, 효자(孝子)와 어진 사람이 죽은 사람을 떠나보내는 마음에 흡족하도록 하였으니, 어찌 '풍수(風水)에 따라 화복(禍福)에 결정된다는 생각' 에서 이렇게 한 것이겠는가?

무릇 '풍수에 따라 화복이 결정된다는 주장' 은 곽박(郭璞)과 이순풍(李淳風)의 무리가 음양의 이론을 끌어다가 견강부회한 것으로부터 나온 것이다. 그런데 세상에 그 주장을 믿는 자들은 반드시 '자손(子孫)의 성쇠화복(盛衰禍福)은 오로지 조고(祖考)의 묘혈(墓穴)이 길지(吉地)를 얻느냐, 못 얻느냐에 달려있다' 고 주장한다. 이러한 주장은 그럴듯하지만, 사실은 그렇지 않은 것이다.

무슨 근거로 이렇게 말하는가? 하 · 은 · 주 삼대(三代)의 홍성으로 보면 그 신령한 지초(芝草)와 단맛의 샘물은 이미 우(禹) · 설(契) · 기(棄)가 처음 태어나셨을 때로부터 근원한 것이니, 진실로 이 세 성현의 장지(葬地)의 길(吉)함을 빌린 다음에 바야흐로 저 기수(氣數)의 장원후대(長遠厚

大)함을 얻은 것이 아니다.[32] 이것으로 본다면 무릇 일반 사람들이 태어나 수를 누리고 번성하며 공(公)도 되고 경(卿)도 됨은 한결같이 그 조상의 기품(氣稟) 여하와 음덕(蔭德) 여하에 달린 것이다. 또 더 자세히 추론하자면, 부모와 자식은 한 몸이 나뉜 것이요, 형과 아우는 같은 태반(胎盤)에서 나온 것이니, 그 목숨의 길고 짧음과 생활의 번영과 쇠락은 마땅히 이처럼 현격하게 달라서는 안 되는 것이다. 그런데 그렇지 않은 것은 대개 천지부모(天地父母)의 청·탁·후·박(淸濁厚薄)의 기운이 때에 따라 다르기 때문이다. 그러므로 두루 통하며 흐르는 살아있는 기(氣)도 이미 형체가 나뉜 다음에는 목숨의 길고 짧음과 생활의 번영과 쇠락에 이처럼 서로 간섭할 수 없는데, 하물며 청산(靑山)의 한 조각 땅에 죽은 기(氣)와 썩은 뼈를 묻고서 '그 땅의 길흉(吉凶)이 자손의 화복(禍福)과 서로 관계한다' 고 말하는 것이 어찌 이치에 맞겠는가?

그러나 땅에는 진실로 좋고 나쁨의 차이가 있으니, 자손(子孫)의 최선을 다하지 않을 수 없는 지극한 정으로서 반드시 충분히 신중하게 골라 조고(祖考)의 영원한 유택(幽宅)으로 삼으려고 함은 진실로 천리(天理)의 그만둘 수 없는 것이다. 주자(朱子)는 " '葬' 이란 '감춘다' 는 말이다. 자손으로서 그 조고(祖考)의 유체(遺體)를 감춤에 반드시 삼가고 신중하고 정성스럽고 공경하는 마음을 다해서 편안하고 견고하고 오래 갈 수 있는 계책을 마련하여, 그 형체가 온전하고 신령이 편안하게 한다면, 자손이 번성하고 제사가 끊어지지 않는 것이 또한 자연스러운 이치이다."라

32 禹·契·棄는 모두 舜임금의 신하들로서, 모두 큰 功德을 남긴 인물들이다. "신령한 芝草와 단맛의 샘물은 반드시 뿌리와 근원이 있다"는 말이 있거니와, 夏나라의 흥성은 禹가 태어나신 것으로부터 근원하고, 殷나라의 흥성은 契이 태어나신 것으로부터 근원하며, 周나라의 흥성은 棄(后稷)가 태어나신 것으로부터 근원했다는 말이다.

고 말씀하셨다. 이는 곧 '저것이 편안하면 이것도 편안하다' 는 뜻인바, 어찌 세속에서 말하는 '화복(禍福)' 을 말씀한 것이겠는가?

지가(地家)들은 '길인(吉人)이 길지(吉地)를 만난다' 고 말하고, 사람들이 항상 하는 말로는 '사람이 할 일을 닦고서 천명을 기다리라[修人事待天命]' 고 했다. 그런데 지술(地術)에 현혹된 사람들을 보면, 아침에 묻었다가 저녁에 옮기고, 망상(妄想)에 빠져 복(福)을 구하니, 이미 '조고의 유체를 편안히 모신다' 는 뜻이 아니다. 심한 경우에는 남의 땅에 몰래 묻거나 남의 땅을 빼앗아 억지로 묻어, 남들과 송사(訟事)를 다투어 백골이 드러나며 패가망신(敗家亡身)하게 된다. 이는 길인이 아닌데 어찌 길지를 만나겠으며, 이미 사람의 일을 닦지 않았는데 어찌 천명을 기다릴 수 있겠는가? 이는 다름이 아니라 후손을 이롭게 하는 데 급급하여 선조를 받드는 데 소홀한 것이니, 불의(不義)가 심한 것일 뿐만 아니라 또한 불효(不孝)가 매우 큰 것이다.

그렇다면 사람들이 매장할 때 땅을 고르지 않고 소홀하게 한다면 어찌하는가? 장례를 치르는 예법에 어두워 조상을 받드는 데 소홀한 것은 내가 말하는 '신중한 도리' 가 아니다. 무릇 내가 세상의 미혹된 자들을 혐오하는 까닭은 믿을 수 없는 화복설(禍福說)을 만들어 분수를 침범하고 함부로 추구하여 마침내 불의와 불효에 빠지기 때문이다. 반드시 추구하되, 편하고 알맞고 약간 형세도 있으면서 남들과 간섭되지 않는 곳이 바로 나의 땅이니, 송종(送終)의 예법을 신중히 하고 애경(哀敬)의 마음을 다하면 그만인 것이다. 하물며 지금은 오랑캐의 운수가 바야흐로 홍성하여, 한편으로는 억지로 북망산(北邙山) 자락에 공동묘지(共同墓地)를 쓰게 하고, 한편으로는 도시(都市)의 곁에 화장장(火葬場)을 만들었다. 슬프다. 고인(古人)은 이천(伊川) 땅에서 피발(被髮)한 사람을 보고는 '백

년 안으로 중국이 오랑캐 나라가 될 것' 을 알았다고 하는데, 만약 현명한 사람으로서 '예전에 뼈를 묻고 복(福)을 구하며 옥송(獄訟)으로 폐단을 낳는 극단적 실태' 를 경험한다면 또한 '바다 건너 도적들이 동쪽으로 쳐들어올 조짐' 이 되지 않을 것임을 어찌 알겠는가? 참으로 한탄스러운 일이다.

정자(程子)는 "어느 곳이 아름다운 땅인가? 흙빛에 윤기가 흐르며 초목이 무성한 것이 바로 그 증험이다. 그런데 꺼림이 있는 자들은 미혹되어, 땅의 방위(方位)를 고르고 날의 길흉(吉凶)을 결정하며, 심한 경우에는 선조를 받드는 것으로 계책을 삼지 않고 오로지 후손을 이롭게 하려는 생각만 하니, 이는 더욱 '효자가 조상을 편안히 모시려는 마음가짐' 이 아니다." 라고 말씀하셨으며, 또 "오직 다섯 가지 근심할 것이 있으니, 신중하지 않을 수 없다. 반드시 뒷날 도로(道路)가 되지 않고, 성곽(城郭)이 되지 않고, 구지(溝池)가 되지 않고, 귀족이나 권세가에게 빼앗기지 않고, 경작지(耕作地)가 되지 않을 곳이어야 한다." 고 말씀하셨다. 주자(朱子)는 "오직 두 손을 마주 잡고 읍(揖)하는 형세로 둘러싸여 흠결이 없는 곳이면 된다." 고 하셨고, 율곡 선생은 "땅의 아름다움은 오직 바람을 막고 남쪽을 향하며, 땅이 두터워 물이 깊이 흐르면 그만이니, 방위나 수파(水破)[33] 등의 풍수설(風水說)과는 관계가 없다." 고 하셨다. 이러한 말씀들은 모두 바뀔 수 없는 지극한 가르침이다. 오직 '천심(天心)이 재앙 내린 것을 뉘우침' 을 기다려 장지(葬地)를 고르려는 사람은 마땅히 이를 법으로 삼아 지극한 정성을 쏟아야 할 것이요, 반드시 먼저 사람의

---

33 '水破' 란 묘 자리의 외부적 환경을 말한다. 즉 靑龍과 白虎의 외부, 또는 坐版의 主嶺 밑에서 묘 자리의 맨 앞을 흘러가는 물을 말하는데, 물이 흘러오는 방향을 '得水' 라 하고 빠지는 곳을 '破水' 라 한다.

일을 닦고 이해(利害)와 화복(禍福)으로 그 마음을 움직이지 않은 다음에야 체백(體魄)을 영원히 편안하게 할 수 있을 것이다. 이 글은 또한 풍천지감(風泉之感)[34]으로 인해 쓴 것이다.

8) 〈난곡 송병화 어른께 보내는 편지〉[35]

지난겨울 한 번 문병(門屛)[36]에 올라, 비로소 평소에 존경하며 우러르던 정성을 이룰 수 있었습니다. 하물며 여러 세대에 걸친 우호(友好)를 강마하고, 겸하여 직접 뵙고 정성스럽게 타이르는 가르침을 받았사오니, 우러러 군자가 덕으로 사람을 사랑하는 풍성한 뜻을 알게 되어, 돌아온 다음에도 사사롭게 스스로 열복(悅服)하는 마음을 오히려 그칠 수 없었습니다.

어느덧 다시 새해가 시작되었습니다. 엎드려 생각하옵건대, 선생께서는 새해를 잘 맞이하셨습니까? 종사(宗社)의 망극함에 대해서는 다만 북쪽을 바라보며 눈물을 흘릴 뿐입니다. 아무개, 아무개 등 재상(宰相)과 보필하는 신하들이 순국(殉國)함으로써,[37] 난신적자(亂臣賊子)들의 간담

34 '風泉'은 『詩經』 檜風의 匪風篇과 曹風의 下泉篇을 아울러 가리키는 말로, 이 詩들은 모두 제후국 사람들이 周나라를 생각하여 지은 것이다. 따라서 '風泉之感'이란 '中華를 사모하는 마음'이라 하겠다.

35 『醒菴集』 卷2 頁14~15, 〈與蘭谷宋丈炳華〉. 이 글은 丙午年(1906년) 正月에 蘭谷 宋炳華께 올린 편지이다. 성암은 先祖 草廬의 『四書答問』을 간행하기 위해 蘭谷을 찾아 뵙고 교정을 부탁한 다음, 그 결과를 기다리면서 편지를 올린 것이다.

36 '門屛'이란 밖에서 집 안이 들여다보이지 않도록 大門이나 中門 안쪽에 가로막아 놓은 담이나 널빤지로서, 이곳에서는 상대방의 집을 높여 부르는 말

37 1905년 11월 30일(陽曆), 陸軍副將 閔泳煥이 〈訣告我大韓帝國二千萬同胞〉라는 유서

(肝膽)을 서늘하게 하고 강상(綱常)이 떨어지지 않게 하였으니, 어찌 통쾌하지 않겠습니까? 우리 동쪽 땅이 지난번에 청나라 오랑캐의 땅이 된 이래 '평성(平城)의 치욕'[38]을 씻지도 못했는데, 또 섬나라 오랑캐의 화(禍)가 이와 같으니, 하늘이 재앙을 내림이 어찌 이처럼 혹독하다는 말입니까? 비록 의병(義兵)을 일으켜 도적들을 토벌하고 싶은 마음은 절실하지만 이미 '용강(龍岡)의 재주'가 없으며, 의발(衣髮)을 보전하며 자정(自靖)하는 절개를 지키고자 해도 '금화(金華)처럼 깊은 곳'[39]을 얻기 어려우니, 어찌하면 이 세상에 잘 대처할 수 있겠습니까? 비록 지금부터 '아침에 도(道)를 들으면 저녁에 죽더라도 괜찮겠다'는 가르침에 종사하고자 해도 또한 그렇게 할 수가 없습니다. 엎드려 바라옵건대, 문장(文丈)께서 평소에 산정(算定)한 바로 자세히 가르쳐주시면 어떻겠습니까?

『사서답문(四書答問)』의 교정은 그동안 마치셨는지요? 간행하는 일도 조만간 시작하고자 합니다.

를 남기고 순국했다. 이를 계기로 전 좌의정 趙秉世, 전 참판 洪萬植, 학부 주사 李相喆 등도 잇달아 自決 殉國함으로써, 日帝 侵略에 대한 강력한 투쟁 방략의 하나로 義烈鬪爭이 자리 잡게 되었다.

38 平城의 치욕 : 漢高祖 때 匈奴가 변방을 침범하므로, 高祖가 직접 군사들을 거느리고 공격했는데, 묵특(冒頓)이 정예 기병 4만을 이끌고 漢나라 군사 30만 명을 平城에서 포위하였다. 이때 漢나라는 匈奴의 王妃 연지(閼氏)에게 뇌물을 보내어 위기를 모면하였다. 이곳에서는 丙子胡亂 때 '南漢山城의 치욕'을 말한다.

39 宋나라의 金仁山은 오랑캐 元나라의 난리를 당하여, 金華山 속에 숨어서 40년 동안 道義를 강마하고 義理를 지키면서 살다가 죽었다.

9) 〈간재 전우 어른께 보내는 편지〉[40]

그윽이 듣자오니, 어른께서는 전재(全齋) 임헌회(任憲晦) 선생 문하의 적전(適傳)으로서, 온 세상이 어둡고 어지러운 가운데 사문(斯文)을 유지하고자 산속에서 도학(道學)을 강론하시며, 노경(老境)에 이르러서는 더욱 힘쓰시어, 무릇 전국의 뜻있는 선비들은 모두 문하로 달려가 학문에 힘써서 모두 그 재목(材木)을 성취하고자 합니다. 비록 저 철영(喆榮)처럼 불민(不敏)한 사람도 또한 우러러 사모한 지가 참으로 오래되었습니다. 항상 문하를 왕래하는 사람을 통해 어른의 성덕(盛德)과 광휘(光輝)를 우러르고, 또한 사도(斯道)의 진결(眞訣)을 깨닫고자 했거니와, 감히 '정성이 없었다' 고 말하지는 않겠습니다. 대개 저의 바탕과 성품이 본래 게으르고, 의리를 보고도 용기를 내지 못해, 어영부영 머뭇거리다가 오늘에 이르렀으니, 선생 어른께서 기꺼이 저와 더불어 말씀을 나누시리라 감히 바랄 수 있겠습니까? 풍문으로 듣자오니, 어른을 모신 수레가 호남(湖南)에 머무르고 있다고 합니다. 알지 못하겠습니다만, 언제 댁으로 돌아가시는가요? 도체(道體)[41]는 건강하신가요? 엎드려 그리워하는 마음 그지없습니다.

철영(喆榮)은 일찍 부모를 여의고, 학문도 지리멸렬하니 무슨 더럽힐 것이 있겠습니까? 저희 선조 초려(草廬)의 저술 중에 『사서답문(四書答

---

40 『醒菴集』 卷2 頁1~2, 〈與艮齋田丈愚〉. 이 글은 丙午年(1906년) 7月에 艮齋 田愚께 올린 편지이다. 성암은 先祖 草廬의 『四書答問』을 간행한 다음, 곧바로 한 帙을 艮齋께 보내면서 처음으로 인사를 닦는 편지를 올린 것이다. 이로부터 11년 뒤, 성암은 艮齋와 세 차례의 왕복 서한을 통해 '明德' 에 대한 설명 등 性理說에 대해 깊이 있게 논변하였다.

41 道體 : 道學을 공부하는 중의 안부, 학자의 안부를 물을 때 쓰는 말.

問)』 4책이 있는데, 오랫동안 상자에 넣어두고 간행하지 못하다가, 오늘에 이르러 병화(兵火)에 잃게 될까 더욱 두려워, 능력을 헤아리지 않고 서둘러 간행하였습니다. 정밀하지 못한 곳이 많아, 이루고 난 다음에도 여한(餘恨)이 많습니다만, 어른께 한 질(帙)을 바치오니, 고령(考領)[42]하심이 어떻겠습니까?

세상일에 대해 말씀드리자면, 근래에는 온갖 변고가 다 일어나거니와, 마침내 나라와 백성이 이처럼 망극(罔極)하게 되었으니, 통곡한들 무슨 소용이 있겠습니까? 하물며 저희 집안은 더욱 혹독한 화(禍)를 입게 되었습니다. 저들이 근래에 다시 지선(支線) 철로를 건설하는데, 그 노선이 도산(道山) 선영(先塋)의 뒤쪽을 횡단(橫斷)하여 지나간다는 것입니다. 그 일을 주관하는 사람은 우리나라 사람이니, 비록 지금 세상의 인심이라고 하나, 선현(先賢)의 분묘(墳墓)에 대해 어찌 이런 변고가 있을 수 있다는 것입니까? 그 마음의 흉포(凶暴)함이 섬나라 오랑캐보다 더하니, 도리로 깨우쳐 이해시키기가 어렵습니다. 외롭고 허약한 자손들이 힘마저 부족하니, 장차 어찌하면 좋은 방책을 얻어 이러한 화를 면할 수 있겠습니까? 밤낮으로 원통하고 분하여 피를 뿌리고 눈물을 삼키며 울고 있을 뿐입니다.

10) 〈이원백에게 보내는 편지〉[43]

오호라. 대명(大明)은 곧 우리의 주(周)나라인데, 멸망한 지가 이미 3백

---

42 考領 : (상대방이 주는 물건을) 확인하고 받음.

년이나 되었습니다. 한양(漢陽)은 우리의 서울인데 하늘이 복(福)을 내리지 않아 또 오늘이 있게 되었습니다. 저 푸른 하늘을 바라보며 다만 피눈물을 흘릴 뿐입니다. 지난번에 선부장(先府丈) 회천공(晦泉公)께서 대명산(大明山) 아래 한양촌(漢陽村)에서 존주(尊周)의 의리를 지키고 충군(忠君)의 도리를 밝히며 오랑캐가 주는 은사금(恩賜金)을 받지 않고 마침내 순국(殉國)하셨으니, 참으로 산 이름과 마을 이름을 저버리지 않은 것이라 하겠습니다. 후세 사람들 또한 이곳을 사모하며 잊지 않을 것입니다.

엎드려 듣자오니, 집사(執事)께서는 스스로 의(義)를 일으켜, 대명산에는 명나라 태조(太祖)의 제단(祭壇)과 위패(位牌)를 설치하고, 한양촌에는 우리나라 태조의 제단과 위패를 설치하여, 간략히 일변일두(一籩一豆)만 차리고 제사를 지내, 화이(華夷)의 구분과 군신(君臣)의 의리를 밝히시겠다고 하니, 그 뜻과 정성이 매우 아름답다고 하겠습니다. 그러나 지금은 오히려 그런 일을 할 때가 아닙니다.

왜냐하면 『춘추(春秋)』의 필법(筆法)은 '도적을 토벌하기 전에는 장례(葬禮)를 기록하지 않는 것' 인바, 주자(朱子)는 그 뜻을 해석하여 "복수(復讐)의 대의(大義)는 무겁고 엄장(掩葬)의 상례(常禮)는 가벼우니, 이로써 신자(臣子)들에게 이 비상한 변고를 만났을 때 반드시 능히 원수를 갚고 도적을 토벌한 다음에야 군친(君親)을 장사지낼 수 있는 것이요, 그렇지 않

---

43 『醒菴集』 卷2 頁47~48, 〈與李源伯來修〉. 이 글은 丙辰年(1916) 2월에 李來修에게 보낸 편지이다. 李來修는 왜적이 주는 恩賜金을 거절하고 순국한 晦泉 李學純의 아들이다. 이 편지에 보이듯이, 李來修는 "大明山에는 明나라 太祖의 祭壇과 位牌를 설치하고, 漢陽村에는 우리나라 太祖의 祭壇과 位牌를 설치하여, 간략히 一籩一豆만 차리고 제사를 지내, 華夷의 구분과 君臣의 의리를 밝히겠다" 고 했는데, 성암은 '도적을 토벌하기 전에는 葬禮를 기록하지 않는다' 는 春秋의 義理를 들어 이 일을 광복 이후로 미룰 것을 권하였다.

으면 비록 관곽(棺槨)과 의금(衣衾)을 융성하게 하더라도 사실은 구덩에 버려서 여우와 이리가 뜯어먹고 파리와 모기가 빨아 먹게 하는 것과 다름이 없다는 것을 보여준 것"이라고 말했습니다. 앞선 성현들이 후세의 신하가 된 사람들을 위한 생각이 깊었습니다. 이것으로 미루어본다면, 정강(靜江) 사람들이 우제(虞帝)를 제사 지내고[44] 촉(蜀)나라 백성들이 선왕(先王)을 제사 지낸 것과 우리나라 화양동(華陽洞)의 고사(故事)는 모두 오늘의 급무가 아닙니다.

괜찮으시다면 하나의 방도가 있으니, 높고 깨끗한 곳에 우리 태조(太祖)의 제단과 위패를 설치하고, 변두(籩豆)의 예(禮)는 쓰지 말고, 다만 때때로 절하고 통곡하며 종국(宗國)이 망한 것을 슬퍼하고, 밥 먹을 때나 쉴 때나 감히 와신상담(臥薪嘗膽)의 뜻을 잊지 않는 것입니다. 또한 집 뒤에 선부장(先府丈)의 제단과 위패를 설치하여, 태조께 곡한 다음 선친께서 순국하신 것을 통곡하며 구로(劬勞)의 은혜를 잠시라도 차마 잊지 않는 것입니다. 이렇게 한다면 신자(臣子)의 정리(情理)를 모두 펼 수 있을 것입니다.

고인(古人)은 군부(君父)의 원수에 대해 항상 병기(兵器)를 휴대하고 다니다가 만나면 즉시 복수했습니다.[45] 지금은 절박하여 부득이 아픔을 참고 원통함을 품고 있는 상황이니, '원수를 잊지 않겠다는 마음'의 일

44 '靜江'은 宋代의 府名으로 지금의 廣西省 桂林縣 일대이며, '虞帝'는 舜임금을 말한다. 靜江 사람들이 舜임금의 德을 사모하여 제사를 지냈다는 말이다. 한편, 張栻(張南軒)이 桂林郡의 太守가 되어 虞帝廟를 세우자 朱子가 〈靜江府虞帝廟碑〉를 지은 바 있다.

45 『禮記』〈曲禮上〉에 "父親의 원수와는 하늘을 함께 이고서 살지 못하고, 兄弟의 원수에 대해서는 복수하기 위해 항상 무기를 가지고 다니며, 朋友의 원수와는 나라를 같이하여 살지 않는다[父之讎 弗與共戴天 兄弟之讎 不反兵 交遊之讎 不同國]"는 말이 나온다.

단을 보여준다면 충분할 것입니다. 화양동(華陽洞)의 고사와 같은 것은 원수를 갚은 다음에 도모해도 늦지 않습니다. 또한 오늘 이루지 못하면 후세 사람을 기다려도 됩니다. 하물며 오늘 집사(執事)의 이 일이 앞으로의 조짐이 될 수도 있지 않겠습니까? 어리석은 저의 생각은 이와 같습니다. 오직 집사께서 거듭 생각하여 판단하고 처리하시기 바랍니다.

11) 〈봉양 유사준에게 주는 서문〉[46]

무릇 소나무와 잣나무를 좋아하는 것은 그 무성하고 그늘이 좋기 때문이 아니요, 강물을 부러워하는 것은 그 물결 때문이 아니며, 호걸(豪傑)을 귀하게 여기는 것은 그 명성과 소문 때문이 아니다. 오직 추위를 만나도 시들지 않으니 그 정절(貞節)이 취할 만한 것이요, 가뭄을 만나도 마르지 않으니 그 깊은 근원이 거슬러 올라갈 만한 것이며, 곤경에 처해도 변함이 없으니 그 지조와 절개가 숭상할 만한 것이다. 내 친구 봉양(鳳陽) 유인호(柳寅鎬) 군은 웅주(熊州)[47]의 황산(黃山)에 살고 있는데, 산중(山中)에서 산 것이 이미 여러 해가 되었다. 나는 처음 그 이름을 듣고는 이미 허여(許與)하면서도, 또한 깊이 믿지는 않았다. "만약 한갓 명성이 화려한 것만으로 치자면, 봄의 꽃 피는 시절에는 수두룩한 꽃나무들이 모두 찬양할 만하고, 여름의 장마철에는 도랑의 맑은 물들이 모두 마실

---

46 『醒菴集』 卷3 頁15~16, 〈贈鳳陽柳士俊序〉. '士俊' 은 柳寅鎬의 字이며, 鳳陽은 그의 號이다. 이 글은 松柏처럼 변함없는 鳳陽의 志操를 칭송하고, '그 끝맺음을 잘 하여 그 명예를 떨어뜨리지 말자.' 고 서로 다짐하는 내용이다.

47 熊州 : 忠南 公州의 별칭.

만하며, 세상이 평안할 때엔 사람들이 대개 겸손하여 모두 사귈 만한 것이다. 그러나 때가 바뀌고 상황이 변하여 곤궁하게 되면, 시들고 마르며 변하지 않으리라는 것을 어찌 알겠는가?"라는 생각이 들었기 때문이다.

얼마 후 봉양(鳳陽)을 만나 얼굴을 알게 되었고, 또다시 만나 마음가짐을 논하고서는, 그를 따라 산속으로 들어가 유유자적 은거하고 싶다는 생각을 누차 했다. 이에 나는 또 "세상은 바야흐로 크게 어지럽도다. 저 오랑캐의 가르침이 떠들썩하여, 떳떳한 인륜을 무너뜨리고, 관(冠)과 치마가 뒤바뀌게 하니, 이는 서리가 죽이고 가뭄이 학대하는 것에 비할 바가 아니다. 사람들은 모두 차츰 저들에게 물들면서 그 잘못됨을 알지 못하는데, 오직 이 사람만은 의연(毅然)하여 스스로를 지키고 확고하여 흔들리지 않는다. 이는 소나무와 잣나무가 변하지 않는 것과 같고, 강물이 마르지 않는 것과 같으니, 이 사람이야말로 참으로 호걸지사(豪傑之士)로다. 진실로 확고하여 뽑히지 않는 지조가 아니라면 어찌 이럴 수가 있겠는가?"라고 생각하게 되었다.

때때로 선조(先祖)의 사적(事蹟)을 내게 보여주었는데, 모두 옛날 선철(先哲)들이 그 선조의 효우(孝友)와 지극한 행실을 기록한 실기(實記)였다. 그렇다면 봉양의 훌륭함은 또한 그 내력이 깊은 것이다. 나는 마침내 다시 생각하여 말하노니, "업적을 이루는 길은 오히려 멀지만, 험난한 일이 닥쳐도 회피하지 말라. 능히 그 끝맺음을 잘하여 그 명예를 떨어뜨리지 말라." 이는 사실 우리들에 대한 정문일침(頂門一針)이니, 어찌 서로 힘쓰지 않겠는가?

12) 〈김백춘과 이별하면서 주는 서문〉[48]

무릇 선비가 뜻을 세움은 물에 근원이 있고 나무에 뿌리가 있는 것과 같다. 근원이 깊으면 멀리 흘러가고, 뿌리가 튼튼하면 가지와 잎이 무성하다. 사람이 학문에 뜻을 두지 않으면 어찌 어리석은 사람이 지혜롭게 되고 고약한 사람이 어질게 될 수 있겠는가?

김군(金君) 원중(元中) 백춘(伯春)[49]은 생김새가 온화하고 순하며, 성질은 마음이 밝으며, 상경(尙絅)의 덕이 있으니,[50] 참으로 함께 공부할 만한 인물이며, 그 부친(父親) 또한 뜻이 있는 선비이다. 김군은 대쑥으로 담을 둘러치고 단사표음(簞食瓢飮)[51]마저 자주 굶주리는데도 편안하게 여겨 지키는 뜻을 바꾸지 않으며, 또한 어진 부형(父兄)이 있음을 즐겁게 여긴다. 진실로 능히 뜻을 세우고 가정(家庭)에서 시(詩)와 예(禮)를 익힌다면, 언덕을 바탕으로 높은 산을 만드는 것과 같아, 같은 노력으로도 다른 사람들보다 공(功)을 배(倍)나 이룰 수 있으니,[52] 힘쓰지 않을 수 있겠는가?

---

48 『醒菴集』 卷3 頁16~17, 〈贈別金伯春序〉. 金元中은 성암의 사위였다. 성암은 사위의 훌륭한 자질을 칭찬하고, "옛날의 賢人은 困心衡慮를 통해 그 능하지 못한 것을 보완한 경우가 많았으니, 지금 세상의 혼란과 집안의 가난은 훗날 그대를 玉으로 이루어주는 계기가 될 것" 이라고 격려했다.

49 '元中' 은 이름이며, '伯春' 은 字이다.

50 尙絅 : 비단옷을 입고 그 위에 홑옷을 걸쳐서 비단의 화려함을 감추는 것. 훌륭한 재주와 德을 지니고서도 겸손하여 그것을 드러내지 않는 것을 말함.

51 簞食瓢飮 : 대나무 그릇에 밥을 먹고 표주박의 물을 마시며 淸貧하게 사는 것.

52 孔子는 그 아들에게 詩와 禮를 배울 것을 권한 바 있다(『論語』 季氏 제13장 참조). 이처럼 家庭에서 보고 들은 것을 바탕으로 공부하면, 그렇지 못한 사람보다 훨씬 큰 업적을 이룰 수 있다는 뜻이다.

지금 세상은 크게 어지러워, 의관(衣冠)을 갖추어야 하는 데 비늘이나 껍질을 쓰며, 사람의 무리로서 금수처럼 군다. 금수로서 금수를 보면 비록 이상할 것이 없지만, 사람으로서 금수를 본다면 어찌 놀랍고 괴상하지 않겠는가? 그런데도 그 형세에 겁을 먹고 그 편리함에 유혹되어 점점 그 가운데로 들어가면서 그 치욕스러움을 깨닫지 못한다. 저 어리석은 대중들은 이미 미쳤거니와, 평소에 큰소리를 치던 사람들도 또한 철인(哲人)과 우인(愚人)의 판결을 면할 수 없으니, 이는 진실로 뜻이 세워지지 않고 학문이 독실하지 않은 데서 연유하는 것이다. 이것이 이른바 '도랑의 물은 아침에는 가득하다가도 저녁에는 사라지고, 마른 버들의 화려함은 오래갈 수 없다' 는 것이니, 경계하지 않을 수 있겠는가? 옛날의 현인(賢人)은 곤심횡려(困心衡慮)를 통해 그 능하지 못한 것을 보완한 경우가 많았으니, 지금 세상의 혼란과 집안의 가난은 훗날 그대를 옥(玉)으로 이루어주는 계기가 되지 않을지 어찌 알겠는가?[53]

백춘이여! 몸소 농사지어 어버이를 봉양하고, 물을 마시며 책을 읽는다면, 장차 일등인(一等人)이 되는 것은 어렵지 않을 것이다. 나의 사위가 된 지 5년 만에 다시 왔는데, 체격이 크고 씩씩하여 대장부(大丈夫)의 모습이 되었으니, 매우 사랑스럽구나. 머무르며 함께 글을 논하고 돌아감에, 이 글로 격려하노라.

---

53 맹자는 "하늘이 장차 이 사람에게 큰 임무를 내리려 하실 때에는 반드시 먼저 그 心志를 괴롭게 하며, 그 筋骨을 수고롭게 하며, 그 體膚를 굶주리게 하며, 그 몸을 빈궁하게 하여, 그가 하는 일을 어긋나게 만드니, 그 心性을 강인하게 만들어 능하지 못한 바를 보완하게 하려는 것이었다. 사람은 항상 잘못을 범하고 난 뒤에 고치게 되나니, 마음에 괴롭고 생각에 걸린 다음에야 떨쳐 일어나게 되는 것이다[困於心 衡於慮而後作]" 이라 말씀한 바 있다(『孟子』 告子下 제15장). 한편, 張橫渠의 〈西銘〉에서는 "빈천과 근심 걱정은 그대를 玉으로 이루어 주는 것[貧賤憂戚 庸玉汝於成也]" 이라 하였다.

13) 〈유문약에게 보내는 편지〉[54]

우러러 생각하옵건대, 형은 그동안 안녕하셨습니까? 아우가 거처하고 있는 판잣집은 얼어붙은 산방(山房)보다도 더 춥습니다. 그러나 수십 일이 지나도 아직 병이 생기지 않으니, 이 또한 이상한 일입니다. 무릇 사람이 죽고 사는 데에는 명(命)이 있으니, 진실로 마땅히 당면한 형편에 따라 편안하게 여길 따름입니다. 애초에 저들이 처음 질문했을 때 저들의 사나운 성질을 약간 건드렸으므로, 나를 이처럼 괴롭히며 핍박하는 것인바, 이 또한 어찌할 수 없는 일입니다. 혹시 숫양이 새끼를 낳는 날에나 집으로 돌아갈 수 있을는지요.[55] 마땅히 몸을 조금도 손상하지 않은 채 집으로 돌아가고자 합니다만, 또한 펄펄 끓는 가마솥 앞에서 이 말을 실천하지 못할까 두렵습니다.

아침저녁으로 먹는 음식은 집에 있을 때보다도 나으니, 이 또한 상식(常識)과 반대되는 것입니다. 우습고 또 우습습니다.

〈장암이씨파보(長巖李氏派譜)의 서문〉은 이미 지어주기로 약속한 것입니다. 반드시 나에게 지어달라고 한 것이지만, 상황이 급박하니, 형께

---

54 『醒菴集』 卷2 頁28~29, 〈與柳文若秉蔚〉. 文若은 柳秉蔚의 字이며, 그의 號는 畊芸이었다. 畊芸은 성암의 처남이자 道伴이었다. 이 편지는 甲寅年(1914) 9월 성암이 獄中에 있을 때 옥중의 정황을 설명하고, 〈長巖李氏派譜의 서문〉을 대신 지어 보내줄 것을 당부하는 내용이다. 이 편지에서 인상적인 것은 "아침저녁으로 먹는 음식은 집에 있을 때보다도 나으니, 이 또한 常識과 반대되는 것입니다. 우습고 또 우습습니다."라는 내용으로서, 당시에 성암이 얼마나 貧寒하게 살고 있었는지 짐작할 수 있게 한다.

55 漢나라의 蘇武(蘇中郎)가 흉노에 사신으로 갔는데, 흉노는 蘇武를 인질로 잡아 北海의 사람 없는 곳에 옮겨두고 숫양을 기르게 하면서 '숫양이 새끼를 낳게 되면 돌아가게 하겠다' 고 하였다(『漢書』〈蘇武傳〉 참조).

서 대신 지어 보내주시기 바랍니다. 우러러 바라나이다. 우러러 바라나이다.

14) 〈유문약에게 보내는 편지〉[56]

일찍이 하루도 서로 떨어진 적이 없었는데, 감옥에 갇힌 뒤로는 40일 동안이나 만나보지 못했으니, 얼마나 슬프고 암담하십니까? 아우는 엊그제 별관(別館)으로 나왔는데, 여러 소배(少輩)들이 날마다 찾아와서 옛날처럼 담론을 하고, 아울러 형도 평안하시다는 소식을 들었습니다. 우러러 생각함에 위안이 되고, 답답한 심정도 가셨습니다. 아우는 엊그제 눈보라가 휘몰아치는 판잣집에서 엿새 동안 밤낮으로 한숨도 잠을 이루지 못하여, 거의 죽을 뻔했습니다. 지금은 다시 살아났고, 또한 아무런 병도 없으니, 이 또한 조화옹(造化翁)이 주관하는 일일까요? 며칠 사이 풍랑이 연달아 형 집에 미쳤다는데, 두려워하고 한탄한들 무슨 소용이 있겠습니까?

서당리(書堂里) 윤장(尹丈)의 편지를 엊그제 받아보았습니다. 그 독실한 노인께서는 중병(重病)에 걸렸는데, 자식도 없고 먹을 것도 없는 상황이라 하니, 그 소식을 듣고서는 슬프고 안타까운 생각을 이길 수 없었습니다. 하늘이 착한 사람에게 보답을 베푸는 것이 이처럼 어긋나는 것입니까? 듣자 하니, 형께서 이 노인께 물품을 보내주셨다니, 진실로 붕우

---

56 『醒菴集』 卷2 頁29, 〈與柳文若秉蔚〉. 이 편지는 甲寅年 10월에 처남 畊芸에게 보낸 것이다. 성암은 경운이 어려운 처지에 있으면서도 더 곤궁한 처지의 書堂里 尹丈을 돕고 있다는 소식을 듣고, '보고 느끼는 바가 끝이 없다' 고 칭송하였다.

간에 주급(周急)하는 의리에 부합하는 것입니다. 보고 느끼는 바가 끝이 없습니다.

저들이 하는 짓은 변태무상(變態無常)하니, 끝내 어떻게 될지 모르겠습니다.

15) 〈서사(書社)의 제생(諸生)에게 보내는 편지〉[57]

지금 오랑캐가 중화(中華)를 어지럽히는 것은 천지가 생긴 이후로 처음 있는 일인바, 반드시 문왕(文王)을 기다린 다음에 흥기(興起)하는 일반 백성들은 모두 점점 그 가운데 빠져들고 있다. 이는 평소에 제군(諸君)들과 늘 토론하던 문제이니, 지금 길게 말할 필요는 없겠다.

나의 화(禍)로 인해 겁을 먹지 말고, 기력(氣力)을 더욱 기르기 바란다. 반드시 『춘추(春秋)』의 '중화를 높이고 오랑캐를 물리치는 의리'로 마음 속에 한 덩어리 심막(心膜)을 삼은 다음에야 금수(禽獸)의 지경에 빠지는 것을 면할 수 있다. 만약 그렇지 않다면 비록 착한 행실이 있다 하더라도 이는 '오랑캐 가운데 좋은 사람'에 불과한 것이니, 어찌 '사람'이라는 이름에 어울리겠는가? 무릇 내가 스스로 이처럼 고생하는 것은 바로 이를 위한 것이니, 더욱 힘쓰기 바란다.

듣자 하니, 제군들이 읍내(邑內)에 자주 나오나 저들이 면회를 금지하

57 『醒菴集』 卷2 頁51~52, 〈與書社諸生〉. 이 편지는 醒菴이 甲寅年 9월 감옥에 있을 때, 함께 공부하던 門生들에게 勉學을 당부한 것이다. 성암은 이 글에서 '中華와 오랑캐'의 구분이 중요함을 강조하고, 자신에게 面會를 오기보다는 讀書에 힘쓰라고 당부하였다.

여 접견(接見)을 못 하는 것 같다. 비록 환난 가운데 상증하는 것은 감격할 일이나, 날마다 독서하는 공부에는 방해가 될 것이니, 무익한 행동은 그만두기 바란다.

16) 〈외구(外舅) 유선생(柳先生) 제문〉[58]

오호라. 선생은 정자(程子)와 주자(朱子)의 학문을 으뜸으로 삼고, 매산(梅山)과 전재(全齋)의 학통을 이었습니다.[59] 천품(天稟)이 뛰어나셨고 도덕(道德)이 순수하시어, 충신독경(忠信篤敬)과 인후공검(仁厚恭儉)이 마음속에 가득 차서 밖으로 드러났습니다. 다가가면 온화하시나 멀리서 바라보면 엄숙하시니, 소자(小子)의 얕은 도량(度量)으로 어찌 쉽게 헤아릴 수 있었겠습니까?

평소에 찾아뵈면서 스스로 사사롭게 기억하는 것들은 숙속지문(菽粟之文)[60]과 빙벽지조(氷檗之操)[61]로서, 거센 물결 막고서 버티는 지주(砥柱)처럼 우뚝 솟아 넘어지지 않았습니다. 심의(深衣)에 큰 띠를 두르고 임천(林泉)에 은거하시며, 벼슬을 초개(草芥)처럼 여기고, 남들이 알아주지 않아도 성내지 않으셨습니다.

후세로 내려와 풍속이 무너짐에 칠실(漆室)의 처녀처럼 근심하셨으니,[62] 입으로는 비록 말씀하지 않으셨어도 마음은 편안하실 날이 없었

58 『醒菴集』 卷3 頁30~31, 〈祭外舅柳先生文〉. 이 글은 성암이 장인이자 스승인 自慊窩 柳大源 선생의 靈前에 바친 祭文이다. 자겸와는 癸卯年(1903) 10월 5일 별세하셨다.

59 梅山은 洪直弼의 號이고, 全齋는 任憲晦의 號임.

60 菽粟之文 : 콩과 곡식처럼, 세상에 널리 쓰이는 아주 평범한 문장.

61 氷檗之操 : 얼음을 먹고 황벽나무를 먹는 것 같은 清貧한 志操.

습니다. 선조를 받드는 데는 풍성하고도 정결(淨潔)하셨으며, 검소함으로 몸을 규율하셨습니다. 친척들을 주급(周急)하여 화목하게 만들었으니, 일찍이 전택(田宅)을 출연(出捐)하여 의장(義庄)을 설치하셨습니다. 옛날의 철인(哲人)과 비교해보면 범문정공(范文正公)[63]보다도 빛나는 것입니다. 자식들을 의로운 방법으로 가르쳤고, 가정을 예(禮)로 통솔하였으며, 사람들을 대하고 접촉할 때엔 성신(誠信)과 은혜로 하였고, 후진들을 가르치고 인도하실 때엔 덕행과 문예로 하였습니다. 근본을 먼저 하고 말단을 뒤에 하여 모두 장려하고자 하시니, 종족(宗族)과 향당(鄕黨)이 그 덕에 기꺼이 복종했으며, 노복(奴僕)들까지도 그 은혜에 감복했습니다. 집안의 정사에 베푸신 것이 대개 이와 같았으니, 때에 맞추어 알맞게 베푼 것을 이로써 헤아릴 수 있습니다. 그 자질과 역량을 깊이 감추고 세상에 팔지 않으셨으니, 뉘라서 그 고귀함을 알겠습니까?

소자(小子)는 용렬할 뿐인데도 이름 높은 가문(家門)에 장가들고, 그리하여 가르침까지 받았습니다. 문하에 출입하다가, 중간에 다시 거처를 옮겨, 지붕 모서리가 맞닿을 정도로 가까이 살게 되었습니다. 그 뒤로는 아침저녁으로 학업을 요청하여, 은혜와 사랑을 독차지한 것이 지금까지 20년이나 되었습니다. 겨드랑이를 붙잡고 이끌어주시고 타일러주시면서, 가르침을 게을리하지 않으셨습니다. 제게 허물이 있으면 반드시 꾸짖으셨고, 잘한 것이 있으면 드러내어 격려해 주셨습니다. 존안(尊眼)을 뵈면 춘풍(春風)을 맞는 듯 온화했으며, 뜻을 공손히 받들고자 할 때엔 추상(秋霜)처럼 정결했습니다. 다반사(茶飯事)처럼 항상 시(詩)와 예(禮)

62 春秋時代 魯나라 漆室邑의 과년한 처녀가 자신이 시집가지 못하는 것은 걱정하지 않고 나라의 임금이 늙고 태자가 어린 것을 걱정하였다고 한다.

63 范文正公이 義田을 설치한 사적이 『小學』에 보임.

를 강론하시고, 의리(義利)와 숙특(淑慝)을 분변할 때엔 명확하게 분석하셨습니다. 조용히 자리에 계시면서 알기 쉬운 것부터 차근차근 알려주셨는데, 소자는 민첩하지 못하여 만에 하나도 제대로 따르지 못했습니다. 그러나 그 언행이 크게 잘못되지는 않았으니, 선생께서 베풀어주신 가르침을 평생토록 가슴에 새기고, 백 년으로 기약하여 미치지 못하는 점을 보완하도록 하겠습니다.

어찌 잘못이 없는 병에 걸리시어,[64] 반년 동안이나 병석에 누워계셨습니까? 이때 소자는 객지에 머물다가, 소식을 듣고 급히 돌아오면서, 촛불을 들고 임종을 지켜볼 수 있기를 바랐으나, 대문에 들어서니 놀라서 곡하는 소리가 들리고, 이미 초혼(招魂)을 마쳤습니다.

오호통재라. 소자가 안이하게 방심했습니다. 헌걸찬 거동은 어느 때 다시 우러를 수 있으며, 특출하고 위대한 강론은 어디에서 다시 접할 수 있겠습니까? 저의 의문은 누구에게 질정하며, 저의 어리석음은 누가 깨우쳐주겠습니까? 갈림길에서 방황하며, 서책을 안고 흐느껴 웁니다. 구원(九原)에 들어가시면 영원히 작별하는 것이니, 어찌 다시 뵐 수 있겠습니까?

오직 착한 사람에게는 복(福)이 내리는 법이니, 지극한 이치는 막히지 않습니다. 70년을 사시고 온전한 모습으로 돌아가셨으니, 군자(君子)가 돌아가심을 '마침[終]'이라 하는 것입니다. 아름답고 선생님을 닮은 윤자(胤子)가 있으니 집안일을 잘 계승할 것입니다. 난초의 싹과 같은 손자들도 있어서, 생김새가 빼어나며, 후사(後事)를 맡겨도 법도(法度)를 잃지 않을 것이니, 어둡고 어둔 땅속에서도 거의 유감(遺憾)이 없으실 것입니

64 『周易』 无妄卦 九五의 爻辭에 "九五는 잘못이 없는 병이니, 약을 쓰지 않아도 나을 것[九五 无妄之疾 勿藥有喜]"이라 하였다.

다. 말은 뜻을 다 표현하기에 부족하고, 글도 감정을 다 표현하기에 부족합니다. 한잔 술로 영결(永訣)을 고하면서 강물처럼 눈물을 흘립니다. 아, 애통합니다. 아 애통합니다.

3

부록(附錄)

1) 〈정명록(正明錄) 뒤에 쓰다〉[1]

이 기록은 곧 성암(醒菴) 이공(李公)의 척화(斥和) 장서(長書)이다. 공은 바른 학문과 곧은 기개, 충성스런 울분과 위대한 절의가 '바다에 뛰어들어 죽겠다'[2]는 각오처럼 늠름하여 빼앗을 수 없는 뜻이 있었다. 공은 하늘과 땅이 뒤바뀌고 사람과 짐승의 구별이 없어진 시기를 살면서, 오히려 무너진 풍속을 가다듬고, 사람들의 마음과 눈을 용솟음치게 했다. 무릇 세상의 법도를 밝히고자 도운 것이 어찌 얕고 적다고 하겠는가?

---

1 『醒菴集』 卷7 頁36~37, 〈正明錄後敍〉. 이 글은 성암의 처남 畊芸이 '醒菴의 斥和 長書'를 모아 『正明錄』이라고 이름을 붙이고, 그 뒤에 붙인 발문이다. 경운은 "단약 충성스럽고 정의로운 여러 사람들로 하여금 칼을 어루만지며 이 책을 읽게 한다면, 또한 마땅히 그 氣節을 백배나 증진시킬 수 있을 것"이라는 기대에서 『正明錄』을 엮었던 것이다.

2 戰國時代 齊나라의 魯仲連이 '秦나라가 皇帝를 자처하는 꼴을 보기보다는 차라리 東海에 뛰어들어 죽겠다'고 말한 고사가 있다.

어떤 사람은 "공의 기절(氣節)이 높고 훌륭함은 숭상할 만한 것이나, 선비가 자중(自重)하는 도리는 아닌 것 같다." 고 했는데, 이는 성암을 깊이 알지 못한 것이다. 무릇 절의와 학문은 애초에 둘이 아니니니, 절의는 다만 학문 가운데의 한 일이다. 진실로 그 근본이 없으면 어찌 능히 이를 판별할 수 있겠는가?

공은 배움이 깊고 지식이 높아 평일의 논의가 항상 여럿 가운데 으뜸이었으며, 어지러운 시대를 개탄하며 삼대(三代, 夏 · 殷 · 周)를 만회하고자 하는 뜻이 있었다. 그러나 어지러운 세상에 태어나 개 · 돼지가 국정(國政)을 담당하고 모기와 도깨비가 세상을 뒤흔드는 꼴을 보고서는 스스로 암혈(巖穴)에 숨어 남들이 알아주기를 바라지 않았고, 경전을 읽으며 스스로를 깨끗이 할 뿐이었다. 불행하게도 사나운 왜구(倭寇)의 침략을 만나 감옥에 잡혀갔으나, 비분강개하여 저항하는 논리를 펴면서 조금도 꺾이지 않았다. 그때 성암은 "중화(中華)와 오랑캐의 구분은 군 · 신(君臣)의 의리보다 엄격하다" 고 했거니와, 이는 참으로 영원토록 바뀔 수 없는 논법이니, 학문의 힘을 또한 속일 수 없겠다. 이에 나는 당시에 성암이 쓴 약간의 글들을 모아 선 · 후(先後)의 순서대로 편집하고 『정명록(正明錄)』이라 이름을 붙였는데, 이는 동중서(董仲舒)의 "그 의리를 바로잡을 뿐 그 이익을 도모하지 않고, 그 도(道)를 밝힐 뿐 그 공(功)을 계산하지 않는다[正其義不謀其利 明其道不計其功]" 는 말에서 취한 것이다. 오호라. 만약 충성스럽고 정의로운 여러 사람들로 하여금 칼을 어루만지며 이 책을 읽게 한다면, 또한 마땅히 그 기절(氣節)을 백배나 증진시킬 수 있을 것이다. 나는 그런 사람이 못됨을 부끄러워하며, 유주(儒州)의 유병위(柳秉蔚)가 삼가 쓰다.

2) 〈성암 선생의 묘소에 고하는 글〉[3]

우리 숙부(叔父) 성암(醒菴) 선생께서 돌아가신 뒤 27년이 지난 을유년(乙酉年, 1945) 가을 7월, 왜적들이 서양에 항복하였고, 우리나라에 주둔하던 자들도 모두 돌아갔습니다. 이에 저 원수들은 궁박(窮迫)함을 고하고, 우리는 옛 강토를 되찾았습니다. 그리하여 이해 10월 무인삭(戊寅朔)에 종자(從子) 규헌(圭憲)은 간략하게 주찬(酒饌)을 갖추어 감히 선생의 묘소에 다음과 같이 밝게 고합니다.

국가의 흥망은 큰 운수(運數)와 관계된 것입니다. 선생의 대의(大義)는 하늘의 해와 같았습니다. 지난 경술년(庚戌年)에 왜적이 우리나라를 빼앗았으니, 발이 도리어 머리 위에 있어서, 사람의 도리가 소멸되었습니다. 이에 선생께서는 민적(民籍)에 가입하지 않고, 몇 번이나 그 처벌을 받았습니다. 일본 정부에 편지를 보내 통렬하게 배척하여, 세 번이나 옥에 갇혔습니다. 고난과 위험을 수없이 겪어도, 10년 동안 의리로 항거하여, 의지(意志)와 절개(節介)는 더욱 견고해졌습니다. 백성의 떳떳한 도리와 사물의 마땅한 법칙, 예의(禮義)와 강상(綱常)을 한손으로 붙잡으셨으니, 홀로 우뚝 신령하게 빛났습니다. 하늘이 사문(斯文)을 버리시고, 대들보를 꺾으심에, 한 권의 『춘추(春秋)』를 읽을 곳이 없었습니다. 오랑캐의 운수가 세상을 바꾸니, 사람들은 이미 그에 빠져, 재앙이 맹수보다 심하였고, 마침내는 사람들이 서로 잡아먹게 되었습니다. 왜적들의 형세가 더욱 교만해져, 남몰래 함정을 설치하여 온 천하를 공격하고, 백성을 초개(草芥)처럼 여겼습니다. 슬프게도 우리 백성들은 머리를 나란히

---

3 『醒菴集』 卷8 頁54~56, 〈告墓文〉. 이 글은 醒菴의 조카 圭憲이 지은 것으로, 1945년 光復 후에 그동안의 사연을 적어 醒菴의 墓所에 고하는 내용이다.

하여 죽을 곳으로 끌려갔습니다. 물건과 사람이 소진(消盡)됨에, 인종(人種)을 바꾸는 일이 비로소 끝났습니다.[4]

악(惡)이 쌓이면 반드시 죽임을 당하니, 하늘이 마음을 돌이켰습니다. 슬프게도 저 흉악한 무리들은 마침내 기(氣)가 꺾여, 여러 나라와 원수를 맺고 스스로 멸망을 재촉했습니다. 여러 나라들이 각자 자기의 강토(疆土)를 지키자고 선언하니, 그리하여 우리나라도 삼천리 강토를 되찾을 수 있었습니다. 통쾌하도다! 이 일이여. 너무 기뻐서, 눈과 귀를 의심케 합니다. 선생께서는 달관(達觀)하시어, 이러한 사태를 이미 말씀하셨습니다.[5] 어찌 다른 것이 있었겠습니까? 이치를 꿰뚫어 본 것일 따름입니다.

그 말씀은 정연(整然)하였고, 그 의리는 열렬(烈烈)하였습니다. 그러나 선생의 뜻은 절개(節介)에 있지 않았습니다. 대개 잘못된 것과 바른 것을 분별하고, 중화(中華)와 오랑캐를 분별하여, 백성을 사랑하고 만물을 아끼려는 것이었습니다. 가까운 데로부터 미루어나가 예양(禮讓)하는 풍속을 이루면, 무기와 갑옷을 쓰지 않을 수 있는 것입니다.[6] 만약 가슴속 포부(抱負)를 펼 수 있었다면 베푸는 데도 방도가 있었을 것입니다만, 공언(空言)이 무슨 보탬이 되겠으며, 세도(世道)를 어찌하겠습니까? 이것과 저것을 헤아려보면 '밑둥치는 네모진데 뚜껑은 둥근 것' 과 같지만,[7] 지

4 '人種을 바꾸는 일' 이란 조선 사람이 사는 땅을 일본 사람이 사는 땅으로 바꾸려는 '日帝의 植民政策' 을 말한다.

5 성암이 己酉年(1909) 8월에 쓴 〈致日國政府書〉에서는 당시 일본의 침략적 행태를 비판하면서, 이는 결국 일본이 스스로 패망을 재촉하는 길이라고 깨우친 바 있다.

6 이는 성암이 己酉年(1909) 10월에 쓴 〈再致日國政府書〉에 보이는 내용으로, 성암의 지론이었다.

7 성암은 〈일본인 片綱鳥殿에게 보내는 편지[致日人片綱鳥殿書]〉에서 "나는 비록 어리

금 세속(世俗)에서 숭상하는 것은 날마다 어둠 속에 빠져드는 것입니다.[8] 문(文)이 여기에 있지 않습니까?[9] 그런데 누가 그 위대함을 알아봅니까?

오호라. 선생은 타고난 자품이 매우 높았고, 이치와 의리를 생각하고 분변함에 매우 자세하게 분석하셨습니다. 선생의 학문은 연원(淵源)이 순수하고 정대(正大)했습니다. 선조(先祖) 문헌공(文憲公, 草廬)께서는 도(道)가 완전하고 덕(德)이 성대하셨는데, 당시의 일[丙子胡亂]에 비분강개하여 효종(孝宗)의 북벌대계(北伐大計)를 돕고자 하셨습니다. 안으로 국정(國政)을 닦고 밖으로 오랑캐를 물리치고자, 만언봉사(萬言封事)로 경세제민(經世濟民)의 방책을 제시하셨습니다. 와신상담(臥薪嘗膽)의 의지가 간절하시고, 『춘추(春秋)』의 의리가 정밀하심에, 사람들의 마음이 이로써 바르게 되고 하늘의 이치가 이로써 밝혀지게 되었습니다.

아름답도다! 성암 선생이시여. 선조의 뜻을 잘 계승하고, 선조의 사업을 잘 발전시키셨습니다. 경(敬)과 의(義)를 함께 지니시고, 조용하고도 정밀하셨으니, 이로써 인도(人道)가 추락하지 않고, 이로써 법도(法度)가 상실되지 않았습니다. 선조께는 영광이 있게 되고, 자손들에게는 오래

석지만, 평생토록 배우고 즐거워한 것은 王道와 範我馳驅이다. 그런데 지금 세속에서 숭상하고 익히는 것은 모두 말만 번지르르한 것으로서 詭遇를 섞은 것이다. 내가 배운 것으로 오늘날 세상이 숭상하는 바를 헤아려보면 '밑둥치는 네모진데 뚜껑은 둥근 것' 과 같다." 고 말한 바 있다.

8 성암이 추구한 것과 오늘날 세상이 추구하는 것은 서로 어긋나는데, 성암이 추구한 것은 光明의 길이요, 오늘날 사람들이 추구하는 것은 暗黑의 길이라는 뜻임.

9 孔子가 匡 지역의 사람들에게 포위를 당한 일이 있었다. 이때 공자는 "文王이 이미 돌아가셨으니, 文이 나에게 있지 않느냐? 하늘이 장차 이 文[斯文]을 없애려고 하신다면 뒤에 죽을 내가 이 文에 참여하지 못할 것이거니와, 하늘이 이 文을 없어려고 하지 않으시니, 匡 땅 사람들이 나를 어찌하겠는가?" 라고 말씀한 바 있다(『論語』 子罕 제5장 : 子畏於匡 曰 文王旣沒 文不在玆乎 天之將喪斯文也 後死者不得與於斯文也 天之未喪斯文也 匡人其如予何).

도록 향기를 남겼습니다.

소자(小子) 형제는 선생께 남다른 은혜를 입고 교육을 받았습니다만,[10] 선생께서 돌아가신 뒤로는 다시 더욱 위축되었습니다. 세월이 쌓임에 따라 온갖 변고를 겪고, 신체(身體)와 발부(髮膚)도 위태롭게 됨에, 물고기처럼 놀라고 이리처럼 뒤돌아보았습니다. 한배에 탄 사람이 모두 적(敵)이었으니, 재앙의 기색이 매우 가팔랐습니다. 열 번 넘어지고 아홉 번 쓰러지며, 만 번이나 죽을 고비를 넘겨 겨우 살아났습니다. 이제 다행히 죽음을 면했으니, 천지신명(天地神明)의 도움이 있었던 것 같습니다.

다만 한스러운 것은, 이 나라가 예전처럼 여전히 문란(紊亂)한 것입니다. 참된 사람이 국가의 운명을 통제한다는 말을 듣지 못했으니, 마침내 어찌 되겠습니까? 근심스러운 마음은 병(病)이 되려고 합니다. 그러나 하늘이 조짐을 보여주셨으니, 어찌 한번 다스려짐이 없겠습니까?[11] 진(秦)나라가 망하고 한(漢)나라가 홍함에도 저절로 그때가 있었습니다. 엎드려 생각건대, 선생께서는 신령하시어 거의 지각(知覺)이 있으실 것입니다. 산하(山河) 같은 선생의 기개(氣概)는 우리나라에 웅장했던바,[12] 지금은 하늘의 별이 되어 먼 곳과 가까운 곳을 두루 비추고 계십니다. 천운(天運)을 돌이켜 상서(祥瑞)를 발하게 하여, 중화(中華)의 맥이 이로써 편안해지고, 사방의 오랑캐들이 모두 그 형적(形跡)을 숨기게 된 다음에

---

10 '小子 형제'는 이 글을 쓴 '圭憲'과 그 아우 '圭卨'을 말한다.

11 孟子는 '한번 혼란을 겪으면, 한번 다스려지게 마련'이라는 一治一亂論을 피력한 바 있다(『孟子』 滕文公下 제9장 참조).

12 宋나라의 재상을 지낸 趙鼎은 죽기 전에 자신의 銘旌에 "一身은 箕星·尾星을 타고 天上으로 돌아갔으나, 山河 같은 그 氣概 本朝에 웅장했네[身騎箕尾歸天上 氣作山河壯本朝]"라고 썼다고 한다.

야, 선생의 뜻과 소원을 이룰 수 있을 것입니다.

저의 선군(先君)을 생각하면, 선생과 뜻을 같이하고 한집에 사셨습니다. 이곳저곳 떠돌며, 늙으셔서는 세상을 근심하셨는데, 근심을 풀지 못하시고 문득 돌아가시니, 이제 겨우 1년이 지났습니다.[13] 시절의 일이 이와 같으니, 소자(小子)는 오늘 마음이 어떻겠습니까? 전·후(前後) 두 차례의 장례(葬禮)를 고향에서 치렀는데, 같은 국(局)의 남쪽과 북쪽에 있어서, 지척에서 서로 바라보고 있습니다. 생각건대 황천(黃泉)에서 서로 만나, 인간 세상에 계실 때처럼 함께 즐거워하시며, 서로 위로하고 서로 지켜주어, 재앙도 없고 어려운 일도 없겠지요. 이로써 우리 후손들에게도 넉넉히 감싸주시고 덮어주시기 바랍니다. 그동안의 사연을 적어 감히 고하나니, 슬피 사모하는 마음 새롭기만 합니다.

3) 〈성암집 발문〉[14]

우리 종숙부(從叔父) 성암(醒菴) 선생은 종정간기(鍾精間氣)[15]의 자품(資稟)으로 도(道)가 온전했고 학문은 깊으셨으니, 덕행(德行)과 명망(名望)이 고을과 나라의 표준이 되시고, 사림(士林)들의 긍식(矜式)이 되셨다. 그런데 마침 좋지 못한 시절을 만났으니, 오랑캐의 재앙이 뜨거워지고 종묘사직이 추락하며, 중화(中華)의 맥이 끊어지고 강상(綱常)이 무너지는 때였다.

13 '저의 先君'은 醒菴의 從兄 晦榮을 지칭하는데, 晦榮은 光復 1년 전에 別世했다.

14 『醒菴集』〈跋文〉. 이 글은 醒菴의 從姪 圭禹이 지은 것이다.

15 鍾精間氣 : 精氣가 모인, 세상에 드문 氣稟.

선생은 『춘추(春秋)』의 존화양이(尊華攘夷)의 의리를 지켜, 편지글로 원수인 오랑캐를 배척하고, 한손으로 성난 물줄기를 돌이키고자, 10년 동안 의리로 항거하시어, 험난하거나 평탄하거나 한결같으셨다. 마침내 저 오랑캐들의 간담을 서늘하게 하였고, 인륜의 기강을 세워놓으셨으니, 선생의 학문과 절개는 거의 해와 달처럼 빛나며, 구비(口碑)[16]의 칭송도 저절로 끊이지 않을 것이다.

다만 한스러운 것은, 선생은 암혈(巖穴)에 숨어 살며 벼슬하지 않은 선비로서, 이미 때를 만나지도 못했고 또한 수를 누리지도 못하여, 평소에 품고 있던 포부의 만분의 일도 펴지 못하셨다는 점이다. 그 뒤로 세상의 변화는 헤아리기 어렵고, 세월이 침범하여, 해타성주(咳唾成珠)[17]처럼 훌륭한 문장들이 상자 속에 묻힌 지가 이미 40여 년이 지났다. 이에 가형(家兄) 및 종군(從君) 규룡(圭龍)과 상의하여, 이 책을 출간하기로 계획을 세웠다.

무릇 이 책이 출간되거나 말거나, 선생께는 진실로 보탬이 되거나 손해가 될 것이 없다. 그러나 사도(斯道)에 관계됨과 후학(後學)을 일으킴이 진실로 매우 큰바, 또한 어찌 차마 좀이 슬도록 내버려 두고 이 세상에 공개하지 않을 수 있겠는가? 오호라. 이 책을 잘 읽는 사람이 진실로 보고 느끼어 얻은 바가 있다면, 어찌 세교(世敎)에 조금 보탬이 된다고 하겠는가?

돌이켜보니, 나는 어릴 때 성암 선생께 친히 가르침을 받았으나, 끝내 이룬 바가 없이 어느덧 늙었으니, 갱장(羹墻)과 강한(江漢)의 생각이

16 口碑 : 비석에 새긴 것처럼 오래도록 전해지는 말.

17 咳唾成珠 : '내뱉는 침이 저절로 구슬이 된다' 는 말로, 자연스럽게 입에서 나오는 말이 그대로 珠玉같은 문장이 된다는 뜻.

드는 것을 금할 수 없다.[18] 이에 마음속으로 느낀 바를 위와 같이 삼가 기록하여 권말(卷末)에 붙이는 바이다.

신축년(辛丑年, 1961) 8월, 종질(從姪) 규설(圭卨)은 삼가 쓰다.

4) 〈성암집 발문〉[19]

동방의 도학(道學)은 그 유래가 오래되었는데, 참된 선비가 잇달아 등장하여 도학을 천명(闡明)하였다. 신주(神州)가 가라앉았는데도[20] 오히려 동쪽의 한 모퉁이를 깨끗하게 보존할 수 있었던 것은 이 도학이 있었기 때문이다. 바다 건너 오랑캐가 이 땅을 훔쳐 점거하여 종사(宗社)가 폐허가 됨에 이르러서는 삼강(三綱)이 끊어지고 구법(九法)이 무너졌다. 이때 우리 선군자(先君子) 성암(醒菴) 부군께서는 산림의 벼슬하지 않은 선비로서 『춘추(春秋)』의 의리를 지키고 강상(綱常)을 붙잡아, 하늘의 이치와 백성의 떳떳한 도리가 땅에 떨어지지 않게 하셨으니, 그 세도(世道)를 도운 바가 매우 크다고 하겠다.

그 평소에 말씀으로 도(道)를 밝히고 몸을 던져 의리로 항거하신 것이 편지와 문서 등에 드러나 있는데, 상자 속에 보관한 지 이미 오래되었어

18 '羹墻'은 '堯가 죽은 뒤에, 舜이 담장[墻]을 대해도 堯의 모습이 보이고, 국[羹]을 대해도 堯의 모습이 보였다'는 고사에서 나온 말로, '늘 先人을 사모하는 마음'을 말한다. '江漢'은 '孔子의 도덕이 揚子江이나 漢水의 맑은 물로 빨아 가을볕에 말린 것처럼 더 할 수 없이 희다(江漢以濯之 秋陽以暴之 皜皜乎不可尙已)'는 말에서 나온 것으로, '스승에 대한 존경과 그리움'을 말한다.

19 『醒菴集』〈跋文〉. 이 글은 醒菴의 系子 圭龍이 지은 것이다.

20 조선시대의 儒學者들은 中華의 明나라가 오랑캐 淸나라에 멸망한 것을 '神州가 가라앉았다[神州陸沈]'고 표현했다.

도 이를 간행할 날을 기약할 수 없었다. 게다가 나는 거칠고 어리석어 진실로 우리 집안의 명성을 계승하기에 부족하니, 그 글들과 다른 유편(遺編)들도 모두 그냥 없어지지 않을까 두려웠다. 이에 감히 종중(宗中) 및 문하(門下)의 선비 몇몇 사람들과 의논하여, 드디어 본고(本稿)와 부록(附錄)을 4권의 책으로 모아 인쇄를 맡기게 되었다. 다만 능력이 부족하고 처지가 열악한 까닭에 책을 널리 배포하지 못하는 것이 한스러울 뿐이다.

오호라. 이 책을 읽는 사람이 그 말씀을 바탕으로 그 행실을 탐구하고, 그 사적(事跡)을 보고 그 마음을 따라가 본다면 우리 부군께서 강명(講明)하고 지키신 바는 진실로 까닭이 있는 것으로서, 다가올 세상에 장차 할 말이 있을 것임을 거의 알 수 있을 것이다. 인쇄가 이미 끝난 다음에 한두 가지의 일을 간략히 서술하여, 이처럼 권말(卷末)에 기록하는 바이다.

신축년(辛丑年, 1961) 8월 상순, 불초(不肖)한 고자(孤子) 규룡(圭龍)은 피눈물을 흘리며 삼가 쓰다.

5) 〈숭의사(崇義祠) 건립을 위한 통문(通文)〉[21]

아래에 삼가 통고하는 바는 본군(本郡)의 고(故) 성암(醒菴) 이선생(李先

21 이 통문은 1968년 公州鄕校에서 醒菴을 봉향하는 祠宇 '崇義祠'를 건립할 것을 결의하고, 각지의 鄕校와 書院에 이 사실을 알리고 협조를 요청한 글이다. 益山鄕校, 高山鄕校, 務安鄕校, 高山 栢峴祠, 扶餘鄕校, 榮州鄕校, 鴻山鄕校, 錦山鄕校, 保寧鄕校, 瑞山鄕校, 鎭川鄕校, 燕岐鄕校, 定山鄕校, 韓山鄕校, 茂朱鄕校, 遯巖書院, 筆巖書院, 長城鄕校 등에서 答通을 보내 호응하였다. 崇義祠는 1969년에 착공하여, 1971년에 준공

生)을 기리고 존숭하는 사당을 세우기 위한 것입니다. 무릇 도(道)의 큰 근원이 하늘에서 나와, 성현의 가르침에 갖추어져 있으니, 그 가르침은 인륜(人倫)과 강상(綱常)을 위한 것입니다. 인륜은 충효(忠孝)보다 큰 것이 없으니, 학문(學問)과 절의(節義)는 바로 이 도리를 실천하기 위한 것입니다. 그러므로 이것을 실천한 사람이 있으면, 고을에서 추천하여 나라에서 기리고, 그의 집에 표시하고 서원(書院)과 사당(祠堂)에서 제사 지내는 것은 유래가 오래된 것입니다.

공손히 생각하옵건대, 선생의 휘(諱)는 철영(喆榮)으로서, 경주인(慶州人)이며, 문헌공(文憲公) 초려선생(草廬先生)의 9세손입니다. 용모는 크고 자질은 순수했으며, 학문은 깊고 식견은 넓었습니다. 특히 성리학(性理學)에 정밀하여 풍성하게 덕을 함양하고, 세상 사람들에게 알려져 영달하기를 구하지 않았습니다.

오직 세도(世道)가 날로 그릇됨을 걱정하여, 을사년(乙巳年, 1905)에 왜적이 늑약(勒約)을 강요하자, 종국(宗國)이 뒤집힘을 원통하게 여기고, 왜적의 음모에 분개하여 적개심을 품고 의병(義兵)을 일으키려 하였으나, 힘이 모자라 성공하지 못했습니다. 기유년(己酉年, 1909)에 왜적이 국적(國籍)에 강제로 편입시키려고 하자, 선생은 가입하지 않을 것을 맹세하고, 편지를 써서 왜국 정부에 보내 그들의 죄를 일일이 따졌습니다. 선생은 마침 그때 부여에 살고 계셨기 때문에 부여 주재소(駐在所)에 주재하는 왜경에게 편지를 보냈는데, 왜경은 이로 인해 선성을 홍산경찰서로 압송했습니다. 홍산경찰서장이 선생을 차가운 방에 가두고는 편지를 보낸 의도를 힐책하자, 선생은 그들의 침학무도(侵虐無道)함을 직언했

되었다.

습니다. 저들이 크게 노하여 칼을 뽑아 찌르려고 하자, 선생은 "내가 말하는 것은 만고(萬古)의 대의(大義)요, 너희가 믿는 것은 한 조각의 칼날이다. 너희는 내 몸을 죽이는 것에 불과하니, 어찌 능히 나의 의리를 빼앗을 수 있겠는가?"라고 말했습니다. 그 뒤에 저들이 다시 불러다가 강제로 호적에 편입시키려고 하자, 선생이 "차라리 죽어서 조선의 귀신이 될지언정, 살아서 일본의 백성이 되지는 않겠다."고 꾸짖으니, 저들은 선생을 맹타(猛打)한 다음 내쫓았습니다. 그 뒤로 저들은 선생의 동정(動靜)을 수시로 정탐하여, 5일마다 한 번씩 정탐하는 것을 준례로 삼았습니다.

경술년(庚戌年, 1910)에 나라가 망한 뒤로, 선생이 원수의 정부에서 나온 모든 정령(政令)을 한결같이 거부하자, 저들의 악랄함이 더욱 혹독해지고 패악도 날로 심해졌습니다. 갑인년(甲寅年, 1914)에는 70여 일 동안 옥에 갇혔고, 무오년(戊午年, 1918)에도 또 체포되어 끌려갔습니다. 앞뒤로 왜적 대대장 및 공주 경무부장의 온갖 고문과 위협을 받았지만, 선생은 모두 준엄한 말씀으로 물리쳤으니, 항상 웅장한 절벽이 서 있는 것과 같은 형세였습니다.

10년 동안 왜적과 항쟁하며 세 번이나 옥에 갇히어 사납고 표독한 저들의 소굴에서 온갖 고초를 다 겪으면서, 한결같은 절개로 시종하여, 의리는 준엄하고 말씀은 정대(正大)했습니다. 비록 옥중(獄中)이더라도 변함없이 의관(衣冠)을 정제하고 계시니, 저들이 감히 손찌검을 못 했습니다. 그리하여 마침내 편안하게 고종명(考終命)을 할 수 있었던 것입니다. 유집(遺集) 4책이 간행된 바 있습니다.

오호라. 선생은 빼어난 재주에 통달한 지혜를 갖추고 어지러운 세상을 만나 대절(大節)을 세우고 강상(綱常)을 붙잡았으니, '사문(斯文)의 종장(宗匠)' 이요 '백세(百世)의 표준(表準)' 이라 할 수 있습니다. 선생께서 돌아가신 지 이미 오래되었습니다. 선생의 실제 행적이 『기려수필(騎驢隨筆)』[22] 등의 국사(國史) 책에 밝게 실려 있는데도, 오히려 고을에서는 선생을 존봉(尊奉)하자는 사론(士論)이 없었으니, 이 어찌 '유림의 수치' 가 아니겠습니까? 그리하여 중론(衆論)이 일제히 일어난 것입니다. 이에 감히 통문(通文)을 띄워 여러 군자들께 통고하는 바입니다. 동성(同聲)으로 서로 호응하고, 힘을 합쳐 서로 도와, 풍속(風俗)을 확립하고 도(道)를 지키는 바탕이 될 수 있게 해주신다면, 천만 다행이겠습니다.

檀紀 4301年 戊申 3月　日

忠淸南道 公州鄕校

22 『騎驢隨筆』은 宋相燾가 대한제국 말기부터 광복까지 애국지사들의 사적을 기록한 책임.

맺는말

1

성암의 행적(行蹟)은 세 계열로 나누어 볼 수 있다. 첫째는 쇠락한 '가문(家門)의 전통'을 계승하는 일이었고, 둘째는 내우외환에 맞서 '국가(國家)의 주권'을 수호하고 회복하는 일이었으며, 셋째는 개화(開化)의 바람에 맞서 '유교적 문물'을 지키는 일이었다.

첫째, 성암은 가문(家門)의 일원으로서, 선조 초려(草廬)의 유업(遺業)을 계승하고, 초려에 대한 무함을 해명하는 일에 심혈을 기울였다. 초려의 저술 『사서답문(四書答問)』을 교정하여 발간하고, 초려에 대한 무함을 해명하는 저술 『문산문답(文山問答)』을 교정하는 데 힘쓴 것이 그 예이다. 성암은 또한 송의섭(宋毅燮) 등 주변 사람들에게도 초려의 행적을 올바로 알려, 초려에 대한 공정한 평가를 촉구하였다.

성암은 철도가 선영(先塋) 침범하는 것을 막아내기도 했다. 이 일에 대해서는 오늘날의 관점에서는 '가문 이기주의'가 아닌가 하는 의문을 품을 수도 있겠다. 그러나 당시의 관점에서는 그 정당성에 추호도 의문을 제기할 수 없는 것이었다. 우선, 당시 유교사회에서 '선영을 수호한다'는 것은 누구나 쉽게 수긍할 수 있는, 명분이 충분한 일이었다. 한편, 선조 초려는 이름 높은 선비였기 때문에, 지역의 유림들도 '선현의 묘역을 훼손하면 안 된다'는 공론을 조성하여, 그에 협력했던 것이다. 더군다나 성암은 당시 철도가 결국 일제가 우리나라를 침략하는 수단이었다는 점을 꿰뚫어보고, 그에 협력할 수 없다는 뜻을 더욱 굳힌 것이다. 성암이 당시 지은 시를 다시 소개한다.

鐵道云何路　철도는 어떤 길인가
島夷乘隙路　섬나라 오랑캐가 틈을 노리는 길이네.
人行我不行　사람들은 타고 다녀도 나는 타지 않으리
滅虢非他路　괵나라를 멸망시킨 것은 다른 길이 아니었네.[1]

만약 철도의 선영 침범을 막은 것이 가문 이기주의의 소산이었다면, 성암은 그 뒤로도 가문의 이익을 지키기 위해 노력했을 것이다. 그러나 성암은 "**사가(私家)는 국가(國家)와 휴척(休戚)을 같이해야 한다**"[2]는 입장에서, 기울어가는 국가를 붙들고자 가문의 이익을 기꺼이 포기했다. 일제가 강요하는 민적(民籍) 가입을 거부하여 조선의 백성으로 남그자 하고, 일제가 시행하는 토지측량을 거부하여 가문의 토지를 몰수당하는 일을 기꺼이 감내한 것 등이 그 예이다.

성암 당시 종가(宗家)는 말로 표현할 수 없을 만큼 쇠락하였고, 더군다나 과부(寡婦)들만 가득한 형편이었다. 이러한 상황에서 성암은 새로 입후(立后)한 종형(從兄) 회영(晦榮)과 함께 종가를 부지하고자 진력했다. 종형은 종가의 살림을 맡은 뒤로는 성암에게 학업을 권하였다. 성암이 자

---

1 『醒菴集』 卷1 頁1, 〈甲辰以鐵路犯道山先壟事入京道中口號〉.

2 『醒菴集』 卷1 頁11, 〈先壟見奪〉.

겸와(自慊窩)의 문하에서 학업을 성취하자, 종형은 두 아들 규헌(圭憲)과 규설(圭卨)을 성암에게 맡겨 가르치도록 했다. 성암은 이제 한 집안의 스승이기도 했던 것이다. 종형은 성암을 추모하는 제문(祭文)에서 다음과 같이 말한 바 있다.

> 우리 집안은 가도(家道)가 무너지고 막혀, 선조(先祖)께서 남기신 실마리가 장차 거의 추락할 뻔했는데, 다행히도 그대가 태어나 우리 집안의 명성을 이었으니, 집안사람들이 그대에게 기대하고 소망하며 그대에게 의지하고 우러른 것이 과연 어떠했겠는가? 그런데 지금 홀연히 세상을 버렸으니, 이제부터는 서두르지 못한 선조의 사업은 다시 뉘와 함께 이어나갈 것이며, 집안의 어린 아이들은 다시 누구를 힘입어 사람으로 만들 것인가?[3]

위의 제문에서 서술한 것처럼, 성암은 거의 추락할 뻔한 가문을 구해냈다. 그런데 성암이 53세의 많지 않은 나이로 홀연히 세상을 버리자, 종형은 "그대는 내게 진실로 어진 아우[賢弟]요, 두려운 벗[畏友]이었노라."[4]고 칭송하며, 슬퍼했던 것이다.

둘째, 성암은 한 사람의 국민으로서, 내우외환에 맞서 '국가(國家)의 주권'을 수호하고 회복하는 일에 진력했다. 을사늑약을 즈음하여 의병항쟁을 꾀한 일, '일본 정부를 비판하고 깨우치는 글'을 보낸 일, 민적(民籍) 편입을 끝내 거부한 일, 토지 측량과 묘적(墓籍) 등록을 반대한 일 등이 그 예이다. 성암은 을사늑약 이후 의병항쟁을 꾀했으나, 끝내 거병(擧兵)하지는 못했다. 당시 39세의 이름 없는 시골 선비가 의병을 모은다

---

3 『醒菴集』 卷8 頁42, 〈祭文〉.

4 『醒菴集』 卷8 頁42, 〈祭文〉.

는 것은 말처럼 쉽지 않았던 것이다. 1909년 일제가 민적 편입을 강요하자, 성암은 '왜적의 호적(戶籍)에 편입하여 삶을 도모할 수는 없다' 는 뜻에서 이를 거부하고, 마침내 '일본 정부를 비판하고 깨우치는 편지' 를 보냈다. 이후 작고할 때까지 10년간 성암은 수차례의 옥고를 치르면서 **"차라리 죽어서 조선(朝鮮)의 귀신이 될지언정 살아서 일본(日本)의 백성이 되지는 않겠다"**[5]는 뜻을 확고하게 지켰다.

생각해보면, 성암은 오랜 세월 부패한 세도정치로 인해 나라가 껍데기밖에 남지 않았던 1867년에 태어났다. 나쁘게 말하자면 당시 국가는 백성의 고혈(膏血)을 짜내는 타락한 착취기구에 불과했다. 그럼에도 불구하고 성암은 국가에 대한 무조건적인 충성심을 보여주었다. 성암은 1909년에 쓴 〈일본인 片綱鳥殿에게 보내는 편지〉에서 다음과 같이 말한 바 있다.

> 나는 비록 초야의 선비이나, 바로 대부(大夫)의 후예이다. 나의 조상이 이씨조선(李氏朝鮮)의 국은(國恩)을 입은 것이 이미 무겁고, 나 또한 40여 년 동안 우로지택(雨露之澤)을 입은 것이 또한 깊으니, 아! 비록 죽더라도 어찌 내 부모의 나라를 차마 잊을 수 있겠는가?[6]

위에 보이듯이, 성암의 충성심은 두 가지에서 연원하였다. 첫째는 조상이 많은 국은(國恩)을 입었다는 것이다. 이는 선조 초려가 현종조(顯宗朝)에 특히 융숭한 예우(禮遇)를 받은 것을 말한다. 둘째는 자신이 40여 년 동안 우로지택(雨露之澤)을 입었다는 것이다. 여기서 주목할 것은 '우

5 『醒菴集』 卷7 頁12, 〈己酉日記〉 9月 7日條.

6 『醒菴集』 卷7 頁7, 〈致日人片綱鳥殿書〉.

로지택' 이라는 말이다. '우로지택' 은 국왕의 은택이 비와 이슬처럼 널리 베풀어졌다고 칭송하는 말이다. 그런데 그 '은택' 이란 달리 보면 '비와 이슬' 에 불과한 것으로서, 이는 자연적 혜택이다. 요컨대 성암은 자신이 이 나라에 살고 있다는 것 자체를 감사하고, 그에 보답해야 한다는 마음을 품고 있었다.[7]

성암의 항일 투쟁에서 주목할 것은, 성암이 왜적들을 상대하면서 항상 정정당당함을 잃지 않았다는 것이다. 다시 말해, 성암은 왜적에 대한 적개심을 마음속에 가득 품고 있었으면서도 왜적들을 비루한 말로 욕하지 않고, 올바른 도리로 비판하고 깨우쳤다. 예컨대 성암은 〈일본 정부에 보내는 편지〉에서 다음과 같이 말했다.

> 예로부터 그 나라를 영원히 보전하려는 사람은 모두 인민(人民)을 중요하게 여기고 영토(領土)를 가볍게 여겼다. 그런데 지금의 일본은 영토를 넓히고자 그 백성을 문드러지게 하면서 그칠 줄을 모르니, 누가 이것을 '보국안민(輔國安民)의 도리' 라 하겠는가? 이는 참으로 이른바 '습기(濕氣)를 싫어하면서도 하류에 사는 것이요, 죽기를 싫어하면서도 악행을 일삼는 것' 이다. 『서경(書經)』에 "하늘이 내린 재앙은 오히려 피할 수 있지만, 스스로 지은 재앙은 면할 수가 없다"고 했다. 앞에서 말한 걸 · 주 · 진시황 · 항우와

7 이는 성암의 〈歎民心七首〉(『醒菴集』 卷1 頁2) 가운데 제6수와 제7수를 통해 분명히 알 수 있다. 제6수에서는 "비록 '나를 사랑하지 않는다' 고 해도, 비와 이슬은 어찌 번성하게 하는가(縱云不我愛 雨露奈其滋)" 라고 했으며, 제7수에서는 "가정과 국가는 서로 의지하나니, 국가가 꺾이면 너희 집도 없는 법(家國相依立 國摧無汝家)" 이라 했다. 이를 풀이하면, 백성들은 '君王이 우리를 사랑하지 않는다' 고 푸념하지만, '비와 이슬이 내리는 것 자체가 君王의 은혜라는 것' 이다. 그러므로 백성들은 국가와 운명을 같이 해야 한다는 것이다.

일본이 임진왜란에서 패망한 것은 모두 스스로 지은 재앙이니, 선인(先人)의 교훈을 외면할 수 있겠는가?

지금 오히려 침략을 멈출 수 있는 때를 당하여 '나의 춤은 이미 시작되었다' 고 말하지 말고, 급히 '전철(前轍)의 과오(過誤)' 를 시정하라. 진실로 신의(信義)를 지키고 항심(恒心)을 지녀, 조선과 일본이 각각 그 정사(政事)를 닦아 영원히 서로 편안하게 한다면, 이것이 어찌 우리 조선만의 다행이겠는가? 귀국(貴國) 또한 '배꼽을 깨무는 후회' 가 없게 될 것이다. 깊이 생각하고, 또 깊이 생각하라.[8]

왜적들은 성암을 여러 차례 옥에 가두고, 온갖 고문과 협박을 했다. 그래도 성암은 항상 정정당당하게 자신의 소신을 피력하고, 결코 굴복하지 않았다. 그러므로 왜적들도 결국 성암을 '일등대남자(一等大男子)' 라고 칭송하게 된 것이다. 성암의 지기(知己)였던 춘계(春溪) 송의섭(宋毅燮)은 성암을 추모하는 제문에서 다음과 같이 말한 바 있다.

불행한 때를 만나 큰 도적이 나라를 빼앗으니, 천지가 비록 너그럽다 하더라도 용서할 수 없었네. 왜적과는 한 하늘 아래 살 수 없었으니, 영원토록 반드시 보복해야 했네. 왜적에게 굴복하지 않겠다는 뜻을 품고 초야(草野)에 숨어 살다가, 왜적의 정부에 격서(檄書) 보내 섬기지 않겠다는 뜻을 밝혔네. 말이 준엄하고 의리가 정당했으니, 우리의 붉은 깃발 우뚝하게 세운 것이네. 오랑캐들은 법도(法道)가 없어, 공(公)을 잡아다가 구속했네. 온갖 방법으로 유혹하고 협박하여, 공(公)을 복종시키려 했으나 공(公)이 지킨 의리는 스스

8 『醒菴集』 卷7 頁3~4, 〈致日國政府書〉.

로 더욱 굳세어졌네. 왜적을 꾸짖기도 하고 왜적을 달래기도 했는데, 늠름하기가 추상(秋霜)같았네.[9]

셋째, 성암은 한 사람의 선비로서, 위정척사(衛正斥邪)와 존화양이(尊華攘夷)를 신념으로 삼아, 개화(開化)의 바람에 맞서 '유교적 강상(綱常)과 예의문물(禮義文物)'을 지키고자 했다. 성암이 갑오년의 동학(東學) 농민 봉기를 비판한 것은 동학을 사도(邪道)로 인식했기 때문이며, 향교나 서원의 신학(新學) 설치를 반대한 것도 역시 신학을 오랑캐의 것으로 보았기 때문이다. 또한 '대한제국의 칭제건원(稱帝建元)'을 반대한 것은 그것이 왜적의 사주에 의한 것이기 때문이기도 했지만, 다른 한편으로는 그것이 유교적 명분론(名分論)에 어긋난다고 보았기 때문이다. 반면에 성암이 단발령에 맞서 의발(衣髮)을 고수한 것은 의발을 중화문물의 상징으로 인식했기 때문이다.

여기서 주목할 것은, 성암은 "**강상(綱常)을 부식(扶植)함은 천세에 기억될 일이나, 사직(社稷)의 존망은 한때의 근심일 뿐**"[10]이라 하고, 또 "**양적(洋賊)·왜적(倭賊)을 섬겨 국맥(國脈)을 지키기보다는 차라리 사직(社稷)을 망하게 함이 내 마음에 합당하다**"[11]고 하여, 국가보다 유교적 예의문물(禮義文物)을 더 중요하게 인식하고 있었다는 점이다.[12] 그러므로 성암은

9 『醒菴集』 卷8 頁37, 〈祭文〉.

10 『醒菴集』 卷1 頁23, 〈病餘讀淸陰先生雪窖詩〉.

11 『醒菴集』 卷1 頁9, 〈傷時六首〉.

12 물론 성암은 "왜적을 토벌하고 원수를 갚은 다음, 우리 李氏 5백년의 宗社를 회복하여 백성들로 하여금 衣髮을 보전하고 堯·舜 5천년 中華의 脈을 잇도록 하는 것, 이것이 내가 밤낮으로 피를 흘리며 하늘에 기도하는 내용이다."(『醒菴集』 卷2 頁32~33, 〈答金士賢〉)라 하고, "무릇 '中華가 멸망한 恨'과 '國家가 멸망한 아픔'이 서로

국권을 수호하거나 국권을 회복하기 위한 항쟁에서도 늘 '유교적으로 정당화될 수 있는 방법' 만을 고수했던 것이다. 성암의 문인(門人)이었던 우재(禹齋) 유인택(柳寅澤)은 성암의 〈행장(行狀)〉에서 다음과 같이 말했다.

> 선생은 초야(草野)의 벼슬하지 않은 선비로서, 간절히 세상을 걱정했다. '중화를 높이고 오랑캐를 물리치는[尊華攘夷]' 책임을 떠맡아, 강포한 왜구의 유린에도 꺾이지 않고 항쟁의 풍성(風聲)을 드날려, 우뚝하게 한세상의 지주(砥柱)가 되었다. 또한 선생은 평소 입언(立言)으로 도(道)를 밝혀, 거문고의 끊어진 줄을 잇고, 거꾸로 흐르는 성난 물결을 되돌리셨다. 종이에 적힌 빈말이지만, 왜구의 기세를 꺾고 혼탁한 세속을 시원하게 청소했으니, 후학들이 묵묵히 그 은혜를 입은 바가 참으로 크도다. 하늘은 선생께 보통 사람들이 급급한 바로 부여하지 않고, 유독 이 도학(道學)을 밝히는 책임을 부여한 것인가?(…)
>
> 선생께서 큰소리로 대의(大義)를 주장하여 왜적과 항쟁한 것은 곧 적개(敵愾)의 의리였으며, 자나 깨나 밤낮으로 말씀하며 하늘을 우러르며 길게 탄식한 것은 모두 나라가 망하고 중화가 소멸됨을 근심한 것이었다. 선생은 특히 중화의 맥에 대해 더욱 분명히 착안하셨다. 무릇 스스로 처신함과 남을 가르침에 반드시 화·이(華夷)의 구분을 엄격히 하셨으니, 이는 바로 '아픔을 참고 원통함을 품으며 절박하여 어쩔 수 없이[忍痛含寃 迫不得已]' 라는 뜻이었다.
>
> 부지런히 도학(道學)을 강론하여, 세상을 개탄한다는 이유로 기꺼이 천명

무슨 輕重이 있겠는가?"(『醒菴集』 卷4 頁34, 〈戊午國報錄〉)라 하여, 國家와 儒道를 '병행하는, 대등한 관계' 로 설명한 경우도 있다.

(天命)을 따르는 마음에 막힘이 없었고, 곤궁이 심하다는 이유로 선(善)을 향하는 시원한 뜻에 장애가 없었으니, 이는 바로 당한 현실에서 최선을 다한 것이었다. 처한 곳에 따라 활용하여 성취한 것은 모두 의(義)를 모아 호연지기(浩然之氣)를 함양한 결과였으니, 이 학문과 이 의리는 분명 염락관민(濂洛關閩, 程朱學)에서 연원한 것으로서, 천년이 지난 후에도 법도(法度)가 어긋나지 않은 것이다.[13]

이상에서 성암의 행적을 세 측면에서 정리해 보았다. 그것을 요약하자면, 성암은 가문의 전통을 계승하기 위해 노력했지만, 사가(私家)보다는 국가(國家)를 중시했고, 국권을 지키고 회복하기 위해 노력했지만 국가보다는 유도(儒道)를 중시했다. '사가보다 국가를 중시하는 태도'는 일제에 항거하기 위해 기꺼이 가문의 이익을 포기하도록 했으며, '국가보다 유도를 중시하는 태도'는 일제에 항쟁하는 방법을 유교적 방법으로 제한하도록 했다.

2

이제 성암의 항쟁을 뒷받침한 이념적 토대를 정리해 보자. 먼저 유념할 것은, 성암은 '일제(日帝)'를 우리의 주권을 유린하는 '침략자'인 동시에 서양의 잘못된 문명에 오염된 '오랑캐'로 인식하고 있었다는 점이다. 이러한 맥락에서 성암의 일제에 대한 항쟁은 기본적으로 '위정척

13 『醒菴集』 卷8 頁33~34, 〈行狀〉.

사론(衛正斥邪論)' 에 입각한 것이다. 이를 보다 구체적으로 설명하면 다음과 같다. 첫째, '두 임금을 섬기지 않는다[不事二君]' 는 충절의식(忠節意識)이다. 성암은 은(殷)나라의 유민 백이(伯夷)·숙제(叔齊), 한(漢)나라의 소중랑(蘇中郞), 송(宋)나라의 김인산(金仁山)과 문천상(文天祥), 고려 말기의 야은(冶隱) 길재(吉再), 병자호란 때의 청음(淸陰) 김상헌(金尙憲) 등을 '두 임금을 섬기지 않은 충절의 표본' 으로 숭상하고 사모했다.

둘째, '국가의 은혜에 보답해야 한다' 는 보은의식(報恩意識)이다. 성암은 〈기의려문(起義旅文)〉에서는 "국가가 평상시에 백성을 갓난아이처럼 보호하는 까닭은 비상시에 백성들이 국가의 은혜를 갚고 윗사람을 위해 죽기 때문이니, 지금이 바로 그러한 때이다."라고 하여, 거의(擧義)해야 하는 사유의 하나로 '국은에 보답할 것' 을 들었다. 또 〈갑인일기(甲寅日記)〉에서는 "국가의 전성기(全盛期)에도 오히려 감히 길러준 은혜를 잊지 못하였는데, 나라를 빼앗긴 오늘에 이르러서는 더욱이 어떻게 차마 은혜를 등질 수 있겠는가?"[14]라고 하였다. 이러한 말들은 단순히 국민의 한 사람이라는 입장에서 말한 것으로, 모든 국민들에게 '국은에 대한 보답' 을 일깨운 것이라 할 수 있다. 그런데 성암은 "나는 비록 초야의 선비이나, 바로 대부(大夫)의 후예이다. 나의 조상이 이씨조선의 국은을 입은 것이 이미 무겁고, 나 또한 40여 년 동안 우로지택(雨露之澤)을 입은 것이 또한 깊으니, 아! 비록 죽더라도 어찌 내 부모의 나라를 차마 잊을 수 있겠는가?"[15]라고도 했다. 이는 자신은 다른 사람들보다 특별히 더 많은 국은을 입었으므로, 자신은 더욱 크게 은혜를 갚아야 한다는 뜻이었다.

---

14 『醒菴集』 卷7 頁27, 〈甲寅日記〉 10月 1日條.

15 『醒菴集』 卷7 頁7, 〈致日人片綱鳥殿書〉.

셋째, '원수를 갚아 치욕을 씻어야 한다'는 복수설치(復讐雪恥) 의식이었다. 복수설치 의식은 특히 성암의 시(詩)에서 잘 드러난다. 성암은 38세(1904년) 때 철도가 선영을 침범하는 것을 막고자 상경하여 남대문 밖의 여관에서 머물면서 "언제나 나라의 원수를 갚을까. 연기 자욱하여 어둡기만 하네. 가을바람에 하염없는 눈물. 눈물을 뿌려 한양성(漢陽城)을 씻누나."[16]라는 시를 남겨 복수설치 의식을 가다듬었다. 43세 때 민적 편입을 거부하여 홍산경찰서로 끌려가는 도중에서는 "지금 칼을 어루만지는 것은 능사(能事)가 아니니, 조만간 밧줄 청해 너희 임금 묶으리라."[17]라고 하여, 역시 복수심을 다졌다. 또 시절을 한탄하는 시에서는 "남아(男兒)가 이 세상에 태어남은 진실로 우연 아니니, 어찌 오직 제양공(齊襄公)만 선세(先世)의 원수 갚겠는가."[18]라고 하여, 복수설치를 남아의 사명으로 규정했다.

넷째, '중화를 높이고 오랑캐를 물리친다[尊華攘夷]'는 문화의식(文化意識)이다. 성암은 〈부여향교에 보내는 편지〉에서 "『춘추』의 의리는 중화를 존중하고 오랑캐를 물리침을 중대하게 여기며, 『맹자』도 양주(楊朱)와 묵적(墨翟)을 물리치는 것을 중대하게 여겼으니, 성현들께서는 또한 무슨 마음으로 그렇게 하셨는가? 저 오랑캐와 이단(異端)은 이치를 무시하며 중대한 인륜을 어지럽히기 때문이다."[19]라고 했다. 오랑캐는 올바른 이치를 무시하고 중대한 인륜을 어지럽히기 때문에 배척하지 않을 수 없다는 것이다. 〈기의려문(起義旅文)〉에서는 왜적을 "겉모습은 비

16 『醒菴集』 卷1 頁1, 〈宿南大門外旅店〉.
17 『醒菴集』 卷1 頁8, 〈移去鴻山道中口占〉.
18 『醒菴集』 卷1 頁9, 〈傷時六首〉 제6수.
19 『醒菴集』 卷2 頁21, 〈與扶餘校中〉.

록 사람처럼 생겼지만 속마음은 진실로 뱀이나 전갈과 다름없는 것들"이라 하여, 왜적을 '결코 상종할 수 없는 부류'로 규정했다. 또 〈시절에 상심하다〉라는 시에서는 "오제(五帝)와 삼왕(三王)께서 나고 자라신 곳은 오랑캐가 점거하여 다시는 사람이 없게 되었네. 동쪽으로 전해진 우리 도(道) 하나의 양맥(陽脈) 남았었는데, 왜적이 또 지금 크게 진리를 어지럽히네."[20]라고 하여, 왜적을 물리치고 인간의 문화를 수호해야 하는 당위성을 밝혔다.

이상에서 성암의 항일운동을 뒷받침한 이념적 트대를 '두 임금을 섬기지 않는다'는 충절의식, '국가의 은혜에 보답해야 한다'는 보은의식, '원수를 갚아 치욕을 씻어야 한다'는 복수설치 의식, '중화를 높이고 오랑캐를 물리친다'는 문화의식으로 정리해 보았다. 이제 성암이 제시한 항쟁의 방식을 살펴보자.

성암은 한때 '의병(義兵)'이라는 무력투쟁을 꾀했었다. 그러나 고단한 형세로 거의(擧義)가 불가능하자, 이후에는 '아픔을 참고 원통함을 품으며 절박하여 어쩔 수 없이[忍痛含寃 迫不得已]'라는 '자정(自靖)의 삶'을 살면서 '일제의 통치에 복종하지 않고 거부하는 방식'으로 항쟁하였다. 성암은 이렇게 자정의 삶을 살면서도, 우리가 왜적을 물리칠 수 있다는 생각을 버리지 않았다. 그렇다면 성암이 생각한 항쟁의 방법은 무엇이었던가? 성암의 〈시절을 한탄하다(歎時)〉라는 시를 다시 보자.

東土居人惟億萬　우리 동방의 인구가 억만(億萬)이나 되니
同心可撻楚秦兵　마음을 합치면 강대국의 군사도 물리칠 수 있을 터.

---

20 『醒菴集』 卷1 頁9, 〈傷時六首〉 제1수.

莫分家國憂深淺　사가와 국가를 구분해 근심을 깊고 얕게 하지 마소서
各自謀生未必生　각자 삶을 도모한들 꼭 살아남는 것은 아닐세.[21]

요컨대 성암이 생각한 항쟁의 방식은 무엇보다도 모든 국민이 '일치단결(一致團結)' 하여 함께 싸우는 것이었다. 물론 모든 국민을 일치단결시키려면 먼저 통치자들의 '인정(仁政)' 이 전제되어야 한다. 그런데 당시는 통치자들의 학정(虐政)으로 민심이 흩어져 각자도생(各自圖生)하는 상황이었고, 성암은 이를 탄식한 것이다.

나라가 망한 뒤로, 성암은 기미년의 만세운동에도 참여하지 않고, 서구 열강에 호소하는 독립청원서에 서명하지도 않았다. 성암의 이러한 태도를 두고 혹자는 "그대는 문을 닫고 집안 깊숙이 앉아서 국사(國事)를 돌보지 않으며, 또한 서양 열강들에게 호소하는 방법도 취하지 않으니, 어찌 나라를 위하고 임금을 위한다고 할 수 있겠는가? (…) 지금의 천하를 돌이켜보면 '서양의 개화(開化)된 기술' 이 아닌 것이 없다. 그대는 장차 이것을 버리고 어찌하려는 것인가?" 라고 힐난하였다. 이에 성암은 다음과 같이 답했다.

> 내가 나라를 위하고 임금을 위하는 방법은 이와 다르다. 그대와 나는 어찌 우리나라 5백 년 명교(名敎)에 힘입어 예의(禮義)를 지닌 몸이 되지 않았겠는가? 그러므로 요 · 순(堯舜)의 道가 아니고 이륜(彝倫)의 가르침이 아니면 감히 그것으로 나라를 위하지 않는 것이다. 생각건대 저 이적금수(夷狄禽獸)의 道에 물들어 문을 열어 도적을 받아들이는 것은 바로 나라를 망하게 하는

21 『醒菴集』 卷1 頁10, 〈歎時〉.

짓이다. 지금 다시 그 나라를 망하게 하는 방법으로 나라를 회복하겠다고 말하는 것은 내가 나라를 위하는 방도가 아니다. (…) 온 나라가 모두 나처럼 **'성현(聖賢)의 방도를 쓰겠다는 마음'** 을 먹는다면 원수를 갚고 나라를 회복하는 일은 머지않아 이루어질 것이다. 슬프다! 나와 뜻을 같이하는 사람이 없음이여. (…) 나 또한 '저것이 이것보다 낫다' 고 말하지 않는 것이 아니다. 그러나 중화(中華)의 道를 회복하지 않으면 짐승을 끌어다가 사람을 잡아먹고, 또 사람끼리 잡아먹게 되니, 그 해로움이 어찌 홍수나 맹수에 그칠 것인가?[22]

성암은 서양에 호소하고 결국 서양 문명을 수용하는 방식으로 광복을 꾀하면 결국 '짐승을 끌어다가 사람을 잡아먹고, 또 사람끼리 잡아먹게 된다' 고 보면서 오직 **'성현(聖賢)의 방도'** 를 써야 한다고 주장했다. 그러면 성암이 말하는 '성현의 방도' 는 무엇인가? 성암은 〈양이설(攘夷說)〉에서 다음과 같이 말한다.

오늘날 '오랑캐를 물리치는 일' 에 대해 말하는 사람들은 모두 '무기(武器)가 모자라고, 적은 숫자로 많은 숫자를 대적하기 어려움' 을 핑계로 삼아 반대하는데, 이는 진실로 한쪽에 치우친 주장이다. (…) 대우(大禹)께서 삼묘(三苗)를 쫓아내고, 성탕(成湯)께서 갈백(葛伯)을 정벌하며, 주공(周公)께서 융적(戎狄)을 응징하셨던 것은 **'위무(威武)'** 로 물리친 것이다. 공 · 맹 · 정 · 주(孔孟程朱)께서 혹은 책을 닦고 혹은 사람을 배척하며 혹은 군주께 간언한 것은 **'언어(言語)'** 로 물리친 것이다. 대명(大明)과 우리 조정의 임금과 신하

22 『醒菴集』 卷4 頁33~34, 〈戊午國報錄〉.

가 혹은 종사(宗社)를 위해 순절하고 혹은 도(道)를 위해 순절하며 혹은 강화(講和)를 배척한 것은 '**절의(節義)**'로 물리친 것이다. 비록 그분들이 처한 자리와 형세에 따라 오랑캐를 물리친 자취는 다름이 있지만, 그러나 그 마음이 '**인의(仁義)를 주로 삼아 국가를 위하고 백성을 위함**'에 있어서는 한결같았던 것이다. 또한 언어와 절의는 위무에 견주면 오랑캐를 물리치는 데 소용이 없는 것 같지만, 나라의 기강을 세우고 사람들의 마음을 감동시키는 데 있어서는 그 공(功)이 실로 만세(萬世)에 미친다. 각자의 지위에 따라 다만 나의 물리치는 방도를 다하면서, '**중화(中華)는 하루라도 등질 수 없고, 이적(夷狄)은 하루라도 향할 수 없음**'을 안다면 그만인 것이다.[23]

성암은 오랑캐를 물리치는 데 있어 '성현의 방도'로 세 가지를 들었다. 첫째는 '위무(威武)'로서, 이는 무력투쟁을 말한다. 둘째는 '언어(言語)'로서, 이는 올바른 언론으로 나아갈 방향을 제시하는 것이다. 셋째는 '절의(節義)'로서, 이는 오랑캐의 지배에 복종하지 않고 버티는 것이다. 성암은 이 셋을 관통하는 정신으로 '인의(仁義)를 주로 삼아 국가를 위하고 백성을 위함'을 들었다. 통치자들이 '인의(仁義)를 주로 삼아 국가를 위하고 백성을 위함'에 힘쓴다면, 백성들도 유사시에 힘을 합쳐 외적의 침략에 맞서게 된다는 것이다. 이것이 성암의 지론이었던바, 이는 사실 유교의 지론이기도 했다.

문제는 위와 같은 지론은 국가가 존재하고 있을 때에 유효하고, 이미 망한 상황에서는 효과를 거두기 어렵다는 점이다.[24] 통치권을 상실한 상황에서는 '인정(仁政)을 베풀어 민심(民心)을 모을 수 있는 길'이 별로

23 『醒菴集』 卷4 頁15~16, 〈攘夷說〉.

24 위의 〈攘夷說〉이 언제 쓰인 글인지는 불확실하다.

없기 때문이다. 따라서 이미 나라가 망하고 만세운동이 벌어지던 기미년(己未年, 1919)의 상황에서는 '인의(仁義)를 주로 삼아 국가를 위하고 백성을 위한다' 는 상도(常道) 외에, 〈무오국보록〉에 보이는 혹자의 주장처럼 권도(權道)로 다른 방법들을 적극 모색했어야 할 것이다.[25]

3

앞에서 살펴보았듯이, 성암은 사가(私家)보다는 국가를 중시했고, 국가보다는 유교의 가르침[道脈, 華脈]을 중시했다. 그렇다면 이에 대해 제기할 수 있는 의문 두 가지를 검토해 보기로 하자.

첫째, 성암이 '사가(私家)보다 국가를 중시한 것' 에 대해서는 대체로 수긍하고, 칭송할 것이다. 그렇다면 성암이 '국가보다 유교의 가르침을 중시한 것' 에 대해서는 어떻게 보아야 하는가? 이에 대해서는 아마도 의문을 제기하는 사람이 적지 않을 것이다.

사실 '자신이 속한 국가를 더 중시할 것이냐, 자신이 옳다고 생각하는 신념 체계를 더 중시할 것이냐?' 의 문제는 동서고금 철학사의 오랜 논쟁거리였다. 예컨대 『맹자』에 보이는 '고수살인(瞽瞍殺人)'[26]의 가정적

25 성암이 더 오래 살았더라면 權道를 써서 변화된 모습을 보여주었을 지도 모른다. 그러나 성암은 己未年 겨울에 작고했다.

26 『孟子』 盡心上 제35장에는 다음과 같은 假定的인 이야기가 보인다. "도응이 묻기를, '舜이 天子이고, 皐陶가 검사인데, 舜의 아버지 瞽瞍가 사람을 죽였다면, 皐陶는 어떻게 해야 합니까?' 맹자가 답하기를 '法을 집행할 뿐이다.' 도응이 묻기를, '그렇다면 舜이 그것을 금하지 않습니까?' 맹자가 답하기를, '舜이 어떻게 금할 수 있겠는가? 皐陶는 부여받은 책임이 있는 것이다.' 도응이 묻기를, '그렇다면 舜은 어떻

이야기나 고대 그리스 신화에서의 '안티고네(Antigone)'[27]의 이야기가 그것이다. 이 문제에 대해서는 그동안 많은 이견(異見)과 논란이 있었지만, 오늘날 자유민주주의 사회에서는 '양심의 자유'라 하여 국가보다 자신의 신념체계를 더 소중하게 여기는 것을 원론적으로 긍정한다. 또한 오늘날의 '인권(人權) 사상가들'은 국가의 존재 이유를 '국민의 권익 보호'로 규정하고, '국민의 권익을 침해하는 국가(정부)에 대해서는 저항할 수 있다'고 설명하는데, 이 역시 '국가보다 자신들의 신념체계를 더 중시하는 것'이다. 이상의 내용을 종합한다면, 성암이 '국가보다 유교의 가르침을 중시한 것'에 대해서는 충분히 수긍할 수 있겠다.

둘째, 그렇다면 성암이 가장 중시한 '도맥(道脈)' 또는 '유교적 예의문물(禮義文物)'이 오늘날에도 여전히 의미 있는 것인가? 이제 마지막으로 이 문제를 살펴보기로 하자.

성암이 강조한 유교적 예의문물이란 '인의예지(仁義禮智)와 오륜(五倫)

게 하겠습니까?' 맹자가 답하기를, '舜은 天下를 헌신짝처럼 버리고, 몰래 아버지를 업고 궁벽한 바닷가로 도망하여 살면서, 종신토록 기쁘고 즐겁게 여기면서 天下를 잊을 것이다.'" 이 假定的 例話는 여러 각도에서 설명할 수 있거니와, '국가의 公法보다 개인의 私的 信念을 선택할 수 있다'는 취지로 해석할 수도 있다.

27 안티고네의 神話에서, 테베의 국왕 크레온은 "아무도 반역자 폴리네이케스의 시체를 매장하지 말고, 그대로 썩게 놔두어라!"라고 명령했는데, 안티고네는 그 명령을 어기고 오빠 폴리네이케스의 시체를 거두어 매장하였다. 이에 크레온이 안티고네를 잡아다가 추궁하자, 안티고네는 "인간들을 다스리는 神의 正義는 당신의 명령이나 법과는 무관합니다. 저는 인간인 당신의 명령이, 神들의 변함없는 不文律에 우선할 만큼 강하다고는 생각하지 않습니다. 神의 법이 어디서 어떻게 생겨났는지를 그 어느 누구도 말할 순 없지만, 神의 不文律은 과거나 현재의 것이 아니라 항상 살아 숨 쉬는 영원한 法이지 않습니까? 인간의 뜻을 따르기 위해 神의 不文律을 범할 수는 없습니다."라고 항변하였다. 이 안티고네의 신화는 일반적으로 '實定法에 대한 自然法(神의 不文律)의 우위' 또는 '國法에 대한 개인적 良心의 우위'라는 취지로 해석된다.

의 윤리' 및 '왕도(王道)와 인정(仁政)의 정치'를 말하는 것으로서, 이를 존중하면 '중화(中華)'라 한 것이요, 이를 외면하면 '오랑캐[夷狄]'라 한 것이었다. 그런데 오늘날은 인륜(人倫)보다는 인권(人權)을, 예양(禮讓)보다는 경쟁(競爭)을, 왕도(王道)보다는 패도(覇道)를 내세우며, 이를 바탕으로 '자유와 풍요'를 추구한다.

오늘날 인권사상은 본질적으로 '인간의 본능적 욕구를 자유롭게 충족하자'는 사상이다.[28] 따라서 인권이 충분히 실현된 '자유와 풍요'의 사회는 플라톤이 말하는 '배부른 돼지들의 나라'[29]와 별로 다르지 않다. 한편 '효과적인 발전의 원동력'이라는 '자유경쟁'의 논리는 결국 국내적으로나 국제적으로나 '부익부(富益富) 빈익빈(貧益貧)'의 양극화를 심화시키고, 경쟁력이 부족한 약자(弱者)들은 갈수록 궁지로 내몰린다. 이러한 현실 속에서, 현대문명의 이상으로 설정된 '자유와 풍요'도 사실은 유산계급(有產階級)만의 자유와 풍요로 한정된다.[30]

이 시대의 유산계급, 이 시대의 강자들은 마음껏 자유와 풍요를 누리면서 한정된 지구의 자원을 고갈시키고, 더 나아가 이 지구의 환경을 오염시킨다. 이제 지구는 점점 '더러운 빈 깡통'이 되어간다. 지금까지 지구를 마음껏 유린한 현대문명의 수혜자들은 이제 이 '더러운 빈 깡통'을 대체할 다른 행성(行星)을 찾아 나서는 중이다.[31] 이러한 현실을 두고

---

28 이에 대한 자세한 논의는 拙著, 『인권과 인륜』(심산, 2015) 참조.

29 플라톤, 『국가』, 372a~374a. 후쿠야마도 오늘날 자유민주주의 국가의 시민들을 '동물로 전락한 인간'으로 묘사한 바 있다(Fukuyama, *The end of history and the last man*, 312쪽).

30 Fromm, *To Have or To Be?*, 2쪽.

31 세계적인 물리학자 스티븐 호킹(Stephen Hawking)은 영국 BBC 다큐멘터리 〈새로운 지구 탐험(Expedition New Earth)〉에서 "인류가 멸종을 피하려면 100년 안

오늘날 미국의 철학자 드 배리(Wm. Theodore de Bary)는 다음과 같이 비판한 바 있다.

> 우리가 필요로 하는 것은 '별들의 전쟁(star wars)' 과 그 외의 여러 가지인 정복해야 할 새로운 세계가 아니고, 오히려 지구나 행성에 대한 새로운 지역주의(parochialism)이다. 이것은 유가(儒家)가 했듯이 자기반성(自己反省)과 자제(自制)에서 시작해야 한다. 만물의 상호 관련성과 어떤 독립적인 세계에서의 자신의 위치에 대해 의식하는 것인 이 견해는 자신과 타인에 대해 동일하게 책임을 지는 것에 대한 이해와, 생명을 유지하기 위한 환경을 호혜적으로 지원하는 것에 대한 이해를 발전시킬 것이다. 그것은 다음과 같은 문제를 제기할 것이다. 우리는 무엇을 하지 말아야 할 것인가. 우리가 자발적으로 앞장서 선택해야 할 것은 무엇인가. 지구와 우리와 같은 인간의 복지를 위해서 우리는 어떤 제한을 받아들여야 할 것인가. 그리고 우리가 그렇게 하지 않으면 지구 오염과 자원 고갈 및 유전적 혼란 등에 대한 우리의 죄 때문에 고통받을 다음에 올 세대의 복지를 위해 우리가 받아들여야 할 제한

에 지구를 떠나야 한다"고 경고했다. 그는 "재난과 소행성 충돌, 유행성 전염병, 인구 과잉, 기후변화 등 위기가 계속 증가해 인류가 멸종할 위험성이 계속 커지고 있다"며 "생존을 원한다면 인류의 미래 세대는 우주 공간에서 생존할 방법을 찾아야 한다"고 주장한 것이다. 그는 핵무기, 인공지능(AI)의 발전 등도 인류와 지구의 생존을 위협하는 요소로 지목했다. 그에 의하면 "다음 세기에는 지구가 인류가 살기에 더욱 적합하지 않게 변할 것이고 1000년 뒤에는 취약해진 지구에서 인류가 살 수 없다. (…) 시간이 갈수록 지구에 재앙이 닥칠 가능성이 커지고 있으며 앞으로 1000년 뒤, 1만 년 뒤에 재앙이 닥치는 것은 거의 확실해지고 있다." 그러므로 "우주, 다른 행성으로 나가 지구의 재앙이 인류의 종말이 되지 않도록 해야 한다"는 것이다(《동아일보》 2017년 5월 5일자 보도, 〈스티븐 호킹 "인류, 멸종 피하려면 100년내 지구 떠나라"〉 참조). 현대인들이 그토록 자랑한 '현대문명' 은 그 이면에 이토록 '암울한 현실' 을 숨기고 있는 것이다.

은 무엇인가.[32]

'별들의 전쟁(star wars)' 이란 미래 인류의 새로운 삶의 터전을 개척하기 위한 '우주 정복 사업' 을 말한다. 드 배리는 '우주 정복 사업' 을 '우주의 끝에 악취를 풍기는 오염을 자행하는 것' 이라고 규정하고, "비록 우리가 아무리 멀리 우주로 돌진해 갈지라도 (…) 여전히 어머니인 지구로 돌아와야만 하고 거기 남겨져 있는 미해결의 피할 수 없는 문제와 직면해야만 한다" 고 주장했다.[33] 드 배리는 지구의 문제를 해결하기 위한 첫걸음으로 '자기반성과 자제' 를 권했다. 요컨대 우리에게 진실로 필요한 것은 '지구 밖 우주로의 진취적인 도전정신' 이 아니라 오히려 '지구 환경의 지속적 보전을 위한 자제' 라는 것이다.

성암이 신봉한 전통 유학은 한편으로는 인간과 짐승이 구별되는 지점을 성찰하여 '사람의 사람다움' 을 확립하고, 다른 한편으로는 자연의 이법을 존중하고 인간의 탐욕을 자제하여 '자연과의 조화' 를 이루는 문명을 건설하자는 것이었다. 이를 위해서 성리학(性理學)에서는 이른바 '이기심성론(理氣心性論)' 으로 '우주자연의 존재원리' 를 논하고 '인간의 본성' 을 탐구했던 것이다.

오늘날 우리는 성암이 그토록 사수했던 의발(衣髮)을 버리고, 서양식 의발을 받아들여 자유롭고 편리하게 생활한다. 그러면서 한 세기 전의 위정척사파 유림들을 '시대의 변화를 외면한 완고한 유학자' 정도로 치부하기 일쑤이다. 조금 더 호의적인 사람들은 완고한 유생들의 '애국충정(愛國衷情)' 만은 십분 긍정한다. 그런데 우리는 오늘날 현대문명의

32 드 배리, 『다섯 단계의 대화로 본 동아시아 문명』, 183쪽.
33 드 배리, 『다섯 단계의 대화로 본 동아시아 문명』, 187쪽.

수혜자들이 점점 더 '배부른 돼지' 가 되어가고 있다는 사실, 수혜의 대열에 끼지 못한 사람들은 점점 더 '궁지' 로 몰리고 있다는 사실, 그리고 우리의 보금자리 지구가 점점 더 '더러운 빈 깡통' 이 되어가고 있다는 사실을 외면할 수 있는가?

아마 오늘날 우리 사회와 인류가 처한 현실을 조금이라도 성찰하는 사람이라면, 결코 위와 같은 문제 제기를 외면할 수 없을 것이다. 그렇다면 우리는 전통 유학의 가르침을 되새기고 적극 계승해야 할지언정, 구시대의 유물로 폐기할 수는 없을 것이다. 이러한 맥락에서, 우리는 성암의 삶에서, 그의 **'애국충정'** 뿐만 아니라 **'올바른 문명의 전망'** 을 함께 발굴해야 하는 것이다.[34] 이에 성암의 〈다시 일본정부에 보내는 편지〉를 다시 소개하면서, 이글의 논의를 마치고자 한다.

> 무릇 어진 사람의 마음은 천지(天地)로 부모(父母)를 삼고 만물(萬物)로 일체(一體)를 삼는바, 그 인(仁)을 실천하는 순서는 친한 사람을 친하게 여기고 백성을 어질게 대하며, 백성을 어질게 대하고 만물을 아끼는 것이다. 나 이철영(李喆榮)은 비록 옛날의 어진 사람에게 미치지는 못하지만, 나의 뜻과 소망은 이와 같다. 지금 천하가 어지러워 무력(武力)과 용맹(勇猛)을 숭상하고 문화(文化)와 도덕(道德)을 멸시하며, 인의(仁義)를 버리고 공리(功利)를 추구하는 데 급급하니, 마침내는 결국 강상(綱常)의 도리가 끊기어 사람들이 서로 잡아먹는 데 이를 것이다. 나는 이것이 두려워 지난번에 한마디 말을 꺼냈던 것이다.
>
> 그 뜻은 대개 우리의 종묘사직(宗廟社稷)을 되살리고 우리 선왕(先王)의

34 이에 대한 자세한 논의로는 이동준, 〈毅菴 柳麟錫의 인도사상과 문명세계〉(『한국사상의 방향 : 성찰과 전망』 제2부 제4장) 참조.

정교(政敎)를 다시 닦아, 강상의 도리를 다시 밝혀, 국가가 천명(天命)을 영원히 누릴 수 있는 기초로 삼고 백성이 전화위복(轉禍爲福)할 수 있는 바탕으로 삼으려는 것이요, 그런 다음에 또 이 도(道)를 미루어 천하에까지 파급시켜, 부자(父子) · 군신(君臣) · 부부(夫婦) · 장유(長幼) · 붕우(朋友)의 본성을 함께 타고난 천하의 모든 사람들이 그 고유하게 타고난 본성을 알고 마땅한 직분에 힘쓰도록 하려는 것이었다. 이렇게 하면 사람들이 모두 어질게 되어, 천하의 한 사물이라도 그 마땅한 자리를 얻지 못한 것을 보면, 마치 자기 사지(四肢) 가운데 하나가 혹시 병이 든 것처럼 여겨, 급히 구제하여 낫게 하려고 하지 않을 사람이 없을 것이다. 그렇게 되면 천하의 싸움이 저절로 그쳐서 만국의 무기를 창고에 쌓아둘 수 있을 것이요, 천하에 겸양(謙讓)의 풍속이 생겨 만국의 다툼이 저절로 없어질 것이다. 이것이 곧 '평천하(平天下)의 대도(大道)' 로서, 내가 오늘날 간절하게 바라는 바이다.[35]

35 『醒菴集』 卷7 頁4~5, 〈再致日國政府書〉.

참고 문헌

『四書五經大全』, 『史記列傳』, 『承政院日記』, 『二程全書』

『醒菴集』, 학민문화사영인본, 1995.
『龍湖農圃兩世合編』, 학민문화사영인본, 2002.
『自慊窩集』, 학민문화사영인본, 2008.
『畊芸集』, 학민문화사영인본, 2008.
『愚齋集』, 서진인쇄출판사, 檀紀 4332년.
『肯堂集』, 학민문화사영인본, 1995.
『栗谷全書』, 성균관대학교 대동문화연구원 영인본, 1978.
『重峯集』, 한국문집총간 제54책, 민족문화추진회, 1990.
『草廬全集』, 한남대학교 충청문화연구소 영인본, 1984.
『宋子大全』, 사문학회, 1971.
『明齋遺稿』, 경인문화사 영인본, 1973.
『巍巖遺稿』, 아성문화사 영인본, 1976.
『南塘集』, 아성문화사 영인본, 1976.
『華西集』, 동문사 영인본, 1974.
『勉菴集』, 도서출판 問津, 2006.
『毅菴集』, 경인문화사 영인본, 1976.
『艮齋集』, 충남대학교 도서관 영인본(龍洞本), 1999.

금장태 · 고광직, 『儒學近百年』, 박영사, 1984.
김삼웅, 『안중근 평전』, 시대의창, 2009.
김삼웅, 『녹두 전봉준 평전』, 시대의창, 2013.
김옥균, 〈甲申日錄〉, 『김옥균전집』, 아세아문화사영인본,
박우훈, 「醒菴 李喆榮의 '內範敎訓歌' 考」, 『한국언어문학』 제25집, 한국언어문학회, 1987.
박은식, 『韓國獨立運動之血史』(『朴殷植全書』 上) 단국대학교 동양문화연구소, 1975.
백원철, 「韓末 日帝初期 地方儒生의 排日意識과 抵抗行動의 양상 - 醒菴 李喆榮을 중심으로」, 『한문학보』, 제21집, 2009.

안재홍, 『民世安在鴻選集』 2, 지식산업사, 1983.
윤병석 외, 『읽기 쉬운 이상설 평전』, 이상설선생기념사업회, 2016.
이동준, 『한국사상의 방향 : 성찰과 전망』, 성균관대 유교문화연구소, 2011.
이상익, 『서구의 충격과 근대 한국사상』, 한울, 1997.
______, 『인권과 인륜』, 심산, 2015.
이태진, 『고종시대의 재조명』, 태학사, 2015.
______, 「고종황제 毒殺과 일본정부 首腦部」, 『歷史學報』 제204집, 역사학회, 2009.
임옥균, 「艮齋 田愚와 醒菴 李喆榮의 性理思想의 同異와 特徵」, 『艮齋學論叢』 제14집, 간재학회, 2012.
임중빈, 『단재 신채호 - 그 생애와 정신』, 명지사, 1987.
조지훈, 『한국민족운동사』, 나남출판, 1996.
최영성, 『韓國儒學思想史』 V, 아세아문화사, 1997.
최효식, 「醒菴 李喆榮의 生涯와 思想」, 『소헌 남도영 박사 화갑기념 사학논총』, 1983.
한우근, 『율곡 李珥 평전』, 민음사, 2014.
황태연, 『갑오왜란과 아관망명』, 청계, 2017.
______, 『백성의 나라 대한제국』, 청계, 2017.
______, 『갑진왜란과 국민전쟁』, 청계, 2017.

드 배리(Wm. Theodore de Bary), 한평수 역, 『다섯 단계의 대화로 본 동아시아 문명』, 실천문학사, 2007.
플라톤, 박종현 역주, 『국가 · 政體』, 서광사, 1997.
Erich Fromm, *To Have or To Be?*, Harper & Row, Publishers, New York, 1976.
Francis Fukuyama, *The end of history and the last man*, The Free Press, A Divission of Macmillan, Inc. New York, 1992.

찾아보기

〈인명 색인〉

〈사항 색인〉